20
24

MARCELO
ABELHA RODRIGUES

TRÍPLICE RESPONSABILIDADE AMBIENTAL

ELEMENTOS PARA UMA
TEORIA GERAL

Dados Internacionais de Catalogação na Publicação (CIP) de acordo com ISBD

R696t Rodrigues, Marcelo Abelha
    Tríplice responsabilidade ambiental: elementos para uma teoria geral / Marcelo Abelha Rodrigues. - Indaiatuba, SP : Editora Foco, 2024.

    320 p. : 16cm x 23cm.

    Inclui bibliografia e índice.

    ISBN: 978-65-6120-139-1

    1. Direito. 2. Direito ambiental. 3. Responsabilidade ambiental. I. Título.

2024-2047   CDD 341.347   CDU 34:502.7

Elaborado por Odilio Hilario Moreira Junior - CRB-8/9949

Índices para Catálogo Sistemático:

1. Direito ambiental 341.347

2. Direito ambiental 34:502.7

MARCELO
ABELHA RODRIGUES

TRÍPLICE RESPONSABILIDADE AMBIENTAL

ELEMENTOS PARA UMA
TEORIA GERAL

2024 © Editora Foco

Autor: Marcelo Abelha Rodrigues
Diretor Acadêmico: Leonardo Pereira
Editor: Roberta Densa
Coordenadora Editorial: Paula Morishita
Revisora Sênior: Georgia Renata Dias
Capa Criação: Leonardo Hermano
Diagramação: Ladislau Lima e Aparecida Lima
Impressão miolo e capa: FORMA CERTA

DIREITOS AUTORAIS: É proibida a reprodução parcial ou total desta publicação, por qualquer forma ou meio, sem a prévia autorização da Editora FOCO, com exceção do teor das questões de concursos públicos que, por serem atos oficiais, não são protegidas como Direitos Autorais, na forma do Artigo 8º, IV, da Lei 9.610/1998. Referida vedação se estende às características gráficas da obra e sua editoração. A punição para a violação dos Direitos Autorais é crime previsto no Artigo 184 do Código Penal e as sanções civis às violações dos Direitos Autorais estão previstas nos Artigos 101 a 110 da Lei 9.610/1998. Os comentários das questões são de responsabilidade dos autores.

NOTAS DA EDITORA:

Atualizações e erratas: A presente obra é vendida como está, atualizada até a data do seu fechamento, informação que consta na página II do livro. Havendo a publicação de legislação de suma relevância, a editora, de forma discricionária, se empenhará em disponibilizar atualização futura.

Erratas: A Editora se compromete a disponibilizar no site www.editorafoco.com.br, na seção Atualizações, eventuais erratas por razões de erros técnicos ou de conteúdo. Solicitamos, outrossim, que o leitor faça a gentileza de colaborar com a perfeição da obra, comunicando eventual erro encontrado por meio de mensagem para contato@editorafoco.com.br. O acesso será disponibilizado durante a vigência da edição da obra.

Impresso no Brasil (7.2024) – Data de Fechamento (7.2024)

2024

Todos os direitos reservados à
Editora Foco Jurídico Ltda.
Rua Antonio Brunetti, 593 – Jd. Morada do Sol
CEP 13348-533 – Indaiatuba – SP

E-mail: contato@editorafoco.com.br
www.editorafoco.com.br

*"Dentro de nós há uma coisa que não tem nome,
essa coisa é o que somos."*

(José Saramago, Ensaio sobre a cegueira.)

Agradeço,

À Deus, por me conceder a dádiva de estar vivo, de conseguir ler, estudar, refletir, errar, ouvir, resignar, aprender, corrigir, errar de novo, discutir, reaprender.

À minha família – Camila, Guilherme, Dominique, João Pedro e Bento – por serem meu porto seguro, razão da minha jornada de vida. Vocês são a melhor parte de mim, que me enchem a alma de alegria; um infinito orgulho e felicidade de eu pertencer a vocês. Eu amo vocês.

Ao meu irmão Flávio, simplesmente "amigo, você é o mais certo das horas incertas".

À Guilherme Abelha, pela leitura dos originais, pelas críticas, pela bibliografia alemã e sua tradução, pelo debate incansável dos 5 primeiros volumes do Tratado de Direito Privado de Pontes de Miranda, pelos diferentes pontos de vista.

Homenagem, singela, mas muito sincera:

Ao Ministro e Professor Antonio Herman de Vasconcellos e Benjamin, por tudo que fez e faz pelo Direito Ambiental Brasileiro.

Ao Professor Fernando Cavalcanti Walcacer por tudo que fez e continuará fazendo pelo Direito Ambiental Brasileiro (*in memoriam* 1945-2024)

APRESENTAÇÃO

O desejo de tornar realidade este trabalho aconteceu quando o Superior Tribunal de Justiça publicou em 2019 a seguinte notícia no seu sítio eletrônico: *"Primeira Seção consolida entendimento de que responsabilidade administrativa ambiental é subjetiva"*.

Tive o cuidado de ler todas as peças deste caso que acabaria virando um *leading case* sobre o tema que é comumente repetido nos julgados posteriores sobre o assunto. Ainda em 2019, na fumaça da pólvora, cheguei a escrever um texto conciso num periódico de grande circulação nacional enfrentando o tema para apontar discordâncias acerca do que tinha sido decidido naquele caso paradigma.[1]

Naquele texto apontei que a responsabilidade ambiental administrativa não possui uma determinação constitucional que imponha o caráter "subjetivo", como faz com a responsabilidade penal, e que caberia ao legislador infraconstitucional definir a natureza objetiva ou subjetiva da responsabilidade administrativa, e, neste diapasão, que a Lei 9605 tinha adotado a regra da responsabilidade administrativa ambiental seria subjetiva apenas quando a infração aplicada fosse a multa simples. Acontece que *para todas as infrações ambientais previstas no Decreto 6514/08 incide a sanção de multa que só pode ser majorada ou reduzida pela autoridade julgadora respeitando os limites máximos e mínimos.* Enfim, naquele caso julgado era subjetiva, porque se tratava de responsabilidade administrativa relativa a imposição de uma multa simples, mas e se fosse outras sanções administrativas com ela cumuladas, como seria em relação a estas? Esse foi o gatilho que deu início a este trabalho.

Não é novidade que há mais de duas décadas tenho me debruçado no estudo da responsabilidade ambiental. Na doutrina existem ótimos trabalhos sobre o tema, mas sempre sob uma perspectiva setorizada de cada "tipo" de responsabilização: penal, civil e administrativa. Me incomodava a ausência de trabalhos acadêmicos e comerciais que trabalhassem o tema sob um ângulo que tratasse a responsabilização ambiental com um olhar antecedente, qual seja, as bases da responsabilização ambiental, para, aí sim, *a fortiori* discernir as características principais envolvendo da responsabilidade penal, civil e administrativa.

---

1. RODRIGUES, Marcelo Abelha. *O STJ e a responsabilidade administrativa ambiental subjetiva*: notas para uma reflexão. Disponível em: https://www.migalhas.com.br/depeso/302576/o-stj-e-a-responsabilidade-administrativa-ambiental-subjetiva--notas-para-uma-reflexao. Acesso em: 17 fev. 2024.

Por este motivo decidi a começar este livro cuja finalidade é tentar dar ao operador do direito uma visão mais distante *da extremidade* e mais próxima *do tronco* sobre o tema da responsabilização ambiental. Entendo que só a partir deste olhar antecedente da *responsabilização* é que se permitirá ter respostas ou explicações para compreender certas frases como "*é a lei define que a responsabilidade deve ser subjetiva ou objetiva*", ou quando diz que "*a ilicitude é irrelevante para definir a responsabilidade civil ambiental*", quando "são comuns os tipos penais de perigo abstrato na responsabilidade penal ambiental", "nem todo poluidor é um transgressor e nem todo transgressor é um poluidor".

Enfim, tentaremos demonstrar neste singelo ensaio que há sim uma razão lógica e sistemática que permite compreender as fatias ou os *tipos de responsabilidade* a partir de uma teoria geral da responsabilização ambiental.

Mas eu não queria, como nunca quis, escrever um livro para não ser lido.

Dada a importância do tema e dado o fato de que essa nova geração dos operadores do direito, debutantes do novo milênio que num futuro breve ditarão as regras de como aplicar a responsabilização ambiental, pensei em escrever de modo direto, num linguajar muito próximo do nosso diálogo cotidiano, quase como se fosse um retrato, só que escrito, da forma como leciono há mais de 28 anos a disciplina de Direito Ambiental da UFES. Minha intenção era construir um texto repleto de exemplos, com linguajar acessível e que despertasse a curiosidade da nova geração de operadores do direito.

O meu primeiro desafio seria como organizar os textos de forma que o leitor pudesse caminhar do primeiro passo para o segundo, e assim sucessivamente de forma natural, tal qual quando subimos um lance de escadas sem precisar olhar para baixo tamanha a perfeição do ajuste arquitetônico entre os degraus. Perdi a conta de quantas, e quantas vezes em comecei e deletei a organização do sumário. Pedi ao meu filho e a minha esposa para ler e, e reler, as diversas modificações da organização do texto ao longo da feitura do livro. Atroz era minha dúvida sobre como desenvolver a primeira parte do livro, se começava com algum conteúdo histórico – que poderia cansar o leitor e fazê-lo desistir da empreitada – ou se ia direto ao ponto do que fosse necessário para uma parte geral. Optei por definir a primeira parte como "premissas fundamentais para compreender a responsabilização ambiental" para explicar os conceitos básicos que serviriam de esteio seguro para compreensão da parte específica destinada a *tríplice responsabilidade ambiental.*

Como eu disse, tentei fazer um trabalho conciso sem perder a profundidade necessária para uma compreensão segura, sólida. Tentei ainda ser didático, para que o leitor se interesse pela leitura. De forma alguma eu desejo que seja mais um livro empilhado na estante, com algum elogio acadêmico, mas que ficasse empoeirado e não fosse lido. Este é um livro com compromisso social, com clara intenção de trazer o tema para o palco de discussões acadêmicas e jurídicas, e que as novas gerações de operadores do direito possam se interessar pelo assunto que é essencial à sadia qualidade de vida.

Vitória, 09 de junho de 2024.

Marcelo Abelha

marceloabelha@cjar.com.br

@cjarmarcelo

SUMÁRIO

APRESENTAÇÃO.. XI

CAPÍTULO 1. PREMISSAS FUNDAMENTAIS PARA COMPREENDER A TRÍ-
PLICE RESPONSABILIZAÇÃO AMBIENTAL... 1

1. Por que premissas fundamentais? 1

2. O que significa responsabilizar alguém? 2

3. Sujeito passivo da responsabilização... 5

4. A "responsabilidade ambiental" na estrutura da norma jurídica ambiental...... 8

    4.1   A norma jurídica: suporte fático e preceito 8

    4.2   O elemento necessário contido no "suporte fático" que faz nascer a responsabilização ambiental penal, a civil e a administrativa 12

    4.3   A norma jurídica qualificada de penal, civil e administrativa 16

        4.3.1 Cumulatividade das sanções dos diferentes ramos do ordenamento jurídico... 16

        4.3.2 Cumulatividade de sanções idênticas de diferentes ramos do ordenamento jurídico 17

    4.4   O "ato ilícito" no suporte fático da regra penal, administrativa e civil 20

    4.5   O "dano ambiental" no suporte fático do dever de reparação civil ambiental.. 23

5. O "risco", e não apenas o "dano", como elemento integrante do suporte fático da regra jurídica ambiental... 25

    5.1   O risco ao meio ambiente 28

        5.1.1   Risco ambiental: exemplos para compreensão intuitiva...... 28

        5.1.2   Elementos integrantes do risco.................................... 28

            5.1.2.1   Introito 28

            5.1.2.2   Risco como situação em movimento no espaço e no tempo.. 31

            5.1.2.3   Sujeito vulnerável e o estado de risco: proporcionalidade direta 32

	5.1.2.4	O evento (a fonte) e a proporcionalidade inversa com o alvo (sujeito)	33
	5.1.2.5	O elemento "possibilidade" (probabilidade)	36
	5.1.2.6	Risco, probabilidade e certeza	39
	5.1.2.7	Risco, probabilidade e azar	40
	5.1.2.8	O risco e o dano: momento de cada um e pontos de contato	40
5.2	Proteção estatal e risco ambiental		47
	5.2.1	Introito	47
	5.2.2	Antijuridicidade e risco ambiental	49
	5.2.3	O dever/direito de informação no suporte fático: instrumento imprescindível para adoção de medidas contra o risco	57

CAPÍTULO 2 – A TRÍPLICE RESPONSABILIZAÇÃO AMBIENTAL — 63

1.	O que é a responsabilização ambiental?	63
2.	Por que "tríplice"?	66
3.	Tríplice responsabilização ambiental e o princípio do poluidor-usuário-pagador	68

CAPÍTULO 3 – O SUJEITO RESPONSÁVEL: POLUIDOR, INFRATOR E USUÁRIO — 77

1.	Introito	77
2.	Poluidor	77
3.	Usuário	81
4.	Infrator	83

CAPÍTULO 4 – RESPONSABILIDADE CIVIL AMBIENTAL — 87

1.	Responsabilização jurídica e responsabilidade civil pelos danos causados	87
2.	Sanções civis ambientais	87
3.	Poluidor – Pagador e responsabilização jurídica ambiental	90
4.	Responsabilidade civil por danos e função preventiva	91
5.	A competência para legislar sobre responsabilidade civil ambiental	92
6.	A responsabilidade objetiva e a teoria do risco	93
7.	O risco integral no direito ambiental	97

8. Dever *de indenizar e de reparar* os danos causados 101

9. O dever de *integral reparação* e a ordem de preferência: evitar o dano, reparar na forma específica e indenizar pelo equivalente 102

   9.1 Os deveres jurídicos de fazer e não fazer no suporte fático das regras jurídicas ambientais 102

   9.2 Os deveres ambientais e a tutela mais coincidente possível com a regra de direito material 103

   9.3 A impossibilidade da coincidência e a reparação *integral*: a ordem de preferência na reparação 104

   9.4 O alcance do § 3º do art. 225 E o dever de reparar *danos ambientais "insignificantes"* 109

   9.5 Efeito da condenação penal: tornar certo dever de indenizar o dano causado pelo crime 114

10 Responsabilidade civil e responsabilidade patrimonial 117

11. O poluidor: sujeito responsável pelo dever de reparar o dano ambiental ... 118

   11.1 Conceito 118

   11.2 Poluidor e poluição 119

   11.3 Poluidor e sua identificação 121

   11.4 Poluidor indireto: impropriedade do termo 125

   11.5 A solvabilidade do poluidor 126

      11.5.1 Incumprimento do dever de reparar e a incidência da responsabilidade patrimonial 126

      11.5.2 Ampliação das garantias do cumprimento do dever de reparar os danos ambientais 127

      11.5.3 Responsabilidade patrimonial subsidiária e teoria menor da desconsideração da personalidade jurídica 129

12. Nexo de causalidade 131

   12.1 Generalidades 131

   12.2 Nexo e causa 132

   12.3 Nexo causal em abstrato 136

   12.4 A causalidade indireta no direito ambiental 141

      12.4.1 Interpretação que considera a causa indireta uma causa secundária e antecedente à causa direta do dano ambiental .. 141

      12.4.2 Causa indireta não deve ser responsabilidade pelo fato de outrem 143

      12.4.3 A causa indireta na omissão do poder público 145

| 12.5 | Pluralidade de poluidores – causas concorrentes e concausas......... | 147 |

12.5.1 Causas concorrentes (autônomas e suficientes) do mesmo dano.. 147

12.5.2 Causas que se unem para o evento danoso – concausas..... 148

12.5.3 Pluralidade de poluidores (pela concausa ou causas concorrentes) por ficção quando o dano ambiental não é repartível 149

12.5.4 O nexo causal nas obrigações ambientais propter rem........ 150

12.6 Nexo de causalidade em concreto: o problema da prova.................. 153

12.7 Causalidade (direta e indireta) e a solidariedade passiva dos poluidores.. 160

12.8 Solidariedade (passiva) entre os poluidores 162

12.9 Segue: solidariedade passiva e indivisibilidade do dano ambiental 164

12.10 A *"responsabilidade solidária de execução subsidiária"* 166

13. O dano ambiental 168

13.1 Conceito de meio ambiente 168

13.1.1 O direito ao meio ambiente ecologicamente equilibrado ... 168

13.1.2 O elemento objetivo e o subjetivo do equilíbrio ecológico. 169

13.1.2.1 Elemento objetivo: equilíbrio ecológico.............. 169

13.1.2.2 O elemento subjetivo: titularidade universal........ 171

13.2 O dano ao equilíbrio ecológico (dano ambiental) 173

13.2.1 O conceito.. 173

13.2.2 O desequilíbrio ecológico e os microbens ambientais......... 174

13.2.3 Serviços ecossistêmicos: compreendê-los para mensurar prejuízos.. 177

13.2.4 O dano ao meio ambiente ecologicamente equilibrado e suas repercussões... 180

13.2.4.1 Os conceitos fundamentais se conectam para identificação do que seja dano ao meio ambiente 180

13.2.4.2 A coletividade (humana) – e não os elementos da natureza – como como titulares do *bem jurídico meio ambiente ecologicamente equilibrado* 180

13.2.4.3 O dano ao *macrobem* a partir do dano ao *microbem: alcance do bem lesado* 181

13.2.4.4 O dano ao meio ambiente X danos diretos à terceiros ou por ricochete 181

13.2.4.5 Os efeitos patrimoniais e extrapatrimoniais do dano ao equilíbrio ecológico 186

13.2.4.6 O dano moral ambiental 187

13.2.4.7 O que deve integrar a reparação patrimonial do dano ao meio ambiente ecologicamente equilibrado? 189

13.2.4.7.1 Um olhar para a função ecológica (função ecossistêmica) dos recursos ambientais que foram danificados e seu papel dinâmico na contribuição e manutenção do equilíbrio ecológico .. 189

13.2.4.7.2 O dano intercorrente (dano interino- -provisório-lucros cessantes ambientais) entre a lesão ao equilíbrio ecológico e a sua restauração 190

13.2.4.7.3 O dano residual 192

13.2.4.7.4 Reparação dos custos das medidas de combate e prevenção do dano – a "indenização preventiva" 193

13.2.4.7.5 Segue: o dano ao meio ambiente e o surgimento do dever de pagar pelos novos custos de combate àquele risco 194

13.2.4.8 Os danos futuros: monitoramento e liquidação... 195

13.2.4.9 Responsabilização jurídica civil: reparação dos danos (*in natura* + *in pecunia*) + reembolso dos gastos de combate da poluição 197

13.2.5 O pagamento pelo uso do bem ambiental 198

13.2.6 Imprescritibilidade do dano ambiental 200

13.2.7 Não há dano insignificante ao meio ambiente – dever de reparação integral 201

13.2.3 Dano ambiental e impacto ambiental 202

13.2.4 Complexidade do dano ambiental e sua identificação – Condenação ao dever de monitoramento 203

CAPÍTULO 5 – RESPONSABILIDADE PENAL AMBIENTAL 205

1. Justificativa da tutela penal 205

2. Responsabilidade penal e poluidor pagador 207

3. Responsabilidade penal e prevenção: os crimes de perigo............................ 208

4. O princípio da insignificância e o Direito Penal Ambiental........................ 209

5. A lei de crimes ambientais (Lei 9.605/98) 212

6. A responsabilização penal da pessoa jurídica e a dupla imputação não obrigatória 214

7. A responsabilidade penal e o princípio da intervenção mínima................. 220

8. Responsabilidade penal e as sanções penais 221

9. Os crimes ambientais e as normas penais em branco................................. 222

10. Intranscendência da pena no caso de sucessão/incorporação de pessoa jurídica.. 224

CAPÍTULO 6 – RESPONSABILIDADE ADMINISTRATIVA AMBIENTAL.......... 227

1. Tutela jurídica estatal administrativa e poluidor pagador........................... 227

2. A infração administrativa, responsabilização administrativa ambiental e devido processo administrativo 228

3. As infrações e as sanções administrativas ambientais 229

4. Os tipos infracionais administrativos descritos no Decreto 6.514............. 231

5. O momento da incidência e o da aplicação da sanção administrativa........ 232

6. O processo administrativo para aplicação da sanção administrativa.......... 234

7. Ilícito administrativo não precisa ser um ilício danoso.............................. 237

8. Responsabilidade administrativa objetiva ou subjetiva?............................. 238

9. Sanções administrativas ambientais independem das sanções civis........... 241

10. O sujeito passivo da sanção administrativa... 242

11. A execução das sanções administrativas 243

12. Concurso formal e material.. 243

13. Uma infração com várias sanções impostas.. 244

14. Classificação das infrações ambientais 246

    14.1 Formais e materiais 246

    14.2 Objetivas e subjetivas... 248

    14.3 Duração 249

15. Sanções administrativas e medidas administrativas 251

16. A autuação é a primeira etapa do processo de aplicação da sanção administrativa 253

17. Proporcionalidade na aplicação das sanções administrativas 256

18. Competência para a aplicação das sanções administrativas....................... 258

18.1 O sujeito ativo da sanção administrativa e a competência comum do artigo 23, VI da CF/88.. 258

18.2 A distribuição interna da competência para aplicar a sanção administrativa ambiental.. 260

18.3 O art. 17, § 1º da Lei Complementar 140.. 261

19. A não vinculação do órgão julgador à sanção administrativa lançada no auto de infração e a proteção do contraditório e da ampla defesa............... 264

20. Aspectos gerais das espécies de sanções administrativas............................ 268

20.1 Introito... 268

20.2 Advertência... 269

20.3 Multa (simples e diária)... 271

20.4 A apreensão dos animais, produtos e subprodutos da fauna e flora e demais produtos e subprodutos objeto da infração, instrumentos, petrechos, equipamentos ou veículos de qualquer natureza utilizados na infração 278

20.4.1 Do procedimento relativo à apreensão e destinação dos produtos e subprodutos da flora e instrumentos apreendidos quando executados por medida administrativa liminar no processo administrativo... 280

20.4.2 Do procedimento relativo à destinação dos bens e animais apreendidos ao final do processo administrativo (sanção administrativa imposta).. 284

20.5 Demais sanções administrativas... 285

REFERÊNCIAS... 293

Capítulo 1
PREMISSAS FUNDAMENTAIS PARA COMPREENDER A TRÍPLICE RESPONSABILIZAÇÃO AMBIENTAL

1. POR QUE PREMISSAS FUNDAMENTAIS?

A resposta é simples e complexa ao mesmo tempo. Explico.

Há diversas diferenças envolvendo a aplicação da responsabilidade civil, penal e administrativa ambiental, mas há também um tronco comum entre elas que se for bem compreendido, poderá facilitar muito o operador do direito não apenas para compreender o que seja comum a todas elas, mas também para identificar em que situações deve distingui-las para aplicá-las corretamente ao caso concreto.

O ato de "responsabilizar" alguém por algum ato-fato jurídico traz enormes consequências na sua liberdade, no seu patrimônio, na sua psique, no seu comportamento social etc. Erros podem acontecer em decorrência da incorreta aplicação da responsabilização – *seja responsabilizando, seja abolindo-a* – mas isso deve ser uma exceção, algo que deve ser evitado.

Assim por exemplo, trazendo o problema para a responsabilização ambiental, apenas para se ter uma ideia do tamanho do problema, é muito importante – fundamental eu diria – que se tenha a precisa noção da diferença entre *risco* e *dano* porque dada a importância do bem ambiental para a sociedade, então toda a construção teórica e dogmática do direito ambiental é feita em cima da necessidade de precaver, de se prevenir, de impedir que o dano aconteça, e, residualmente, restaurar e punir pelo dano causado.

É preciso ficar atento para o fato de que a política legislativa que historicamente sempre foi motivada pela ideia de *punir pelo dano*, passou a se debruçar e excogitar soluções que atendessem ao axioma ambiental de *preservar, prevenir e precaver contra o dano*. Este é o alvo principal, é o que deve estar na ribalta das preocupações por parte do legislador. Obviamente que isso não implica em abandonar a as soluções punitivas de responsabilização, mas a preocupação com o ambiente tem que ser ex *ante* e não ex *post* dano.

Para alcançar esse mister uma destas soluções encontradas pela política legislativa é a criação de regras jurídicas que tenham por alvo *evitar ou remover o estado de risco ambiental.*

Onde há risco, dano ainda não há, mas pode haver.

Então, todas as técnicas e soluções servíveis para *evitar ou remover o risco –* antecedentes ao dano – ganharam relevo na política estatal (legislativa, judiciária e executiva).

Enfim, este é só um aperitivo do que pretendemos trazer neste trabalho. A verdade é que só uma segura compreensão dos conceitos básicos da responsabilização ambiental nos permitirá distinguir de forma natural a aplicação de cada uma das responsabilidades ambientais, qual seja, usando a metáfora que fiz no início desta apresentação, nos permitirá subir de degrau sem precisar olhar para a escada.

2. O QUE SIGNIFICA RESPONSABILIZAR ALGUÉM?

Ainda que num primeiro momento possamos saber, quase intuitivamente, o que seja a "responsabilização de alguém", é preciso advertir que "responsabilidade" é uma palavra polissêmica, pois tem mais de um sentido.

Não é incomum ouvir no nosso cotidiano alguém afirmar que (i) "foi o responsável" pelo acidente, tanto quanto ouvir que (ii) "será o responsabilizado" pelo acidente, ou ainda que (iii) "porque não assumiu a responsabilidade, então o seu patrimônio é que se sujeitará ao ressarcimento". A distinção do sentido da palavra "responsabilidade" nestas três frases não é um algo meramente coloquial e cada uma delas repercute juridicamente de forma diferente.

Na primeira situação a palavra *responsável* tem por mensagem a ideia de que alguém foi o "causador" do acidente, que a ele foi imputada a prática do ato-fato jurídico que deu origem ao acidente.

Na segunda situação possui o sentido de que em razão do acidente causado, a alguém é atribuído o efeito decorrente do acidente, qual seja o *dever* de reparar o dano. Na primeira, figura como causa (motivo), na segunda como efeito decorrente do prejuízo sofrido pela vítima.

Já a terceira hipótese trata-se de "consequência da consequência", ou seja, embora (1) A seja o *causador* do acidente e (2) B tenha o dever de reparar o dano,

CAPÍTULO 1 • PREMISSAS PARA COMPREENDER A TRÍPLICE RESPONSABILIZAÇÃO AMBIENTAL **3**

mas recusa-se a fazer espontaneamente, então é o patrimônio de um deles, ou dos dois, que será *responsável* para satisfazer a reparação.

Obviamente que alguém poderia dizer que tal distinção não importaria muito porque em qualquer caso – *ser o causador, ser o devedor ou ser o garantidor* – a situação jurídica subjetiva em análise recairia sempre a mesma pessoa, afinal de contas é intuitivo o raciocínio de que aquele que causar o acidente seria também aquele que suportará as consequências de seus atos e seria o seu patrimônio que garantiria em caso de inadimplemento do dever de reparar.

Ledo engano.

Aquele que é *responsável por causar* o acidente nem sempre é o mesmo sujeito que é *responsável pelas consequências* do referido fato, embora esta seja a regra normal e típica.

Observe que é perfeitamente possível que "A" seja o "responsável causador" do acidente, mas que o sujeito "B" seja o "responsável pelo dever de reparar", e até mesmo que o patrimônio do sujeito "C" seja responsável para satisfação do dever de reparar inadimplido.

Três situações jurídicas em que se usa de forma coloquial a palavra responsabilidade com perspectivas jurídicas completamente diferentes.

É importante destacar que a partir desta diferença torna-se claro três *situações jurídicas subjetivas* distintas previstas na norma jurídica:

(a) a primeira, primária, que se refere ao suporte fático descrevendo um comportamento que espera ser espontaneamente cumprido. No exemplo "não causar o acidente, não cometer o ato ilícito";

(b) a segunda, secundária, que se refere (m) a (s) consequência (s) decorrentes do cumprimento ou do incumprimento do mencionado comportamento. Consequência do ato ilícito danoso cometido que faz nascer o dever de reparar.

(c) a terceira em razão do incumprimento do dever de reparar o dano causado o patrimônio de alguém se sujeita à reparar os prejuízos dali decorrentes.

É importante colocar ordem nos termos e sempre tentar entender em que contexto se utiliza o vocábulo "responsabilidade", afinal de contas no linguajar comum, como vimos, tanto pode referir-se ao cumprimento/descumprimento da norma primária, da secundária ou consequência de violação desta última.

Aqui, atrelados ao prisma jurídico, iremos usar a palavra responsabilidade (penal, civil e administrativa) sempre na perspectiva de que se trata de uma consequência (negativa) decorrente do incumprimento do comportamento desejado e previsto abstratamente na regra jurídica. Naquele exemplo acima, seria a *responsabilidade civil* pelo dever de reparar o dano, prevista na situação "B".

Assim, o fenômeno da responsabilidade ambiental, objeto deste trabalho, será empregado como uma categoria jurídica que se refira ao dever jurídico de sujeitar alguém às consequências decorrentes do descumprimento de um comportamento previsto norma jurídica ambiental primária.

Assim, mais uma vez um exemplo, valendo-se do art. 59 do Decreto 6.514/2008:

> Art. 59. Fabricar, vender, transportar ou soltar balões que possam provocar incêndios nas florestas e demais formas de vegetação, em áreas urbanas ou qualquer tipo de assentamento humano:
>
> Multa de R$ 1.000,00 (mil reais) a R$ 10.000,00 (dez mil reais), por unidade.

Como se vê na regra jurídica abstrata acima que constitui ilícito administrativo o cometimento dos verbos descritos acima quando o balão possa provocar incêndio nas florestas e demais formas de vegetação.

O comando primário é "não realizar a referida ação" e neste dispositivo o que pretende a regra jurídica é *evitar que aconteça o incêndio danoso*. O descumprimento desta regra mediante a realização da ação ali descrita, por exemplo o de *vender o balão que possa causar incêndio*, terá por consequência a *responsabilidade administrativa* consistente na punição pelo dever de pagar a multa aplicada. Se não for cumprido este dever (responsabilidade administrativa), incidirá a responsabilidade patrimonial do punido, esta última que não é objeto deste trabalho.

É preciso ficar atento para algo que iremos desenvolver mais adiante: é que quando se pensa na *responsabilidade ambiental penal e administrativa*, esta *responsabilidade ou responsabilização* é a consequência jurídica decorrente de um comportamento que *viola uma regra jurídica* ambiental, ou seja, há necessariamente o cometimento de um ato ilícito ambiental.

Entretanto, quando estamos diante da *responsabilidade civil ambiental* pelos danos causados ao meio ambiente o fenômeno não está necessariamente em nenhuma "violação de direito", portanto, não *pressupõe* nenhum *ilícito* para que exista o dever de reparar o meio ambiente.

Na responsabilidade civil ambiental o *dever de reparar o dano causado ao meio ambiente não* é a "consequência" (preceito, eficácia) de violação de direito, ou seja, não é "consequência de um ato ilícito", mas sim da incidência de um comportamento que causa *dano*, independentemente de tal comportamento ser ou não ser um ato lícito.

CAPÍTULO 1 • PREMISSAS PARA COMPREENDER A TRÍPLICE RESPONSABILIZAÇÃO AMBIENTAL | **5**

A importância desta distinção, ver-se-á, é enorme para que possamos identificar os "tipos normativos ambientais" que impõem os deveres jurídicos ambientais e as respectivas formas de tutela na perspectiva da responsabilidade penal, administrativa e civil.

3. SUJEITO PASSIVO DA RESPONSABILIZAÇÃO

O artigo 225, *caput* da CF/88 deixa muito claro que o *dever jurídico de proteção e preservação ambiental* é tanto do poder público quanto da coletividade, portanto, a priori, não exclui ninguém da possibilidade de vir a ser o sujeito passivo da responsabilização ambiental.

Por sua vez, o § 3º desse mesmo artigo 225 ratifica o caput ao dizer que "*as condutas e atividades consideradas lesivas ao meio ambiente sujeitarão os infratores, pessoas físicas ou jurídicas, a sanções penais e administrativas, independentemente da obrigação de reparar os danos causados*".

De se ver, *ab initio*, que não há nenhuma restrição constitucional que impeça qualquer pessoa, física ou jurídica, de ocupar a posição de sujeito passivo da responsabilização penal, civil ou administrativa.

Seguindo a orientação constitucional a legislação ambiental geral (*ex.* Lei 6.938 e Lei 9.605) traz dois conceitos jurídicos fundamentais para delimitar o alcance da responsabilização penal, civil e administrativa. São os conceitos de *poluidor* e de *transgressor* (infrator).

Não necessariamente o *poluidor* será também um *infrator* assim como o inverso. Há *poluidores infratores* e há *poluidores que não são infratores* como veremos com mais vagar adiante.

É preciso ficar atento para o fato de que há um cordão umbilical que liga os conceitos de poluidor e de transgressor com o tipo de responsabilização a ele atribuída pela regra jurídica ambiental.

Assim, tanto a responsabilidade penal, quanto a responsabilidade administrativa decorrente da incidência de uma conduta tipificada como crime e/ou infração administrativa, respectivamente, são imputáveis aos sujeitos denominados de *infratores/transgressores*; já o dever de responsabilização civil resultante de uma conduta danosa é imputável ao *poluidor*.

Sendo mais claro, infrator ou transgressor (norma penal/administrativa) é aquele que se sujeita à responsabilização penal e/ou administrativa; e o poluidor é aquele que se sujeita a uma responsabilização civil ambiental pelos danos causados ao meio ambiente.

Claro que mais de um sujeito pode ser infrator/transgressor de um mesmo fato jurídico penal ou administrativo (coparticipe), tanto quanto mais de um poluidor pode ser responsável civilmente pelo dever de reparar os danos ao meio ambiente.

Se mais de uma pessoa realiza o fato jurídico descrito no suporte fático então sobre cada uma delas incidirá a consequência (preceito) decorrente deste ato. Se a consequência é a responsabilização penal e/ou civil e/ou administrativa, então será possível que a vários sujeitos sejam imputados à respectiva responsabilização.

Mas, você deve estar se perguntando, qual o porquê de o *poluidor* ser o nome jurídico com o qual se identifica o sujeito passivo da responsabilidade civil e o *infrator* ser atribuído àquele que titulariza a responsabilização penal e a administrativa.

A resposta é simples, mas será mais bem compreendida no tópico seguinte quando tratarmos da responsabilidade ambiental na estrutura da norma jurídica.

Entretanto, para evitar ansiedades já adianto que: o conceito de poluidor se vincula a noção de *dano ambiental* e o de infrator aos de (i) *ilícito ambiental*[1] para o caso de responsabilidade administrativa e ao de (ii) *ilícito ambiental culposo* para o caso de responsabilidade penal.

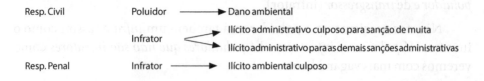

Só é *poluidor* aquele que, direta ou indiretamente, comete um *dano*, uma degradação ambiental. Só será um infrator/transgressor aquele que, diretamente, comete um ilícito ambiental.

---

1. A "culpa" não é elemento essencial do suporte fático que dá origem à responsabilidade administrativa ambiental; cabe ao Poder Legislativo estabelecer em que casos além do ilícito ambiental também será necessária a conduta culposa do infrator, tal como na hipótese da responsabilidade administrativa pela multa simples (art. 72, § 3º da Lei 9.605/98).Ocorre que o fato de *todos os tipos infracionais previstos no Decreto 6.514* preverem a multa como preceito então todos os ilícitos administrativos ambientais tem no seu suporte, para esta sanção punitiva, o elemento "culpa" na perspectiva da *negligencia e do dolo* como determina o art. 72, § 2º da Lei 9.605.

Vejamos o exemplo do tipo descrito no artigo 52 da Lei 9.605 (Lei de crimes ambientais) e que também está no artigo 92 do Decreto 6.514/2008:

> Art. 52. Penetrar em Unidades de Conservação conduzindo substâncias ou instrumentos próprios para caça ou para exploração de produtos ou subprodutos florestais, sem licença da autoridade competente:
>
> Pena: detenção, de seis meses a um ano, e multa.
>
> Art. 92. Penetrar em unidade de conservação conduzindo substâncias ou instrumentos próprios para caça, pesca ou para exploração de produtos ou subprodutos florestais e minerais, sem licença da autoridade competente, quando esta for exigível:
>
> Multa de R$ 1.000,00 (mil reais) a R$ 10.000,00 (dez mil reais).
>
> Parágrafo único. Incorre nas mesmas multas quem penetrar em unidade de conservação cuja visitação pública ou permanência sejam vedadas pelas normas aplicáveis ou ocorram em desacordo com a licença da autoridade competente.

Imaginemos que um sujeito "A" entra inadvertidamente em uma unidade de conservação portando instrumentos próprios para caça sem a devida autorização para tal. Observe que mesmo que ele apenas caminhe dentro do referido parque nacional portando os referidos instrumentos e nem sequer os tire de dentro da sua bolsa, ainda assim incidiu nos "tipos" descritos nos referidos dispositivos.

Cometeu *um ato ilícito penal e um ato ilícito administrativo*, mas sem qualquer *dano* ao meio ambiente daí decorrente. É o que se costuma denominar de ilícito sem dano, típico caso de um sujeito que é *infrator/transgressor*, mas não é um poluidor. Neste exemplo, ele poderá ser *responsabilizado penal e administrativamente* pelos ilícitos resultantes da incidência dos tipos descritos nos arts. 52 e 92 mencionados acima, *mas não poderá ser responsabilizado civilmente porque não houve dano.*

Por outro lado, deve ficar claro que se na hipótese acima o sujeito tivesse não apenas caminhado no Parque Nacional, mas usado os instrumentos para caçar ou apanhas espécies da fauna e da flora, ele não teria cometido apenas um *ilícito penal e administrativo puro*, mas também cometido *dano ao meio ambiente*. Nesta hipótese será *também um poluidor* porque causou *danos* ao meio ambiente poderá se sujeitar à responsabilização penal, administrativa e civil.[2]

---

2. Na segunda parte deste livro cuidaremos de forma mais completa os conceitos de poluidor e infrator ambiental quando enfrentarmos os elementos que integram a responsabilização civil (poluidor) e a penal/administrativa (infrator).

4. A "RESPONSABILIDADE AMBIENTAL" NA ESTRUTURA DA NORMA JURÍDICA AMBIENTAL

4.1 A norma jurídica: suporte fático e preceito

Sendo a "responsabilidade" a consequência nascida do encontro perfeito entre o suporte fático concreto e o suporte fático abstrato previsto na lei, torna-se absolutamente necessário entender como é a estrutura da norma jurídica ambiental para compreender como se dá o nascimento da responsabilidade – civil, penal e administrativa – em matéria ambiental.

Valendo-me da comparação entre *estrelas* e *normas jurídicas* feita pelo notável jusfilósofo italiano Norberto Bobbio[3] se olharmos para o céu numa noite estrelada não conseguiremos contar o número de estrelas ao nosso redor, seja porque nos parecem infinitas, seja porque ficamos hipnotizados pela sua beleza.

Numa classificação didática – e sem polemizar o tema – o mestre italiano divide as normas jurídicas que integram o ordenamento jurídico em *normas de estrutura* (ou de competência) e *normas de conduta*.[4]

Aqui nos interessa apenas as *normas de conduta* que nada mais são do que aquelas que comprimem em recorte abstrato as condutas desejadas e as respectivas consequências positivas ou negativas decorrentes do seu cumprimento ou incumprimento, respectivamente.[5]

Se a norma jurídica descreve em abstrato o suporte fático (suporte fático hipotético) e as suas respectivas consequências (preceito, eficácias), então todas as vezes que o referido fato (ou bloco de fatos) ali previsto acontece no "mundo real", então haverá um casamento perfeito (incidência) entre este fato que ocorreu e o que na regra jurídica está previsto. Este fato que está descrito em abstrato na norma e que vem a ocorrer no mundo concreto não é um fato qualquer, pois se trata de *fato jurídico* cuja característica é fazer com que nasçam as eficácias jurídicas decorrentes da sua incidência.

---

3. BOBBIO Norberto. *Teoria do ordenamento jurídico*. 6. ed. Apresentação Tércio Sampaio Ferraz Júnior. Trad. Maria Celeste C. J. Santos; rev. téc. Cláudio De Cicco. Brasília: Editora Universidade de Brasília, 1995, p. 37.

4. Idem, ibidem, p. 33.

5. "A norma jurídica, já dissemos, prevê fatos (suporte fáctico) aos quais imputa certas consequências (=eficácia jurídica) com implicações no plano de relacionamento intersubjetivo". MELLO, Marcos Bernardes de. *Teoria do Fato jurídico*. 3. ed. São Paulo: Saraiva, 1988, p. 43.

CAPÍTULO 1 • PREMISSAS PARA COMPREENDER A TRÍPLICE RESPONSABILIZAÇÃO AMBIENTAL — 9

Em abstrato a norma descreve o suporte fático e as consequências para aquele fato. Havendo a incidência do fato ocorrido no mundo naquele suporte fático, então é inevitável que as consequências sejam produzidas.[6]

Muito embora o objeto de nossos estudos neste trabalho girem em torno do *incumprimento* da regra jurídica e das *sanções negativas* que delas nasçam (ex. responsabilidade penal, administrativa e civil), bem sabemos que a norma jurídica (suporte fático + preceito) não deixa de ser norma jurídica apenas porque seus preceitos, eventualmente, não sejam sancionatórios.[7]

Os exemplos tornam mais fácil a compreensão. Tomemos de análise o artigo 51 do Decreto 6.514/08:

> Art. 51. Destruir, desmatar, danificar ou explorar floresta ou qualquer tipo de vegetação nativa ou de espécies nativas plantadas, em área de reserva legal ou servidão florestal, de domínio público ou privado, sem autorização prévia do órgão ambiental competente ou em desacordo com a concedida: (Redação dada pelo Decreto 6.686, de 2008).
>
> Multa de R$ 5.000,00 (cinco mil reais) por hectare ou fração.

Quando lemos os verbos "destruir", "desmatar", "danificar" ou "explorar" podemos fechar os olhos e será fácil imaginar a ação fática que está prevista em abstrato no referido dispositivo. Mas o fato jurídico descrito não se resume aos verbos ali descritos, pois é preciso que tais ações estejam vinculadas às formas de vegetação também ali descritas e, além disso, que o autor da ação não possua autorização prévia do órgão ambiental competente. A referida ação deve ser praticada com *dolo* ou com *negligencia* do infrator, pois, para que o preceito de multa incida o art. 72, § 2º, da Lei 9.605 faz esta exigência.

Observe-se que não é *um fato* apenas, mas um *bloco de fatos* que estão descritos em abstrato como necessários para que ocorra a incidência e os efeitos sejam produzidos.

É preciso que seja notado também que não é apenas o "suporte fático" que está descrito na regra jurídica acima. Nela também está prevista a "consequência" para o caso de sua incidência, qual seja, o *dever de pagar a multa na proporção ali descrita.*[8]

---

6. Nem sempre, é verdade, as tais consequências da norma (suas eficácias) precisam estar na mesma regra jurídica. É possível que uma norma descreva abstratamente um fato jurídico e em outra estejam as eficácias a ela correspondentes.

7. A respeito ver PONTES DE MIRANDA, Francisco Cavalcanti. *Tratado de direito privado.* 4. ed., 2. tir. São Paulo: Ed. RT, 1983, , v. I, p. 3-4.

8. Por expressa dicção do art. 72, § 2º da Lei 9.605, ao qual o decreto deve obediência, a multa simples só pode ser aplicada se houver dolo ou negligencia do agente.

Esse "efeito" decorre da incidência (do enquadramento – da perfeita amálgama) do suporte fático abstrato descrito na regra com o fato em concreto realizado por alguém. A realização do conjunto de fatos que está descrito na regra jurídica faz nascer – no exato momento em que ocorre a incidência – o efeito jurídico previsto que é a *responsabilidade consistente no dever de pagar a multa*.

Neste exemplo acima, por óbvio, o *dever normativo* é justamente *não praticar aquela conduta que está ali prevista*, afinal, a consequência pela destruição, desmatamento, danificação da flora na situação ali descrita enseja a *responsabilização pelo pagamento da multa prevista no próprio dispositivo*. Dever e responsabilidade ambiental andam juntas.

É preciso ficar atento ao aspecto de que nem sempre na mesma regra jurídica estará descrita a consequência – ou a única consequência – do suporte fático nela prevista, ou seja, em linguajar mais simples, é perfeitamente possível, por exemplo, que em uma regra jurídica esteja descrita a conduta e em outra a consequência que dela resulta. Destarte, também é possível que numa regra jurídica esteja descrita uma conduta e a sua consequência, e em outra regra jurídica esteja prevista uma outra sanção para aquela mesma conduta. Nada impede que existam sanções diversas para a mesma conduta. No exemplo acima, imaginemos que o sujeito que pratica a ação de *explorar a vegetação* nos termos ali previstos, o faz por meio de petrechos e instrumentos. Nesta hipótese será natural que também se aplique ao referido infrator a sanção de apreensão dos instrumentos utilizados para a prática do ato infracional (art. 14 do Decreto 6.514/08).

Fica absolutamente claro que nem sempre a consequência nascida da incidência do fato descrito em abstrato sobre o fato praticado em concreto se restringirá a uma única consequência, e, não necessariamente elas estarão descritas na mesma regra jurídica.

A *responsabilização ambiental*, seja ela penal civil ou administrativa, nada mais é do que a situação jurídica subjetiva decorrente da incidência do fato descrito em abstrato na norma jurídica sobre o fato ocorrido em concreto. E, nada obstante a *responsabilização* seja uma consequência decorrente do incumprimento de um dever jurídico ambiental, ela mesma, a responsabilidade ambiental – civil, penal ou administrativa – constitui um *dever jurídico* que deve ser cumprido pelo responsável, sob pena de incidir outra consequência, coativa por parte do Estado. Então, por exemplo, se não adimplida a sanção administrativa de multa, esta será executada pelo Poder Público e será o patrimônio do responsável que será expropriado judicialmente para dali retirar o valor devido. O mesmo se diga da responsabilidade penal, ou seja, processado, julgado e condenado pelo crime ambiental que preveja a pena restritiva de direitos será levado à força pelo estado para cumprir a referida pena.

CAPÍTULO 1 • PREMISSAS PARA COMPREENDER A TRÍPLICE RESPONSABILIZAÇÃO AMBIENTAL | **11**

Retomando o raciocínio, como dito alhures, é claro que o que se deseja naquele exemplo citado acima do art. 51 é que *não aconteça aquele comportamento ali descrito*. Ficou ali muito claro que aquele comportamento descrito no art. 51 é violador do direito, um ato ilícito.

Contudo, e aqui é preciso bastante atenção, nem sempre o *fato* ou *bloco de fatos* descritos na regra jurídica constituem um ato violador do direito. É possível que a regra jurídica comprima em recorte abstrato fatos lícitos, mas que mesmo assim ensejem consequências que constituam direitos ou deveres ou obrigações ou ônus ou poderes etc.

Basta pensar na *responsabilidade civil ambiental* decorrente de ato lícito.

Veremos isso mais à frente, mas adianta-se que o *dever de reparar o meio ambiente pelos danos causados* – responsabilidade civil ambiental – pode nascer tanto fatos lícitos, quanto de ilícitos. É irrelevante ser ou não ser um ato contrário ao direito para nascer o dever de responsabilização civil pelos danos causados. O que importa para a responsabilização civil ambiental é a existência de dano imputável a uma pessoa. É isso que deve estar contido no fato ou bloco de fatos que ensejam o nascimento da responsabilidade civil ambiental.

Vejamos o artigo 14, § 1º da Lei 6.938:

> § 1º Sem obstar a aplicação das penalidades previstas neste artigo, é o poluidor obrigado, independentemente da existência de culpa, a indenizar ou reparar os danos causados ao meio ambiente e a terceiros, afetados por sua atividade. O Ministério Público da União e dos Estados terá legitimidade para propor ação de responsabilidade civil e criminal, por danos causados ao meio ambiente.

Observe que o dever de responsabilização civil (*obrigado a indenizar ou reparar*) está atrelado apenas a existência de um *poluidor que cause danos ao meio ambiente*. A frase é até repetitiva porque no conceito de poluidor já está inserida a noção degradação ambiental. Sendo poluidor, e, por óbvio, causando danos ao meio ambiente, há o dever de responsabilização civil. Pouco importa se o *poluidor* cometeu ou não cometeu um ato violador do direito, pois a pedra de toque para a responsabilização civil ambiental é que de forma direta ou indireta a sua ação ou omissão tenha causado um dano ambiental.

Por outro lado, nada impede que o bloco de fatos previsto em recorte abstrato na regra jurídica preveja uma situação que se for praticada traz um benefício, um prêmio para o sujeito que pratica em concreto a referida ação. É o caso do sujeito que no processo administrativo confessa o fato a ele imputado e pede a conversão da multa aplicada em obrigações ambientais, caso em que receberá um benefício de desconto do valor da multa pela referida atitude (art. 142 e 143 do Decreto 6.514).

Ao cabo deste tópico é preciso que fique claro que são critérios de política legislativa que motivam o poder legislativo, mandatário do povo, a criar regras jurídicas estabelecendo em moldura abstrata os fatos e as suas consequências; consequências estas que podem ser *deveres, direitos, sujeições, ônus* etc.

A responsabilidade civil, penal e a administrativa nada mais são do que as consequências (o preceito) decorrente da incidência do fato concreto no arquétipo fático abstratamente previsto na regra jurídica legislada.

4.2 O elemento necessário contido no "suporte fático" que faz nascer a responsabilização ambiental penal, a civil e a administrativa

A pergunta que deve ressoar ao ler o título deste tópico do trabalho é a seguinte: é possível estabelecer um elemento comum entre todos os "suportes fáticos" geradores de responsabilização ambiental?

Sendo mais preciso, se juntássemos as hipóteses de responsabilização ambiental existentes no nosso ordenamento jurídico (ex. civil, penal ou administrativa), seria possível identificar algum elemento comum contido no cerne dos referidos suportes fáticos?

Considerando a dogmática hoje existente – que obviamente pode ser alterada pela Lei segundo critérios políticos – não é possível identificar um elemento comum que integre o cerne dos suportes fáticos da responsabilização penal, civil e administrativa.

Vejamos o porquê.

O cerne, invariável, do suporte fático que faz nascer a responsabilidade *civil* ambiental [*dever do poluidor reparar os danos causados ao meio ambiente*] é a "existência de um dano ambiental imputável a um poluidor", como predetermina o § 1º da Lei 6.938/81.

Por outro lado, em se tratando de responsabilidade penal ambiental, o cerne do suporte fático é a existência de um *ilícito culposo* descrito numa regra jurídica penal. A *culpa* é elemento intrínseco do tipo (suporte fático) penal por imperativo constitucional, daí porque no seu cerne é necessário que sempre exista um *ato ilícito* e que ele seja *culposo*. Ilicitude e culpa estão no suporte fático penal que dá ensejo à responsabilização penal ambiental. Por sua vez, o *dano*, elemento imprescindível à responsabilidade civil ambiental, não é essencial aos tipos penais ambientais, tal como se vê nos crimes de perigo abstrato.

Já na responsabilidade administrativa ambiental o cerne de qualquer suporte fático é um *ato ilícito* descrito numa regra administrativa. Nem sempre no suporte fático previsto na regra jurídica administrativa precisa estar descrito um fato ilícito "danoso" ou "culposo".

O elemento "dano" não é essencial para categorizar o tipo administrativo ensejador da responsabilidade administrativa ambiental, embora possa existir regra jurídica administrativa onde conste no suporte fático a ilicitude somada ao dano.

O mesmo se diga em relação ao elemento "culpa". Na responsabilidade administrativa ambiental temos dois regimes: um para a sanção de multa e outro para as demais sanções administrativas. Para aplicar a multa é mister que se comprove o dolo e a negligência do infrator por expressa dicção do artigo 72, § 2º da Lei 9.605. Já as outras sanções administrativas esta exigência não existe e basta o ilícito cometido.

Assim, frise-se, na regra jurídica administrativa para a imposição da responsabilidade administrativa ambiental é essencial que nela contenha:

(i) um "fato ilícito culposo" se a sanção a ser aplicada for a de multa em razão do § 2º do art. 72 da Lei 9.605;

(ii) "um fato ilícito" para as demais sanções administrativas.

Por sua vez o resultado danoso não é elemento imprescindível aos tipos administrativos.

Como não há imperativo constitucional que imponha a "culpa" como elemento essencial do tipo administrativo, tal como o faz para a responsabilização penal,[9] então esta é uma opção política do legislador infraconstitucional. A Lei 9.605 estabeleceu dois regimes jurídicos para a responsabilização administrativa ambiental: um para a sanção de multa (ilícito culposo) e outro para as demais sanções administrativas (ilícito puro).

O *dano* não é elemento essencial do tipo administrativo, ou seja, pode ou não estar presente no suporte fático segundo opção do legislador.

A *culpa* deve integrar, obrigatoriamente, o suporte fático do tipo administrativo para a aplicação da multa, mas o *ilícito sem culpa* basta para a aplicação das demais sanções administrativas.

---

9. Veremos isso com mais vagar na segunda parte deste livro, quando nos debruçaremos especificamente sobre a responsabilidade administrativa ambiental, mas desde já advertimos que discordamos da tese jurídica de que ela seja sempre "subjetiva". Apenas na hipótese de aplicação da sanção de multa simples é necessária a presença do ilícito + culpa (dolo e negligência) para o nascimento da responsabilidade administrativa ambiental.

Ao fazer um contraste entre as três responsabilidades pode-se concluir o seguinte:

- Apenas a *penal* e a *administrativa* possuem um elemento comum que é *necessário* em seus suportes fáticos: presença de ato *ilícito*, um ato violador de um direito imputável ao infrator;

- Na responsabilização *penal*, além do *ilícito*, por imperativo constitucional, é indispensável que exista também a *culpa* do infrator;

- Na responsabilização administrativa para a imposição da sanção de multa é mister a demonstração do dolo e da negligência do infrator por expressa dicção legal;

- Na responsabilização administrativa para a imposição das demais sanções (que não seja a multa) basta a existência do ilícito imputável ao infrator;

- Por outro lado, como o suporte fático da responsabilidade civil ambiental exige apenas o *dano* imputável a um poluidor – independentemente de ser derivado ou não de um ato ilícito ou lícito – não há como identificar um elemento comum que permita uni-la às outras duas responsabilidades.

Com exemplos a compreensão ficará facilitada.

Uma empresa siderúrgica devidamente licenciada e cumprindo à risca as regras de emissão de particulados – atividade lícita – causa danos ao meio ambiente. Aqui neste exemplo há "dano" imputável à empresa, mas não há "ilícito". Não havendo ilícito não incide nenhuma responsabilidade penal ou administrativa em razão da referida ação por ela praticada. Porém, incide a responsabilidade civil ambiental.

Noutro exemplo, esta mesma siderúrgica, segundo as regras estabelecidas na licença ambiental, deve fazer todo mês um exercício simulado de planos de evacuação em caso de incêndio do seu alto forno. Assim, se hipoteticamente em determinado mês não realizou a simulação do plano e evacuação é inequívoco que cometeu um *ilícito* referente ao incumprimento de exigência constante do licenciamento. Este ilícito tanto previsto nas regras penais quanto nas administrativas ambientais *pode* acarretar responsabilização nestas duas esferas, mas não na da responsabilidade civil simplesmente porque não há o *dano ambiental*. A ação (ilícita) *não foi danosa e por isso não incide a responsabilidade civil ambiental*.

Em mais outro exemplo a mesma empresa siderúrgica descumpre os padrões de emissão previstos na licença e ao descumpri-lo causa danos à qualidade do ar. Em razão do *dano* responderá civilmente; em razão do ilícito – nesta hipótese

CAPÍTULO 1 • PREMISSAS PARA COMPREENDER A TRÍPLICE RESPONSABILIZAÇÃO AMBIENTAL **15**

ilícito danoso – também responderá penal e administrativamente. Será necessária a prova da culpa se a sanção a ser aplicada for a da multa simples.

Disso resulta a frase tão repetida que o *mesmo fato pode dar origem à sanção penal, civil e administrativa.*

A frase é verdadeira, em primeiro lugar, porque usa a expressão "pode dar", ou seja, é uma possibilidade, porque, como vimos, os arquétipos fáticos ensejadores de responsabilidade penal, civil e administrativa nem sempre comprimem a mesma situação de fato, mas é possível que isso aconteça.

Assim, por exemplo na hipótese em que alguém *"destrua ou danifique floresta considerada de preservação permanente"*. Esta descrição fática está prevista como crime (ilícito com dano) tanto numa regra jurídica penal (art. 38 da Lei 9.605),[10] quanto numa regra jurídica administrativa (art. 43 do Decreto 6.514/2008).[11] Por outro lado, se há destruição, então *há dano* e por isso incide o dever de responsabilização civil descrita no artigo 14, § 1º da Lei 6.938/81.[12] Portanto, aqui há a possibilidade da tríplice responsabilização ambiental.

É sempre preciso deixar muito claro que o elemento que necessariamente deve estar contido no suporte fático que enseja a responsabilização civil é o dano ambiental.

Já em relação à responsabilização administrativa esse "elemento necessário e suficiente" que deve estar contido no suporte fático é o ato ilícito e, em alguns casos – quando se impõe a multa simples – além dele (do ilícito) é preciso que também contenha a culpa do infrator (negligência ou dolo) como expressamente determina o artigo 72, § 3º, da Lei 9.605.

No caso da responsabilidade penal o suporte fático necessariamente deve conter sempre o ato ilícito e a culpa daquele que se imputa o crime.

---

10. Art. 38. Destruir ou danificar floresta considerada de preservação permanente, mesmo que em formação, ou utilizá-la com infringência das normas de proteção:
Pena: detenção, de um a três anos, ou multa, ou ambas as penas cumulativamente.
11. Art. 43. Destruir ou danificar florestas ou demais formas de vegetação natural ou utilizá-las com infringência das normas de proteção em área considerada de preservação permanente, sem autorização do órgão competente, quando exigível, ou em desacordo com a obtida: (Redação dada pelo Decreto 6.686, de 2008).
Multa de R$ 5.000,00 (cinco mil reais) a R$ 50.000,00 (cinquenta mil reais), por hectare ou fração.
12. Art. 14: (...) § 1º Sem obstar a aplicação das penalidades previstas neste artigo, é o poluidor obrigado, independentemente da existência de culpa, a indenizar ou reparar os danos causados ao meio ambiente e a terceiros, afetados por sua atividade. O Ministério Público da União e dos Estados terá legitimidade para propor ação de responsabilidade civil e criminal, por danos causados ao meio ambiente.

4.3 A norma jurídica qualificada de penal, civil e administrativa

4.3.1 Cumulatividade das sanções dos diferentes ramos do ordenamento jurídico

Já vimos que o mesmo fato pode dar origem a uma sanção penal, civil ou administrativa, como aliás, alerta o § 3º do artigo 225 da CF/88 quando diz que:

> § 3º As condutas e atividades consideradas lesivas ao meio ambiente sujeitarão os infratores, pessoas físicas ou jurídicas, a sanções penais e administrativas, independentemente da obrigação de reparar os danos causados.

Fica claro no referido dispositivo que ele autoriza a cumulatividade e autonomia da *sanção penal, civil e administrativa* nas hipóteses em que "as condutas e atividades" sejam "consideradas lesivas ao meio ambiente".

Importante deixar estreme de dúvidas que o texto constitucional não *impõe* a cumulatividade senão porque apenas *permite* que ela aconteça identificando que existe a *possibilidade* de que o mesmo "fato jurídico" tenha eficácias (consequências) diferentes no campo penal, civil e administrativo.

> "O mesmo fato ou complexo de fatos pode ser suporte fáctico de mais de uma regra jurídica. Então, as regras jurídicas incidem e fazem-no fato jurídico de cada uma delas, com a respectiva irradiação de eficácia. No mundo jurídico, êle é múltiplo; entrou, ou reentrou por várias aberturas, levado por diferentes regras jurídicas, sem deixar de ser, fora deste mundo, ou nêle mesmo, inicialmente, um só. Nada impede que o mesmo fato seja suporte fáctico de regras de direito civil, de direito penal, de direito processual, de direito constitucional ou de direito das gentes; às vezes, é suporte fáctico de regras de sistemas jurídicos de diferentes Estados".[13]

É o caso, por exemplo, mencionado mais acima, do sujeito que destrói uma área de preservação permanente. Tal conduta, e respectiva consequência, está prevista em abstrato tanto nas regras jurídicas penais, civis e administrativas.

Entretanto, haverá casos, como por exemplo nos tipos penais de perigo abstrato, que não acontecerá essa tríplice coincidência de suportes fáticos (penal, civil e administrativo) prevendo a incidência das três modalidades de sanção, simplesmente, porque, neste exemplo de perigo abstrato, não há o "dano" como elemento essencial do suporte fático para que surja o dever de reparar os danos causados (responsabilização civil).

Efetivamente não há problema de existirem sanções *diferentes* sobre a mesma pessoa em decorrência da incidência do mesmo suporte fático previsto em mais

---

13. PONTES DE MIRANDA. *Tratado de direito privado*. 4. ed., 2. tir. São Paulo: Ed. RT, 1983, , v. 1, t. 1, p. 27.

CAPÍTULO 1 • PREMISSAS PARA COMPREENDER A TRÍPLICE RESPONSABILIZAÇÃO AMBIENTAL 17

de uma regra jurídica do mesmo ordenamento, não apenas pela diversidade da sanção, mas também porque, pelo menos em tese, cada uma delas têm fundamento e fins diversos.

4.3.2 Cumulatividade de sanções idênticas de diferentes ramos do ordenamento jurídico

Por outro lado, há sim problema, enorme eu diria, quando existe um mesmo suporte fático que incide sobre diversas regras jurídicas em diversos ramos do direito e neles estão previstas idênticas sanções, ou seja, mesmas sanções que advém de diferentes ramos do Direito.

Obviamente que é pueril qualquer justificativa para dissolver o problema acima a partir da distinção das sanções pelo *ramo do direito* porque bem se sabe que as divisões do "Direito" em ramos nada mais são do que uma simples e artificial questão metodológica e de organização do ordenamento jurídico, afinal de contas *ontologicamente* todas se unem em torno do tronco comum da *contrariedade ao direito.*[14]

Esse problema – de saber se existe um *bis in idem* na aplicação de idêntica sanção sobre o mesmo sujeito, só que feito pelos diferentes *ramos* do Direito – tem se tornado cada vez mais sério na medida em que a interdisciplinaridade dos ramos tem se tornado maior, e muitas vezes, as razões e fins das sanções não são bem delineados. Também não me parece satisfatório o argumento de uma ser aplicada jurisdicionalmente e outra não, pois o problema da *realização/concreção* da sanção é posterior a sua instantânea incidência (subsunção do fato ao respectivo suporte fático).

Impulsionado pela falência do sistema penitenciário e carcerário, somado à constatação prática de que a pena privativa de liberdade não cumpre o objetivo de prevenção e reeducação do condenado, e aliado à necessidade de punir os crimes

---

14. "Para configurar a contrariedade a direito caracterizadora da ilicitude, não importa a que ramo do direito pertença a norma jurídica violada; não há diferença ontológica entre ilícito civil, penal, administrativo ou de qualquer outra espécie, em razão da contrariedade a direito. (A distinção possível entre eles leva em conta o elemento subjetivo, a imputabilidade, cujos critérios de fixação variam de urna espécie a outra, e os elementos completantes, conforme veremos adiante.) Porque todos têm o mesmo cerne sob o aspecto da contrariedade a direito, a distinção que se faz entre eles é meramente metodológica, estabelecendo-se em razão da natureza da norma jurídica incidente sobre o suporte fáctico concreto. Assim, será penal o ilícito guando incidentes normas de direito penal, como será administrativo guando se contrariam normas de direito administrativo. Para os demais casos de ilícitos reserva-se, genericamente, a expressão ilícito civil. A substância ontológica de todos eles é a mesma, no entanto". MELO, Marcos Bernardes. *Teoria do fato jurídico*: plano da existência. 18. ed. Saraiva: São Paulo, 2012, p. 262; no mesmo sentido ao tratar do ilícito penal e do ilícito administrativo ver OSÓRIO, Fábio Medina. *Direito Administrativo Sancionador*. 4. ed. rev., atual. e ampl. São Paulo: Ed. RT, 2011, p. 96.

praticados pelas pessoas jurídicas, o direito penal passou a enxergar e a aderir a outras modalidades de penas para cumprir o seu papel "punitivo". Restringir direitos sem a necessidade de privação da liberdade passou a ser um caminho visto com bons olhos seja para evitar os custos de uma privação de liberdade, seja para evitar a reincidência, seja atingir o papel ressocializador da pena.

Essa crise de identidade do direito penal que o obrigou a ajustar-se à realidade social trouxe algumas questões como a que trazemos aqui consistente em saber como lidar com a possibilidade de que (i) *a mesma sanção* esteja prevista (ii) para o *mesmo suporte fático* nos (iii) *diversos ramos do Direito*.

A situação mostra-se inusitada e em nosso sentir não é possível negar a existência de bis in idem, pois, a premissa é sempre a de que a contrariedade ao direito é ontologicamente a mesma, e o que discerne o ramo penal, civil, administrativo, eleitoral, regulatório etc. não é outro senão a necessidade de dar coerência e metodologia ao ordenamento jurídico.

Contudo, se para o mesmo fato jurídico previsto em abstrato no direito penal e no direito civil estão previstas as mesmas sanções, não há como se exigir a cumulação de ambas contra o mesmo sujeito.

Tomemos de exemplo a hipótese em que o mesmo suporte fático – exatamente o mesmo – esteja previsto como *crime contra a administração pública* e também como *ato de improbidade administrativa*. Faz algum sentido o sujeito ser condenado à dupla suspensão dos direitos políticos como se pudesse cumular os tempos das penas?

No direito ambiental brasileiro há uma curiosa situação envolvendo este problema. Todos sabemos que uma vez causado o dano ambiental este não cessa de imediato, protrai-se no tempo amplificando os prejuízos dia após dia, daí porque, inclusive, é imprescritível.

Pensando nisso, a legislação brasileira, sabiamente, encontrou caminhos para que, desde que atendidas algumas circunstâncias, a reparação integral do dano seja uma providência imediata, ainda que venha a ser obtida na seara penal, na civil ou na administrativa.

Imaginemos a seguinte situação, considerando as hipóteses de incidência a seguir:

Lei 9.605

Art. 48. Impedir ou dificultar a regeneração natural de florestas e demais formas de vegetação:

Pena: detenção, de seis meses a um ano, e multa.

Decreto 6.514

CAPÍTULO 1 • PREMISSAS PARA COMPREENDER A TRÍPLICE RESPONSABILIZAÇÃO AMBIENTAL **19**

Art. 48. Impedir ou dificultar a regeneração natural de florestas ou demais formas de vegetação nativa em unidades de conservação ou outras áreas especialmente protegidas, quando couber, área de preservação permanente, reserva legal ou demais locais cuja regeneração tenha sido indicada pela autoridade ambiental competente: (Redação dada pelo Decreto 6.686, de 2008).

Multa de R$ 5.000,00 (cinco mil reais), por hectare ou fração. (Redação dada pelo Decreto 6.686, de 2008).

Parágrafo único. O disposto no caput não se aplica para o uso permitido das áreas de preservação permanente.

Art. 14, § 1º da Lei 6.938/81

§ 1º Sem obstar a aplicação das penalidades previstas neste artigo, é o poluidor obrigado, independentemente da existência de culpa, a indenizar ou reparar os danos causados ao meio ambiente e a terceiros, afetados por sua atividade. O Ministério Público da União e dos Estados terá legitimidade para propor ação de responsabilidade civil e criminal, por danos causados ao meio ambiente.

Admita-se, nesse exemplo, que aconteça o fato previsto no suporte fático do *crime do artigo 48 da Lei 9.605* e da *infração administrativa do artigo 48 do Decreto 6.514* e que além disso seja instaurado inquérito civil público junto ao Ministério Público para apurar danos ao meio ambiente causado por aquela conduta.

Nos termos do artigo 28 da Lei 9.605 é condição *sine qua non* para a extinção da punibilidade a existência de "laudo de constatação de reparação do dano ambiental", e, por outro lado, no curso do processo administrativo instaurado a partir de um ato de infração em que se sugere a aplicação de multa permitem os artigos 72, § 4º da Lei 9.605 e o art. 96, § 5º, "C" do Decreto 6.514 que o processo administrativo seja encerrado pela conversão da multa simples em "serviços de preservação, melhoria e recuperação da qualidade do meio ambiente".

Imaginando que o ofensor obtenha o *laudo de reparação integral dos danos ambientais* para fins de aplicação do artigo 28, é de se questionar se ainda deve-se cogitar de eventual demanda voltada à obtenção da reparação civil pelos danos causados, e, mais ainda, se tal laudo poderia servir para cumprir parcialmente a regra do artigo 72, § 4º da Lei 9.605 que trata da conversão da multa simples imposta pela administração pública ao transgressor do artigo 48 do Decreto 6.514.

Partindo da premissa de que o referido laudo de constatação realmente contemple a reparação integral do dano, algo que obviamente pode ser questionado em juízo, não faz nenhum sentido, por exemplo, ajuizar – ou manter de pé – uma ação civil pública cujo pedido seja exatamente este, ressalvados outros que eventualmente possam ser cumulados ou pedidos autonomamente.

Contudo, é preciso ficar atento pois para que exista uma eventual sobreposição indevida é necessário que os três elementos sejam absolutamente idênticos [suporte fático, fato imponível e preceito (sancionatório)], do contrário não há que falar em bis in idem. Um exemplo extraído de um aresto do STJ ilustra bem essa distinção:

> Um sujeito foi multado porque transportava madeira sendo parte da carga ilegal e parte legal. Não obteve por meio de mandado de segurança o direito de livrar a apreensão da mercadoria legal porque esta servia para ocultar/mascarar/enganar a autoridade de que ali se transportava algo legal e ilegal. Aqui, o produto legal foi usado como instrumento de crime, e, portanto, a hipótese de incidência para a apreensão era outro daquele que motivou a apreensão da carga que desde o início não continha origem legal. REsp 1.714.543/MT

Também é preciso entender que o que aqui se disse só se aplica aos casos em que a sanção – repetida nas três esferas – é efetivamente aplicada em uma delas. Isso não serve para o raciocínio inverso, ou seja, quando o suposto infrator obtém no processo penal, civil ou administrativo uma decisão de absolvição da referida penalidade porque bem sabemos que mesmo sendo idêntico o trinômio fato – suporte – preceito o exercício e consolidação das faculdades processuais nos processos civil, penal e administrativo são bem diferentes, a começar pela distinção entre a autoridade judiciária e a administrativa.

4.4   O "ato ilícito" no suporte fático da regra penal, administrativa e civil

O suporte fático é o recorte abstrato do fato (ou do conjunto de fatos) contido na regra jurídica que fica à espera, de prontidão para incidir no fato ou no conjunto de fatos que venha acontecer no mundo real. Quando então o fato acontece há a inevitável incidência e com ela a produção das eficácias jurídicas contidas no preceito que também está previsto em abstrato na referida norma ou às vezes em outra que a complemente.

Já dissemos que são razões de política legislativa que motivam a escolha de qual o fato (ou o conjunto deles) que será comprimido em uma regra abstrata, bem como as eficácias que produzirão.

Não é infrequente – antes o contrário – que se eleja o *ato ilícito* como sendo aquele que integrará o suporte fático. No campo da responsabilidade penal e administrativa as regras jurídicas que descrevem o crime e a infração adminis-trativa necessariamente devem ter nos seus suportes fáticos a *violação do direito imputável a uma pessoa*. Já campo da responsabilização civil o ato ilícito não é um elemento necessário integrante do suporte fático, mas o dano sim, posto que atos lícitos podem gerar o dever de indenizar.

Para que o ato seja ilícito e esteja no cerne do suporte fático não basta que ele seja apenas "contrário ao direito", pois atos contrários ao direito nem sempre são "ilícitos". Explico. É preciso que além de contrário ao direito que este ato também seja imputável a alguém com capacidade para prática do referido ilícito.

CAPÍTULO 1 • PREMISSAS PARA COMPREENDER A TRÍPLICE RESPONSABILIZAÇÃO AMBIENTAL   **21**

O sujeito com deformidade mental incapaz de discernir a prática dos seus atos comete um ato contrário ao direito, mas não um ato ilícito, dada a sua inimputabilidade. Assim, para que exista um crime ou uma infração administrativa é mister, sempre, que exista um ato ilícito imputável a uma pessoa.

Contudo, para a responsabilização penal é mister que no núcleo do tipo exista *além do ilícito imputável a uma pessoa*, que tal ação tenha sido *praticada com dolo ou culpa*, de forma que, por imperativo constitucional, é mister que responsabilização criminal pressuponha um *ilícito imputado a alguém + que tenha agido com dolo ou culpa*.

Já no campo da responsabilização administrativa o suporte fático necessário e básico é o *ilícito imputável a alguém*, mas em determinados casos, por política legislativa, inclui-se o elemento anímico do dolo e da negligência como condições necessárias para a incidência de determinada sanção administrativa, por exemplo, o caso da imposição da multa simples (art. 72, § 3º da Lei 9.605).

É importante que fique claro que ao contrário da responsabilidade penal, que por imposição constitucional, estabelece que o suporte fático contenha o ilícito imputável a alguém também a sua culpa, o mesmo não se passa com a responsabilidade administrativa.

Pode o legislador infraconstitucional adotar a regra da responsabilidade administrativa sem culpa, inclusive estabelecendo a culpabilidade como critério para atenuar ou agravar a penalidade. Foi exatamente isso que fez a legislação ambiental por meio do artigo 14, *caput* da Lei 6.938/81 combinado com o artigo 70 da Lei 9.605.

E mais, é de se observar que o próprio legislador ambiental estabeleceu que *apenas para o caso da sanção de multa simples é que se torna necessária presença do dolo ou da culpa, em especial, a negligência (art. 72, § 3º)* ou seja, está aí a clara prova de que a culpabilidade pode, ou não, ser requisito para a responsabilização administrativa ambiental.

É muito importante notar que a necessidade da presença da culpabilidade na conduta do infrator penal ou administrativo não necessariamente constará do mesmo dispositivo legal onde se encontra a ação considerada como ilícita imputável a alguém. No caso da responsabilização penal é da CF/88 que se retira a necessidade de que o dolo ou a culpa integre o suporte fático penal, afinal *ninguém será considerado culpado até o trânsito em julgado* (art. 5º, LVII da CF/88). Já na responsabilização *administrativa* ambiental, cabe ao legislador infraconstitucional, e, nem sempre no próprio dispositivo que descreve a conduta, fazer constar de forma expressa a necessidade de que ela tenha sido praticada com culpa.

Observe que é no artigo 72, § 3º da Lei 9.605 diz que:

§ 3º A multa simples será aplicada sempre que o agente, por *negligência ou dolo*:

I – advertido por irregularidades que tenham sido praticadas, deixar de saná-las, no prazo assinalado por órgão competente do SISNAMA ou pela Capitania dos Portos, do Ministério da Marinha;

II – opuser embaraço à fiscalização dos órgãos do SISNAMA ou da Capitania dos Portos, do Ministério da Marinha.

Portanto, para a aplicação desta penalidade de multa simples é mister que além do ilícito imputável ao infrator que ele tenha agido com negligência ou dolo. Se para este mesmo ato/fato ilícito fosse aplicada a sanção administrativa de embargo da atividade – para esta penalidade – não seria necessária a demonstração da presença do elemento anímico do infrator.

Parece obvio – mas não custa dizer – que quando se disse que o ato ilícito não precisa integrar suporte fático gerador da responsabilidade civil, isso não quer dizer que não possa haver a responsabilização civil quando exista um ato ilícito. Obviamente que não.

O que se quer dizer é que a responsabilização civil ambiental se finca na premissa do *dano ambiental imputável a alguém*, e mais nada, pouco importando se este dano veio de uma conduta ilícita ou lícita. O que realmente importa é que o ato, lícito ou ilícito, seja "danoso".

O cerne do suporte fático da responsabilização civil ambiental é a existência de um dano atribuído a alguém, seja ele decorrente ou não de um ato ilícito. Assim, se há um *dano ambiental imputável a alguém* então estará colmatado o suporte fático ensejador da responsabilidade civil. O *dano imputável a alguém* é o cerne, necessário e suficiente, do suporte fático que dá origem ao dever (preceito) de reparação ambiental. Por isso que atos lícitos ou ilícitos que não causaram danos não preenchem o suporte fático e não ensejam o dever de reparação *civil* ambiental. Claro que se forem atos ilícitos sem danos podem ensejar outras sanções – inclusive civis, penais e administrativas –, mas não a de responsabilidade (reparatória) civil pelos danos causados.

Portanto, fique claro e evidente que *ilícitos sem dano ambiental* não são ensejadores de responsabilidade civil ambiental (sanção reparatória). Para tais hipóteses podem existir diversas sanções no ordenamento que podem ser imputados mediante a tutela civil (outras modalidades de sanção civil), penal e administrativa, mas neste caso exclui-se a *sanção civil reparatória* porque *não há dano reparável*.

Imaginemos a hipótese de alguém que não cumpra uma condicionante de uma licença ambiental, mas essa condicionante não cause nenhum dano ao meio ambiente (envio mensal de relatórios de medição para o órgão ambiental). Nesta

CAPÍTULO 1 • PREMISSAS PARA COMPREENDER A TRÍPLICE RESPONSABILIZAÇÃO AMBIENTAL **23**

hipótese poderia sofrer a *sanção civil de cassação da licença* pelo *ilícito* não danoso. É uma sanção civil invalidante sem que tenha acontecido dano.

Noutra hipótese imagine o sujeito que não tenha cometido nenhum ato de poluição, portanto, não danoso, mas tenha explorado economicamente o bem ambiental num típico caso de incidência do *princípio do usuário pagador sem que seja poluidor pagador*. Nesta hipótese poderia ser suportar a sanção civil restituitória do benefício econômico não repassado à sociedade decorrente do empréstimo gratuito do bem ambiental.

4.5 O "dano ambiental" no suporte fático do dever de reparação civil ambiental

Não apenas de "ilícito" ou de "ilícito culposo" são formados os suportes fáticos geradores de eficácias jurídicas. Há casos em que a lei descarta o *ilícito* como elemento integrante do suporte fático tornando-o irrelevante para gerar eficácias jurídicas.

O dever de responsabilização civil ambiental é a eficácia jurídica que nasce da incidência de um fato sobre um suporte fático que não tem no seu cerne qualquer vinculação ou dependência de o ato ser lícito ou ilícito.

Isso porque, por opção legislativa, o elemento suficiente e bastante para integrar o suporte fático que gere o dever de responsabilização civil ambiental é a *ocorrência de dano ambiental imputável a alguém (poluidor)*.

Se a alguma pessoa é imputável um dano ambiental, basta ele, o *dano*, para que nasça a responsabilização civil ambiental (dever de reparar os danos causados ao meio ambiente). Vejamos o artigo 14, § 1º, da Lei 6.938/81:

> § 1º Sem obstar a aplicação das penalidades previstas neste artigo, é o *poluidor obrigado*, independentemente da existência de culpa, *a indenizar ou reparar os danos causados ao meio ambiente e a terceiros, afetados por sua atividade*. O Ministério Público da União e dos Estados terá legitimidade para propor ação de responsabilidade civil e criminal, por danos causados ao meio ambiente.

Com todas as letras aí está descrito que apenas *o dano*, e somente ele (independentemente de ser oriundo de um ato conforme ou contrário ao direito ou de ser derivado de culpa) faz nascer o *dever de reparar os danos causados ao meio ambiente pelo poluidor*.

O sentido lógico desta opção decorre do fato de que há inúmeras atividades que, porquanto sejam lícitas, comportam *risco* para a sociedade dada a sua importância socioeconômica.

Nos termos do parágrafo único do art. 927 do CCB:

Art. 927.

Parágrafo único. Haverá obrigação de reparar o dano, independentemente de culpa, nos casos especificados em lei, ou quando a atividade normalmente desenvolvida pelo autor do dano implicar, por sua natureza, risco para os direitos de outrem.

Como o risco é a *possibilidade de ocorrência de dano*, ou seja, um *estado de incerteza*, foi opção legislativa acertada prever que a irrelevância da *"licitude ou ilicitude da atividade que coloca em risco o meio ambiente"*, porque o poluidor será responsável pela reparação do dano quando (e se) este vier a ocorrer. Não há excludentes, não há elemento anímico, absolutamente nada que impeça o nascimento do dever de reparar os danos causados se houver *dano ambiental imputável a alguém*.

Numa sociedade capitalista cada vez mais presa a uma cultura massificada, com produção/consumo de massa e desenvolvimento técnico e científico que se modificam a todo instante, *o risco* (de dano) ao meio ambiente é uma realidade inexorável.

Não é demais lembrar que *os recursos ambientais* (água, solo, elementos da biosfera, fauna, flora, ar etc.) desempenham uma *função ecológica* que lhes é natural e imanente, mas ao mesmo tempo são estes mesmos recursos que servem à produção de bens e serviços pelo homem. A matéria prima do teclado que digito neste instante vem do meio ambiente, como tudo que está ao meu redor e que foi transformado pelo ser humano. Os recursos ambientais são os ingredientes que formam o equilíbrio ecológico – objeto do direito ambiental –, mas também são os ingredientes que servem à produção, ao consumo, ao desenvolvimento. O "xis" da questão reside em encontrar meios de produção de bens e serviços que usem de modo sustentável os recursos ambientais de tal forma que a função ecológica deles não seja comprometida nem para as presentes, e nem para as futuras gerações.

Partindo desta premissa – porque vivemos numa sociedade em constante estado de risco – não há como se adotar outra solução para a responsabilização *civil* ambiental que não seja aquela que, para a sua incidência, é suficiente a ocorrência do dano imputável a alguém.

Há casos, todavia, em que nem mesmo a existência do risco é admitida pelo ordenamento jurídico ambiental, como se observa no texto do artigo 225, § 1º, V e VII da CF/88. Isso quer dizer que são critérios políticos que levam a lei a colocar o "estado de risco ambiental" ora como uma situação ilícita e que não deve ser permitida, ora como uma situação "lícita" e que deve atender as regras e procedimentos estabelecidos pela própria lei.

Concluindo, basta o *dano ambiental imputável a alguém* para que nasça o *dever de reparar o meio ambiente* (responsabilidade civil ambiental). Por outro

CAPÍTULO 1 • PREMISSAS PARA COMPREENDER A TRÍPLICE RESPONSABILIZAÇÃO AMBIENTAL

lado, isso não quer dizer que não existam outros tipos de sanções de natureza civil para os casos em que o suporte fático elege, por exemplo o estado de risco, como algo ilícito e que deve ser evitado ou removido. Falaremos disso mais adiante.

5. O "RISCO", E NÃO APENAS O "DANO", COMO ELEMENTO INTEGRANTE DO SUPORTE FÁTICO DA REGRA JURÍDICA AMBIENTAL

Com a legitimidade que lhe confere o sufrágio popular o Poder Legislativo tem a tarefa de captar as influências políticas, econômicas e as mutações da sociedade e transformá-las em normas jurídicas. Em respeito a democracia representativa têm o dever de escolher e definir, dentro dos limites formais e materiais da Constituição, qual será o *suporte fático* e o respectivo *preceito* que irão compor a norma jurídica, e, frise-se, *sempre tendo em mira os anseios do dono do poder: o povo.*

Contudo, bem sabemos que a velocidade com que a sociedade se modifica é inversamente proporcional à velocidade com que a esses fatos sociais são transformados em norma jurídica. Com precisão milimétrica, já dizia o mestre Carnelutti, a "a lei está; o fato move-se. A lei é um estado; o fato, um desenvolvimento. A lei é o presente; o fato não pode ser mais do que passado ou futuro. A lei está fora do tempo; o fato está dentro".[15]

Não por acaso há algum tempo, reconhecendo isso, o Poder Legislativo tem se preocupado em legislar usando conceitos abertos para, em harmonia com o direito jurisprudencial, possam ser interpretados e aplicados aos casos concretos de acordo com a evolução dos próprios tempos.

Atento a isso, e com o reconhecimento constitucional de que há determinados direitos que só podem ser usufruídos se não forem violados, tais como o direito à intimidade, o direito à saúde, à segurança, ao meio ambiente etc., então, ainda que lentamente, o Legislativo começou a perceber que escolher o *dano* como elemento nuclear do suporte fático para a incidência de sanções jurídicas (penais, civis e administrativas) não seria uma solução servível nem para o titular do direito, tampouco para gerar uma mudança de comportamento da própria sociedade.

Para entender o que está sendo dito, é só responder as seguintes perguntas:

A) É melhor respirar um ar puro e não ter uma doença ou ser ressarcido pelos danos que a doença do ar poluído vier a lhe causar?

---

15. CARNELUTTI, Francesco. *A arte do direito*. Campinas: Bookseller, 2000, p. 35.

B) Você trocaria por uma indenização pela preservação do sigilo que viesse a ser quebrado pelo seu psicólogo?

C) Trocaria o direito de não ingerir um agrotóxico banido pela indenização decorrente da sua ingestão?

É óbvio que determinados direitos devem ser protegidos na sua inteireza, da forma como foram prometidos pelo Poder Legislativo, simplesmente porque nenhuma indenização posterior é capaz de proporcionar ao titular daquele direito lesado algo minimamente próximo daquilo que ele teria com o seu natural uso e gozo.

Isso é tão evidente que não poderia passar despercebido pelo legislador, como de fato não passou. O Poder Legislativo não apenas passou a entregar poderosas ferramentas processuais para que o titular desses direitos pudessem obter judicialmente a sua tutela específica com vistas a evitar a violação danosa e permitir o usufruto da forma como garantido pela lei, *como também, por meio da própria técnica legislativa, passou a substituir o cerne do suporte fático e respectivo preceito das normas jurídicas que tutelam estes direitos.*

Assim, se *antes* os *suportes fáticos* e *preceitos* das normas jurídicas satisfaziam-se em abstratizar o binômio *ilícito danoso + indenização em dinheiro* isso já não mais acontece em relação a proteção de determinados direitos cujo uso e gozo não se substituem por nenhum dinheiro do mundo.

Ao legislar sobre a tutela do meio ambiente o Poder Legislativo passou a ser impulsionado pela máxima principiológica de que tal Direito deve ser *preservado* e *protegido* na sua integridade e todas as *medidas de precaução e prevenção* contra o dano devem ser incentivadas e promovidas. Eis que, por isso, o elemento *risco* e não mais apenas o elemento *dano* passou, também, a ser o protagonista do suporte fático legislado.

Vejamos um exemplo comparativo na Lei de Crimes Ambientais:

> Art. 50. Destruir ou danificar florestas nativas ou plantadas ou vegetação fixadora de dunas, protetora de mangues, objeto de especial preservação:
>
> Pena: detenção, de três meses a um ano, e multa.
>
> Art. 52. Penetrar em Unidades de Conservação conduzindo substâncias ou instrumentos próprios para caça ou para exploração de produtos ou subprodutos florestais, sem licença da autoridade competente:
>
> Pena: detenção, de seis meses a um ano, e multa.

Nota-se que o núcleo do suporte fático adotado pelo artigo 50 é o *dano, o prejuízo ambiental*, pois são claros os verbos *destruir ou danificar* utilizados no dispositivo. Por outro lado, no artigo 52, o que se observa é que o móvel do suporte fático é o *risco*, a possibilidade de que o dano ambiental possa acontecer. Nota-se que basta adentrar numa UC portando instrumentos de caça sem licença

CAPÍTULO 1 • PREMISSAS PARA COMPREENDER A TRÍPLICE RESPONSABILIZAÇÃO AMBIENTAL | **27**

da autoridade competente para isso ser considerado como crime ambiental. Veja que nada é mencionado sobre qualquer ato danoso, ou seja, o legislador mira o risco de danos ao meio ambiente para construir o tipo penal.

Assim, seja nas normas jurídicas penais, nas civis e nas administrativas, passou-se a definir o *suporte fático* e o *preceito* que irão integrar a norma jurídica valendo-se: (i) evitando ou eliminando o risco e (ii) prevendo sanções para a sua remoção. O que se percebe nitidamente é que o binômio *dano/sanção punitiva ou reparatória* não é mais o único *móvel* das regras jurídicas ambientais. Ao lado deste binômio está a preocupação *ex ante*, de evitar o dano, impedir que ele aconteça, remover as situações que normalmente antecedem o dano. E, por isso, o binômio *risco/remoção* passou a ser objeto de preocupação do direito legislado ambiental (no campo penal, civil e administrativo).

E vamos além, pois há determinados bens ambientais que, dada a sua importância e essencialidade à proteção de todas as formas de vida, a sua impossibilidade de renovação, a enorme dificuldade de restauração etc. nem mesmo o *estado de risco* é tolerado pelo legislador, aspecto que tem provocado a formação de uma legislação penal, civil e administrativa onde a máxima "submeter o meio ambiente ou seus componentes a um estado de risco" passa a ser considerado um ato ilícito previsto no suporte fático, com variadas sanções, sem pré-excluir, obviamente as residuais normas que mantiveram a sanção reparatória pelo ilícito danoso.

É importante reconhecer que se ampliou o leque de proteção jurídica do meio ambiente, colocando na ribalta os *deveres de preservação do equilíbrio ecológico* por meio de técnicas de precaução e prevenção.

Assim, os crimes de perigo, as tutelas civis e administrativas *para evitar ou remover o risco* são resultado desta evolução legislativa, sendo ótimo exemplo todo o corpo de dispositivos que integram o artigo 225 da CF/88 que formam os chamados *deveres constitucionais de proteção do meio ambiente* que explicaremos mais adiante.

Frise-se que isso não quer dizer que não subsista no direito legislado os tipos penais, civis e administrativos que ainda adota como suporte fático "o ilícito danoso" e que a tutela jurídica pós dano causado não esteja viva e presente. Claro que estão, mas o púlpito passou a ser dividido com as soluções legislativas destinadas à *evitar ou remover o estado de risco*, colocando no plano complementar a tutela pós dano, nela incluída a responsabilidade civil pelos danos causados.

Mas, finalizando este tópico, vem a pergunta: o que é um estado de risco? Quando se consuma um dano ao meio ambiente? Veremos isso nos dois tópicos seguintes ao tratar do que seja "risco e dano" ao meio ambiente, para identificar como estes dois elementos podem ser trabalhados pelo poder legislativo na construção de suportes fáticos e preceitos de natureza penal civil e administrativa.

5.1 O risco ao meio ambiente

5.1.1 Risco ambiental: exemplos para compreensão intuitiva

Vejamos os seguintes exemplos aleatoriamente pensados no nosso cotidiano:

Um sujeito caminha pela rua e passa numa calçada que fica muito colada, logo abaixo, de uma construção de um edifício onde está escrito: *não passe nesta calçada. risco de acidentes*. Ainda assim, ignorando o aviso ele decide caminhar pela calçada em direção ao outro lado do quarteirão.

Ignorando a ocorrência de desmoronamentos nos morros daquela região, uma família decide construir uma casa bem na inclinação do morro.

Oficialmente o pico das ocorrências de furacões no Caribe é entre a segunda quinzena de agosto até o final do mês de setembro. Ainda assim, com hotéis mais em conta por causa disso, um casal decide, seis meses antes, passar sua lua de mel na cidade com maior índice de furacões neste período.

Nada obstante o alerta em cada maço de cigarros de que fumar pode causar câncer de pulmão, inclusive com fotos de pulmão deteriorado, ainda assim existem 1 bilhão de fumantes no mundo.

Por ignorância, impossibilidade econômica ou estupidez, alguns agricultores não cumprem as regras de manuseio e de aplicação de agrotóxicos, mesmo com os avisos no rótulo de que o contato pode levar a morte ou doenças graves e que o excesso de aplicação contamina o alimento que será consumido futuramente.

Ainda que seja proibida por causa da matança indiscriminada de peixes e destruição da fauna aquática causando desequilíbrio ecológico que pode lhe custar inclusive o seu ganha-pão, ainda assim os pescadores de uma região do litoral nordeste do Brasil insistem na pesca com bombas usando bananas de dinamite no fundo do mar.

Inspirado em seu otimismo e confiante no sonho que teve na noite anterior de que teria ganhado na loteria, um sujeito decide apostar na megasena acumulada usando quase todo o seu ordenado para fazer dez cartelas apostando em cada uma delas com o número máximo permitido por aposta para aumentar a sua chance de ganhar.

De posse desses exemplos poderemos identificar os elementos constitutivos do risco, bem como diferenciar de outras figuras com os quais normalmente ele é confundido.

5.1.2 Elementos integrantes do risco

5.1.2.1 Introito

O conceito de risco não é uniforme. Estuda-se o risco na matemática, na física, na biologia, na ecologia, no direito, na administração, na economia, na psicologia etc. Essa miríade de flancos com que se observa o *risco* permitiu, inclusive, que no final do século XX surgisse um novo campo de estudo científico chamado de Cindínica ou Cindinicologia, cujo objetivo é justamente dissecar e compreender o risco para permitir a tomada de decisões técnicas que reduzam ou impeçam os riscos aos quais as populações são normalmente expostas.

O desenvolvimento da *Cindínica* permitiu um enorme desenvolvimento na identificação do que seja *risco*, de forma que conceituações reducionistas, que tomam o todo (risco) pela parte (um de seus elementos integrantes) não se sustentam mais.

Risco já foi sinônimo de perigo (hazard),[16] de chance ou possibilidade de perda,[17] de uma incerteza de uma perda[18] ou incerteza mensurável,[19] probabilidade e gravidade dos eventos,[20] incerteza de uma atividade e da severidade das respectivas consequências,[21] efeito da incerteza sobre os objetivos.[22]

Ao que parece, certo está Fischhoff, Watson e Hope, C. (1984)[23] que após reconhecer as enormes confusões e controvérsias na definição e risco, sustenta que toda "definição é política e que leva em consideração aspectos diversos daquele que define sob a perspectiva em análise".

---

16. BLOUNT, Thomas (1661). *Glossographia*, A dictionary interpreting all such hard words of whatsoever language now used in our refined English tongue. London.
17. "Risk". Oxford English Dictionary (3. ed.). Oxford University Press. September 2005.
18. WILLETT, Allan (1901). *Economic Theory of Risk and Insurance*. Columbia University Press. p. 6.
19. KNIGHT, Frank. Risk, Uncertainty and profit. Disponível em: https://archive.org/details/riskuncertaintyp00knig/page/6/mode/2up?q=risk. Acesso em: 15 jul. 2020. O trabalho seminal de Knight sobre risco, incerteza e lucro permitiu abrir a discussão sobre o conceito de risco, *dissecando-o criticamente* como ele mesmo disse. Com ênfase na *competição* (perfeita e imperfeita) do mercado o autor firma um axioma de que *risco implica conhecimento com probabilidades (mensurável), pois do contrário é desconhecimento ou incerteza (não no sentido de dúvida)*. Assim aproxima o conceito de risco ao de probabilidade mensurável como se observa na parte III do seu livro.
20. KAPLAN, S.; GARRICK, B.J. (1981). *On The Quantitative Definition of Risk*. Disponível em: https://doi.org/10.1111/j.1539-6924.1981.tb01350.x. Acesso em: 20 JUL. 2020. Os autores dão ênfase ao conceito quantitativo de risco sob a perspectiva gerencial – gestão de riscos e tomada de decisões – com vistas a reduzir a incerteza conceitual e assim facilitar a escolha de decisões envolvendo riscos sob diferentes perspectivas. O autor aprimora o conceito de Knight sob a perspectiva de gerencial de gestão de riscos, envolvendo o trinômio cenário, probabilidades e consequências. Daí fala em risco relativo, relativo risco e aceitabilidade do risco.
21. AVEN, Terje. *Fundations of Risk Analysis*. John Wiley and Sons, Ltd, United Kingdom, 2012. Neste trabalho o autor também se dedica à análise dos riscos para tomada de decisões, tendo por base o trabalho de Kaplan e Garrick.
22. Conceito estabelecido na ISO 31000:2009 que possui esta proposição genérica com notas que densificam o seu conteúdo. A ISO 31000 é a norma internacional que foi criada pela Organização Internacional de Padronização (ISO) cujo objetivo é servir de roteiro/guia no planejamento, implementação e manutenção do gerenciamento de riscos.
23. FISCHHOFF, B; WATSON, S.R.; Hope, C. (1984). *Defining risk*. However, the definition of "risk," like that of any other key term in policy issues, is inherently controversial. Disponível em: https://www.cmu.edu/epp/people/faculty/research/Defining-Risk1984.pdf. Acesso em: 20 jul. 2020.

Em nosso sentir por mais que existam controvérsias a respeito do conceito de risco é perfeitamente possível extrair um *núcleo de elementos que o integram*. Trata-se de um conceito complexo porque formado a partir da combinação de diversos aspectos, sendo que cada aspecto é complexo em si mesmo.

É importante observar que nenhuma destas situações exemplificadas no item 1.1 acima são novidades ou desconhecidas do nosso cotidiano. O que há de comum em todas elas é que existe *uma situação de risco* de que um determinado *agente* possa trazer um determinado *resultado* para um *alvo* (sujeito).

À exceção do último exemplo listado no tópico 1.1 (apostar na megasena), em todos os outros o binômio risco-resultado era a possibilidade de causar um *prejuízo*. Fizemos questão de colocar este derradeiro exemplo para mostrar que, a rigor, o risco pode anteceder resultados bons ou ruins, daí porque *não é errado*, mas incomum, dizer, por exemplo, que *"estudando deste jeito corre o risco de você passar na prova"*. No geral associa-se a noção de risco a uma situação que antecede um possível acontecimento ruim, prejudicial.[24] Aqui, doravante, acabaremos por adotar este conceito reducionista de risco à noção de possível *prejuízo*.

É interessante notar que no primeiro exemplo que demos acima o sujeito pode atravessar a calçada e chegar no outro lado do quarteirão totalmente ileso, sem que nenhuma pedra ou pedaço de lajota tenha caído na sua cabeça, encurtando o seu caminho e otimizando o seu tempo. Dir-se-á que ele "correu" o risco, mas nada de *ruim* aconteceu. Aliás, é até comum dizer "valeu a pena correr o risco". Contudo, por outro lado também seria possível que alguma lasca ou pedaço de tijolo caísse justamente sobre ele no exato momento em que estivesse passando na calçada.

O *risco* é uma chance de um resultado, positivo ou negativo, e, às vezes, submeter-se a uma situação e risco pode ser o caminho para obter uma *vantagem* ou *desvantagem*, como no caso, por exemplo, do sujeito que realiza operações de risco na bolsa de valores. O resultado pode ser positivo ou negativo. Dir-se-á no futuro que valeu, ou não valeu a pena, correr o risco da operação efetuada.

Como dito algures, tomaremos aqui neste trabalho apenas o sentido mais comum de risco, qual seja, da possibilidade de que um *dano* venha a acontecer, portanto, associando-o a chance de ocorrer um resultado prejudicial.

Esta é inclusive a orientação adotada pelo legislador brasileiro no art. 1º, XIII da Lei de Proteção e Defesa Civil (n. 12.608) ao definir o *risco de desastre*

---

24. A apresentação de exemplos no início do tópico serve para identificar didaticamente que risco não é sinônimo de possibilidade de um *dano*, mas sim a *possibilidade* de que um resultado venha acontecer, seja ele danoso ou não como dito acima.

CAPÍTULO 1 • PREMISSAS PARA COMPREENDER A TRÍPLICE RESPONSABILIZAÇÃO AMBIENTAL

como a *"probabilidade de ocorrência* de significativos *danos* sociais, econômicos, materiais ou ambientais decorrentes de evento adverso, de origem natural ou induzido pela ação humana, sobre ecossistemas e populações vulneráveis". O realce que fizemos nas palavras *possibilidade, ocorrência e danos* reforçam a ideia de que o risco é uma situação de incerteza, de possibilidade de que danos podem acontecer.[25]

5.1.2.2 Risco como situação em movimento no espaço e no tempo

Para começar o risco não *é*, ele *está*; é um modo de estar, uma situação em que se encontra uma pessoa (ou um bem) em relação a várias circunstâncias do tempo e do espaço que ela ocupa. Ninguém apalpa o risco, não é algo concreto;[26] também não é um sentimento, não podendo ser confundido nem com a ansiedade, nem com o medo ou com a insegurança que dele pode resultar.

Este aspecto contextual, conjuntural, temporal e dinâmico torna ainda mais complexo o conceito de risco, pois qualquer alteração dessa combinação de circunstâncias (que formam esse *modo de estar*) pode implicar na sua extinção (do risco). Correto é falar em "situação de risco".[27]

A *situação* de risco é aquela que alguém ou alguma coisa se encontra em razão da combinação de circunstâncias que podem levar a um resultado positivo ou negativo. Assim, para que se diga que *alguém ou alguma coisa* estão em estado de risco é preciso que existam as tais *circunstâncias* (fatos, eventos, acontecimentos) que *possibilitem* a ocorrência de um *resultado*.[28]

Em relação à situação ou estado de *risco* temos, portanto, (1) o sujeito (ou coisa) possivelmente afetado; (2) o evento que pode levar a um resultado (negativo); (3) a possibilidade de que isso venha a ocorrer.

---

25. No artigo 2º, inciso LII da Lei 14785/23 (Lei dos Agrotóxicos) o legislador também definiu risco como a "probabilidade da ocorrência de efeito nocivo à saúde ou ao meio ambiente combinada com a severidade desse efeito, como consequência da exposição a um perigo".

26. Quando se enxerga um encantador de serpente com sua flauta controlando o movimento de uma naja supervenenosa o risco que ele se encontra resulta da existência de um perigo (cobra venenosa) que com uma picada pode lhe causar a morte (perda ou prejuízo), mas se serpentear sem picá-lo lhe trará benefícios econômicos (benefício). Risco não é o perigo, é um estado em razão da potencialidade de um dano futuro.

27. Os enxertos feitos pela Lei 14.750/23 na Lei 12.608/12 foram na linha do que há muitos anos temos defendido, inclusive, e curiosamente, adotando terminologia que também já utilizávamos como "situação de risco" para definir o estado dinâmico e relacional deste estado de fato com consequências jurídicas. Assim, por exemplo no art. 2º, § 2º quando diz que "A incerteza quanto ao risco de desastre não constituirá óbice para a adoção das medidas preventivas e mitigadoras da situação de risco".

28. Tomaremos aqui este resultado como "resultado *danoso*", seguindo numa definição mais restrita de risco.

5.1.2.3 Sujeito vulnerável e o estado de risco: proporcionalidade direta

O sujeito (pessoa) que se encontra em situação de risco assim está porque ele, ou um bem com o qual tenha vínculo, é exposto ao evento ou *fonte do risco*, daí porque se pode falar em exposição *direta ou indireta* ao risco.

O estado de risco é afetado *diretamente* pelo grau de *vulnerabilidade* do sujeito (ou bem a que ela pertença); há uma relação simbiótica entre o aumento ou a redução de risco com o aumento ou redução do grau de vulnerabilidade do sujeito.

Trata-se de uma relação de *proporcionalidade direta* de forma que *reduzindo a vulnerabilidade* (aumentando a sua resiliência e sua capacidade para lidar com o perigo), *reduz-se também o estado de risco*. Tomando emprestado os conceitos de matemática do ensino fundamental lembramos que na *proporção direta* duas grandezas (risco e vulnerabilidade) se relacionam de tal forma que variando uma, a outra também varia na mesma proporção. Isso implica dizer que o *risco aumenta quanto maior for a vulnerabilidade do sujeito a ele exposto*.

Lembremos aqui do segundo exemplo (exemplo B) do tópico 1.1 acima. Ora, se a casa construída na pirambeira do morro tiver um sistema de drenagem, ou se tiver fundações mais firmes, ou se no seu entorno houver plantio de vegetações com raízes suportes etc., enfim, se a deixarmos menos vulnerável certamente que o risco diminui, porque diminuem as chances de prejuízo ou perda por um eventual desmoronamento.

Veremos ainda, mais adiante, aos tratar das medidas contra o risco, que a *informação* e a *educação* (compreensão cognitiva da informação) do sujeito são fundamentais para que não apenas *evite* o estado de risco, mas também para que possa adotar soluções que o neutralizem ou o aplaquem quando ele já estiver presente.[29]

A forma como o *estado de risco*, potencial ou iminente, incide sobre a psique do indivíduo (ou da coletividade globalmente considerada) é algo relevante e

---

29. A Lei 14750/23 inseriu vários dispositivos na Lei 12608/12 (Lei da Política Nacional de Proteção e Defesa Civil) e dentre eles o reconhecimento de que o *estado de risco* pode ser neutralizado ou mitigado ou reduzido não apenas por meio da atuação sobre o fato que causa o perigo, mas sobre aquilo (pessoas, bens, direitos etc.) que estejam expostos àquele fato. Á redução da vulnerabilidade influencia diretamente na proporção do estado de risco, daí porque diz o inciso VIII do artigo 1º da Lei que são medidas de prevenção "ações de planejamento, de ordenamento territorial e de investimento destinadas a *reduzir a vulnerabilidade dos ecossistemas e das populações* e a evitar a ocorrência de acidentes ou de desastres ou a minimizar sua intensidade, por meio da identificação, do mapeamento e do monitoramento de riscos e da capacitação da sociedade em atividades de proteção e defesa civil, entre outras estabelecidas pelos órgãos do Sinpdec".

CAPÍTULO 1 • PREMISSAS PARA COMPREENDER A TRÍPLICE RESPONSABILIZAÇÃO AMBIENTAL | **33**

deve ser objeto de consideração porque a adoção de comportamentos contra o risco passa por esta análise.

O medo e a ansiedade normalmente são manifestações da exposição ao risco, seja ele abstrato ou concreto, e podem permanecer – prolongar no tempo – mesmo que a situação de risco já tenha sido eliminada. Como veremos adiante, este medo ou ansiedade pela exposição ao risco pode gerar danos extrapatrimoniais indenizáveis, ainda que os danos patrimoniais possíveis pelo risco não ocorram no futuro.[30]

5.1.2.4 O evento (a fonte) e a proporcionalidade inversa com o alvo (sujeito)

Na dinâmica do *risco* é preciso que exista um *evento*, um *agente* que tenha potencialidade para atingir um determinado *alvo* (pessoa ou bem).

Na noção reducionista de *risco* que, por comodidade adotamos neste trabalho, esse "agente" ou "evento" é o que se chama de *perigo* e esse possível impacto é tomado como *perda, prejuízo ou danos*. Esse agente pode ser *natural* (raio, maremoto) ou *artificial*, porque causados pelo ser humano (pandemia, poluição etc.).

Embora durante muito tempo o *perigo* tenha sido tratado como *risco*, tais figuras não se confundem. Numa acepção mais larga de risco este pode ser *positivo* ou *negativo*, ao passo que o *perigo* é sempre um agente causador de uma situação negativa. Nem mesmo numa acepção mais restrita de risco atrelado a possibilidade de um prejuízo, eles se confundem porque o perigo (agente) *é um dos elementos que integram o risco, e, não ele mesmo.*

Além disso o risco é um estado, uma situação, enquanto o perigo é um agente, um evento, um fato, um acontecimento. O risco é a situação resultante da possibilidade de que um perigo possa causar um dano, enquanto um perigo é qualquer agente que pode causar dano.[31]

O perigo também pode ser *dormente e abstrato* quando se mostra presente no plano teórico. Fala-se em *perigo abstrato* não porque ele não exista, mas porque ele é potencial, porque ele não está materializado em concreto. Por outro lado,

---

30. Os moradores da causa exposta às rachaduras da parede causada pela construção do vizinho e que aguardam o conserto delas, pode causar um estado de tensão, medo, insegurança e ansiedade que sejam indenizáveis, ainda que o conserto seja efetuado e construção não desabe.
31. O risco não é o perigo (causado pelo agente, por um evento, um fato) como já se chegou a imaginar. O perigo ou a ameaça é uma circunstância de fato ou um conjunto delas, que tem potencial de causar um resultado (lesão), portanto, é um elemento integrante do risco, mas com ele não se confunde. Perigo já não é uma palavra adequada para descrever o evento de fato que causa um resultado, porque já perpassa a ideia de risco de prejuízo, de algo ruim.

fala-se em perigo concreto quando este agente deixa o estado dormente e salta do plano teórico para o plano real, físico.

Esta possibilidade que que existam perigos abstratos e perigos concretos também influenciam no que se chama de *estado de risco concreto e estado de risco abstrato*. Nos processos de análises de riscos alcança-se resultados mais satisfatórios para tomada de decisões (públicas ou privadas) quando se identifica, na raiz, ainda latente e dormente o *risco abstrato*. É possível tomar medidas de precaução com menor custo e maior eficiência. Essas medidas tanto podem ser no sentido de *neutralizar* ou *aplacar* o agente (perigo), como também pode ser reduzindo a vulnerabilidade do sujeito (ou objeto) que pode ser danificado. Também é possível que sejam tomadas medidas nestas duas frentes cumulativamente.

O mesmo não se diga quando estamos diante de um *risco concreto*, que pode ser medido pela existência, no *agente*, de energia armazenada com potencialidade para causar danos. Essa energia pode ser química, mecânica, física, radioativa, elétrica etc. Há o risco concreto quando o agente já tem alguma forma de energia com tal capacidade, sendo possível, inclusive a possibilidade de *medição* do perigo.

O agente que deflagra o risco é sempre relacional, ou seja, o perigo é relacional. Só há perigo em relação a alguém ou alguma coisa, daí porque também existe uma simbiose entre o *agente* (perigo) e o alvo (sujeito). Quanto mais vulnerável o sujeito, maior a possibilidade de o perigo causar dano. Não que a vulnerabilidade altera as características do perigo (agente), mas sim porque ele amplifica a possibilidade de dano. O perigo sobe ou desce, cresce ou diminui, de acordo com a vulnerabilidade do seu alvo. Alvos mais resilientes e com capacidade para enfrentar problemas diminuem o perigo. Há uma *proporcionalidade inversa* nesta relação entre o *perigo e o alvo* onde estas duas grandezas funcionam como uma gangorra de forma que mexendo numa ou noutra pode-se reduzir o risco de dano. Logo, é na análise desta engrenagem entre o *agente perigoso e a vulnerabilidade do alvo* que teremos um risco de dano maior ou menor, qualitativa ou quantitativamente falando.

O risco pode, então, ser qualificado pela seguinte equação: risco = perigo x vulnerabilidade. A variabilidade destes elementos influencia diretamente no fenômeno do risco, afastando ou aumentando a *probabilidade* dos danos que daí poderiam advir.

Conquanto se possa, pela máxima de experiência, dizer que alguns agentes, especialmente os naturais, são objetiva e intuitivamente causadores de uma situação de risco para qualquer pessoa (ou população em geral), tais como tsunamis, terremotos, maremotos etc., a verdade é que não se pode fazer uma ilação intuitiva prescindindo da análise do *grau de vulnerabilidade do sujeito* ou da *coletividade*

CAPÍTULO 1 • PREMISSAS PARA COMPREENDER A TRÍPLICE RESPONSABILIZAÇÃO AMBIENTAL | **35**

que poderá ser afetada (negativamente) pelo referido evento. Assim, é o resultado desta combinação entre o *evento fonte* com a *vulnerabilidade do sujeito* (coletividade, coisa) que permitirá estabelecer não apenas se ela encontra numa situação de risco, mas qual o nível deste estado.

Se não há a existência de um perigo (ameaça) não há que se falar em risco, porque é o perigo que deflagra a *possibilidade* de que um resultado (danoso) possa acontecer. É claro que a situação de perigo também pode ser variável, para maior ou menor, segundo algumas circunstâncias que envolvem não apenas o que causa o perigo, mas também daquele que suportará o dano como dissemos acima.

Naquele exemplo que demos da calçada no item 1.1 acima, será um evento *mais perigoso* se a obra estiver com transporte de materiais pelo elevador externo, se a obra estiver protegida ou não com uma tela, se no dia existia maior incidência de vento etc. Todavia, não são apenas as circunstâncias intrínsecas do perigo que predeterminam o grau de risco, mas também o grau de vulnerabilidade daquele que se sujeita ao risco.

Admitindo que neste exemplo dado acima no início deste tópico (item 3.5.1.1) esteja ventando muito, o prédio em construção esteja sem tela, ocorra transporte de materiais dir-se-á que o evento de perigo – esse conjunto de fatos que potencializam a possibilidade de dano – é extremamente alto. No entanto, se o sujeito que atravessa a calçada é um exímio corredor e por ela passa muito rapidamente, ele diminui a possibilidade de dano. Ou ainda, se ele passa por ela portando um capacete de titânio e uma roupa de proteção, há uma sensível redução da possibilidade de dano, sem que as circunstâncias fáticas do que se chama de perigo tivessem sido alteradas.

Considerando que os agentes de perigo podem ser naturais ou artificiais a identificação deles no plano teórico permite que se tomem atitudes prévias no sentido de neutralizá-lo ou mitigá-lo, seja reduzindo a vulnerabilidade, seja, quando possível, extirpando totalmente a possibilidade do evento.

Tratando-se de eventos ou perigos artificiais (produzidos pelo homem) a sua extirpação depende de uma opção política, ao passo que se se trata de perigos naturais, há casos em que não há como impedir que aconteçam. Assim, naqueles exemplos que demos no item 3.5.1.1 ou elimina-se o *evento* quando isso for possível, por exemplo, não permitindo a construção, impedindo o exercício da pesca naquele local, não autorizando a fabricação dos agrotóxicos etc.

Ainda usando aqueles exemplos, não há como impedir (pelo menos neste estágio da ciência) que chova torrencialmente naquela localidade do morro, e, tampouco que ocorram furacões no caribe. Em ambas as situações pode ser mais simples e eficiente ao invés de neutralizar o agente ou suas circunstâncias, adotar soluções, especialmente legislativas, que reduzam ou eliminem a vulnerabilidade do alvo, impedindo as construções naquele local ou não autorizando viagens naquele período.[32]

> Numa ação civil pública ambiental, por exemplo, é fundamental a identificação do *agente* e do *alvo* para tomar medidas que atuem num ou noutro ou em ambos, seja para reduzir ou eliminar o risco (possibilidade de dano).

5.1.2.5 O elemento "possibilidade" (probabilidade)

O risco é uma situação resultante da *possibilidade* de um resultado, ou seja, a *chance* de que um resultado seja causado por determinado agente. Como neste trabalho nos interessa o *risco ambiental* pode-se estremar o conceito para a ideia de que o risco é uma situação que resulta da *possibilidade* de dano ao equilíbrio ecológico resultante da ação de um agente natural ou artificial.

A 3ª edição do Oxford English Dictionary (OED) define risco como

> "a possibilidade de perda, lesão ou outra circunstância adversa ou indesejada; uma chance ou situação envolvendo tal possibilidade"

O que conecta o risco ao dano é a *possibilidade* de que este venha a acontecer, ou seja, a depender da combinação de alguns fatores (perigo e vulnerabilidade), existe um grau maior ou menor de que o dano venha acontecer, ou seja, que a possibilidade do prejuízo se concretize, daí porque se fala em risco *alto ou baixo* como métricas da probabilidade de que o dano possa advir em decorrência da existência de um estado de risco.

A verdade é que quanto mais se consegue medir este grau de probabilidade, então maior ou menor serão as chances de tomar atitudes que *evitem/reduzam* não apenas o estado de risco, mas, obviamente, o próprio resultado eventual (dano). Na medida em que o risco é indissociável de uma possibilidade, possibilidade esta que conecta um evento a um resultado, então a *medida do risco* pode ser alcançada mediante um conjunto de elementos que determinam a "probabilidade".

A *probabilidade* é o ramo da matemática que se calcula as *chances de uma experiencia acontecer*; é, em linguajar mais simples, a *quantificação das chances*, da possibilidade de um resultado dentre outros possíveis. Embora seja um denso ramo da matemática ela é largamente utilizada em diversos ramos do conhecimento como a filosofia, o direito, a física, a ecologia, estatística, economia e finanças, engenharia etc.

---

32. Todos estes exemplos servem para demonstrar a amplitude de possibilidades de tutela (material) contra o risco ambiental vedado constitucionalmente por meio da ação civil pública.

CAPÍTULO 1 • PREMISSAS PARA COMPREENDER A TRÍPLICE RESPONSABILIZAÇÃO AMBIENTAL **37**

Etimologicamente a palavra probabilidade vem do latim *probare* que significa *provar* ou *testar*, sendo a ela também relacionada a de *probidade*, então usada como *medida* honorífica ou de honradez de alguém. Em ambos os casos é possível enxergar a noção de *mensuração* (demonstração) da algo.

Como dissemos anteriormente a probabilidade é ínsita à noção de risco, daí porque é tão utilizável no cotidiano das ciências ambientais. Na tarefa de análise de riscos, sua medição é fundamental para tomada de decisões públicas sobre como fazer para evitá-lo, mitigá-lo ou aplacá-lo e, muitas vezes, para se determinar o próprio tempo disponível para tomada de tais decisões. No setor de seguros e de mercados a probabilidade é também decisiva para que se definam *preços* e a própria dinâmica de mercado.

A probabilidade se alimenta de *informações e de compreensão cognitiva*, de forma que a seriedade e confiabilidade destas informações que se inserem no processo cognitivo são decisivos para que as premissas da probabilidade possam ser representativas da realidade em relação às possibilidades estudadas, e, assim servir de base para tomada de decisões públicas e privadas em medidas contra o risco.

No fundo no fundo, se pararmos para pensar e refletir o nosso cotidiano, perceberemos que nossas ações são muito mais controladas do que podemos imaginar. No processo de aquisição do nosso conhecimento guardamos todas as informações, reflexões, aprendizados, observações, experiências e sentimentos num "HD interno" chamado "memória" e que serve para que definamos as ações que iremos tomar.

É íntima a relação entre *conhecimento, liberdade* e *agir*, nesta ordem. Quanto mais conhecimento se adquire, maior o leque de opções que se apresentam para tomar esta ou aquela atitude.

Uma vez adquirido o conhecimento, tomamos atitudes que levam em consideração a gama de informações e experiências adquiridas (juízo de probabilidade), e, não por acaso, o primeiro passo de nossas atitudes é a realização de atos de autoproteção.

Como ser racional que é, o ser humano (indivíduo = in + diviso = que não se divide) tem um acentuado senso, instintivo até, de autoproteção e sobrevivência porque adquire, processa e reflete o conhecimento adquirido que serve como premissa de seu agir.

Num juízo de probabilidade opta-se pode determinado caminho ao invés de outro, imaginando que com base naquelas *informações conhecidas* alcançará um determinado resultado ou se afastará de outros.

Ora, se andamos à pé pelas calçadas do nosso bairro, evitamos os caminhos mais isolados e os horários menos movimentados, porque sabemos que ali existe um *risco* à nossa segurança; se vamos comprar um produto pela internet, procuramos os sites mais confiáveis e melhor avaliados para não corrermos o *risco* de tomarmos um prejuízo financeiro; se vamos adquirir um livro, buscamos os autores mais consagrados, também para não ter o *risco* de desperdiçar nosso tempo; se vamos construir uma casa, evitamos ergue-la terrenos com condições adversas para evitar o *risco* de desabamento, infiltração etc.

Estes são exemplos do nosso cotidiano aos quais podem ser somados tantos outros que quase instintivamente tomamos para nos precaver contra os *riscos* de doenças, acidentes etc. Tudo isso com base num juízo valorativo que utilizamos a partir do conhecimento adquirido. No nosso dia a dia procuramos fazer escolhas que sejam *menos arriscadas possíveis* com a intenção de evitar situações de perigo ou pelo menos, se tivermos que enfrentá-las, possamos estar com o menor grau de vulnerabilidade possível.

A *calculabilidade* do risco por meio da *probabilidade* depende de informações sérias e confiáveis tanto sobre o agente (perigo, evento) quanto do alvo (sujeito).

Como o risco é diretamente impactado pela combinação destes dois elementos que o integram, a precisão da *análise de risco* depende da maior quantidade possível de informações corretas sobre o agente (perigo) e sobre o sujeito (alvo – em especial sobre a sua vulnerabilidade).

Não basta apenas a presença do agente (perigo) para se identificar se há ou não o risco, porque o grau de vulnerabilidade do sujeito ameaçado também deve ser apreciado para saber se o risco de perda ou prejuízo existe realmente.

Basta ver no exemplo chulo que demos acima do sujeito que atravessa a rua num horário de pouco movimento e sem iluminação, mas que, *antevendo* (tendo informações de) tais perigos, cuida de vestir-se com uma roupa blindada ou é acompanhado por seguranças etc. Nesta hipótese ele diminui a sua vulnerabilidade em relação àqueles perigos, diminuindo também o risco de sofrer perdas ou prejuízos. Logo, observa-se, a vulnerabilidade é um fator intrínseco ao sujeito, por ele manipulável ou controlável, mas, frise-se, *desde que ele conheça a informação acerca dos perigos e tenha consciência da sua vulnerabilidade.*

Não é seguro afirmar que o alto grau de vulnerabilidade do sujeito e a presença concreta de ameaças ou perigos levará inexoravelmente ao dano. Ainda estaremos no terreno da probabilidade, ainda que seja mais acentuada. Por exemplo, andar bêbado numa corda bamba esticada entre dois penhascos distantes, e sem uma rede de proteção embaixo, não implica necessariamente na ocorrência de danos, mas potencializa-a significativamente.

CAPÍTULO 1 • PREMISSAS PARA COMPREENDER A TRÍPLICE RESPONSABILIZAÇÃO AMBIENTAL | **39**

A altura do penhasco, a finura da corda, a vulnerabilidade do sujeito, tudo isso amplifica a probabilidade do dano. Por outro lado, reduz-se a probabilidade, se o indivíduo é um trapezista do *cirque du soleil*, se há uma rede de proteção, se já fez este percurso inúmeras vezes etc. É fácil observar o quanto que a *probabilidade do risco* oscila a partir da variação destes elementos intrínsecos do estado de risco (perigo e vulnerabilidade). A informação e a compreensão cognitiva são fundamentais para que se possa fazer a calculabilidade do risco e assim tomar medidas mais eficientes e efetivas para proteção do sujeito exposto ao perigo.

> É importante que o próprio alvo (sujeito) seja alimentado com informações sobre o perigo (agente) para que possa tomar, per si, atitudes que aplaquem ou diminuam o risco de dano ao qual possa estar exposto.

5.1.2.6 Risco, probabilidade e certeza

O risco também é associado à noção de *incerteza* por diversos autores. Diz-se que o risco é a "incerteza do resultado", "incerteza mensurável", "incerteza sobre uma perda", "eventos incertos que afetam objetivos" etc.

Optamos por não associar risco à incerteza, porque quase sempre a expressão é associada ou empregada em seu sentido psicológico,[33] qual seja, o *juízo mental de uma pessoa*, de que algo é assim ou assado, certo ou errado, tal qual ele, o sujeito, a concebe segundo, e nos limites, do seu conhecimento.

É tomado como *certo* aquilo que é *considerado por alguém* como *certo*. Eis porque *certeza e verdade* são bastante distantes. Aquilo que é tomado como certo por alguém pode ser absolutamente inverídico. Certeza é um juízo valorativo de uma pessoa.

Por aí se vê que falar em *incerteza* ao lidar com o risco depõe contra a noção de *provável, de probabilidade*. O fato de ser possível a ocorrência do dano ou ser possível que ele não ocorra, ou de ter possibilidades, não torna o evento *incerto*, talvez "não definido". Incerto será, sem dúvida, diante do leque de possibilidades, o *juízo* daquele que apura ou faz a análise do risco.

Neste passo se a probabilidade aumenta em direção à ocorrência da possibilidade de dano aventada não há que se falar em incerteza, pois do contrário ter-se-ia que admitir degraus de *incerteza objetiva*, o que não é o caso.

O juízo de valor sobre a ocorrência do dano a partir da ampliação dos elementos da probabilidade faz cessar o juízo (subjetivo) de dúvida, de indeterminação,

---

33. Na metodologia científica a certeza é um dado objetivo, ou seja, é o resultado da comprovação de um raciocínio lógico.

de ambiguidade. Não é o evento que se tornou *mais certo* ou *menos incerto*, mas sim a percepção de sua ocorrência por aquele que analisa o risco.

5.1.2.7 Risco, probabilidade e azar

Recordemos aquele exemplo da alínea C contida no item 5.2.1 acima:

> Oficialmente o pico das ocorrências de furacões no Caribe é entre a segunda quinzena de agosto até o final do mês de setembro. Ainda assim, com hotéis mais em conta por causa disso, um casal decide, seis meses antes, passar sua lua de mel na cidade com maior índice de furacões neste período

Se pensarmos nesta hipótese há 70 anos alguém poderia dizer que "deu azar" ao escolher a lua de mel no Caribe em período que veio a ocorrer um furacão. Hoje, com base na estatística, estudos geológicos, geográficos e de outras ordens da ciência foi possível descobrir que existe um período crítico sobre a ocorrência de furacões nesta região.

Na medida em que se incrementa a *probabilidade* a partir de dados cada vez mais confiáveis, técnicos e científicos sobre os elementos intrínsecos do risco (agente + sujeito + probabilidade) caminha-se em afastar a noção de *sorte ou azar*. Na medida em que os acontecimentos vão se tornando *previsíveis*, elimina-se a condição fortuita, inimaginável ou inesperada que se atribui a um fenômeno aleatório (azar), ao destino.

O desenvolvimento do conhecimento científico permite que se antevejam situações que antes nem seriam possíveis de se enxergar ou identificar como um risco potencial ou concreto. Pelo menos em tese, onde há *probabilidade* não há nem azar e nem sorte num resultado, muito embora sejamos tentados a dizer que o sujeito que perde o avião no dia do acidente aéreo é um sortudo, que não era a sua hora, ou que foi a mão divina que o salvou, mas jamais vamos reconhecer que normalmente ele se atrasa para voos, ou que naquele dia o trânsito estava mais caótico etc. O *imponderável* vai se tornando cada vez menos fortuito na medida que se tem informação e conhecimento técnico sobre as situações da vida.

5.1.2.8 O risco e o dano: momento de cada um e pontos de contato

O risco é um *estado jurídico* que reflete a possibilidade de alguém sofrer uma perda. É importante destacar desta forma que não há uma relação antecedente/consequente entre risco e dano, respectivamente, e tampouco o primeiro é um estágio preliminar do segundo, no sentido de que todo risco causa danos. Nem todo risco levará a um dano. Isso porque a conexão entre um e outro é de "probabilidade".

CAPÍTULO 1 • PREMISSAS PARA COMPREENDER A TRÍPLICE RESPONSABILIZAÇÃO AMBIENTAL

Risco é risco, ou seja, é um estado jurídico que alguém se encontra em razão da possibilidade de ocorrência de um dano. O dano é o prejuízo que este alguém sofre em razão de ter ocorrido uma dentre outras possibilidades existentes.

O que é muito importante chamar a atenção que não será incomum, antes o contrário, que o dano moral – individual e/ou coletivo – aconteça antes mesmo de surgir o dano material, numa inusitada situação de estarem presentes, ao mesmo tempo: a) *um estado de risco pela possibilidade de um dano material* e b) *efetivo dano moral decorrente desta situação.*

É preciso ter isso em mente porque normalmente estamos acostumados a pensar no dano moral como uma situação contemporânea ao dano material, o que, nesta hipótese não será o caso.

É claro que não é qualquer estado de potencialidade do dano material que acarreta o dano moral, e é preciso que – como qualquer dano – seja passível de comprovação.

O que nos interessa dizer aqui é que a *exposição ao risco de dano material* pode consistir em um *dano moral*. Nesta hipótese não haverá *risco de dano moral*, porque dano moral já existe. Isso tem enorme importância quando pensamos no dano ambiental e nas tutelas constitucionais contra o risco.

É perfeitamente possível que exista um dano moral coletivo efetivado em decorrência de uma exposição ao risco de dano ecológico quando, por exemplo, uma cidade inteira se vê exposta às rachaduras de uma barragem sabendo que tempos antes uma outra cidade inteira foi dizimada pelo rompimento de outra barragem da mesma empresa.

Não será absurdo pensar em um dano moral coletivo pela exposição ao risco de dano que moradores de uma cidade ficarão por anos caso descubram que durante anos uma empresa lançou na água que usam cotidianamente efluentes carcinogênicos; ou de consumidores ao se depararem com produtos que estão contaminados por agrotóxicos proibidos ou acima do limite permitido.[34]

> Numa situação destas acima quem não perguntaria: será que terei câncer em razão dos efluentes que contaminaram a água que abastecia a minha casa? Ou terei câncer porque consumi produtos com agrotóxicos cancerígenos acima do permitido durante anos?

---

34. "(...) 2. A aquisição de produto de gênero alimentício contendo em seu interior corpo estranho, expondo o consumidor à risco concreto de lesão à sua saúde e segurança, ainda que não ocorra a ingestão de seu conteúdo, dá direito à compensação por dano moral, dada a ofensa ao direito fundamental à alimentação adequada, corolário do princípio da dignidade da pessoa humana. (...) REsp 1828026/SP, Rel. Ministra Nancy Andrighi, Terceira Turma, julgado em 10.09.2019, DJe 12.09.2019".

Não é preciso que em nenhum destes casos que as doenças apareçam para que já esteja configurado o dano moral. O estado de medo, insegurança, angústia, ansiedade, pavor resultante da *exposição ao risco de dano material* pode configurar sim o dano moral.

O Superior Tribunal de Justiça já é pacífico neste sentido, ainda que sem fazer a distinção da concomitância entre a *exposição ao risco de dano material*, ainda não indenizável materialmente, com o *dano moral efetivamente ocorrido por causa da referida exposição*, totalmente indenizável:

> Se, diante do caso concreto, for possível identificar situação que importe lesão à esfera moral de uma comunidade – isto é, violação de direito transindividual de ordem coletiva, de valores de uma sociedade atingidos sob o ponto de vista jurídico, de forma a envolver não apenas a dor psíquica, mas qualquer abalo negativo à moral da coletividade – exsurge o dano moral coletivo" (REsp 1.402.475/SE, Rel. Ministro Herman Benjamin, Segunda Turma, julgado em 09.05.2017, DJe 28.06.2017).

> 3. A aquisição de produto de gênero alimentício contendo em seu interior corpo estranho, expondo o consumidor à risco concreto de lesão à sua saúde e segurança, ainda que não ocorra a ingestão de seu conteúdo, dá direito à compensação por dano moral, dada a ofensa ao direito fundamental à alimentação adequada, corolário do princípio da dignidade da pessoa humana. (...) 5. Na hipótese dos autos, a simples comercialização de produto contendo corpo estranho possui as mesmas consequências negativas à saúde e à integridade física do consumidor que sua ingestão propriamente dita. 6. Recurso especial provido (REsp 1801593/RS, Rel. Ministra Nancy Andrighi, Terceira Turma, julgado em 13.08.2019, DJe 15.08.2019).

A exposição ao risco como suscetível de causar dano moral a uma comunidade – ainda que não lhe tenha causado prejuízos materiais – também foi enfrentado pelo STJ ao condenar uma concessionária de telefonia pela exposição ao risco de uma comunidade porque "*a comunidade ficou exposta aos riscos decorrentes do não reposicionamento dos cabos de telefonia, que ficou ao alcance dos transeuntes que circulavam no local*". (AgInt no AREsp 426.382/RJ, Rel. Ministro Sérgio Kukina, Primeira Turma, julgado em 23.10.2018, DJe 30.10.2018).

Observe-se que à medida que crescem as informações sobre o incremento do perigo o estado de risco isso pode gerar danos extrapatrimoniais decorrentes da ansiedade, medo, insegurança etc.; ou seja, podem ser sintomas de tamanha gravidade e intensidade que justifique a proteção indenizatória extrapatrimonial.

Na relação *antecedente/consequente* o causador do dano é o agente (perigo, ameaça) que incidiu sobre o sujeito ou sobre seu patrimônio. Contudo, ainda que não seja antecedente obrigatório de um dano, cronologicamente falando o *momento do estado de risco é sempre anterior ao momento do eventual dano*.

Entre o momento do risco e o momento do eventual dano há um hiato lógico porque o risco é a *possibilidade* de dano, de forma que quando ele (dano) ocorre já não mais existe risco, pois a probabilidade se realizou. O risco *abstrato* é cronologicamente mais distante do dano do que o risco *concreto*. À medida que se torna mais provável a ocorrência do dano o risco vai dando lugar a concretude de um dos resultados possíveis (perda, prejuízo).

É a proximidade da incidência do agente sobre o alvo que faz com que o resultado se aproxime. O sujeito que caminha em direção à calçada que fica debaixo da construção assume um risco (abstrato) de acidente; enquanto realiza o percurso da calçada assume um risco (concreto) ainda maior. Se algum tijolo cair sobre a sua cabeça não há que se falar mais num estado de risco, mas sim em um dos resultados possíveis que acabou acontecendo.

> E esta situação de dano (tijolada na cabeça) ainda pode ser um perigo para que outros danos possam acontecer, como por exemplo a situação de risco de se não for imediatamente levado a um hospital tenha hemorragia craniana etc.

> Assim, por exemplo, no caso da casa construída na pirambeira do morro é o dano ambiental resultante da derrubada da vegetação rupestre que torna-se um agente de risco para desabamento. Observe que o dano ecológico se torna uma circunstância integrante do perigo (chuva torrencial que não será absorvida) para a população que mora embaixo do morro (alvo).

Essa distinção do *momento do risco e do dano* é importantíssimo para a tutela estatal legislativa do meio ambiente, para a fixação da responsabilização ambiental que é objeto de nossa análise.

Assim, identificando o momento de um e outro é possível dar maior ênfase na proteção antes ou depois do risco concreto e abstrato, *mas sempre antes da ocorrência do dano*.

Todas as técnicas (legislativas, executivas e judiciárias) que privilegiem a *tutela antecedente ao dano* são fundamentais à manutenção e preservação do equilíbrio ecológico e dos componentes ambientais.

Quando o Poder Legislativo elege a situação de risco ambiental como cerne do suporte fático, tratando-o como um ilícito, ele pode estabelecer no seu "preceito" diversos tipos de deveres para evitar/eliminar/punir este "estado" e um deles, com certeza, é o dever de suportar as consequências (responsabilidade) daquele que causou ou contribuiu para o *ilícito do risco*.

O risco deixa de existir quando, infelizmente, o que era uma possibilidade de dano se concretiza,[35] ou, felizmente, antes disso, quando se adotam medidas que atuam neutralizando ou extirpando os dois elementos fundamentais do risco: a vulnerabilidade ou o perigo.

---

35. Aqui, com a concretização do dano, sempre incide a regra abstrata de que "havendo dano ambiental imputado a alguém" nasce o "dever jurídico de responsabilidade civil pelos danos causados ao meio ambiente".

Há casos em que o dano ambiental já aconteceu, mas ainda assim permanece uma situação de risco para danos futuros. Numa hipótese de *ilícito danoso*, nada incomum no nosso cotidiano, incidirão os suportes fáticos de tutela legislativa que elegem o tal "ilícito danoso imputado a alguém" como seu elemento central (responsabilidade civil, penal e administrativa), mas também incidirão os suportes fáticos que tratam o "ilícito do risco imputado a alguém" como geradores de deveres jurídicos (civis e/ou penais e/ou administrativos).

É possível eliminar totalmente ou reduzir o risco do sujeito da calçada no exemplo A do item 3.5.1.1 de duas maneiras: impedindo o prédio de ser construído de forma que as suas varandas façam sobra sobre as calçadas, e, portanto, inexista o risco de cair qualquer coisa da construção sobre os pedestres, ou ainda, é possível atuar sobre o sujeito que está em risco reduzindo a sua vulnerabilidade total ou parcialmente.

Mais uma vez, com vênias pela repetição, é perfeitamente possível que o dano moral, individual ou coletivo, realmente se efetive antes de ter ocorrido o dano patrimonial, ou ainda mesmo que este não venha a acontecer. O momento de surgimento do dano moral coletivo em razão de um estado de risco de dano ecológico pode ser antes de este acontecer ou depois que este tenha ocorrido, ou ainda que nem sequer aconteça.

Talvez com exemplo real seja mais simples entender a profundidade da afirmação acima. Extraímos do filme *o preço da verdade* (Dark Waters)

19.07.2005 – 20h02

Dupont é processada por ocultar riscos do Teflon à saúde

Houston (EUA), 19 jul. (EFE). – Dois escritórios de advocacia apresentaram requerimento judicial nos EUA contra o grupo Dupont pelos supostos riscos para a saúde do revestimento antiaderente de suas panelas Teflon.

A queixa foi apresentada em vários estados pelos escritórios Kluger, Peretz, Kaplan & Berlin e Oppenheim Pielsky, ambos com sede na Flórida. A representação foi feita em nome dos consumidores do produto.

Os advogados exigem que a Dupont assuma indenizações por perdas e danos, crie um fundo para assistência médica dos consumidores e inclua nos jogos de panelas um alerta sobre os possíveis riscos do uso do Teflon.

Em comunicado, o grupo afirmou que irá se defender das acusações nos tribunais, e que "os consumidores que usam produtos da marca Teflon não correm riscos".

Em maio, a Dupont acusou o recebimento de uma ordem do Departamento de Justiça americano para que entregasse todas as suas pesquisas sobre a substância química PFOA, usada no revestimento antiaderente.

Essa ação judicial foi enviada um mês após o grupo ter chegado a um acordo de indenização de US$ 15 milhões com a Agência para a Proteção do Meio Ambiente americana (EPA, em inglês), que acusava a empresa de ter ocultado informações sobre os efeitos da FPOA à saúde.

(https://noticias.uol.com.br/ultnot/efe/2005/07/19/ult1807u18958.jhtm)

CAPÍTULO 1 • PREMISSAS PARA COMPREENDER A TRÍPLICE RESPONSABILIZAÇÃO AMBIENTAL **45**

Muito bem, diante da situação acima, afora as indenizações ambientais pela contaminação do rio, fauna, flora e solo, imagine o número de consumidores que utilizaram o Teflon, mas que não tiveram nenhum câncer ou doença decorrente da sua utilização.

Considerando que o produto químico é bioacumulativo essas doenças podem manifestar-se anos mais tarde. E este *estado de risco* (possibilidade de ter dano no futuro) ao qual estão submetidos os consumidores?

Ora, não há um momento exato em que o produto químico pode se manifestar na forma de câncer. O fato de um, dois, cem ou mil consumidores manifestarem os danos resultantes do produto químico nos cinco primeiros anos não significa que outros tantos também não sejam afetados em anos seguintes.

É preciso reconhecer que além de obrigar o responsável a *monitorar a saúde dos consumidores expostos ao risco*, que também se indenize o dano moral suportado por estes consumidores que viverão os próximos anos tensos, preocupados, inseguros, ansiosos, com medo de que "amanhã" podem desenvolver a doença. Uma simples diarreia ou uma enxaqueca será sinal de preocupação e alerta além do normal para estas pessoas.

Exemplos como este são muito comuns no nosso cotidiano. Aliás, registre-se que o fato de vivermos numa *sociedade de risco* de forma alguma autoriza ou legitima que o "estado de risco" deva ser aceito ou estimulado.

A afirmação de que vivemos numa sociedade de risco não é passaporte para transferir para o povo e para a coletividade o *ônus do risco de causar dano*. A coletividade não é uma cobaia sem saber que está sendo cobaia, enquanto do outro lado da ponta alguém lucra, e muito, com este estado de risco.

É até pueril e jocoso pensar que o fato de saber que posso sair de casa e um desastre acontecer, de ser atropelado, de um fio cair na minha cabeça, simplesmente porque "vivemos em risco" legitimaria o lançamento no mercado de remédios, fraldas, embalagens, agrotóxicos, alimentos, bebidas, aparelhos, técnicas, métodos etc., enfim, produtos em geral que exponham alguém ou uma coletividade ao risco de dano.

É preciso ler e entender Ulrich Beck[36] e D. Giddens[37] para compreender que não é isso que disseram e assim não deturpar o sentido do que disseram nas citadas obras. Aliás, o contrário, nesta sociedade complexa *é fundamental ter informação*

---

36. BECK, Ulrich. *La sociedade del riesgo mundial*. Barcelona: Paidós, 2008.
37. GIDDENS, Anthony. *Modernidade e Identidade*. Rio de Janeiro: Jorge Zahar, 2002.

sobre os perigos para que se possa, como diz Luhmann,[38] reconhecê-los como tal e assim evitá-los ou controlá-los.

Quando o indivíduo ou uma coletividade desconhece o estado de risco de dano que se encontra em razão de uma atividade, produto ou substância colocado no mercado, e, posteriormente se descobre – quando este risco já não existe mais – que durante um período viveu sob um estado de risco, é de se perguntar se este sentimento de alívio é associado a um outro de insegurança, um medo, uma dor que poderia ser objeto de indenização por dano moral.

Só o caso concreto poderá dizer se está ou não presente uma situação de dano resultante por se ter descoberto que ter vivenciado, sem saber, um perigo iminente de dano que acabou não acontecendo.

De qualquer forma, ainda que não se verifique nesta hipótese acima um *dano material* já que o estado de risco de dano teria sido eliminado, *não se pode admitir que a coletividade suporte o ônus do estado de risco sem saber que se encontra neste estado, tudo em proveito econômico alheio.*

O *ônus do estado risco* só pode ser negociado e, portanto, ser suportado por alguém se tal sujeito tem consciência disso (desse ônus do risco), pois do contrário tem-se aí um enriquecimento sem causa, um lucro obtido a partir de um ilícito cometido por um terceiro. Regra geral não há "indenização" porque nenhum dano foi causado, senão porque só houve um "estado de risco", mas há um dever de equidade, de respeito a boa-fé que impõe que o *enriquecimento ilícito* seja excluído do que se beneficiou parta que se entregue tal dividendo àquele que suportou o risco.

Considerando que em diversos deveres concretos ambientais o texto constitucional *veda a exposição ao risco*, então comete ato ilícito aquele que expõe a coletividade ao risco. Ainda que não cause danos indenizáveis, deve receber *sanção civil pelo enriquecimento ilícito* às custas de uma exposição indevida ao risco pela coletividade.

É o caso, por exemplo, do gestor de uma unidade de conservação de proteção integral que desvia a finalidade para a qual ela deveria ser utilizada, permitindo ilicitamente que seja explorada economicamente a atividade turística (ainda que sustentado) dentro da própria unidade. Além das sanções penais e administrativas correspondentes é perfeitamente possível que esta conduta ilícita não cause danos ecológicos, mas não é *justo* que tal ente seja beneficiado economicamente pelo

---

38. Em Luhman o risco está diretamente relacionamento com a noção de seguridade, e, para que exista o risco é preciso que exista o reconhecimento do perigo causar um dano. LUHMANN, Niklas. *Sociologia del riesgo*. Guadalajara: Walter de Grurter Co., 1992, p. 51 e ss.

uso ilícito de bem que não o pertence. Aqui deveria incidir a tutela jurídica civil restituitória à sociedade pelo uso econômico, e sem custos, do bem ambiental (art. 4º, VII da Lei 6.938/81).[39]

Da mesma forma, é o caso do sujeito que não realiza o licenciamento ambiental, mesmo assim inicia a sua atividade que, pelos cuidados que tomou espontaneamente, não causou nenhum impacto ambiental. O ilícito – mesmo que não gere nenhum dano – não pode trazer lucro para quem o praticou! Todos os lucros obtidos a partir da violação de um direito, mesmo que não impliquem dano, devem ser, por justiça e equidade, serem *restituídos* àquele que é o titular do direito violado.

Exatamente por isso, se o texto constitucional determina que é dever do poder público *impedir as práticas que coloquem em risco sua função ecológica*, então a pessoa física ou jurídica que expõe ao risco – ainda que sem danos – a função ecológica da fauna e da flora comete um ilícito. Se esse ilícito – não danoso – gerou lucro àquele que o cometeu, não pode ficar por isso mesmo.

Não se pode admitir que este ilícito gere lucro e que, por não ter ocorrido dano, o lucro obtido permaneça com o sujeito que violou o direito. Se não houver retirada do lucro do indivíduo que obteve às custas de um ilícito sobre um direito alheio, certamente que isso estimulará, e muito, comportamentos que, embora ilícitos, sejam lucrativos economicamente. É necessário que além da remoção do ilícito, seja *transferido* o benefício econômico auferido àquele que suportou o ônus de uma exposição ao risco que não deveria ter acontecido.

5.2 Proteção estatal e risco ambiental

5.2.1 Introito

A psicologia comportamental e organizacional tem demonstrado cada vez mais que lidamos diariamente com escolhas que envolvem riscos, potenciais ou atuais, e, que para lidar de forma satisfatória com isso, é preciso que tenhamos conhecimento sobre os agentes do risco e as nossas vulnerabilidades para tomada de decisões que reduzam a probabilidade de perdas futuras. Isso se reflete desde os assuntos mais sérios e decisivos da nossa formação, até aos mais banais do nosso cotidiano.

---

39. Art 4º A Política Nacional do Meio Ambiente visará: (...) VII – à imposição, ao poluidor e ao predador, da obrigação de recuperar e/ou indenizar os danos causados e, *ao usuário, da contribuição pela utilização de recursos ambientais com fins econômicos"* (grifos nossos).

Assim, quando escolho uma profissão o prejuízo de uma escolha errada pode ser danoso por muito tempo, e, de difícil reversibilidade. Por outro lado, embora banal, é comum também que decidamos sobre situações simples como transportar para a mesa de almoço uma travessa quente sem proteção. Se eu sei que a travessa está quente e que posso queimar a minha mão ao transportá-la do fogão para a mesa, então decido em segundos se vale a pena pegar uma luva ou um pano, evitando uma possível queimadura, ou se assumo o estado de risco e faço o transporte dela sem qualquer proteção imaginando que por ser uma distância pequena num curto espaço de tempo não haveria tanta chance para resultar numa queimadura.

Limitado pelas informações que possui ou adquiriu o indivíduo toma este *processo decisório de escolha* influenciado por valores que o formam como ser. Certamente decisões apressadas, no calor da emoção, do medo, da insegurança podem mostrar no futuro que o caminho escolhido não foi o melhor. A ansieda-de, o medo, a insegurança, a ira são elementos passionais e estados mentais que contribuem para baralhar a correta identificação do risco e dos seus elementos, bem como das decisões que dele se afastem.

Nestes singelos exemplos pode-se perceber que a *informação precisa, cien-tífica, objetiva e o conhecimento compreendido* permite que o sujeito identifique situações de risco, e, assim tenha liberdade de escolha de caminhos que afaste ou reduza a probabilidade de danos. Isso que se disse no plano individual e privado se projeta no plano coletivo e público.

Lembrando que o art. 225 da CF/88 *impõe ao poder público e à coletividade o dever de proteger e preservar o meio ambiente para as presentes e futuras gerações* e que é dever concreto do *poder público* tomar todas as atitudes descritas nos sete parágrafos do art. 225 para *efetivar* o equilíbrio ecológico, e considerando ainda que expressamente a CF/88 optou pela *proteção contra o risco ambiental, é certo que não será incomum a análise de riscos ambientais para a toma de decisões que o neutralizem.*

Cabe ressaltar a criação de uma norma ISO sobre gerenciamento de riscos que foi publicada sob o código ISO 31000 em 13 de novembro de 2009. Segundo esta norma é possível lidar com o risco (admite o impacto positivo e negativo), sempre com máximo de informações possíveis, adotando as seguintes posições: a) evitar o risco não iniciando ou continuando atividade que gera o risco; b) aceitar ou ampliar o risco para obter oportunidades; c) eliminar a fonte do risco; d) alterar as probabilidades; e) alterar as consequências possíveis; f) distribuir o risco com outros atores.

Não é demais lembrar que o artigo 2º da Lei da Política Nacional de proteção e Defesa Civil é taxativo ao dizer que constitui "dever da União, dos Estados, do

Distrito Federal e dos Municípios adotar as medidas necessárias à redução dos riscos de acidentes ou desastres" e dentre estas medidas estão *ações de planejamento, plano de contingência, capacitação, o monitoramento e a implantação de sistemas de alerta, pesquisas e estudos sobre áreas de risco, promover a identificação e avaliação das ameaças, suscetibilidades e vulnerabilidades a desastres, orientar as comunidades a adotar comportamentos adequados de prevenção e de resposta em situação de desastre e promover a autoproteção* etc.

Como dito, o texto constitucional é claro no artigo 225, ao consagrar o direito do povo ao meio ambiente ecologicamente equilibrado, e que, para assegurar a efetividade desse direito fundamental *deve* o Poder Público (Judiciário, Executivo e Legislativo), nos termos do §1º, dentre outras ações, as que vem descrita, por exemplo, no inciso V que assim prescreve: controlar a produção, a comercialização e o emprego de técnicas, métodos e substâncias que comportem risco para a vida, a qualidade de vida e o meio ambiente.

Não apenas neste dispositivo há a clara opção contra o risco, mas também nos incisos I, II, III, IV, VI, VII do §1º. Enfim, submeter a coletividade a um estado de risco pode configurar um ato ilícito ambiental como prevê a Constituição em alguns casos. É tarefa do legislador inserir como elemento central nos seus suportes fáticos com as respectivas consequências penais, civis e administrativas a precaução contra o risco ambiental e também a prevenção contra o dano ao meio ambiente tal como mencionado no item 4 deste trabalho.

5.2.2 Antijuridicidade e risco ambiental

Vejamos os seguintes exemplos:

Um sujeito fabrica balões e os entrega para outros sujeito que os comercializa.

Um grupo de rapazes adentra numa unidade de conservação conduzindo substâncias ou instrumentos próprios para caça ou para exploração de produtos ou subprodutos florestais, sem licença para tanto.

Algumas pessoas chegando de uma viagem do exterior, trouxeram em suas malas animais selvagens de espécie não existente aqui para soltar nas suas respectivas propriedades, sem a autorização do órgão favorável.

Ora, todas estas hipóteses são a priori enquadráveis nos tipos penais descritos nos arts. 42, 52 e 31 da Lei 9.605/98. O que há em comum em todas estas situações tipificadas como crime é que o legislador penal, neste e em tantos outros casos, optou por fixar o *momento da antijuridicidade no momento do risco*, ora abstrato (como fabricar balões), ora concreto (como penetrar com petrechos de caça sem autorização na unidade de conservação).

Observe que ao fazer desta forma a lei, em compasso com o dever que lhe foi imposto no art. 225, *caput* e parágrafos, respeita o axioma "preservar e proteger" o meio ambiente ecologicamente equilibrado e elege como "ilícito" o *momento do risco* como adequado à proteção do equilíbrio ecológico.

Nestes tipos penais percebeu o legislador que, a despeito das críticas que se possa fazer à abstração destas hipóteses de incidência em relação ao meio ambiente, que, inclusive no âmbito penal, é melhor precaver, prevenir do que remediar, pois não há reparação que retorne ao status quo ante, e, dada a fundamentalidade e essencialidade do meio ambiente equilibrado para presentes e futuras gerações, a única forma de alcançar este intento é justamente *impedindo, eliminando, vigiando, fiscalizando, monitorando, controlando* a situação de risco, justamente para *não deixar que* a *possibilidade de dano* se concretize.

O que fez o legislador para erigir em moldura abstrata estes tipos penais, denominados de "perigo concreto" e "perigo abstrato"?[40]

Simplesmente captou a partir da experiência social de que os balões são comumente responsáveis por desastres causadores de danos ambientais e sociais (depois de algum tempo eles desabam como uma bola de fogo nas casas, florestas, pessoas etc.) e definiu como crime uma conduta muito anterior ao momento da queimada provocada pela queda do balão. O legislador deixou de usar o momento do dano para tipificar como crime, para adotar um momento bem antecedente (fabricar) e também outro mais próximo da possibilidade de que possa causar este dano (soltar).

Claro que há uma diferença óbvia entre *fabricar* e *soltar* balões.

A probabilidade de ocorrência do dano se aproxima muito mais da conduta de soltar do que de fabricar balões, mas isso foi irrelevante pelo legislador penal que tipificou ambas como *conduta penal ilícita*. É importante ficar claro que a antijuridicidade se dá quando ocorre uma conduta antecedente à possibilidade de que o dano venha acontecer.

O suporte fático abstrato estabelece como *momento da conduta antijurídica* um *momento anterior ao dano*, portanto, enquanto este é possível, mas não tenha se concretizado. A *exposição à situação de risco*, abstrato ou concreto, é utilizado como momento pelo qual o fato gerador incide sobre a hipótese de incidência que por sua vez faz nascer as consequências penais. Esse raciocínio também se aplica para as regras jurídicas civis e administrativas.

---

40. Aqui tomava-se a palavra perigo (*hazard*) como risco. Superada esta ideia de sinonímia entre perigo e risco, correto seria chamar os crimes de *risco abstrato e risco concreto*. O perigo (agente) é um dos elementos do risco.

CAPÍTULO 1 • PREMISSAS PARA COMPREENDER A TRÍPLICE RESPONSABILIZAÇÃO AMBIENTAL | 51

Assim, da mesma forma o art. 59 do Decreto 6.514[41] – que praticamente decalca o tipo penal descrito no artigo 48 da Lei 9.605 – e estabelece a responsabilidade administrativa pela conduta imposta ao infrator.

No âmbito civil é também possível valer-se de tutela de precaução e prevenção contra o dano ao meio ambiente quando se configure uma das situações descritas no tipo penal e administrativo que protegem o meio ambiente contra o risco de incêndios. Mas, embora seja possível a utilização e uma série de ferramentas para impedir ou remover o risco, não há que se falar em responsabilidade civil se não existe dano ao meio ambiente. O ilícito de risco não faz incidir a sanção "reparatória" porque, a priori, dano não há.

Essa criação de *tipos e preceitos* pelo legislador se dá porque o texto normativo enxerga que em muitos casos já não é mais possível admitir que o equilíbrio ecológico fique sob estado de risco, diante da possibilidade de que um dano social ou ambiental seja causado por determinada conduta. E, diga-se, por mais que alguém venha dizer que soltar balões está na tradição e na cultura brasileira, esse argumento é insuficiente para inibir a escolha de precaver a sociedade e o meio ambiente contra esta situação de potencialidade danosa.

Observe-se que o Poder Legislativo pode – e deve – em prol da *preservação e proteção* do meio ambiente estabelecer como mantra de sua política legislativa o momento antecedente ao dano como adequado para fixar os ilícitos nas regras jurídicas ambientais.

Eleger os elementos do risco como momento adequado para a política legislativa – da qual seguirá a atuação administrativa e a judiciária – não é um favor, mas um dever imposto constitucionalmente em prol da sociedade. A tutela legislativa do meio ambiente não deve fincar-se, apenas, no binômio dano/reparação-punição, mas também no risco/remoção-redução-controle.

De que adiantaria prever apenas como crime o dano causado pela queda do balão, a destruição às casas, às pessoas, ao meio ambiente? Se dados científicos mostram que este tipo de prática causa enorme prejuízo para sociedade, certa está a Lei em fixar o tipo penal para um momento absolutamente antecedente e distante da possibilidade de ocorrência do dano. É perfeitamente possível, portanto, que se eleja o momento anterior ao dano – o estado de risco – como adequado para fixar a ocorrência da antijuridicidade.[42]

---

41. Art. 59. Fabricar, vender, transportar ou soltar balões que possam provocar incêndios nas florestas e demais formas de vegetação, em áreas urbanas ou qualquer tipo de assentamento humano:
    Multa de R$ 1.000,00 (mil reais) a R$ 10.000,00 (dez mil reais), por unidade.
42. Aqui tomamos antijuridicidade, objetivamente, como ato-fato contrário ao direito, a contradição entre o fato praticado, a conduta realizada, e ordenamento jurídico. A respeito ver BETTIOL, Giuseppe.

A eleição da *exposição ao risco* – antes ou depois dele – como momento adequado para fixar a política estatal é repetida do caput aos parágrafos do art. 225, passando por quase todos os incisos do parágrafo primeiro como veremos mais adiante.[43]

O dever de *preservar* só pode ser genuinamente cumprido se o seu alvo for *evitar danos*. Do contrário é impossível imaginar qualquer tipo de *preservação*. Preservação pressupõe que o objeto a ser preservado esteja intacto, guardado, protegido.

A proteção para evitar o risco ambiental (antes dele surgir), ou para neutralizá-lo (risco já existente) deve ser prioridade na política estatal ambiental.

Não por acaso fala-se em *preservar* no art. 225, § 1º, I e II.

Alguém duvida que a definição de espaços especialmente protegidos no inciso III é justamente para proteger e preservar os componentes ambientais?

Ora, por que o legislador exige que apenas uma lei em sentido estrito pode suprimir ou alterar o regime jurídico dos espaços especialmente protegidos?

A ideia é exatamente de *preservar* o equilíbrio ecológico.

O mesmo se diga no inciso IV ao *exigir*, leia-se, impor, exortar, determinar que atividades que se sejam de significativa impactação necessariamente precisam passar por um procedimento de licenciamento onde, dentro dele conste estudo prévio, avançado e completo que antecipe quais os possíveis e eventuais danos que o meio ambiente pode vir a sofrer. É visualizar antes os possíveis impactos que podem ser causados. E por que isso? Justamente para que se implemente a *preservação*, tomando medidas que evitem o dano pré-visualizado.

Os dispositivos seguintes (incisos V, VII) inclusive *adotam o risco*, expressamente, como limite (a ser adotado pelo ordenamento jurídico) para admitir uma atividade, uma substância, ato, técnica que possa causar dano ao meio ambiente. O inciso VI dos arts. 23 e 24 reforçam exatamente o que se disse aqui e alhures.

Conquanto os exemplos trazidos acima tenham sido extraídos do campo penal, não é apenas nesta seara que o risco deve ser adotado como marco tempo-

---

Direito Penal. Trad. Paulo José da Costa Jr. e Alberto Silva Franco. São Paulo: Ed. RT, 1977. p. 358-359; BELING, Ernst von. *Esquema de Derecho Penal*. Tradução castelhana de Sebastían Soler. Buenos Aires: Depalma, 1944. p. 21-22; PETROCELLI, Bagio. L'antiguiridicità. 2. reimp. Padova: CEDAM. 1947. p. 14; PONTES DE MIRANDA. *Tratado de direito privado*. Rio de Janeiro: Borsoi, 1955. t. 5, § 599, n. 2, p. 225; ATALIBA, Geraldo. *Hipótese de Incidência Tributária*. 3. ed. São Paulo: Ed. RT, 1984, p. 25 e ss.

43. A respeito ver SILVA SÁNCHEZ, Jesús María. *La expansión del derecho penal*: aspectos de la Política criminal en las sociedades postindustriales. Madrid: Edisofer, 2011; COSTA, Helena Regina Lobo da. *Proteção penal ambiental*. São Paulo: Saraiva, 2010.

CAPÍTULO 1 • PREMISSAS PARA COMPREENDER A TRÍPLICE RESPONSABILIZAÇÃO AMBIENTAL

53

ral para tipificação de condutas antijurídicas. As searas civis[44] e a administrativa seguem a mesma lógica estabelecida pelo axioma constitucional da preservação ambiental.

Não é por acaso que o texto constitucional e a legislação ambiental infra-constitucional estabelecem *deveres difusos ambientais de fazer e não fazer* que adotam exatamente esta premissa: preservação. Vejamos por exemplo no próprio artigo 225, IV quando o texto fala que é dever do poder público "exigir, na forma da lei, para instalação de obra ou atividade potencialmente causadora de significativa degradação do meio ambiente, estudo prévio de impacto ambiental, a que se dará publicidade".

Esse dever jurídico imposto ao empreendedor, público ou privado, adota como premissa a *precaução*, ou seja, primeiro é preciso antever, na medida do possível, se haverá riscos (possibilidade de dano), para a partir daí definir se a atividade ou obra pode ser realizada e sob que condições. Igualmente o dever de "controlar a produção, a comercialização e o emprego de técnicas, métodos e substâncias que comportem risco para a vida, a qualidade de vida e o meio ambiente" prevista no inciso V do § 1º do art. 225.

O verbo controlar significa que o poder público deve ter o domínio para assim poder fiscalizar, monitorar, inspecionar, conter, impedir, exigir etc. O *controle* aí não é indicativo, de que o legislador teria "admitido implicitamente" a fabricação, a comercialização e o emprego de técnicas, métodos e substâncias que importem em risco para a vida e para o meio ambiente. Obviamente que não está admitido risco, antes o contrário. O dispositivo deve ser lido em consonância e com coerência com a *cabeça* do artigo 225. O *controle* previsto no dispositivo é o de que deve o poder público ter todo o domínio sobre a fabricação, sobre a comercialização e utilização de produtos, técnicas e métodos que possam trazer risco para o equilíbrio ecológico.

A expressão "importem em risco" significa exatamente que "possa trazer risco", "possa significar risco", ou seja, tem o poder público todo o poder de controle, o poder efetivo para dirigir, conduzir e estabelecer *se é possível, como é possível, sob que condições, objetivos e princípios devem funcionar a fabricação, comercialização e utilização destes itens* (métodos, substâncias etc.). O *controlar* neste dispositivo é ex ante, ou seja, saber se importa em risco e neste caso *impedir, conter, evitar* o risco ao meio ambiente e à vida.

---

44. Um olhar rasante pela dogmática do direito civil ambiental (não penal e não administrativo) permite dizer que o legislador adotou, para o suporte fático do ilícito com ou sem o dano, vários tipos de preceitos (eficácias). A sanção de invalidade (cassação de uma licença ambiental, por exemplo) é uma hipótese que revela que o ilícito não danoso também pode sancionar. O suporte fático do dano, com ou sem ilícito, sempre faz incidir a responsabilidade civil.

E, isso ficou muito claro no controle de constitucionalidade feito pelo STF na ADI 4066 que reconheceu como inconstitucional dispositivo da Lei 9.055 DF, justamente com base na evidência científica que a *exposição ao risco* do amianto crisotila é intolerável à saúde e que a livre iniciativa deve se conformar à valores como a dignidade humana e à preservação do meio ambiente. O comando constitucional *constrange e ampara* o legislador a seguir o axioma que ela estabelece de proteção à vida e à dignidade, para usar a feliz expressão da Ministra Rosa Weber, relatora da ADI:

(...)

4. Risco significativo de exposição presente não apenas na cadeia produtiva do amianto, mas também para familiares que vivem com trabalhadores desse setor, para a população nas proximidades de minas e indústrias de amianto, para a população consumidora de produtos finais contendo amianto na composição e para pessoas expostas a rejeitos ou descartes de materiais contendo amianto. Quadro justificador da adoção de instrumentos normativos, nos planos doméstico e internacional, voltados ao controle e eliminação progressiva do uso do amianto. 5. Limites da cognição jurisdicional. Residem fora da alçada do Supremo Tribunal Federal os juízos de natureza técnico-científica sobre questões de fato, acessíveis pela investigação técnica e científica, como a nocividade ou o nível de nocividade da exposição ao amianto crisotila e a viabilidade da sua exploração econômica segura. A tarefa da Corte – de caráter normativo – há de se fazer inescapavelmente embasada nas conclusões da comunidade científica – de natureza descritiva. Questão jurídica a decidir: se, em face do que afirma o consenso médico e científico atual, a exploração do amianto crisotila, na forma como autorizada pela Lei 9.055/1995, é compatível com a escolha política, efetuada pelo Poder Constituinte, de assegurar, a todos os brasileiros, os direitos à saúde e à fruição de um meio ambiente ecologicamente equilibrado. Precedente: ADPF 101 (Relatora Ministra Cármen Lúcia, Tribunal Pleno, DJe 24.06.2009).

(...)

A cláusula constitucional da proteção à saúde constrange e ampara o legislador – Federal, Estadual, Distrital e Municipal – ao excluir previamente certos arranjos normativos, com ela incompatíveis, do leque de escolhas políticas possíveis, ao mesmo tempo em que cria uma esfera de legitimação para intervenções político-normativas que, democraticamente legitimadas, traduzem inferências autorizadas pelo preceito constitucional. 9. O art. 225, § 1º, V, da CF (a) legitima medidas de controle da produção, da comercialização e do emprego de técnicas, métodos e substâncias que comportam risco para a vida, a qualidade de vida e o meio ambiente, sempre que necessárias, adequadas e suficientes para assegurar a efetividade do direito fundamental ao meio ambiente ecologicamente equilibrado; (b) deslegitima, por insuficientes, medidas incapazes de aliviar satisfatoriamente o risco gerado para a vida, para a qualidade de vida e para o meio ambiente; e (c) ampara eventual vedação, banimento ou proibição dirigida a técnicas, métodos e substâncias, quando nenhuma outra medida de controle se mostrar efetiva.

Também o dever de não fazer previsto no inciso VII do § 1º do art. 225 fixa o *risco à função ecológica* como limite jurídico, uma fronteira entre o lícito e o ilícito, ou seja, não se admite a ocorrência do risco de extinção de espécies e da função ecológica da fauna e da flora. Observe que não se trata de dosar o risco, mas de não o admitir. O marco temporal de definição da conduta antijurídica é a exposição ao risco. Se risco houve, há conduta antijurídica, há ilícito ambiental.

Esses deveres jurídicos ex ante, de fazer ou de não fazer, espalhados pela legislação ambiental predeterminam o tipo de tutela jurisdicional a ser adotada quando o suporte fático prevê o risco como uma situação ilícita: a tutela específica da precaução e da prevenção (impedir ou remover o risco para evitar o possível dano).

O direito processual deve realizar o direito material da forma como é previsto pelo legislador. Assim, por exemplo, sendo a ação civil pública um remédio por excelência para a defesa do meio ambiente, esta deve ser uma de suas preocupações. Logo, impedir o risco, ou removê-lo, ou monitorá-lo, sempre com vistas a não deixar que a possibilidade do dano se concretize. E, essa neutralização do risco pelo seu impedimento, pela sua remoção, pelo seu desfazimento, não importa aqui o nome que se dê, pode ser obtido por meio da atuação sobre um dos elementos que integram o conceito de risco: *removendo o* perigo e/ou pela *reduzindo a* vulnerabilidade do objeto (pessoa, coletividade, meio ambiente) que esteja exposto à situação de risco.

Nada disso será possível, contudo, sem informação precisa, sincera, honesta, transparente.[45] Sem saber se há risco (seus componentes) não há como impedi-lo, monitorá-lo ou removê-lo.

> (...) 9. Embora a bula seja o mais importante documento sanitário de veiculação de informações técnico-científicas e orientadoras sobre um medicamento, não pode o fabricante se aproveitar da tramitação administrativa do pedido de atualização junto a Anvisa para se eximir do dever de dar, prontamente, amplo conhecimento ao público – pacientes e profissionais da área de saúde –, por qualquer outro meio de comunicação, dos riscos inerentes ao uso do remédio que fez circular no mercado de consumo.
>
> 10. Hipótese em que o desconhecimento quanto à possibilidade de desenvolvimento do jogo patológico como reação adversa ao uso do medicamento SIFROL subtraiu da paciente a capacidade de relacionar, de imediato, o transtorno mental e comportamental de controle do impulso ao tratamento médico ao qual estava sendo submetida, sobretudo por se tratar de um efeito absolutamente anormal e imprevisível para a consumidora leiga e desinformada, especialmente para a consumidora portadora de doença de Parkinson, como na espécie. (...)
>
> (REsp 1774372/RS, Rel. Ministra Nancy Andrighi, Terceira Turma, julgado em 05.05.2020, DJe 18.05.2020)

---

45. A informação precisa, transparente, imediata e sincera é essencial inclusive para a *autoproteção* da pessoa que se encontra em situação de risco. A *autoproteção* é descrita como um dos objetivos da Política Nacional de Proteção e Defesa Civil (art. 4º, IV da Lei 12.608).

Exatamente por isso, considerando que o dever jurídico constitucional imposto à coletividade e ao Poder Público de proteger e preservar o meio ambiente implica em um fazer negativo e um fazer positivo (não expor ao risco, remover o risco, não poluir e despoluir; não impactar e desimpactar, não destruir e reconstruir etc.) não será incomum que a maior parte das tutelas jurídicas veiculadas por meio de ação civil pública – ações coletivas ambientais – intentem a tutela destes deveres de fazer e não fazer, justamente para atender ao mandamento constitucional.

Neste particular, cai como uma luva ao que se expôs retro, os ditames da Súmula 613 do STJ que diz: "não se admite a aplicação da teoria do fato consumado em tema de Direito Ambiental".

Perceba-se que não se admite o *fato consumado* porque há um dever de proteger e preservar que, se infelizmente não foi obtido ex ante, deve ser obtido para o futuro mediante medidas de desfazer como reflorestar, demolir a construção em área de preservação, retirar os resíduos, limpar os dejetos, instalar os filtros etc.

Frise-se que não é porque não tenha sido obtida a proteção ou a preservação ex ante por meio de uma tutela inibitória de um dano ou de um ilícito que não se possa exigir que esse mesmo dever de proteção ou preservação seja obtido ex post; aliás, nestas situações de ilícito cometido e também com impacto consumado, com muito maior razão é que se justifica uma tutela firme e segura neste sentido (cumprimento de um fazer), pois o dano ambiental, sabemos, se *protrai no tempo*, de forma que um impacto ambiental cometido hoje *tende a piorar e agravar no futuro*.

Não fosse assim teríamos um "incentivo" à consumação de fatos impactantes do meio ambiente. A sumula do STJ revela exatamente o que determina o texto maior: o dever de proteger e preservar deve ser obtido *ex ante*, mas não exclui que seja obtido *ex post* de forma alguma. Não obtida a inibição da conduta poluente, deve ser pretendida o desfazimento do ato danoso ao meio ambiente.

Eis que, por isso mesmo, quando se fala em tutela específica dos deveres de fazer e não fazer aqui não se restringe apenas àquelas técnicas (prioritárias, é verdade) que sejam antecedentes ao (antes ou depois do risco) dano, mas também àquelas que imponham o dever de despoluir.

Esse cenário de deveres jurídicos de *fazer e não fazer* se projeta também no plano da tutela administrativa. A preservação e a proteção do meio ambiente fazem parte da competência comum do art. 23, VI da CF/88. Neste sentido, tem-se como *infração administrativa* (Lei 9.605, art. 70) "toda ação ou omissão que viole as regras jurídicas de uso, gozo, promoção, proteção e recuperação do meio ambiente".

CAPÍTULO 1 • PREMISSAS PARA COMPREENDER A TRÍPLICE RESPONSABILIZAÇÃO AMBIENTAL **57**

Associando este conceito à primazia legislativa dos *deveres jurídicos de fazer e não fazer* certo será que a violação destes deveres importará em infração administrativa sujeita às sanções previstas no art. 72. Conquanto a *multa* possa ser imposta, por exemplo, pela violação de *um dever de não expor ao risco*, ela sempre tem um caráter mais retrospectivo do que prospectivo, ao contrário, por exemplo, do embargo ou da interdição da atividade, cuja finalidade é não permitir que se avance na conduta violada, ou seja, sua função prospectiva é latente.

5.2.3   O dever/direito de informação no suporte fático: instrumento imprescindível para adoção de medidas contra o risco

O que se pretende neste tópico é deixar claro que o acesso à informação – tanto pelo poder público, quanto pela coletividade – que permitam identificar às situações que envolvem os elementos que compõem o risco são fundamentais para que sejam tomadas medidas que evitem ou removam a situação de risco existente. Informação tanto para *prevenir* o risco, quanto para *removê-lo*, afinal de contas, ao contrário do dano, que é algo normalmente perceptível aos nossos sentidos, o estado de risco pode existir sem que se saiba que ele está acontecendo. Eis o motivo para conectar o direito/dever de informação ambiental com as medidas para evitar ou remover os riscos ao meio ambiente.

Esse dever/direito de informar deve estar – e efetivamente está – nos suportes fáticos das regras jurídicas ambientais que consagram um *dever público de informação ambiental*, um *direito* da sociedade de ter a informação ambiental e também de exigir que a informação ambiental seja produzida e revelada quando não existir.

A origem etimológica da palavra informação revela o núcleo fundamental que está presente em qualquer acepção ou flanco das ciências que se pretenda estudá-la. É oriundo de "informare", que significava "dar forma". Os radicais "in" (em) e "forma" (aspecto, formato) revelam a noção de "pôr o formato", "construir a forma" "dar forma", "formar uma ideia de". Na Grécia antiga a palavra "forma" (μορφά) significava *tipo, ideia*.

A informação tanto pode ser sinônimo de dados, ou seja, um conjunto, qualitativo ou quantitativo, de características sobre alguma coisa. No ramo da comunicação a informação é vista como o conteúdo da mensagem. Na formação do conhecimento a informação é elemento fundamental para o processo cognitivo, elimina a incerteza no juízo cognitivo e oportuniza escolhas que envolvam menos perdas ou mais ganhos. A informação é base da liberdade. Com a informação adquirimos liberdade de escolha. Sem a informação as decisões, as escolhas são feitas sem racionalidade.

Neste passo a informação ambiental é elemento fundamental do processo de formação de uma consciência ecológica. Informação e educação vivem em simbiose. Não se *educa, não se forma, não se molda, não se constrói* sem a informação (dados).

Para "promover a educação ambiental em todos os níveis de ensino e a conscientização pública para a preservação do meio ambiente", dever jurídico previsto no inciso VI do § 1º do art. 225,[46] é necessário que o poder público "informe", que alimente a coletividade com *dados* sobre o equilíbrio ecológico.

A "consciência ambiental" não se obtém sem a totalidade de dados e registros disponíveis sobre o equilíbrio ecológico e àquilo que o afeta. A transparência, a cientificidade, a sinceridade na apresentação destes dados/fatos que integram a informação ambiental é direito fundamental da coletividade.[47]

> A prestação de contas democrática tem, como uma de suas facetas, a transparência e o livre acesso dos governados às informações relativas às atividades do governo, pois só assim se poderá￼ verificar se os seus assuntos estão sendo conduzidos da maneira devida. Caso o governo se recuse, por qualquer motivo, a prestar as informações ou os esclarecimentos requeridos por qualquer cidadão, estará descumprindo obrigações inerentes à relação jurídica que existe entre as partes, agindo de forma insolente.[48]

Estes dados científicos servem não apenas para que a sociedade seja *informada* e *forme* sua consciência ecológica e cumpra o seu papel de participação (proteger e preservar o meio ambiente), mas também para que o legislador possa cumprir o mister de preservação do meio ambiente, por exemplo, *controlando métodos, técnicas e substâncias* que prejudicam a saúde, a vida e o meio ambiente.

---

46. É também princípio (art. 2º, X) da Política Nacional do Meio Ambiente) "educação ambiental a todos os níveis de ensino, inclusive a educação da comunidade, objetivando capacitá-la para participação ativa na defesa do meio ambiente". Dentre os objetivos da Política Nacional de Proteção e Defesa Civil constam: "XIII – desenvolver consciência nacional acerca dos riscos de desastre; XIV – orientar as comunidades a adotar comportamentos adequados de prevenção e de resposta em situação de desastre e promover a autoproteção; e XV – integrar informações em sistema capaz de subsidiar os órgãos do SINPDEC na previsão e no controle dos efeitos negativos de eventos adversos sobre a população, os bens e serviços e o meio ambiente". A informação é fundamental para identificar o risco e enfrentá-lo de forma adequada para evitar a ocorrência de danos.

47. Merece destaque o texto do art. 221 da CF/88: Art. 221. A produção e a programação das emissoras de rádio e televisão atenderão aos seguintes princípios: I – preferência a finalidades educativas, artísticas, culturais e *informativas*; II – promoção da cultura nacional e regional e estímulo à produção independente que objetive sua divulgação; III – regionalização da produção cultural, artística e jornalística, conforme percentuais estabelecidos em lei; IV – respeito aos valores éticos e sociais da pessoa e da família.

48. ABBOUD, Georges. Cinco mitos sobre a Constituição Federal brasileira de 1988. *Revista dos Tribunais*. v. 996, p. 27-51, São Paulo: Ed. RT, 2018.

CAPÍTULO 1 • PREMISSAS PARA COMPREENDER A TRÍPLICE RESPONSABILIZAÇÃO AMBIENTAL 59

(...) 13. À luz do conhecimento científico acumulado sobre a extensão dos efeitos nocivos do amianto para a saúde e o meio ambiente e à evidência da ineficácia das medidas de controle nela contempladas, a tolerância ao uso do amianto crisotila, tal como positivada no art. 2º da Lei 9.055/1995, não protege adequada e suficientemente os direitos fundamentais à saúde e ao meio ambiente equilibrado (arts. 6º, 7º, XXII, 196, e 225 da CF), tampouco se alinha aos compromissos internacionais de caráter supralegal assumidos pelo Brasil e que moldaram o conteúdo desses direitos, especialmente as Convenções 139 e 162 da OIT e a Convenção de Basileia. Juízo de procedência da ação no voto da Relatora. (STF ADI 4066/DF).

Relembra dizer que um dos objetivos da Política Nacional do Meio Ambiente (art. 4º, V) é a "à difusão de tecnologias de manejo do meio ambiente, à *divulgação de dados e informações* ambientais e à *formação de uma consciência pública* sobre a necessidade de preservação da qualidade ambiental e do equilíbrio ecológico".

Ainda na Política Nacional do Meio Ambiente, a informação ambiental é expressamente, ao lado do licenciamento, da avaliação de impacto etc., um instrumento (art. 9º) valiosíssimo sem o qual nenhuma destas ferramentas será útil. O inciso sete deste artigo estabelece como instrumento o sistema nacional de informações sobre o meio ambiente (SINIMA) que permite a condensação de todas as informações para todos os órgãos integrantes do SISNAMA. Já o inciso onze estabelece que "a garantia da prestação de informações relativas ao Meio Ambiente, obrigando-se o Poder Público a produzi-las, quando inexistentes".

Na condição de titular de um direito fundamental administrado pelo poder público é dever deste prestar, espontaneamente, todas as informações sobre o ambiente àquele que é o seu dono. É terminantemente proibido, imoral e ilegal guardar qualquer segredo a respeito do meio ambiente. Seria como imaginar o administrador de um direito seu, sonegar as informações referentes ao seu direito. O poder público já seria obrigado a fazê-lo pelo só fato de que todo poder emana do povo, e, os mandatários eleitos, que representa o povo, deve prestar contas de seus atos.

Há, portanto, um direito constitucional de informação de toda coletividade de saber tudo e precisamente tudo que se refira ao meio ambiente, que é um direito do povo e essencial à saída qualidade de vida. Não se constrói *educação*, nem *consciência ecológica* sem a informação adequada, transparente, imediata e sincera que *deve ser prestada* pelo poder público. É, portanto, a informação, o *alicerce*, para usar a expressão do Ministro Herman e Benjamin, para que o povo participe e cumpra o comando do art. 225, caput.

Civil e processual civil. Meio ambiente. Direito de informação. Art. 225, § 1º, VI, da Constituição. Art. 4º, V, da Lei 6.938/1981. Princípio 10 da Declaração do Rio. Direito de Participação. Art. 2º, § 1º, da Lei 10.650/2003. Princípio da Precaução. Cultura da transparência ambiental. Art. 3º,

IV, da LEI 12.527/2011. Ação indenizatória por dano moral. IBAMA versus particular. Impossibilidade. Direitos fundamentais. Pessoa jurídica de direito público. Reconhecimento limitado. (...) 2. Irretocável o acórdão recorrido. Alicerce do Direito Ambiental brasileiro e decorrência do dever-poder estatal de transparência e publicidade, o direito à informação se apresenta, a um só tempo, como pressuposto e garantia de eficácia do direito de participação das pessoas na formulação, implementação e fiscalização de políticas públicas de salvaguarda da biota e da saúde humana, sempre com o desiderato de promover "a conscientização pública para a preservação do meio ambiente" (Constituição, art. 225, § 1º, VI), de formar "uma consciência pública sobre a necessidade de preservação da qualidade ambiental e do equilíbrio ecológico" (Lei 6.938/1981, art. 4º, V) e de garantir o "acesso adequado às informações relativas ao meio ambiente de que disponham as autoridades", incumbindo aos Estados "facilitar e estimular a conscientização e a participação pública, colocando as informações à disposição de todos" (Princípio 10 da Declaração do Rio).

3. Nessa linha de raciocínio, mais do que poder ou faculdade, os órgãos ambientais portam universal e indisponível dever de informar clara, ativa, cabal e honestamente a população, "independentemente da comprovação de interesse específico" (Lei 10.650/2003, art. 2º, § 1º), para tanto utilizando-se de dados que gerem ou lhes aportem, mesmo quando ainda não detentores de certeza científica, pois uma das formas mais eloquentes de expressão do princípio da precaução ocorre precisamente no campo da transparência e da publicidade do Estado. A regra geral na Administração Pública do meio ambiente é não guardar nenhum segredo e tudo divulgar, exceto diante de ordem legal expressa em sentido contrário, que deve ser interpretada restritivamente pelo administrador e juiz. Além de objetivos estritamente ecológicos e sanitários, pretende-se também fomentar "o desenvolvimento da cultura de transparência na administração pública" (Lei 12.527/2011, art. 3º, IV). (...) (REsp 1505923/PR, Rel. Ministro Herman Benjamin, Segunda Turma, julgado em 21.05.2015, DJe 19.04.2017).

É importante que se diga que essa informação não deve ficar no plano teórico ou abstrato, e deve ser prestada de forma clara e acessível, enfim, deve estar no nosso dia a dia.

Assim, por exemplo, se vamos ao supermercado e compramos 1 kg de frango, temos o direito de saber se nele contém algum antibiótico ou algum anti-inflamatório, qual o nome do agrotóxico e que quantidade ele está no feijão, no arroz, no milho etc. em tudo o que comemos e bebemos. Só é possível formar uma consciência ambiental se formos, literalmente, alimentados com informação ambiental. É aí que se conectam o direito fundamental à informação, à saúde, ao meio ambiente e do consumidor. Frise-se, pedindo escusas pela repetição, a informação é condição necessária para a formação da consciência ambiental e da participação da sociedade de forma individual ou coletiva.

A relação da *informação* com o risco é facilmente percebida, porque quanto mais *dados* temos, mais identificamos e mensuramos a probabilidade de um determinado agente causar impacto no meio ambiente. A informação elimina o juízo de incerteza daquele que tomará decisões sobre os riscos ambientais, seja ele o poder público, seja a coletividade.

Eis que diante disso, para a análise dos riscos ambientais, e para tomada de decisões que *preservem o meio ambiente*, cada indivíduo tem dois caminhos: i) recebe/adquire informação ambiental, forma o conhecimento, e exerce a liber-

CAPÍTULO 1 • PREMISSAS PARA COMPREENDER A TRÍPLICE RESPONSABILIZAÇÃO AMBIENTAL **61**

dade de escolha por caminhos que sejam de preservação do meio ambiente (por exemplo, adquirindo produtos e serviços que sejam amigos do meio ambiente ou evitando aqueles que são inimigos do equilíbrio ecológico); ii) recebe/adquire a informação e passa a atuar (participar ativamente) de forma lícita e legítima pressionando o poder público para que cumpra o comando constitucional de proteger e preservar o meio ambiente, como por exemplo, controlando efetivamente a produção e a comercialização dos agrotóxicos que, sabemos, é um risco (não informado) à vida e ao meio ambiente.[49]

Na lógica dos elementos que integram o risco, a informação elimina o juízo de incerteza e permite que a coletividade e o poder público atuem reduzindo a vulnerabilidade (do ambiente e da população) e/ou iniba o agente (perigo) que faz nascer a possibilidade do prejuízo.

---

49. Para que possamos ser livres e possamos escolher em não adquirir ou restringir a aquisição de produtos que sejam contaminados de agrotóxico é preciso que saibamos – temos o direito constitucional à informação precisa e clara do que comemos e do que bebemos – qual o tipo de agrotóxico, quais são os seus efeitos colaterais, qual o percentual e quantidade foi utilizado em cada produto que adquirimos etc. Na verdade, por ser tóxico, tinha que ser igual a bula de remédio, só que em letras garrafais. Se essas informações nos forem sonegadas, não seremos livres para fazer as nossas escolhas.

Capítulo 2
A TRÍPLICE RESPONSABILIZAÇÃO AMBIENTAL

1. O QUE É A RESPONSABILIZAÇÃO AMBIENTAL?

Considerando que a norma jurídica contém, em moldura abstrata, (1) um suporte fático e (2) o preceito (consequências, eficácias) à ele correlato, chama-se de responsabilização ambiental o tipo de eficácia que atribui a alguém uma situação subjetiva de *dever jurídico* – consequência de uma conduta.

Em concreto, essa responsabilidade ambiental, será a imputação deste dever jurídico àquele que se atribui o fato tipificado no suporte fático.

Tratando-se de uma norma jurídica ambiental, chama-se este "dever jurídico" de "dever jurídico ambiental". E, prosseguindo, se o suporte fático é tipificado como *crime* pela norma jurídica ambiental então este dever jurídico é penal. Assim se passa na seara administrativa e também na civil.

Assim, um voo rasante pela Lei 9.605 permitirá identificar uma série de *normas jurídicas ambientais penais* que contêm de forma quase didática o "suporte fático" + o respectivo "preceito". Quando o preceito incide sobre o sujeito impondo-o uma sanção punitiva, diz haver a responsabilidade penal ambiental. O mesmo raciocínio para as normas jurídicas ambientais administrativas no Decreto 6.514, e, a mesmíssima coisa quando olhamos a legislação civil.

Contudo, as normas jurídicas civis não estão tão organizadas e delimitadas quanto as penais e administrativas, pois considera-se "norma civil" todas as que não sejam "nem penais e nem administrativas". Existe um vastíssimo campo de normas civis ambientais, que por exclusão àquelas, concentram todo tipo de norma jurídica em que se tutela, direta ou indiretamente, o meio ambiente ecologicamente equilibrado.[1]

Assim, são múltiplos os tipos de *deveres jurídicos civis* previstos como preceitos decorrentes de suportes fáticos descritos nas inúmeras normas jurídicas civis ambientais. Sempre que uma norma jurídica civil ambiental prever em abstrato um dever jurídico ambiental que não for cumprido em concreto por alguém, então nascerá para este sujeito um outro dever jurídico: a "responsabilização civil ambiental".

Assim, por exemplo, essa *responsabilização ambiental* pode se manifestar por meio de uma *sanção reparatória pecuniária ou in natura,* ou o *cumprimento de uma sanção* ou de *remoção de um ilícito que imponha deveres de fazer e não fazer,* ou de *cumprimento de uma sanção que imponha o dever de pagar/restituitório do uso econômico do bem ambiental,* ou uma *sanção civil de contrapublicidade pela propaganda ambiental abusiva* etc.

Entretanto, nada obstante esta miríade de *deveres jurídicos civis ambientais* imputáveis a alguém em razão da juridicização de um fato jurídico ambiental não penal e não administrativo, quando se usa a expressão "responsabilidade civil ambiental" esta é conhecida como o *dever de reparar os danos causados ao meio ambiente.*

Frise-se para ficar claro que em sentido lato a expressão *responsabilidade civil ambiental* refere-se aos diferentes tipos de *deveres jurídicos civis* imputáveis àquele que violou uma regra jurídica ambiental *não penal e não administrativa.* Cada uma destas diferentes modalidades de sanções civis que podem ser impostas, cada qual com seu arquétipo jurídico, representa um novo dever jurídico – de responsabilização – do qual um deles é o *dever de reparar o meio ambiente pelos danos causados.*

Em sentido estrito, portanto, a *responsabilidade civil ambiental* refere-se apenas às situações em que a sanção imposta é reparatória – dever de reparação – porque em sua moldura abstrata está previsto um tipo que exige a ocorrência de um dano e cujo preceito é a respectiva reparação. Ratificando, a expressão responsabilidade civil ambiental, em sentido estrito, é usada para designar o

---

1. O artigo 37, § 2º do CDC diz que "É abusiva, dentre outras a publicidade discriminatória de qualquer natureza, a que incite à violência, explore o medo ou a superstição, se aproveite da deficiência de julgamento e experiência da criança, desrespeita valores ambientais, ou que seja capaz de induzir o consumidor a se comportar de forma prejudicial ou perigosa à sua saúde ou segurança". A sanção civil que impõe a contrapublicidade pela ofensa aos valores ambientais está no Código de Defesa do Consumidor, mas não deixa de ser uma norma jurídica de proteção indireta do meio ambiente, porque promove a informação ambiental e a formação de uma consciência ecológica (art. 225, § 1º, VI da CF/88).

dever jurídico suportado por alguém resultante da incidência de um preceito sancionatório reparativo (responsabilidade civil pelos danos causados ao meio ambiente). É automática a conexão que se faz entre a expressão *dano ao meio ambiente* e a *responsabilidade civil*, mesmo sabendo que existem outras formas de sanção civil ambiental diferentes da sanção reparativa pelos danos causados.

Para deixar mais claro o que se disse tomemos de exemplo duas situações distintas previstas na Lei de Agrotóxicos (Lei 14.785/23) onde ficará clara a existência de sanções civis que não necessariamente sejam *reparatórias*.

Segundo o art. 3º, § 9º desta Lei:

"Quando organizações internacionais responsáveis pela saúde, pela alimentação ou pelo meio ambiente das quais o Brasil seja membro integrante ou com as quais seja signatário de acordos e de convênios alertarem para riscos ou desaconselharem o uso de agrotóxicos, de produtos de controle ambiental e afins, deverá a autoridade competente tomar providências de reanálise dos riscos considerando aspectos econômicos e fitossanitários e a possibilidade de uso de produtos substitutos".

Imaginando que o bloco de fatos descritos abstratamente no dispositivo venha acontecer há um *dever jurídico* a ser cumprido pela autoridade competente que é "*tomar providências de reanálise dos riscos considerando aspectos econômicos e fitossanitários e a possibilidade de uso de produtos substitutos*". Este preceito é a consequência imediata e inafastável da ocorrência do bloco de fatos que está previsto na primeira parte do dispositivo. Caso a referida autoridade não se desincumba deste *dever jurídico*, a despeito dessa inação poder representar o nascimento de uma responsabilização penal ou administrativa prevista em outros dispositivos, aqui está muito claro que é possível exigir judicialmente que ele seja forçado a realizar aquilo que deveria ter cumprido espontaneamente.

Igualmente, na mesma Lei diz o artigo 29 que:

Art. 29. As reanálises dos agrotóxicos e afins deverão ser realizadas e concluídas no prazo de até 1 (um) ano, prorrogável por 6 (seis) meses mediante justificativa técnica, sem prejuízo da análise de pleitos e de alterações de registro em tramitação, bem como da manutenção da comercialização, da produção, da importação e do uso do produto à base do ingrediente ativo em reanálise.

Art. 31. Ao final do procedimento de reanálise, após manifestação conclusiva, o órgão federal registrante poderá:

I – manter o registro sem alterações;

II – manter o registro mediante a necessária adequação;

III – propor a mudança da formulação, da dose ou do uso;

IV – restringir a comercialização;

V – proibir, suspender ou restringir a produção ou a importação;

VI – proibir, suspender ou restringir o uso;

VII – cancelar ou suspender o registro.

Assim, não pode a autoridade competente deixar de fazer a reanálise do agrotóxico fora do prazo legal, bem como deve dar uma justificativa técnica para sua decisão. Acaso esta justificativa não seja "técnica" é perfeitamente possível que judicialmente seja imposta, por exemplo, a proibição do uso do produto se em juízo ficar tecnicamente demonstrado que o produto representa um risco insuportável à população. Por outro lado, se da utilização do agrotóxico resultar danos ao meio ambiente e à população é perfeitamente possível, além da referida medida a imposição da sanção reparatória pelos prejuízos que *já foram causados*.

2. POR QUE "TRÍPLICE"?

Responsabilizar alguém por determinada conduta praticada é fenômeno que deve ser estudado, primeiramente, na perspectiva da estrutura da norma jurídica, como dito alhures.

A "responsabilidade" – vista como dever jurídico que nasce em decorrência de uma conduta praticada – é uma categoria jurídica que serve para "qualquer tipo de responsabilidade", seja ela penal, civil, eleitoral, consumerista, tributária, administrativa etc. Já dissemos que a *responsabilidade* é um dever a ser suportado por alguém em razão de uma conduta que ela mesma praticou ou que foi praticada por outrem, mas por cujos atos ele é ou também será responsável (terá o dever jurídico).

Tem sido cada vez mais comum a dificuldade de se isolar, e, com isso discernir, as diversas modalidades de responsabilização a partir da natureza da sanção imposta (preceito), já que tanto na sanção punitiva, quanto na reparativa, para mencionar apenas estes dois exemplos, sempre haverá, ainda que secundariamente, uma função preventiva, que servirá de aprendizado de que aquela conduta deva ser evitada.

A distinção em "jurisdicional" e "não jurisdicional" para tentar isolar as "responsabilidades" também não é um critério seguro porque confunde o plano da *incidência* com o da *realização* da eficácia (direito, dever etc.) nascida do encontro do fato com o seu suporte. Ademais, essa distinção parte de um pressuposto da *necessidade* da jurisdição como forma de existência da responsabilidade (do dever jurídico nascido), o que também não é verdade, pois "existir" não é a mesma coisa que "realizar" (concretizar).

A incidência da responsabilidade, seja qual for o suporte fático de qual ramo do direito, é implacável. Prevista a conduta + o preceito e, ocorrido o fato ali previsto, incide a eficácia sobre o sujeito e aí *nasce a responsabilidade*. Se tal *situação jurídica de dever* será cumprida espontaneamente (nas hipóteses em que não é necessária a jurisdição) ou se haverá processo administrativo ou penal sancionatório, isso já não tem a ver com a existência do *dever jurídico* nascido, mas com a sua realização.[2]

Aquele que danifica o meio ambiente, não precisa aguardar a ação civil pública ambiental para promover, espontaneamente a recuperação integral do meio ambiente lesado. Não teria havido aí "responsabilidade civil"? Claro que sim, incidiu fato sobre suporte fático, nasceu o preceito de reparar integralmente e ele foi cumprido espontaneamente. Então, não é correta a tentativa de classificar as "responsabilidades" pelo órgão estatal que a impõe, algo, portanto, no campo da *realidade* da responsabilidade que já incidiu.

A *razão* pela qual o mesmo fato incide sobre uma multiplicidade de suportes fáticos previstos no ordenamento sob rubricas diferentes gerando eficácias em diferentes campos do ordenamento é uma opção de política legislativa considerando o grau de importância do bem jurídico tutelado.

A pedra de toque para identificar os diversos tipos de responsabilização (e aqui, neste trabalho, restrita apenas a penal, a *civil e a administrativa*) reside basicamente na identificação dos elementos que integram o suporte fático que descrevem a conduta que, se ocorrida, gerará o dever de responsabilização.

A expressão "tríplice responsabilidade ambiental" é assim chamada porque toma como ponto de partida o texto do artigo 225, §3º da CF/88 quando diz que:

> § 3º As condutas e atividades consideradas lesivas ao meio ambiente sujeitarão os infratores, pessoas físicas ou jurídicas, a sanções penais e administrativas, independentemente da obrigação de reparar os danos causados.

Sem descurar a possibilidade de que possam existir no campo do direito do consumidor, do eleitoral, do trabalhista etc. uma série de regras jurídicas de proteção do meio ambiente que também façam incidir um determinado dever jurídico em decorrência de uma mesma conduta, aqui, seguiremos apenas a *tríplice responsabilidade ambiental* prevista na Constituição Federal, que, ratifica a possibilidade de incidência das "três modalidades", mas não exclui que outras também possam incidir em decorrência da multiplicidade de idênticos suportes fáticos previstos na legislação brasileira, considerando inclusive a multidisciplinariedade do meio ambiente.

---

2. "A realização das regras jurídicas – que é o mesmo dizer-se a coincidência entre a incidência delas e a efetiva subordinação dos fatos a elas, por movimento próprio dos interessados, pela natureza mesma das regras, ou pela aplicação suscitada, de ordinário estatal – apenas *mede* o grau de perfeição do grupo social, no tocante ao traçamento jurídico". Pontes de Miranda. *Tratado de direito privado*, 4. ed., São Paulo: Ed. RT, 1983, t. 1, p. 37.

O texto constitucional diz o básico, o mínimo. Diz que para o suporte fático *"condutas e atividades consideradas lesivas ao meio ambiente"* é perfeitamente possível a sujeição de alguém às sanções penais, administrativas e de responsabilização civil que estiverem previstas na legislação infraconstitucional. A CF/88 autoriza o poder legislativo a criar, para este suporte fático constitucional, cumulativamente, os preceitos penais, administrativos e de responsabilização civil de reparação pelos danos causados.

Este regime jurídico da cumulatividade das sanções penais, civis e administrativas já existia no nosso ordenamento jurídico ambiental antes mesmo do texto constitucional como se observa nos arts. 14 e 15 da Política Nacional do Meio Ambiente (Lei 6928/81). Atualmente, tomando a título de exemplo uma *conduta praticada por uma empresa que destrua uma área de preservação permanente para construção de um loteamento* a priori haverá a "tríplice responsabilidade", pois há: *dano a ser reparado,*[3] *sanção penal pela violação de uma regra jurídica penal,*[4] *e sanção administrativa pela violação da regra jurídica administrativa.*[5]

O que deseja o texto constitucional é deixar claro que a *lesão ao meio ambiente* é algo tão grave que se torna imperativa a "tríplice responsabilização", ou seja, o mesmo dano ambiental (v.g. destruição da área de preservação permanente) deve estar no suporte fático de regras jurídicas ambientais das três esferas jurídicas ensejando a cumulatividade das três sanções.

3. TRÍPLICE RESPONSABILIZAÇÃO AMBIENTAL E O PRINCÍPIO DO POLUIDOR-USUÁRIO-PAGADOR

Os quatro princípios matrizes do direito ambiental brasileiro têm assento no artigo 225 da CF/88. Do texto deste dispositivo emergem o princípio do desenvolvimento sustentável, princípio da participação, princípio da ubiquidade e

---

3. Art. 3º, II da Lei 12.651: "II – Área de Preservação Permanente – APP: área protegida, coberta ou não por vegetação nativa, com a função ambiental de preservar os recursos hídricos, a paisagem, a estabilidade geológica e a biodiversidade, facilitar o fluxo gênico de fauna e flora, proteger o solo e assegurar o bem-estar das populações humanas" (...).

4. Art. 38. Destruir ou danificar floresta considerada de preservação permanente, mesmo que em formação, ou utilizá-la com infringência das normas de proteção:
   Pena: detenção, de um a três anos, ou multa, ou ambas as penas cumulativamente.
   Parágrafo único. Se o crime for culposo, a pena será reduzida à metade.

5. Art. 44. Cortar árvores em área considerada de preservação permanente ou cuja espécie seja especialmente protegida, sem permissão da autoridade competente:
   Multa de R$ 5.000,00 (cinco mil reais) a R$ 20.000,00 (vinte mil reais) por hectare ou fração, ou R$ 500,00 (quinhentos reais) por árvore, metro cúbico ou fração.

o princípio do poluidor usuário pagador.[6] A *tríplice responsabilização ambiental* deriva, diretamente, do princípio do poluidor-usuário-pagador, que, sabemos, *é pedra angular*[7] no arcabouço jurídico do direito ambiental nacional e internacional.

O referido princípio, inicialmente chamado apenas como *poluidor-pagador*, nasceu na Recomendação C (72) 128, de 26 de maio de 1972, do Conselho da Organização para Cooperação e Desenvolvimento Econômico (OCDE), inserido no que se chamava de Guiding Principles Concerning International Economic Aspects of Environmental Policies (Princípios Diretores Relativos aos Aspectos Econômicos das Políticas Ambientais Internacionais), *in verbis*:

> 2. Environmental resources are in general limited and their use in production and consumption activities may lead to their deterioration. When the cost of this deterioration is not adequately taken into account in the price system, the market fails to reflect the scarcity of such resources both at the national and international levels. Public measures are thus necessary to reduce pollution and to reach a better allocation of resources by ensuring that prices of goods depending on the quality and/or quantity of environmental resources reflect more closely their relative scarcity and that economic agents concerned react accordingly.

> 3. In many circumstances, in order to ensure that the environment is in an acceptable state, the reduction of pollution beyond a certain level will not be practical or even necessary in view of the costs involved.

> 4. The principle to be used for allocating costs of pollution prevention and control measures to encourage rational use of scarce environmental resources and to avoid distortions in international trade and investment is the so-called "Polluter-Pays Principle". This principle means that the polluter should bear the expenses of carrying out the above-mentioned measures decided by public authorities to ensure that the environment is in an acceptable state. In other words, the cost of these measures should be reflected in the cost of goods and services which cause pollution in production and/or consumption. Such measures should not be accompanied by subsidies that would create significant distortions in international trade and investment.[8]

---

6. O poluidor usuário pagador, ou simplesmente, poluidor pagador, é densificado por três subprincípios que lhe dão tessitura: precaução, prevenção e responsabilização. Há autores que colocam o *usuário pagador* como 4º subprincípio e outros que o inserem dentro da responsabilização. A respeito ver o nosso *Direito Ambiental Esquematizado*. 11. ed. São Paulo: Saraiva, 2023.

7. ARAGÃO, Maria Alexandra de Sousa. O princípio do poluidor-pagador: pedra angular da política comunitária do ambiente. *Boletim da Faculdade de Direito* – Universidade de Coimbra, Coimbra: Coimbra Editora, 1997.

8. "Os recursos ambientais são em geral limitados e a sua utilização em atividades de produção e consumo podem levar à sua degradação. Quando o custo desta degradação não é devidamente tido em conta no sistema de preços, o mercado não consegue refletir a escassez de tais recursos, tanto a nível nacional como internacional. São, portanto, necessárias medidas públicas para reduzir a poluição e conseguir uma melhor utilização dos recursos, garantindo que os preços dos bens, dependendo da qualidade e/ou quantidade dos recursos ambientais, reflitam mais de perto a sua escassez relativa e que os agentes económicos envolvidos reajam em conformidade. 3. Em muitas circunstâncias, para garantir que o ambiente fique num estado aceitável, a redução da poluição para além de um determinado nível não

O que o princípio do poluidor-pagador objetiva é que todas as externalidades negativas ambientais[9] que possam vir a ocorrer em razão da utilização incomum[10] dos bens ambientais comprometendo a sua qualidade e quantidade, desde que não sejam insuportáveis para a sociedade, devem estar inseridos no preço do produto e do serviço de produção e consumo.

Em termos mais simples isso significa dizer que, dado que a utilização econômica/artificial dos bens ambientais pode comprometer a quantidade e qualidade do meio ambiente, então, nada mais justo que a permissão para que este produto ou serviço entre no mercado exija que: (i) ele seja suportável pela população e que (ii) todos os custos necessários para neutralizar, mitigar ou compensar os impactos ambientais que serão gerados sejam inseridos no custo do produto ou serviço.

Este princípio fundamental do direito ambiental está estampado no art. 225 da CF/88, embora também possa ser complementado por outros artigos do texto maior,[11] como por exemplo o 170, VI que trata da ordem econômica brasileira. Vejamos.

O art. 225, caput da CF/88 é claro ao dizer que (1) o *meio ambiente ecologicamente equilibrado é um bem de uso comum do povo* e que (2) tanto o poder público quanto a coletividade devem *protegê-lo e preservá-lo para as presentes e futuras gerações.*

Da primeira frase em realce extrai-se que sendo o equilíbrio ecológico o resultado da harmônica combinação da função ecológica dos recursos ambientais,[12] então, qualquer utilização não ecológica (*v.g. econômica*) desses recursos ambientais pode impactar o *bem de uso comum do povo*, e, por isso mesmo é necessário que esta *utilização incomum* deva ser precedida de prévia avaliação para

---

será prática nem mesmo necessária, tendo em conta os custos envolvidos. 4. O princípio a utilizar para repartir os custos das medidas de prevenção e controlo da poluição para incentivar a utilização racional dos escassos recursos ambientais e evitar distorções no comércio e no investimento internacionais é o chamado "Princípio do Poluidor-Pagador". Este princípio significa que o poluidor deve suportar as despesas de execução das medidas acima mencionadas decididas pelas autoridades públicas para garantir que o ambiente esteja num estado aceitável. Por outras palavras, o custo destas medidas deve estar refletido no custo dos bens e serviços de produção e/ou consumo que causam poluição. Tais medidas não devem ser acompanhadas de subsídios que possam criar distorções significativas no comércio e no investimento internacionais".

9. Por externalidades negativas ambientais entenda-se todos os impactos negativos ambientais diretos e indiretos e todos os custos necessários para seu controle.

10. Por uso incomum entenda-se todos aqueles que usem/aproveitem o micro ou o macrobem ambiental para uma destinação diversa da *função ecológica* que possuem.

11. Por exemplo também a *função socioambiental* da propriedade privada.

12. Lei 6.938/81: Art. 3º, V – recursos ambientais: a atmosfera, as águas interiores, superficiais e subterrâneas, os estuários, o mar territorial, o solo, o subsolo, os elementos da biosfera, a fauna e a flora.

se identificar os potenciais impactos e seus respectivos custos neutralização que devem integrar o custo total do empreendimento caso ele venha a ser admitido. Complementa este raciocínio o art. 170, VI da CF/88 quando diz que está na base principiológica da ordem econômica brasileira a "defesa do meio ambiente, inclusive mediante tratamento diferenciado *conforme o impacto ambiental dos produtos e serviços e de seus processos de elaboração e prestação*".

É absolutamente claro que é *direito do povo o uso comum dos bens ambientais*, e, por outro lado, *que qualquer utilização incomum deste bem não pode ser feita sem a sua autorização e sem prévia mensuração dos impactos que tal uso econômico possa causar.*

A segunda frase de realce mencionada acima reflete que *é dever de todos proteger e preservar o meio ambiente para as presentes e futuras gerações,* ou seja, os recursos ambientais são finitos e devem ser preservados para o futuro.

Este dever de proteção envolve justamente a tomada de decisões, públicas e privadas, que impeçam, reduzam, mitiguem, compensem os custos negativos das atividades de produção e consumo que comprometam a qualidade e a quantidade do meio ambiente.

Estes impactos negativos futuros e seus custos devem ser antevistos – ex. antes de admitir uma atividade econômica – para que sejam suportados por aquele que pretenda desenvolvê-la. Nem os custos de controle e nem os prejuízos do que não foi controlado podem ser suportados pela população, seja de forma direta (quando não pode usufruir de um meio ambiente saudável), seja de forma indireta (quando os custos são suportados pelo poder público).

Como se observa o princípio do poluidor-usuário-pagador nada tem a ver com qualquer viés deturpado e chulo de que estaria autorizando o *pagamento para poluir*, antes o contrário.

O que diz o princípio é que nenhuma atividade do mercado de produção e consumo que cause impacto ao sagrado direito ao meio ambiente ecologicamente equilibrado pode ser admitida sem que previamente se analise quais são os possíveis impactos negativos ambientais que pode ocasionar e quais os custos para sua remoção/mitigação e compensação. Custos estes que devem ser integralmente assumidos pelo empreendedor. Identificados tais aspectos ainda assim é necessário avaliar se mesmo com as medidas a serem tomadas se isso seria suportável para manter a qualidade e quantidade dos bens ambientais para as presentes e futuras gerações.

Todo esse complexo processo de prévia análise dos impactos e seus custos para possível *internalização* no preço do produto ou serviço é normalmente realizado nos procedimentos de licenciamento ambiental da atividade/obra/

empreendimento/serviço concretizando os *subprincípios* do poluidor-usuário-pagador: *precaução, prevenção e responsabilização.*

Como se vê o princípio do *poluidor pagador* tem uma função prioritária *ex ante*, pois preocupa-se, primeiro, em identificar os possíveis impactos – e custos para sua eliminação – de uma futura atividade econômica que poderá causar prejuízos à qualidade e quantidade dos recursos ambientais que são responsáveis pelo equilíbrio ecológico.

Se o que se descobrir pela análise prévia no processo de licenciamento é que existe uma situação de *incerteza científica da ocorrência de impactos*, se não se sabe quais seriam os impactos que poderiam ser causados ao meio ambiente, então deve incidir o *subprincípio da precaução* e a atividade deve ser indeferida, pois este estado de incerteza não é um ônus que possa ser suportado pela sociedade que é titular do meio ambiente ecologicamente equilibrado. Observe que para que os *custos de internalização das medidas de controle dos impactos* possam ser identificados é preciso que os estudos ambientais prévios indiquem quais são os possíveis impactos negativos e os respectivos custos para sua eliminação ou mitigação.[13]

Se nestes estudos prévios, por desconhecimento científico não se puder precisar quais seriam os possíveis impactos negativos futuros, então não poderia a sociedade conviver com o ônus do estado de incerteza sobre os possíveis prejuízos que um empreendimento/obra/serviço/produto poderia vir a causar. Daí porque, por precaução, deve-se evitar o risco, incidindo a máxima *in dubio pro ambiente*.

De outra parte, se a partir das análises for possível mapear os impactos negativos ambientais, bem como das técnicas e métodos para sua neutralização, redução ou compensação então incidirá o subprincípio da prevenção, caso em que tais custos deverão ser internalizados no preço da atividade/obra/serviço/produto.

Entretanto, o princípio do poluidor pagador não se limita a identificar os *impactos negativos* e os *custos de sua eliminação* para que sejam inseridos no preço do produto/obra/atividade etc. e assim permitir a avaliação na perspectiva da *precaução e prevenção* como explicado alhures.

Ocorre que, não raramente os estudos ambientais que subsidiam a análise no processo de licenciamento ambiental não são completos nem na perspectiva horizontal, nem na vertical, de forma que é possível que determinados efeitos deletérios sobre o meio ambiente decorrentes do produto, obra, atividade etc. só

---

13. A avaliação de impacto deve dar subsídios para que a autoridade ambiental competente verifique se mesmo cm todas as medidas e soluções para internalizar o custo dos impactos ambientais negativos, se ainda assim a atividade pode ser suportada pela sociedade.

sejam enxergados depois que eles estão no mercado (obra feita, empreendimento em operação etc.). Além disso, também não é incomum, infelizmente, que a atividade/obra/produto/serviço etc. seja exercida sem nem sequer ter ocorrido o devido licenciamento, e às vezes até, pasmem, ilicitamente, sem conhecimento prévio da autoridade competente.

Neste caótico cenário do *sistema estatal de comando/controle*, com sucateamento dos órgãos públicos competentes para o exercício do poder de polícia ambiental, não será incomum num país de dimensão continental, que exista falha nos processos de licenciamentos ambientais. Por isso não será raro descobrir os prejuízos ambientais depois que a atividade/obra/produto/serviço esteja em operação. Nestas situações, quando não funcionar a aplicação dos subprincípios da *precaução e prevenção* durante a fase de detecção de impactos e custos para sua eliminação, então entra em jogo a veia repressiva do *poluidor-pagador* por meio do *subprincípio da responsabilização* nas três esferas jurídicas: penal, civil e administrativa. Está aí o berço da chamada "tríplice responsabilidade ambiental.

A *responsabilização administrativa e a penal* existirão sempre que o fato praticado por alguém for considerado um *fato típico* ensejador de uma sanção administrativa ou penal.

A responsabilização administrativa resulta de uma "infração administrativa ambiental", que é legalmente definida como "toda ação ou omissão que viole as regras jurídicas de uso, gozo, promoção, proteção e recuperação do meio ambiente" (art. 72 da Lei 9.605).

Na responsabilização penal, como "não há crime sem lei anterior que o defina, nem pena sem prévia cominação legal" (art. 5º, XXXIV), então também é preciso que exista uma regra jurídica definindo o tipo penal e a respectiva penalidade.

Exatamente por isso que tanto a responsabilização penal, quanto a administrativa dependem necessariamente da existência da *violação de uma regra jurídica*, qual seja, da ocorrência de um "ilícito" penal ou administrativo. No caso da responsabilização penal, na configuração do tipo, além do ilícito, é necessário que a lei preveja em moldura abstrata o elemento "culpa", também por imperativo constitucional.[14] Esta é uma importante diferença entre o tipo penal e o administrativo. Neste basta a previsão do ilícito,[15] naquele o ilícito culposo.

---

14. Art. 5º, LVII "Ninguém será considerado culpado até o trânsito em julgado de sentença penal condenatória".

15. O *ilícito administrativo* é sempre necessário no suporte fático que prevê a responsabilização administrativa. Será um *ilícito administrativo culposo* sempre que a Lei infraconstitucional exigir que para a aplicação de determinada sanção a *culpa* (dolo e negligencia) do infrator esteja demonstrada, como no caso da aplicação das multas simples ambientais (art. 72, § 2º da Lei 9.605). Nesta Lei não há previsão da existência de "culpa" para aplicação das demais sanções administrativas ambientais.

Como dito, estes são os elementos necessários para a configuração da regra jurídica penal e administrativa, mas nada impede, por exemplo, que a regra jurídica administrativa adote, em determinados tipos, o "ilícito *culposo*", como se vê por exemplo no art. 72, §3º da Lei 9.605 onde se exige para a sanção de multa simples a presença do *dolo e da negligência* do infrator.

Da mesma forma nada impede, antes o contrário, que a regra jurídica penal preveja que o elemento "dano" deva integrar "tipo penal", caso em que estar-se-ia diante de molduras abstratas contendo "violação do direito + culpa + dano" + a "respectiva sanção".

Não é incomum a inserção do "dano" como elemento que integre o tipo penal pois o prejuízo ao meio ambiente é o que de pior pode acontecer à sociedade, seja porque ela é privada de um bem essencial à sadia qualidade de vida, seja porque tais bens não são fungíveis, seja porque a restauração do equilíbrio ecológico nunca faz retornar ao status quo ante. Nada mais justo que o *pior cenário* – dano ao meio ambiente – seja objeto da *máxima ratio* do ordenamento jurídico.

Este mesmo raciocínio também se aplica aos tipos administrativos, ou seja, não será incomum que na moldura abstrata da regra jurídica administrativa esteja prevista a violação do direito e também o "dano" ao meio ambiente, além é claro da respectiva sanção ou preceito.

Não se tratando de responsabilização penal e administrativa, é preciso compreender o fenômeno da *responsabilização* no campo cível.

Na seara cível é preciso abrir as viseiras e enxergar no horizonte do ordenamento jurídico um amplo leque de sanções cíveis que não se restringem às *sanções reparatórias* que tipificam apenas a responsabilidade civil pelos danos causados. São exemplos as sanções restituitórias, as punitivas patrimonialmente, as sanções de invalidação, as caducificantes etc.

Tomemos de exemplo uma situação hipotética em que:

(i)   Seja deflagrada a *reanálise de um agrotóxico* nos termos do art. 29 e ss. da Lei 14.785.

(ii) Imaginando ainda a autoridade competente decida manter o uso e comercialização do produto

(iii) Mas fundamente sua decisão com base em dados, informações e relatórios advindos da parte detentora do registro em franca violação ao artigo 33[16] do referido diploma.

---

16. Art. 33. É vedada a reanálise de registro de agrotóxicos, de produtos de controle ambiental e afins que se fundamente em relatórios, dados e informações fornecidos somente por interessado detentor do registro.

Nesta hipótese é perfeitamente possível que seja feito o *controle judicial do ato administrativo complexo* e que seja aplicada a *sanção adequada prevista no art. 31 do referido diploma*.

Noutro exemplo basta imaginar hipótese em que um sujeito viole o Termo de Ajustamento de Conduta com o Ministério Público e este exige judicialmente a imposição da sanção de multa pelo descumprimento do referido pacto. Esta multa tem natureza civil e punitiva.

Em mais um exemplo basta imaginar a sanção de perda de um direito de obter um crédito agrícola com taxas de juros menores, bem como limites e prazos maiores que os praticados no mercado simplesmente porque o produtor rural tenha sido condenado por alguma infração cometida às regras estabelecidas no Código Florestal (art. 41, § 3º).

Observe-se que quando um fato incide sobre o seu suporte fático abstrato, daí nasce as consequências que se consubstanciam em eficácias que podem ser *direitos, poderes, deveres, obrigações, ônus* etc. Uma dessas "consequências" pode ser justamente a imputação de responsabilidade a alguém.

Essa "responsabilidade" como consequência inerente do fenômeno da incidência do fato no seu suporte fático será de natureza *penal e/ou civil e/ou administrativa* apenas por organização do ordenamento jurídico.

Assim, a *responsabilização* qualificada pelas normas de natureza civil pode se manifestar por meio de diferentes tipos de "sanções civis": sanção reparativa, sanção restituitória, sanção caducificante, sanção anulatória etc.

O que nós conhecemos como *responsabilidade civil em sentido estrito*, representada pela *sanção que impõe o dever de reparar os danos causados*, aludida, por exemplo, no §3º do art. 225 do texto constitucional, não é a única modalidade de sanção civil existente no ordenamento jurídico ambiental.

Capítulo 3
O SUJEITO RESPONSÁVEL: POLUIDOR, INFRATOR E USUÁRIO

1. INTROITO

A responsabilização jurídica nada mais é do que a eficácia decorrente do encaixe entre o suporte fático descrito em abstrato pela regra jurídica e o fato ocorrido que nela está previsto. A pode lei prever como eficácia desta incidência o surgimento de uma série de situações jurídicas subjetivas diferentes (direitos, deveres, ônus, exceções, relações jurídicas etc.). Quando esse efeito é um uma responsabilidade (dever jurídico) imputável a alguém temos a *responsabilização* desde sujeito. Para fins de organização do ordenamento jurídico, esta responsabilização pode ser classificada de acordo com a natureza da regra jurídica que deu origem a respectiva eficácia (penal, civil, administrativa, trabalhista, eleitoral etc.). É daí que surge a *responsabilidade ambiental* na seara cível, penal e administrativa como já dito alhures.

A responsabilização pressupõe a imputação de uma *sanção jurídica que deve ser suportada por um sujeito*, que se diz "responsável". É sobre ele que recairá a "sanção" nascida da incidência da regra jurídica ambiental. Esta *sanção* pode ter diferentes finalidades: punir, educar, reparar, restituir, suprimir direitos, invalidar relações jurídicas etc.

Para descobrir quem é o "responsável ambiental" é necessário compreender conceitos fundamentais do direito ambiental sem os quais não será possível identificar o sujeito sobre o qual deverá recair a sanção imposta. Trata-se dos conceitos de *poluidor*, *infrator* (transgressor) e *usuário*. É o que veremos a seguir.

2. POLUIDOR

O art. 225, *caput* da CF/88 cria o direito *de todos* ao meio ambiente ecologicamente equilibrado, e ao mesmo tempo o *dever* de todos de proteger e preservá-lo para as presentes e futuras gerações. Há um *direito* e um *dever* difuso.

Quando o texto constitucional atribui este dever de preservar e proteger à todos (poder público e à coletividade) não impõe nenhuma limitação subjetiva em relação aos sujeitos que *devem* proteger e preservar o meio ambiente. Essa abertura constitucional é confirmada, inclusive, quando expressamente prevê a possibilidade de que até mesmo as pessoas jurídicas possam responder penalmente pelos crimes ambientais (§ 3º do artigo 225).

Se por um lado não há restrições *constitucionais* àqueles que poderão ser imputadas as responsabilidades ambientais, por outro existem *limites no próprio texto maior* acerca do que deve estar contido no núcleo da regra jurídica ambiental penal, como vimos anteriormente, onde só se admite a construção de "tipos penais" contendo o elemento *culpa*.

Na perspectiva do "sujeito imputável" coube a legislação infraconstitucional definir quais serão aqueles que poderão suportar as sanções jurídicas ambientais

Na Lei 6.938/81 (Política Nacional do Meio Ambiente) está o conceito de *poluidor* e também o de *usuário*, enquanto que na Lei 9.605 está o de *infrator*.

Estes são alguns conceitos fundamentais que servem de pilastras para todo o arcabouço normativo do direito ambiental brasileiro e são essenciais para identificar os sujeitos sobre os quais recairão a responsabilização jurídica ambiental.

Vejamos abaixo os conceitos de poluidor, usuário e infrator:

Lei 6.938/81

Artigo 3º (...)

(...)

IV – *Poluidor* é a pessoa física ou jurídica, de direito público ou privado, responsável, direta ou indiretamente, por atividade causadora de degradação ambiental.

Art 4º A Política Nacional do Meio Ambiente visará:

(...)

VII – à imposição, ao poluidor e ao predador, da obrigação de recuperar e/ou indenizar os danos causados e, ao *usuário*, da contribuição pela utilização de recursos ambientais com fins econômicos.

Lei 9.605

Art. 70. Considera-se *infração* administrativa ambiental toda ação ou omissão que viole as regras jurídicas de uso, gozo, promoção, proteção e recuperação do meio ambiente.

O suporte fático posto em moldura abstrata no conceito legal de poluidor contém vários elementos.

CAPÍTULO 3 • O SUJEITO RESPONSÁVEL: POLUIDOR, INFRATOR E USUÁRIO **79**

O *primeiro* deles é a identificação de *"quais as pessoas"* que poderão ser responsabilizadas pela degradação ambiental. Em relação a este aspecto o texto normativo adota a mesma largueza do texto constitucional quando o caput do artigo 225 estabelece o dever do poder público e da coletividade de proteger e preservar o meio ambiente para as presentes e futuras gerações. Enfim, *qualquer pessoa* pode ser considerada "poluidor" desde que os outros elementos do texto normativo também estejam presentes.

O *segundo* elemento é que a esta tal pessoa *"possa ser atribuída a responsabilidade direta ou indireta por uma atividade degradadora do ambiente"*. Portanto, é preciso que exista uma (i) *degradação ambiental*, que exista uma (ii) "atividade" e que exista um (iii) "nexo direto ou indireto" entre a referida atividade e a degradação do ambiente.

Fica muito claro no conceito de *poluidor* que sem *degradação ambiental* não há que se falar em poluidor. E, degradação, sabemos, é a *"alteração adversa das características do meio ambiente"* (art. 3º, II da PNMA).

Portanto, é ínsito ao conceito de *degradação* a modificação para pior das características do meio ambiente, configurando o conceito de *dano* em sentido lato (prejuízo, diminuição, lesão). Embora nem toda degradação possa ser considerada poluição, porque há degradações que tem origem em causas naturais, sempre que ela estiver direta ou indiretamente relacionada com uma atividade humana ela é *poluição* imputável a um *poluidor*.

Com isso fica claro que no conceito de poluidor está, *in re ipsa*, a ocorrência de um dano ao meio ambiente. Onde há *poluidor* deve existir degradação (prejuízo, dano) ambiental.

Neste diapasão parece-nos claro que não é possível atribuir a alguém o nome jurídico de poluidor se não há na hipótese uma degradação ambiental. Assim, por exemplo, na própria regra jurídica abaixo não se poderia atribuir ao referido sujeito o nome de "poluidor" se ele apenas penetra numa unidade de conservação portando instrumentos de caça sem licença da autoridade competente:

> Art. 52. Penetrar em Unidades de Conservação conduzindo substâncias ou instrumentos próprios para caça ou para exploração de produtos ou subprodutos florestais, sem licença da autoridade competente:
>
> Pena : detenção, de seis meses a um ano, e multa.

Ainda que todos os elementos do tipo penal acima sejam preenchidos por determinada pessoa, ela não pode ser chamada de "poluidora" porque *degradação não há*. Sua atividade de penetrar na Unidade de Conservação não está relacionada, nem direta e nem indiretamente, com nenhuma degradação ambiental.

Já neste outro exemplo abaixo o sujeito ativo do crime ambiental é um poluidor porque a "ação" prevista no "tipo" pressupõe ter havido degradação ambiental:[1]

> Art. 50. Destruir ou danificar florestas nativas ou plantadas ou vegetação fixadora de dunas, protetora de mangues, objeto de especial preservação:
>
> Pena: detenção, de três meses a um ano, e multa.

Estes exemplos servem para demonstrar que não é possível usar o *nomem iuris* "poluidor" como *guarda-chuva* para todas as modalidades de *responsabilização ambiental*. Como visto, na *responsabilidade penal* há tipos penais em que, de fato, *o sujeito que pratica o crime é responsável por atividade que diretamente causa degradação ambiental, mas há outros tipos que não.*

Não há um conceito jurídico abstrato que sirva de carcaça para todos os sujeitos ativos da infração penal porque nos elementos do tipo tanto pode se exigir a presença do *dano ao meio ambiente* ou simplesmente crimes, como os de *mera conduta*, cujo resultado não se vincula a ocorrência do dano ao meio ambiente. Assim, para ser "poluidor" tem que ter havido "dano, degradação ambiental".

Por outro lado, na responsabilidade civil em sentido estrito a situação é diferente, pois o *dano*, necessariamente, integra o elemento do suporte fático abstrato da regra que descreve o dever de reparação.

Vejamos o artigo 225, § 3º da CF/88 e os artigos 4º, VI e o 14, § 1º da Lei 6.938/81 donde se pode colher a referida premissa:

> CF/88
>
> Art. 225,
>
> § 3º As condutas e atividades consideradas lesivas ao meio ambiente sujeitarão os infratores, pessoas físicas ou jurídicas, a sanções penais e administrativas, independentemente da *obrigação de reparar os danos causados*.
>
> Lei 6.938/81
>
> Art. 4º,

---

1. Na *destruição* de uma área de preservação permanente a existência de dano ao meio ambiente é in re ipsa em razão das funções ecológicas essenciais que ele exerce (art. 3º, II da Lei 12.651). Com acerto o STJ ao dizer que " (...) causa dano ecológico *in re ipsa*, presunção legal definitiva que dispensa produção de prova técnica de lesividade específica, quem desmata, ocupa ou explora Área de Preservação Permanente, ou impede regeneração da vegetação nativa típica do ecossistema, comportamento de que emerge obrigação propter rem de restaurar na sua plenitude e indenizar o meio ambiente degradado e terceiros afetados, sob regime de responsabilidade civil objetiva, solidária e ilimitada, irrelevante, portanto, a boa ou má-fé do agente. Precedentes do STJ (...)". (REsp 1.397.722/CE, relator Ministro Herman Benjamin, Segunda Turma, julgado em 09.08.2016, DJe de 26.08.2020).

VII – à imposição, ao poluidor e ao predador, da obrigação de recuperar e/ou indenizar os danos causados e, ao usuário, da contribuição pela utilização de recursos ambientais com fins econômicos.

Art. 14, § 1º

§ 1º Sem obstar a aplicação das penalidades previstas neste artigo, é o *poluidor* obrigado, independentemente da existência de culpa, a *indenizar ou reparar* os *danos* causados ao meio ambiente e a terceiros, afetados por sua atividade. O Ministério Público da União e dos Estados terá legitimidade para propor ação de responsabilidade civil e criminal, por danos causados ao meio ambiente.

É de se notar que o próprio dispositivo que fixa a regra geral do direito ambiental da sanção reparatória da responsabilidade civil expressamente usa a palavra poluidor (predador) vinculando-a a noção de "dano". O *dano* está na descrição do conceito de poluidor e está na descrição da responsabilidade civil objetiva do direito ambiental.

Não há *responsabilidade civil ambiental* sem a existência de dano ao meio ambiente. Veremos um pouco mais adiante a largueza do conceito de dano ambiental, mas para que incida o *dever de indenizar ou reparar o meio ambiente* é necessário que exista um *déficit ao equilíbrio ecológico*, uma *degradação provocada* por uma pessoa física ou jurídica, de direito privado ou de direito público (interno ou externo), enfim, um "poluidor".

3. USUÁRIO

Como já dito, tomamos acima a responsabilidade civil ambiental em um sentido estrito, ou seja, aquela em que a sanção imposta pela regra jurídica é de natureza reparativa de danos, caso em que faz todo sentido lógico usar o conceito de "poluidor", porque poluir é danificar.

Entretanto, em sentido lato e isso já foi dito várias vezes – *a responsabilidade jurídica cível* – tem um alcance bem maior e, nem o dano e nem a palavra "poluidor", serviriam para qualificá-la. Seria como tomar a parte pelo todo.

É o caso, por exemplo, do conceito de *usuário ambiental*, alcunha que se atribui àquele que não comete nenhuma degradação, mas tira para si o proveito econômico do bem ambiental.

Segundo o que determina o artigo 4º da Lei 6.938/81, a Política Nacional do Meio Ambiente visará:

VII – à imposição, ao poluidor e ao predador, da obrigação de recuperar e/ou indenizar os danos causados e, ao *usuário, da contribuição pela utilização de recursos ambientais com fins econômicos.*

Sendo a titularidade dos bens ambientais pertencentes ao povo e sendo a sua função ecológica aquela que permite o *uso comum* por parte da coletividade, então, toda destinação econômica que se pretenda dar ao bem ambiental (*função econômica*), cujo proveito não seja partilhado com os titulares do referido bem não pode ser feita sem uma contribuição pelo referido empréstimo.

A questão é, se os bens ambientais são finitos e possuem um uso comum, por que emprestar gratuitamente um bem ambiental para uso econômico e proveito próprio de alguém sem nenhuma contribuição econômica àqueles que são os verdadeiros titulares desse mesmo bem?

No conceito de "usuário ambiental" não há na regra jurídica em abstrato o elemento "dano", "degradação", "poluição" etc. Para ser usuário ambiental basta *o uso econômico do bem ambiental*, seja essa pessoa um *poluidor ou não*.

Nos termos do artigo 884 do CCB tem-se que "aquele que, sem justa causa, se enriquecer à custa de outrem, será obrigado a restituir o indevidamente auferido, feita a atualização dos valores monetários".

A razão da existência do *usuário ambiental* – inserto no subprincípio da responsabilização que por sua vez está inserido no princípio do poluidor pagador – não é outra senão a proibição do enriquecimento à custa de outrem, ou seja, não há razão lógica para que alguém, gratuitamente, *use economicamente e aufira vantagem* do bem ambiental que pertence a todos sem contribuir com este empréstimo. Isso seria um enriquecimento sem causa. É exatamente isso que diz o inciso IV do art. 4º da Lei 6.938 que foi citado mais acima.

A legislação ambiental ainda é tímida em relação ao custo do empréstimo dos recursos ambientais como determina a Política Nacional do Meio Ambiente, mas já existem exemplos da incidência desta regra, como na Lei de Gerenciamento de Recursos Hídricos:

> Art. 5º São instrumentos da Política Nacional de Recursos Hídricos:
>
> (...)
>
> IV – a cobrança pelo uso de recursos hídricos;
>
> Art. 19. A cobrança pelo uso de recursos hídricos objetiva:
>
> I – reconhecer a água como bem econômico e dar ao usuário uma indicação de seu real valor;
>
> II – incentivar a racionalização do uso da água;
>
> III – obter recursos financeiros para o financiamento dos programas e intervenções contemplados nos planos de recursos hídricos.

Observe que não se confunde a condição jurídica de *poluidor dos recursos ambientais* com a condição jurídica de *usuário dos recursos ambientais*. Lá, necessariamente, há dano (degradação), aqui há *uso econômico* (incomum) dos recursos ambientais.

Um sujeito pode ser *usuário* sem ser *poluidor*, posto que pode usar economicamente o bem ambiental sem causar degradação. Por outro lado, todo *poluidor* será sempre um *usuário*, pois *usa o meio ambiente* no seu processo produtivo como matéria prima ou como local de descarte da sua poluição: usa (usuário) e degrada (poluidor).

A responsabilização jurídica decorrente da poluição impõe ao *poluidor* o dever de reparar os danos causados ao meio ambiente; a responsabilização jurídica decorrente do *uso econômico* dos recursos ambientais impõe ao usuário o dever de contribuir/restituir pelo empréstimo do bem que, nunca é demais lembrar, destina-se constitucionalmente ao uso comum e pertence à coletividade.

Eis aí um claro exemplo da amplitude da *responsabilização jurídica cível* que não se resume à *reparação civil pelos danos causados*.

4. INFRATOR

Infrator (*infractio*) é aquele que quebra, rompe, fratura.

É sinônimo de *transgressor*[2] e pelo menos em tese é termo que pode ser usado para todo aquele que infringe, que desobedece, que quebra, que viola o Direito.

No ordenamento jurídico ambiental o termo *infrator* forma a expressão *infração administrativa*, como se vê no artigo 70 da Lei 9.605 e no artigo 2º do Decreto 6.514 que regulamenta a referida lei:

> Art. 70. Considera-se infração administrativa ambiental toda ação ou omissão que viole as regras jurídicas de uso, gozo, promoção, proteção e recuperação do meio ambiente.
>
> Art. 2º Considera-se infração administrativa ambiental, toda ação ou omissão que viole as regras jurídicas de uso, gozo, promoção, proteção e recuperação do meio ambiente, conforme o disposto na Seção III deste Capítulo.

O ato de "violar a regra jurídica ambiental" é o que qualifica alguém como *infrator ou transgressor*. Neste passo é importantíssimo distinguir do conceito de *poluidor e de usuário ambiental* porque nenhum destes rótulos contêm em seu suporte fático abstrato a exigência de que o sujeito que o titulariza precise ter *violado uma regra jurídica ambiental*.

Isso quer dizer que o sujeito pode ser "poluidor" e não ser "infrator", ou ser "usuário" e não ser "infrator". Enquanto para o conceito de poluidor é necessário que "o sujeito *cause direta ou indiretamente degradação ambiental*", e o usuário

---

2. O art. 14, *caput* da Lei 6.938/81 ao tratar das sanções administrativas usa o termo *transgressor*.

"proceda o *uso econômico* do bem ambiental", no caso do "infrator" basta que *viole as regras jurídicas ambientais.*

No conceito de poluidor é mister a presença dos seguintes elementos fundamentais no seu núcleo abstrato: a) a algum sujeito ser atribuída uma atividade; b) que tal atividade cause, direta ou indiretamente; c) degradação ambiental. Já no conceito de *infrator* basta que tal sujeito "viole uma regra jurídica ambiental". Se esta violação causa ou não causa dano é irrelevante para ser "infrator".

Alguém poderia questionar se o sujeito que é responsável pela atividade + que causa direta ou indiretamente + degradação ambiental também não poderia ser um *violador de uma regra jurídica* ambiental? Claro que sim. Um conceito não exclui o outro, antes o contrário, pois podem se superpor já que os seus suportes fáticos são diferentes.

Assim, por exemplo, o sujeito que destrói a área de preservação permanente comete um fato que, a um só tempo, faz incidir o conceito de infrator e de poluidor. É poluidor porque sua atividade casa degradação ambiental. É infrator porque seu ato viola regra jurídica ambiental administrativa e penal. Incidirá aqui a *tríplice responsabilidade.*

Noutro exemplo, o sujeito que despeja no rio os efluentes da sua empresa. Neste caso é *poluidor* porque sua atividade causa degradação ambiental; é *infrator* porque este ato viola regra jurídica ambiental tanto administrativa quanto penal e ainda por cima também é *usuário* porque se utiliza do rio como local de descarte das impurezas beneficiando-se economicamente com o uso do rio como se fosse uma latrina.[3]

É preciso ficar atento para o fato de que o conceito de poluidor está diretamente relacionado com o de poluição, que, por sua vez, gira em torno do eixo de dano. Poluidor é quem causa, direta ou indiretamente, prejuízo ao meio ambiente. Responderá na condição de poluidor aquele cuja atividade cause, de forma direta ou indireta, a degradação ambiental. Uma coisa é o infrator (transgressor) que comete ilícito ambiental (que pode ser civil, penal e administrativo) e outra coisa é o poluidor/predador, que, sendo ou não um infrator, causa (ou ameaça) dano ao meio ambiente.

Como dito acima, é perfeitamente possível que o sujeito seja um infrator/poluidor ou apenas um poluidor ou apenas um infrator. O eixo do conceito de infrator é o ilícito ambiental (que enseja sanções penais e administrativas), enquanto o eixo do conceito de poluidor é a danosidade ao meio ambiente (sanção reparatória de responsabilidade civil).

---

3. É o raciocínio daquele que quer se locupletar ilicitamente às custas da sociedade. É mais "barato" lançar efluentes no rio do que arcar com os custos para reuso ou tratamento da água a ser descartada.

Como o *poluidor* é aquele que *direta ou indiretamente* causa degradação ambiental adota-se no refeito conceito uma relação até mesmo *indireta* entre a atividade o dano ao ambiente. O poluidor, termo que serve à responsabilidade civil, distingue-se, neste particular com o de *infrator* que serve à responsabilidade penal e administrativa.

O poluidor é aquele que *direta* ou *indiretamente* causa dano ao meio ambiente.

O transgressor/infrator é aquele que, *diretamente*, viola as regras jurídicas de uso, gozo e fruição do meio ambiente (art. 70 da Lei 9.605/98). Transgressor (infrator) é quem *transgride a regra jurídica ambiental*, e poluidor é quem causa dano ao meio ambiente.

Assim, por exemplo, imaginemos a empresa que transporta combustíveis adquiridos por outra empresa e, no percurso deste transporte o caminhão tomba e os produtos vazam contaminando o rio e a vegetação que o circunda causando danos ao meio ambiente.

Nesta hipótese fica claro que tanto o adquirente do combustível, quanto o transportador são "poluidores" porque suas atividades, direta ou indiretamente, causaram dano ao meio ambiente.

Porém, neste exemplo, a regra jurídica violada para configuração do conceito de *infrator* não pode ser imposta ao adquirente do produto, mas apenas àquele que o transportava.

Ambos são poluidores, mas apenas o transportador é *infrator*. Isso tem enorme relevância na responsabilização administrativa, porque apenas àquele que *viola diretamente a regra jurídica ambiental* é que pode ser responsabilizado administrativamente por isso, ao passo que para a responsabilidade civil adota-se a *causalidade direta ou indireta do dano*.

Capítulo 4
RESPONSABILIDADE CIVIL AMBIENTAL

1. RESPONSABILIZAÇÃO JURÍDICA E RESPONSABILIDADE CIVIL PELOS DANOS CAUSADOS

Ficou claro em capítulos anteriores que o fenômeno da "responsabilização jurídica" é continente do qual a "responsabilização civil pelos danos causados" é conteúdo.

A *responsabilização jurídica ambiental* é expressão que serve para identificar a situação jurídica subjetiva qualificadora do sujeito ao qual se imputa uma sanção decorrente de um comportamento previsto na regra jurídica ambiental.

A *responsabilização jurídica* primeiro se qualifica em *ambiental* porque se refere a regras jurídicas que integram o *ordenamento jurídico ambiental*, discernindo-as de outros ramos.

Em seguida, a *responsabilização jurídica ambiental* se alcunhará de *penal, civil ou administrativa* porque, de forma mais minudente, este ordenamento jurídico se organiza segundo a natureza das suas regras considerando apenas estes três segmentos.

E, de forma ainda mais detalhista permite-se que a *responsabilização jurídica ambiental cível* se classifique em *reparativa, punitiva, invalidante, caducificante, restituitória etc.* de acordo com a modalidade de *sanção cível* a ser suportada.

2. SANÇÕES CIVIS AMBIENTAIS

Em sequência ao que foi dito no tópico anterior o "equilíbrio ecológico" foi reconhecido como um bem jurídico autônomo e o texto constitucional fez questão de dizer, claramente, que o *dano* ao meio ambiente *deve* ser reparado independentemente das sanções administrativa e penal.

Importa dizer, inicialmente, que o *dever de reparar o dano ambiental* é apenas *uma das espécies de sanções civis possíveis para as antijuridicidades ambientais.* Serve a *tutela civil reparatória* para os casos em que exista um *dano ambiental.*

Sem descurar da possibilidade (invulgar) de que condutas lícitas impliquem em dever de reparar os danos causados, o normal e corriqueiro é que modalidades diversas de tutela civil gravitem em torno do ato ilícito. A ilicitude civil é, comumente, o ponto de partida para as diversas sanções no plano civil, sendo a reparação de danos apenas uma delas.

Bem sabemos que pode haver ilícito com o dano e sem o dano, e, também sabemos que o direito ao equilíbrio ecológico é um daqueles direitos essenciais à vida, um direito fundamental que existe para ser usufruído *in natura*, de forma que será pouco efetivo um sistema jurídico que esteja preso ou restrito às técnicas de ressarcimento.

O que importa para o titular do meio ambiente é a sua preservação, afinal de contas como as futuras gerações poderão usar e gozar do meio ambiente se ele não for preservado? Enfim, conquanto óbvio, precisa ser dito que numa escala lógica, e exigida pelo texto constitucional, em primeiro lugar deve vir a tutela que imponha sanções civis que prezem pela higidez, preservação e integridade do equilíbrio ecológico. A priori, toda preservação mira o presente e o futuro e toda reparação volta o olhar para o passado.[1]

Assim, com base neste mantra – "preservar, preservar e preservar" – e garantido o direito fundamental de *acesso à justiça contra ameaças e lesões aos direitos*, ninguém deve esperar o *dano* ambiental acontecer para impor a tutela repressiva da lesão (responsabilidade civil por danos causados), porque, como se disse, não há remédio eficaz contra o dano ambiental.

Neste passo ganha destaque toda forma de proteção civil que cumpra o mandamento constitucional da *preservação do meio ambiente ecologicamente equilibrado*. A tutela civil contra a *ameaça de lesão* é absolutamente prioritária no direito ambiental. Uma das formas de prestar esta tutela é fixar legislativamente como momento do ilícito ambiental a exposição ou a existência de uma situação de risco. Nada há de engenhoso nisso, bastando colocar a proibição da exposição ao risco no suporte fático da regra jurídica. Passa-se a proteger o fato provável (dano) e não o fato consumado (dano). Há muitos tipos penais de perigo concreto e abstrato que já fazem isso. Nesta hipótese, havendo ilícito de risco, haverá tutela para impedi-lo ou removê-lo eliminando assim a *probabilidade* do dano.

---

1. Obvio que aqui não se descura da função preventiva da reparação. A respeito ver por todos BENJAMIN, Antonio Herman de Vasconcellos e. O princípio poluidor-pagador e a reparação do dano ambiental. *Dano ambiental*: prevenção, reparação e repressão. São Paulo: Ed. RT, 1993. p. 226-236.

O fato de o texto constitucional prever no § 2º do art. 225 a *responsabilização pelos danos causados* independentemente das sanções de ordem penal e administrativa quer dizer apenas que *nenhuma lesão ambiental deve ficar impune*, caso em que deve ser *integralmente reparada*. Contudo, a *tutela civil prioritária* é aquela que não apenas evite o ilícito, como também a que o remova com vistas a evitar o dano.

Não se pode apequenar, como fez o art. 186 do CCB, vinculando o conceito amplo de ato ilícito com o conceito restrito de ato ilícito danoso.

O ilícito civil é causa para imposição de sanções na ordem civil que podem ser de várias espécies, tais como a reparação pelo dano;[2] a caducidade de direitos, a extinção de direitos pela anulação de situações ilícitas, a punição pela conduta ilícita grave, a restituição de valores pelo enriquecimento ilícito a partir do direito de outrem, a imposição da realização da conduta lícita etc. Todas estas são sanções civis (consequências) que podem ser impostas em decorrência do ilícito ambiental. Tudo dependerá do suporte fático construído pelo Poder Legislativo.

É o caso, por exemplo, de anulação de licenças ambientais concedidas antes mesmo do início da operação do empreendimento que seria causador do dano ambiental.

1. O presente recurso decorre de ação popular objetivando a anulação de licenças ambientais para a queima da palha da cana de açúcar na região de Ribeirão Preto.

2. Contra o acórdão do Tribunal Regional Federal da 3ª Região, recorreu o Ministério Público Federal, sendo o seu recurso provido apenas na parte em que defendida a necessidade de licença para a queima da palha de cana de açúcar precedida de estudo de impacto ambiental, o que está em consonância com a jurisprudência desta Corte. 3. Mais recentemente, decidiu a Segunda Turma que "[a] jurisprudência do STJ afirma que, ainda que se entenda que é possível à administração pública autorizar a queima da palha da cana de açúcar em atividades agrícolas industriais, a permissão deve ser específica, precedida de estudo de impacto ambiental e licenciamento, com a implementação de medidas que viabilizem amenizar os danos e recuperar o ambiente" (REsp 1668060/SP, Rel. Min. Herman Benjamin, DJe 30.06.2017).

4. Agravo interno do Estado de São Paulo não provido (AgInt no REsp 1702892/SP, Rel. Ministro Mauro Campbell Marques, Segunda Turma, julgado em 04.10.2018, DJe 29.10.2018).

Considerando que o texto constitucional garante expressamente tutela jurisdicional contra a *ameaça e a lesão* a direitos, certamente que no plano da *ameaça* é que devem se desenvolver as tutelas jurídicas ambientais.

É preciso estabelecer como o *"momento do ilícito ambiental"* uma situação jurídica que seja *"anterior ao momento do dano"*, de tal forma que se seja possí-

---

2. Embora seja incomum, o dever de reparar o dano pode ser consequência decorrente de atos lícitos e não apenas de ilícitos.

vel excogitar medidas que impeçam a ocorrência da lesão. É tarefa da política legislativa eleger o "risco" como "ilícito" para permitir que se criem técnicas que *evitem o ilícito de risco*, tanto quanto *removê-lo* independentemente da situação da lesão que pode vir a acontecer.

3. POLUIDOR – PAGADOR E RESPONSABILIZAÇÃO JURÍDICA AMBIENTAL

Em capítulos anteriores vimos que o princípio da responsabilização ambiental é um princípio de concretização do poluidor/usuário-pagador que está de prontidão para as situações em que os outros princípios de concretização (precaução e prevenção) não atendem de forma satisfatória e integral a preservação e proteção do meio ambiente.

A veia repressiva do poluidor pagador manifesta-se por meio da *responsabilização jurídica ambiental* que tanto pode assumir a feição de responsabilidade penal, administrativa e cível (sanção reparatória, restituitória, invalidante etc.). A responsabilidade civil pelos danos causados e a responsabilidade civil pelo pagamento do empréstimo ambiental referem-se às situações do poluidor e do usuário ambiental, respectivamente.

É perfeitamente possível que o mesmo fato ou bloco de fatos seja suporte fático abstrato de regras jurídicas ambientais que prevejam diferentes sanções sem que isso represente qualquer *bis in idem*. Portanto, o mesmo fato pode fazer nascer a sanção penal, civil e administrativa.

Também não haverá *bis in idem*, por exemplo, se na responsabilização ambiental administrativa houver mais de uma sanção administrativa descrita como aplicável para aquele mesmo suporte fático, desde que exista uma adequação entre meio e fim da sanção aplicada.

Assim, por exemplo, o sujeito que destrua ou danifique florestas ou demais formas de vegetação natural em área considerada de preservação permanente sem autorização do órgão competente (art. 43 do Decreto 6.514) pode ser sancionado com a multa e com o embargo da sua atividade, pois o dever jurídico violado que impõe a punição de multa é diverso do dever jurídico violado que protege a ocorrência de futuras violações. A multa pune pela violação cometida, enquanto o embargo impede o prosseguimento da atividade ilícita. O cuidado que se deve ter é que os suportes fáticos, embora coincidentes, preveem expressamente as diferentes sanções para atender a diferentes finalidades, além do que a penalidade de multa simples exige a presença do elemento culposo (dolo ou negligência) do infrator, ao passo que as demais não precisam.

Registre-se que por força de mandamento constitucional (art. 225, § 3º), por serem diversos os objetos de tutela, a uma mesma conduta podem ser atribuídas e aplicadas sanções penais, administrativas e civis, sem que isso represente qualquer bis in idem.

4. RESPONSABILIDADE CIVIL POR DANOS E FUNÇÃO PREVENTIVA

A responsabilidade civil pelos danos causados ao meio ambiente nasce do papel repressivo do poluidor pagador, mas sua função não se limita a reprimir por um *dano já causado*, pois seu olhar começa no passado, mas nele não se limita.

Primeiramente porque os danos ambientais são permanentes/continuativos porque se protraem no tempo. Assim, quando se atua repressivamente para fazê-los cessar, isso representa, também, forma de prevenir outros danos futuros que seriam efeitos da conduta anterior.

Mas não é só: a prevenção também seria alcançada por meio da força punitiva da responsabilização, cuja sanção imposta estaria funcionando como um estimulante ao inverso, educando a sociedade a não praticar aquela conduta, aprendendo com a sanção dada, que, em última análise, serviria como um exemplo que deve ser evitado.[3] Daí por que se espera que a sanção desta natureza seja forte, severa, seduzindo a coletividade a evitar a degradação ambiental.

Como já se disse, o princípio do poluidor-pagador, do qual deriva a responsabilização civil por danos, nada tem a ver com a nefasta ideia de que se paga para poluir. O meio ambiente não é bem que possa se comerciar, como se fosse uma moeda de troca ao direito de poluir.

É preciso reconhecer que a repressão civil ao dano ambiental é modalidade de tutela que leva vantagem em relação à sanção administrativa e à sanção penal no tocante ao fato de que na aplicação da sanção de reparação civil pelos danos causados é desnecessária a verificação da licitude ou ilicitude da conduta, o que torna aparentemente mais curto o caminho repressivo. Basta, para a responsabilidade civil, que haja um dano ao meio ambiente, podendo este ser imputado a algum agente poluidor.

Da mesma forma que é possível que se pratique uma conduta ilícita que não cause qualquer dano ambiental (por exemplo, quando há meramente o descumprimento de uma condicionante da licença de operação), é possível que o dano ambiental seja resultado de uma conduta lícita (por exemplo, quando se atua perfeitamente dentro dos limites da licença de operação, mas, ainda assim, há degradação ambiental).

---

3. Altruisticamente pensando o efeito pedagógico da sanção reparatória deveria estar mais presente na forma de reparação in natura do que na pecuniária, na medida que o poluidor teria que conviver com o tempo no processo de restauração/recuperação do equilíbrio ecológico.

5. A COMPETÊNCIA PARA LEGISLAR SOBRE RESPONSABILIDADE CIVIL AMBIENTAL

A responsabilidade civil pelos danos causados é instituto que deita suas raízes no direito civil. E, assim, tendo em vista que o art. 22, I, da Constituição Federal outorga à União competência privativa para legislar sobre direito civil,[4] a conclusão óbvia é que caberia a este ente da federação ditar todas as regras sobre a responsabilidade civil.

Em relação ao meio ambiente, porém, a situação é diferente. Vejamos o que determina o art. 24, VIII, da CF:

> Art. 24. Compete à União, aos Estados e ao Distrito Federal legislar concorrentemente sobre: (...)
> VIII – responsabilidade por dano ao meio ambiente, ao consumidor, a bens e direitos de valor artístico, estético, histórico, turístico e paisagístico; (...).

A forma explícita do preceito não nos permite "dar de ombros", "virar as costas", enfim, fingir que não se está vendo aquilo que o legislador positivou.

Definitivamente está ali, na CF/88, uma permissão expressa para que os Estados suplementem concorrentemente a legislação federal sobre a responsabilidade civil ambiental (art. 24, §§ 1º e 2º).

É claro que, como determinam os §§ 1º e 2º do art. 24, eventual lei estadual que disponha sobre a responsabilidade civil ambiental não pode, em hipótese alguma, ofender os pilares que forem estabelecidos pela norma geral sobre o assunto (no caso, o art. 14, § 1º, da Lei 6.938/81).

A postura da lei estadual sobre o tema é, diríamos, uma carta de um lado só: as regras que podem ser criadas se destinam ao atendimento dos princípios e finalidades ambientais e devem servir como um *plus* de proteção ao meio ambiente, cuidando de aspectos regionais e descendo a peculiaridades que uma norma geral, justamente por ser *geral*, não poderia fazê-lo.

Por tudo isso, cremos que a legislação estadual sobre o tema da responsabilidade civil ambiental pode e deve avançar no tocante à criação de normas ambientais que sejam mais protetivas do meio ambiente. E isso deve levar em consideração certas peculiaridades que não poderiam ser tratadas na norma nacional e que sejam específicas de cada Estado ou região nele contida

Um exemplo de regra jurídica que poderia ser estatuída em âmbito estadual seria a criação de presunções e ficções legais de acordo com as peculiaridades

---

4. "Art. 22. Compete *privativamente à União* legislar sobre: I – *direito civil*, comercial, penal, processual, eleitoral, agrário, marítimo, aeronáutico, espacial e do trabalho (...)."

CAPÍTULO 4 • RESPONSABILIDADE CIVIL AMBIENTAL | **93**

regionais. A partir da observação da realidade de cada localidade, poderia ser presumido que certa degradação ambiental adviria desta ou daquela atividade econômica.

Assim, por exemplo, em uma região em que é grande a atividade de siderurgia, não seria nenhum absurdo presumir que os resíduos de minério de ferro encontrados no meio ambiente tenham derivado desta atividade.

Pode-se dizer, portanto, que existem no nosso ordenamento jurídico "dois regimes de competência legislativa: um geral, aplicável a toda responsabilidade civil, tanto no direito civil quanto no direito comercial. Em outro plano, estabeleceu um sistema específico, para hipóteses de responsabilidade civil em matéria ambiental, do consumidor, do patrimônio artístico, histórico, turístico e paisagístico".[5]-[6]

6.   A RESPONSABILIDADE OBJETIVA E A TEORIA DO RISCO

Segundo o art. 225, § 3º, da CF/88, os poluidores, pessoas físicas ou jurídicas, estão sujeitos às sanções penais e administrativas, independentemente da obrigação de reparar os danos causados. A constituição federal recepcionou a responsabilidade civil objetiva prevista no artigo 14, § 1º da Lei 6.938/81 quando diz que "(...) é o poluidor obrigado, independentemente da existência de culpa, a indenizar ou reparar os danos causados ao meio ambiente e a terceiros, afetados por sua atividade (...)".[7]

Já não causa tanto furor – como na época da vigência do Código Civil passado – o fato de a legislação extravagante como a ambiental ter adotado a *teoria do risco* para incidência da responsabilidade objetiva pelos danos causados ao meio ambiente. Não apenas porque a própria CF/88, por meio do § 3º do art. 225 consentiu com o art. 14, § 1º da Política Nacional do Meio Ambiente, mas também porque o próprio Código Civil de 2002 reconheceu de forma muito natural a existência do duplo regime da responsabilidade civil no seu artigo 927:

---

5. BENJAMIN, Antonio Herman de Vasconcellos e. Op. cit., p. 208; em igual sentido, ver SILVA, José Afonso da. *Curso de direito constitucional positivo*, p. 476-477.

6. Aterrorizados com os desastres de Chernobyl e Césio 137, o legislador constituinte decidiu precaucionar-se com as "atividades nucleares" e criou um regime jurídico constitucional rígido e inflexível formado pelos arts. 21, XXII, 22, XXVI, 49, XIV, 177, V, e 225, § 6º. Nos termos do artigo 21, XXII "d" restou claro que "a responsabilidade civil por danos nucleares independe da existência de culpa".

7. Extrai-se do dispositivo que, na aplicação da sanção civil reparatória, não há a necessidade de aferição da culpa do poluidor. Ao menos no texto constitucional, o legislador não fez nenhuma exigência de que se prove a culpa para determinar a responsabilidade civil. O art. 225, § 3º simplesmente determina que o poluidor é obrigado a reparar os danos por ele causados, sem fazer qualquer alusão ao elemento "culpa".

> Art. 927. Aquele que, por ato ilícito (arts. 186 e 187), causar dano a outrem, fica obrigado a repará-lo.
>
> Parágrafo único. Haverá obrigação de reparar o dano, independentemente de culpa, nos casos especificados em lei, ou quando a atividade normalmente desenvolvida pelo autor do dano implicar, por sua natureza, risco para os direitos de outrem.

De certa forma não há como negar o fato de que vivemos numa sociedade de risco como muito bem descrito por Ulrich Beck[8] e D. Giddens[9] e que somos obrigados a conviver com determinadas atividades em que a situação de risco lhes é inerente.

A inevitabilidade de determinadas atividades essenciais numa sociedade massificada implica em excogitar técnicas que permitam *dosar, monitorar e controlar* o risco evitando que a *possibilidade de dano* se concretize em *dano causado*.

É importante deixar claro que uma atividade de risco tanto pode ser *proibida* quanto *controlada* por uma regra jurídica. O suporte fático da regra jurídica pode prever em abstrato que *a existência do risco constitui um ilícito* ou que a *existência do risco não é proibida,* caso em que normalmente fixam regras para seu *controle* e *monitoramento*.

Na sociedade que vivemos, com a matriz energética que governa o mundo capitalista, com a necessidade de produzir alimento para atender a população, com a busca de novas tecnologias e novas ciências para atender aos diversos segmentos da sociedade (lazer, saúde, educação, segurança etc.) não há como simplesmente como proibir determinadas atividades de risco, sem as quais não teríamos, por exemplo, condições mínimas de habitabilidade, desenvolvimento sanitário, farmacológico, científico e econômico.

Não é demais relembrar que a *responsabilidade objetiva pela teoria do risco* nasceu num cenário pós-revolução industrial justamente da necessidade de se compatibilizar a segurança do trabalhador com a utilização das máquinas nos meios de produção. O trabalhador artesão deu lugar ao trabalhador nas manufaturas e essa adaptação não aconteceu sem prejuízos à saúde e segurança do trabalhador.[10] Foi exatamente por isso que o clássico modelo de responsabilidade fincado na teoria da culpa não se mostrou adequado para proteger as vítimas dos acidentes de trabalho.

---

8. BECK, Ulrich. *La sociedade del riesgo mundial*. Barcelona: Paidós, 2008.
9. GIDDENS, Anthony. *Modernidade e Identidade*. Rio de Janeiro: Jorge Zahar, 2002.
10. CAVALIERI FILHO, Sergio. *Programa de responsabilidade civil*. 9. ed. São Paulo: Atlas, 2010. p. 130-131; MEIRELLES, Hely Lopes. *Direito Administrativo Brasileiro*. 24. ed. São Paulo, Malheiros, 1999; GAGLIANO, Pablo Stolze; PAMPLONA FILHO, Rodolfo Mario Veiga. *Novo curso de direito civil*. 20. ed. E-book, São Paulo: SaraivaJur, 2022. v. 3: responsabilidade civil.

A responsabilidade objetiva – que prescinde do elemento culpa e dolo – tem por fundamento a *teoria do risco* que por sua vez é uma exigência natural da sociedade industrial e capitalista de massa.[11] Numa sociedade industrial e massificada fazer com que a vítima suporte, além do próprio dano, o ônus de demonstrar a *ação culposa ou dolosa* do agente é uma sentença de morte. Sofreria duas vezes: com o dano e com a frustração da demonstração da culpa do agente.

Superado o individualismo marcante e decisivo na responsabilidade civil fincada na culpa, passa-se a pôr o eixo da responsabilidade civil o dano sofrido pela vítima.

> a teoria do risco se inspira na ideia de que o elemento culpa é desnecessário para caracterizar a responsabilidade. A obrigação de indenizar não se apoia em qualquer elemento subjetivo, de indagação sobre o comportamento do agente causador do dano, mas se fixa no elemento meramente objetivo, representado pela relação de causalidade entre o ato causador do dano e este.[12]

Com isso, ao invés de voltar-se à preocupação com a ação (culpa) do agente causador do dano, a responsabilidade objetiva é legitimada pela teoria do risco. Parte-se da premissa de que aquele que assume o risco de sua atividade, deve responder pelos prejuízos que esta atividade causar a terceiros.

Como salienta Edis Milaré

> é o reconhecimento da responsabilidade sem culpa, segundo o cânone da teoria do risco criado, que se fundamenta no princípio de que, se alguém introduz na sociedade uma situação de risco ou perigo para terceiros, deve responder pelos danos que a partir desse risco criado resultarem.[13]

Após a revolução industrial a teoria da responsabilidade civil objetiva passou inicialmente por etapas de evolução com "múltiplos sinais indisfarçáveis. Para constatá-lo, basta assinalar: A) – a ampliação do conceito de culpa; B) – o expediente das presunções legais de culpa; C) – a preferência pelo critério da culpa in abstrato; D) – a multiplicação das leis especiais".[14]

> A adoção do princípio da responsabilidade por risco foi exigida pelas grandes mutações levadas a cabo pela revolução industrial (e depois pela revolução tecnológica), e que fizeram

---

11. A respeito ver NORONHA, Fernando. Desenvolvimento contemporâneo da responsabilidade civil. *Revista dos Tribunais*, v. 761, São Paulo: Ed. RT, 1999, p. 34.; GOMES, Orlando. Culpa e risco. *Revista de Direito Civil Contemporâneo*. São Paulo: Ed. RT, v. 11, p. 349-358, 2017.
12. RODRIGUES, Silvio. RODRIGUES, Silvio. *Direito civil*: responsabilidade civil. São Paulo: Saraiva, 2002. v. 4, p. 156.
13. MILARÉ, Édis. *Direito do ambiente*. 8. ed. rev., atual. e ampl. São Paulo: Ed. RT, 2013. p. 424.
14. GOMES, Orlando. Culpa e risco. *Revista de Direito Civil Contemporâneo*. São Paulo: Ed. RT, v. 11, p. 349-358, 2017.

com que o domínio das relações laborais se tivesse que sacrificar o princípio da responsabilidade fundada na culpa a favor das formas de responsabilização que têm a louvá-las meras necessidades sociais de segurança.[15]

Isso não quer dizer que a atividade de risco seja proibida, de forma alguma. Há atividades de risco que são necessárias e são conformes ao direito. Mas frise-se, o que é "conforme ao direito" é a situação de risco, e não o eventual dano que dela possa advir. Havendo o dano decorrente do risco, este é intolerado pelo ordenamento por meio da sanção reparativa decorrente da incidência da responsabilidade objetiva.

Assim, para todos estes casos em que determinada atividade é, a um só tempo, necessária e de risco, não há como pensar na responsabilidade civil pelos danos causados mantendo no seu suporte fático a presença do elemento culpa, seja presumida ou não presumida.

Nesses casos em que a atividade de risco é tolerada pelo ordenamento jurídico, então o suporte fático da responsabilidade civil deve conter apenas a presença do elemento "dano" e a sua "relação de causalidade" com a referida atividade. A responsabilidade civil passa a ser "objetiva" porque para a sua configuração bastaria a verificação de elementos "objetivos" do "dano" e da "autoria do evento danoso". O elemento *subjetivo* (dolo e culpa) não é necessário para incidência do dever de reparação.[16]

É por isso que se diz que *atividades lícitas* podem ensejar o dever de reparação pelos danos causados. Mas é preciso ter cuidado com esta afirmação, pois o que é *conforme ao direito* é a *atividade de risco*, mas *não o dano* que dela resulta.

O que se quer dizer com isso é que o ordenamento jurídico ambiental até pode tolerar e controlar a atividade de risco – colocando no suporte fático a exigência de seu controle – mas de forma alguma admite o *dano* que dela se origine. Daí porque mesmo atividades regulares e licenciadas podem produzir danos ecológicos que devem ser indenizados. Se a responsabilidade penal e a administrativa ambiental fincam-se na ocorrência de um ilícito, o mesmo não se diga da responsabilidade civil.

O texto constitucional no artigo 225, § 1º, V diz que

Art. 225

§ 1º Para assegurar a efetividade desse direito, incumbe ao Poder Público:

---

15. RIBEIRO DE FARIA, Jorge Leite Areias. *Direito das obrigações*. Coimbra. Coimbra: Almedina. 1990, v. II, 2. v., p. 2.

16. "A doutrina objetiva, ao invés de exigir que a responsabilidade civil seja a resultante dos elementos tradicionais (culpa, dano, vínculo de causalidade entre uma e outro) assenta na equação binária cujos polos são o dano e a autoria do evento danoso". PEREIRA, Caio Mario da Silva. *Da responsabilidade civil*. 12. ed. Atual. Gustavo Tepedino. Ebook. Rio de Janeiro: Grupo Gen, 2018, parágrafo 215.

V – *Controlar* a produção, a comercialização e o emprego de técnicas, métodos e substâncias *que comportem risco* para a vida, a qualidade de vida e o meio ambiente.

Como se vê acima, há determinadas atividades que comportam risco e que por isso mesmo devem ser controladas. São atividades *lícitas e conforme o direito*, porém na medida em que causam dano ao meio ambiente ou a terceiros o *ato danoso* é considerado desconforme ao direito e enseja o dever de reparação.

Na responsabilidade civil objetiva derivada da teoria do risco é *lícita a atividade de risco se e enquanto esteja na perspectiva do risco*, mas se causa danos, essa danosidade *é contrária ao ordenamento jurídico*, motivo pelo qual incide a sanção reparatória da responsabilidade civil. Não é o risco que é tido como *contrário ao direito*, mas o dano que dele resulta.[17] A sanção reparativa da responsabilização civil incide em razão da ocorrência do dano.

No caso do direito ambiental a responsabilidade civil pela reparação do dano ao meio ambiente segue a disciplina do art. 14, § 1º, do tipo objetiva,[18] ou seja, inexiste o elemento subjetivo do *dolo* ou da *culpa* do causador do dano para que exista o dever de reparar, ou seja basta a demonstração do dano e do nexo de causalidade ligando-o ao poluidor.

Como se vê, para a aplicação da sanção civil reparatória, basta a existência de um *dano*, tendo sido este *causado* por um *poluidor*. Estes são os três elementos da responsabilização civil ambiental: (i) dano; (ii) poluidor; (iii) nexo de causalidade (ligando os dois elementos anteriores).

7. O RISCO INTEGRAL NO DIREITO AMBIENTAL

O caminho de aceitação e sedimentação da responsabilidade objetiva nos ordenamentos jurídicos com base na *teoria do risco* não foi, nem rápido e nem linear.

Até que se admitisse o convívio do duplo regime da responsabilidade civil como atualmente se vê no artigo 927 do CCB houve um longo percurso. Esse salto jurídico (da responsabilidade "com culpa" para a "sem culpa") foi marcado pela criação de diversas variantes como a teoria da responsabilidade civil pela

---

17. Cirúrgica, como de praxe, a colocação de Pontes de Miranda ao tratar da responsabilidade sem culpa quando diz que "Permite-se o transporte, a propriedade de animais domésticos e situações de exercício da propriedade que causam risco; não se permite o dano". Em outra passagem "Foi ao elemento culpa, elemento do suporte fáctico, que se fez ablação, e não ao elemento contrariedade a direito. À contrariedade a direito não é essencial juntar-se culpa; há o contrário a direito sem culpa (...)". PONTES DE MIRANDA. *Tratado de Direito Privado*. São Paulo: Ed. RT, 2013, t. II, p. 268 e 269.
18. A regra da responsabilidade objetiva também consta no artigo 21, inciso XXXIII, alínea "d" da Constituição Federal repetindo o teor do artigo 4º da Lei 6.453/77.

culpa presumida em que se permitia elidir esta presunção com a demonstração em concreto de que não seria possível impedir o fato danoso.

Nesse modelo, ainda que presumida, a culpa ainda estava presente no arquétipo normativo da responsabilidade civil e a questão estava apenas no ônus, invertido, de sua demonstração. Nessa estrada evolutiva e com a intenção de eliminar o elemento culpa do suporte fático da responsabilidade civil passou-se a se debruçar sobre diversas maneiras de se enxergar "o risco" para tentar construir uma variante jurídica onde existisse algo mais do que a simples verificação do dano e sua ligação com o autor da atividade que lhe deu causa.

Para tanto surge a doutrina do *risco integral* onde o que importa é olhar e proteger a vítima, e, por isso, independentemente das razões pelas quais aconteceu o evento danoso haverá o dever de indenizar se provado o dano e o seu nexo com o responsável pela atividade. Parte da ideia de que se a atividade praticada por alguém é de risco, sabe que é in *re ipsa* a sua responsabilidade pelos danos que desta atividade vierem a acontecer, pouco importando as razões pelas quais ele aconteceu. Ao assumir o risco, aceita-o de forma *integral*, sem restrições ou limites, e, portanto, todo e qualquer dano que dela advir.

A adoção da teoria objetivista da responsabilidade civil tendo por eixo central a teoria do risco permitiu o nascimento de variadas "concepções que se identificam como verdadeiras subespécies ou modalidades, dentre as quais podem ser destacadas as teorias do risco-proveito, do risco profissional, do risco excepcional, do risco criado e a do risco integral".[19]

> Dentre as variantes que se debruçaram sobre o "risco" destacou-se, não sem críticas, a variante conhecida como risco proveito onde seria o sujeito responsável pelo dever de reparar o dano teria que ter tirado algum proveito ou vantagem do fato que causou o dano.

Em relação a responsabilidade civil objetiva pelos danos causados ao meio ambiente coube ao Superior Tribunal de Justiça sedimentar aquilo que está revelado no artigo 14, § 1º da Lei 6.938/81, qual seja, que a variante da teoria do risco adotada na tutela jurídica ambiental é a do risco integral.

Seguindo a linha de decisões neste sentido, em julgamento de recurso especial repetitivo[20] afastou-se a "alegação de culpa exclusiva de terceiro pelo acidente em causa, como excludente de responsabilidade, deve ser afastada, ante a incidência da teoria do risco integral e da responsabilidade objetiva ínsita ao dano ambiental (art. 225, § 3º, da CF e do art. 14, § 1º, da Lei 6.938/81), responsabilizando o degradador em decorrência do princípio do poluidor-pagador".

---

19. CAVALIERI FILHO, Sérgio. *Programa de responsabilidade civil*. 10. ed. São Paulo: Atlas, 2012. p. 153.
20. REsp 1114398/PR, Rel. Ministro Sidnei Beneti, Segunda Seção, julgado em 08.02.2012, DJe 16.02.2012.

CAPÍTULO 4 • RESPONSABILIDADE CIVIL AMBIENTAL | **99**

Em seguida novo Recurso Especial Repetitivo[21] restou consolidado que "a responsabilidade por dano ambiental é objetiva, informada pela teoria do risco integral, sendo o nexo de causalidade o fator aglutinante que permite que o risco se integre na unidade do ato, sendo descabida a invocação, pela empresa responsável pelo dano ambiental, de excludentes de responsabilidade civil para afastar a sua obrigação de indenizar".

Como se vê, na responsabilidade civil ambiental não se admite nenhuma excludente de responsabilidade, nem caso fortuito, nem força maior, nem fato de terceiro,[22] posto que inseridas no *risco da atividade desenvolvida*. Ao realizar a atividade de risco ambiental o empreendedor assume *a possibilidade de dano*, e, com isso internaliza esse custo. Daí porque, caso ele venha a acontecer, deve suportar o dever de reparar os danos causados ao meio ambiente. Observe-se que, regra geral, pouco importa se a referida atividade é ou não é lícita, ou seja, a *licitude da atividade* não é pressuposto do dever de indenizar. Isso porque, como dito, o eixo da responsabilidade objetiva está na existência do dano e do nexo com o agente causador, ou seja, é precisamente

uma responsabilidade que atinge certas pessoas que se encontram em condições específicas e sem que elas possam ser censuradas pelos danos causados. Algumas vezes pode mesmo tratar-se de danos provocados pelo próprio lesado.[23]

Na responsabilidade civil ambiental é absolutamente irrelevante qualquer tentativa de criar "tipos de risco" ou limitações entre o "tipo de dano e o risco

---

21. REsp 1354536/SE, Rel. Ministro Luis Felipe Salomão, Segunda Seção, julgado em 26.03.2014, DJe 05.05.2014.
22. "(...) 2. Corretamente, o Tribunal de origem afirma que a jurisprudência do STJ primeiro reconhece a imprescritibilidade da pretensão reparatória de dano ao meio ambiente, e, segundo, atribui, sob o influxo da teoria do risco integral, natureza objetiva, solidária e propter rem à responsabilidade civil ambiental, considerando irrelevante, portanto, qualquer indagação acerca de caso fortuito ou força maior, assim como sobre a boa ou a má-fé do titular atual do bem imóvel ou móvel em que recaiu a degradação. (...)" REsp 1644195/SC, Rel. Ministro Herman Benjamin, Segunda Turma, julgado em 27.04.2017, DJe 08.05.2017. Sobre a excludente do *fato de terceiro* o Superior Tribunal de Justiça deixa aberta uma janela restrita para admissão da excludente ao dizer que "(...)a excludente de responsabilidade civil consistente no fato de terceiro, na seara ambiental, tem aplicação bastante restrita, dada a abrangência do disposto no artigo acima transcrito. Desse modo, só poderá ser reconhecida quando o ato praticado pelo terceiro for completamente estranho à atividade desenvolvida pelo indigitado poluidor, e não se possa atribuir a este qualquer participação na consecução do dano – ato omissivo ou comissivo, o que não se verifica na hipótese, consoante se infere do acórdão recorrido, o qual expressamente consignou ser o recorrente/réu "conhecedor de que as pessoas que 'limpavam' sua propriedade se utilizavam do fogo para fazê-lo, e a prática era reiterada, frequente, "todos os anos", conforme descrito na inicial. E mesmo conhecedor do ilícito, nada fez para coibir a prática proscrita exercida em sua propriedade, tornando-se dessa forma responsável por ato de terceiro" (REsp 1381211/TO, Rel. Ministro Marco Buzzi, Quarta Turma, julgado em 15.05.2014, DJe 19.09.2014).
23. RIBEIRO DE FARIA, Jorge Leite Areias. *Direito das obrigações*. Coimbra. Coimbra: Almedina. 1990, v. II, p. 2.

gerado". Na perspectiva do direito ambiental a responsabilidade civil objetiva assenta-se na integralidade do risco, na integralidade dos danos derivados daquela atividade de risco.

Aquele que titulariza uma atividade de risco para o meio ambiente assume as consequências danosas que possam derivar deste risco seja elas quais forem. A *integralidade dos riscos* implica em *integralidade dos danos, e* como o risco é uma possibilidade de dano, é certo que só suportará os tais danos se estes vierem a acontecer.

Justamente porque o risco é *integral* não se admite qualquer *exceção* que rompa a ligação entre o dano e atividade imputada ao poluidor. Alegações de casos fortuito, força maior, fato de terceiro etc. normalmente utilizados para romper o nexo causal entre o fato causador do dano e o dano não se aplicam na teoria do risco integral adotado pelo direito ambiental no artigo 14, § 1º da Lei 6.938/81 que foi recepcionado pelo art. 225,§ 3º da CF/88.[24]

Observe-se que o artigo 14, § 1º da PNMA é direto e sem qualquer tipo de restrição ao modelo de responsabilidade civil ambiental:

> Art. 14
>
> § 1º Sem obstar a aplicação das penalidades previstas neste artigo, é o *poluidor obrigado, independentemente da existência de culpa,* a indenizar ou reparar os *danos causados ao meio ambiente* e a terceiros, *afetados por sua atividade.* O Ministério Público da União e dos Estados terá legitimidade para propor ação de responsabilidade civil e criminal, por danos causados ao meio ambiente.

Frise-se, mais uma vez, que este dispositivo adotou a *integralidade do risco*, onde nele se inserem todos os possíveis acontecimentos causadores do dano. Observe-se que basta que exista o dano ambiental e o elo (direto ou indireto) entre esse dano e a atividade praticada por alguém (poluidor). Note-se que não é um elo entre o dano ambiental e o específico fato causador do dano (um fato fortuito, por exemplo), mas com a *atividade* desenvolvida.

Fica evidente que aquele que assume uma *atividade que causa risco*, assume junto os danos que daí podem acontecer. Todos os fatos concretos que possam vir a acontecer e que transforme os riscos em danos estão inseridos na *integralidade do risco.*

---

24. "(...) 3. Consoante a jurisprudência pacífica desta Corte, sedimentada inclusive no julgamento de recursos submetidos à sistemática dos processos representativos de controvérsia (arts. 543-C do CPC/1973 e 1.036 e 1.037 do CPC/2015), "a responsabilidade por dano ambiental é objetiva, informada pela teoria do risco integral, sendo o nexo de causalidade o fator aglutinante que permite que o risco se integre na unidade do ato" (REsp 1.374.284/MG) (...)". (REsp 1.596.081/PR, relator Ministro Ricardo Villas Bôas Cueva, Segunda Seção, julgado em 25.10.2017, DJe de 22.11.2017).

Assim, por exemplo, quando abruptamente em razão de um raio, o asfalto se rompe fazendo com que o caminhão tanque tombe e derrame efluentes que contaminem o rio que esteja próximo tem-se aí a incidência da responsabilidade civil ambiental e nenhum caso fortuito pode ser alegado para elidir o dever de reparar os danos causados. Isso porque ao transportar produtos perigosos e poluentes o titular da atividade assumiu o risco de que desse transporte, objetivamente, possa acontecer danos, inclusive em razão de acontecimentos naturais. Na teoria do risco integral está inserida e *prevista* a possibilidade de que danos possam advir, inclusive de fatos naturais "imprevisíveis".

Importa destacar, por fim, que o risco do desenvolvimento também se insere no círculo do risco integral, ou seja, não é possível ao poluidor alegar que o evento danoso se deu em razão de situação que não poderia ser detectada à época do empreendimento e que na referida época empregou os melhores métodos para controle da poluição. O ônus do risco do desenvolvimento é in re ipsa à atividade desenvolvida e se insere no "fortuito interno", ou seja, desde a sua concepção o produto, ou serviço, ou substância, ou técnica etc. já continha em si o risco de danosidade; havia um desconhecimento científico sobre ele, mas ele já existia, de forma que também este ônus se insere na teoria do risco integral.

> (...) O risco do desenvolvimento, entendido como aquele que não podia ser conhecido ou evitado no momento em que o medicamento foi colocado em circulação, constitui defeito existente desde o momento da concepção do produto, embora não perceptível a priori, caracterizando, pois, hipótese de fortuito interno (...) (REsp 1774372/RS, Rel. Ministra Nancy Andrighi, Terceira Turma, julgado em 05.05.2020, DJe 18.05.2020).

8. DEVER *DE INDENIZAR E DE REPARAR* OS DANOS CAUSADOS

O artigo 14, § 1º fala em *dever de reparar ou indenizar* pelos danos causados ao meio ambiente tratando as expressões como sinônimas. Conquanto na atualidade se use a *reparação* e a *indenização* de forma unívoca, já houve época em que se usava a palavra indenização em sentido estrito para designar o ressarcimento pecuniário (pelo equivalente) e a *reparação* específica ou in natura para os casos de restauração da situação existente que foi alterada pelo dano.[25]

É *repetitiva* a expressão contida no referido dispositivo quando fala em *dever de indenizar ou de reparar* os danos causados. O que importa realmente é que ao

---

25. DIAS, José de Aguiar. *Da responsabilidade civil*, v. I, p. 724.; PONTES DE MIRANDA. *Tratado de direito privado*, t. LIII, p. 80.

se utilizar o conceito de indenizar ou de reparar que o mesmo dano pode ensejar a cumulação da tutela específica com a pecuniária.

Frise-se que não será incomum, antes o contrário, que um mesmo dano ambiental provoque a cumulação das duas formas de ressarcimento. Aliás, este é o comando da Súmula 629 do STJ:

> Quanto ao dano ambiental, é admitida a condenação do réu à obrigação de fazer ou à de não fazer cumulada com a de indenizar (Primeira Seção, julgado em 12.12.2018, DJe 17.12.2018).

Na perspectiva da estrutura da norma jurídica a *responsabilidade civil pelos danos causados ao meio ambiente* nada mais é do que o *dever jurídico* que nasce da incidência da regra jurídica abstrata sobre o seu suporte fático concreto. Esse dever de ressarcimento pelos danos causados ao meio ambiente tanto pode se dar na forma específica e/ou em pecúnia como dito alhures.

Em razão da natureza *ubíqua* do bem ambiental – uso comum de todos – e da sua *essencialidade* à vida e da sua *infungibilidade* impõe-se, em primeiro lugar, a reparação na forma específica e apenas quando esta não se mostrar possível é que se deve seguir para a tutela pelo equivalente (dinheiro).

9. O DEVER DE *INTEGRAL REPARAÇÃO* E A ORDEM DE PREFERÊNCIA: EVITAR O DANO, REPARAR NA FORMA ESPECÍFICA E INDENIZAR PELO EQUIVALENTE

9.1 Os deveres jurídicos de fazer e não fazer no suporte fático das regras jurídicas ambientais

O art. 225 da CF/88 estabelece que *todos* têm direito difuso ao meio ambiente ecologicamente equilibrado, dizendo claramente que é um bem jurídico que é de uso comum de todos do povo e que este bem é essencial à sadia qualidade de vida. Diz ainda o texto constitucional que tanto o povo quanto o poder público possuem um *dever difuso* de proteger e preservar este bem para as presentes e futuras gerações.

Exatamente por causa desse *dever difuso* de proteger e preservar o ordenamento jurídico ambiental é farto de regras jurídicas que possuem como suporte fático o cumprimento de *deveres jurídicos* cuja finalidade é justamente *proteger e preservar* o meio ambiente.

No próprio texto constitucional, nos incisos que integram o § 1º do artigo 225 há um rol de comportamentos devidos impostos ao poder público que servem para *efetivar o direito ao meio ambiente ecologicamente equilibrado*.

Assim, no direito ambiental, a maior parte dos litígios envolvendo o equilíbrio ecológico referem-se às crises de cumprimento de deveres jurídicos, pois no campo do direito material ambiental, há inúmeros deveres ambientais positivos e negativos que são impostos ao Poder Público e à coletividade como dito alhures.

Neste particular os deveres ambientais mais descumpridos são aqueles que envolvem a prática de um fazer ou um não fazer. Isso se justifica porque as condutas de fazer e de não fazer são os deveres mais comuns no plano do direito material, sendo absolutamente subsidiário os deveres pagar quantia ou entrega de coisa.

Tal conclusão resulta do fato de que um dos princípios do direito ambiental é o da participação ou solidariedade, expressamente inserido no caput do art. 225 da CF/1988, onde se lê que tanto o poder público quanto a coletividade têm o dever de defender e preservar o meio ambiente para as presentes e futuras gerações. Outro é o princípio do poluidor usuário pagador que impõe restrições ao direito de propriedade, que impõe deveres de precaução, prevenção e responsabilização etc. Está aí, às escâncaras, a regra magna que impõe um dever positivo e outro negativo a toda a coletividade em relação à proteção do equilíbrio ecológico.

Isso vem evidenciar que esse dever social precisa ser visto sob dois flancos distintos, um negativo e outro positivo: o primeiro na adoção de comportamentos sociais, personalíssimos de não praticar atos que possam ser ofensivos ao meio ambiente e a seus componentes; o segundo na adoção de comportamentos sociais que representem um *facere*, uma tomada de atitude, comissiva, mas que não se resuma apenas à esfera individual, ou seja, não preocupada apenas com o "eu", mas com o "todos".

Por isso, pode-se dizer que o art. 225, caput, prescreve o direito subjetivo público constitucional de se ter um meio ambiente ecologicamente equilibrado, mas também o correlato dever de toda a sociedade de protegê-lo e preservá-lo para as presentes e futuras gerações.

9.2 Os deveres ambientais e a tutela mais coincidente possível com a regra de direito material

Acrescentando, ao que foi dito acima, são características do bem jurídico "equilíbrio ecológico" a *essencialidade* (à vida), a *instabilidade, ubiquidade, complexidade, infungibilidade, indivisibilidade* etc. Tais particularidades deste bem jurídico de uso comum do povo permite-nos antever que todos os conflitos ambientais referentes ao cumprimento de um dever de fazer e não fazer exigem não só uma solução rápida, mas também exatamente correspondente àquilo que está previsto na regra jurídica legislada, ou seja, a verdadeira proteção do bem ambiental se dá quando se consegue entregar à coletividade o resultado idêntico àquele que era desejado na regra jurídica primária.

Se nela prevê um dever de não poluir, deve-se impedir a poluição; se nela prevê o dever de realizar eia-rima é isso que deve ser exigido. Isso quer dizer que, em primeiro lugar, deve-se realizar todo o esforço judicial possível para se obter o resultado idêntico àquele que se teria com o cumprimento espontâneo do dever jurídico de *proteção e preservação* do meio ambiente evitando o dano ao equilíbrio ecológico. A ideia precípua é que a tutela jurisdicional a ser entregue seja a mais coincidente com o resultado previsto pela regra jurídica ambiental. Enfim, se ela prevê um não fazer, então é esta a tutela que deve ser buscada; se, por outro lado, prevê um fazer, é este que deve ser adimplido.

Há que se recordar que o equilíbrio ecológico é essencial à vida e, por isso mesmo, todos os deveres ambientais estão relacionados à proteção de todas as formas de vida. Não é por acaso que o descumprimento de qualquer dever ambiental é, regra geral, um tipo penal, o que demonstra a sua importância para o ordenamento jurídico.

Assim, além de uma tutela ágil, a proteção jurisdicional dos deveres ambientais deve ser o mais coincidente possível com a realidade esperada pelo legislador. Trata-se, pois, de içar a tutela específica dos deveres ambientais como um norte a ser perseguido e alcançado. Contrario sensu, é de se dizer que a não realização da tutela jurisdicional específica pode comprometer o direito fundamental à vida de todos os seres vivos.

9.3   A impossibilidade da coincidência e a reparação *integral*: a ordem de preferência na reparação

Destarte, é de se dizer que nem sempre será possível a obtenção da tutela específica, enfim, aquela originariamente prevista pelo legislador, e, casos há em que o dano ambiental pode vir a ocorrer. É claro que não podemos ser utópicos e imaginar que a tutela jurisdicional será sempre pronta e específica para debelar a crise jurídica ofertando um resultado coincidente com o dever jurídico visado pelo legislador.

Importante deixar claro que havendo dano ambiental o dever de reparação deve ser integral. Por integral deve se entender "completo", "total", ou seja, o dano ambiental deve ser reparado em toda a sua extensão.

Maria Helena Diniz foi certeira ao dizer, com simplicidade e precisão qual deve ser o parâmetro para identificar a reparação integral, ou seja que deve o lesado ser "restituído à situação em que estaria se não tivesse ocorrido a ação do lesante", e emenda a jurista que "o dano mede-se pela diferença entre a situação existente à data da sentença e a situação que, na mesma data, se registraria, se não fosse a lesão".[26]

A reparação integral é a identificada pela diferença entre o que se tinha antes da lesão e depois dela, considerando todos os prejuízos pela privação do bem ambiental neste período de ordem material ou extrapatrimonial, sem aqui computar os danos em cascata (que também são devidos) que a lesão possa ter causado a outros interesses supra individuais e individuais.[27]

Como veremos adiante, não se reduz a reparação do dano ambiental com a restituição do recurso ambiental (ex. flora) que foi lesado, mas sim com a restauração completa do equilíbrio ecológico (ecossistema, bioma) que, não é algo que se obtém com facilidade pois requer a combinação de tempo com complexos métodos de restauração.

A restauração é do equilíbrio ecológico e não do recurso ambiental que quando foi lesado causou o desequilíbrio. Há ainda nesta perspectiva o dano extrapatrimonial ao qual foi submetido a sociedade pela privação do equilíbrio ecológico. O tempo e o espaço são importantíssimos fatores para fixação da extensão do dano ambiental reparável.

"Na linha do estatuído nos arts. 225, 170, inciso VI, e 186, II, da Constituição Federal, o art. 4º da Lei 6.938/1981 (grifei) dispõe que a Política Nacional do Meio Ambiente se norteará pelos princípios do poluidor-pagador, do usuário pagador e da *reparação in integrum*, concretizados por meio da obrigação de recuperar o dano ambiental; indenizar os prejuízos sofridos pelas vítimas e pela biota afetada; e pagar pelos serviços ambientais retirados da Natureza" (...)

A interpretação sistemática das normas e princípios ambientais não agasalha a restrição imposta no acórdão recorrido. Se o bem ambiental lesado for imediata e completamente restaurado ao status quo ante (*reductio ad pristinum statum*, isto é, restabelecimento à condição original)), não há falar, como regra, em indenização. Contudo, a possibilidade técnica, no futuro (= prestação jurisdicional prospectiva), de restauração in natura nem sempre se mostra suficiente para reverter ou recompor integralmente, no terreno da responsabilidade civil, as várias dimensões do dano ambiental causado; por isso não exaure os deveres associados aos princípios do poluidor-pagador e da *reparação in integrum*.

Não custa lembrar que o dano ambiental é multifacetário (ética, temporal, ecológica e patrimonialmente falando, sensível ainda à diversidade do vasto universo de vítimas, que vão

---

26. DINIZ, Maria Helena. *Curso de Direito Civil Brasileiro*. 32. ed. São Paulo: Saraiva, 2018, v. 7: responsabilidade civil, p. 23.
27. No mesmo sentido CUSTÓDIO, Helita Barreira. Avaliação de custos ambientais em ações judiciais de lesão ao meio ambiente. *Revista dos Tribunais*, v. 652, p. 26.

do indivíduo isolado à coletividade, às gerações futuras e aos próprios processos ecológicos em si mesmos considerados).[28]

O dever de reparação pelo dano ambiental previsto no texto constitucional também predetermina como deve ser reparado o meio ambiente, pelo que se extrai do axioma do caput (bem de uso comum e essencial à sadia qualidade de vida), bem como dos deveres concretos previstos nos incisos e parágrafos do art. 225.

Assim, não é por acaso que o legislador constitucional fala, por exemplo, no inciso I do § 1º do art. 225 em "restaurar os processos ecológicos essenciais", e no § 2º que o explorador dos recursos minerais "fica obrigado recuperar o meio ambiente degradado, de acordo com solução técnica".

> Apenas para lembrar que a prioridade é que a tutela jurisdicional a ser entregue seja a mais coincidente possível com o resultado previsto pela norma ambiental. Enfim, se ela prevê um não fazer, então é esta a tutela que deve ser buscada; se, entretanto, prevê um fazer, é este que deve ser adimplido. a proteção jurisdicional dos deveres ambientais deve ser o mais coincidente possível com a realidade esperada pelo legislador. Trata-se, pois, de içar a tutela específica dos deveres ambientais a um norte a ser perseguido e alcançado. Contrario sensu, é de se dizer que a não realização da tutela jurisdicional específica pode comprometer o direito fundamental à vida de todos os seres vivos. Todavia, nem sempre será possível a obtenção da tutela específica; aquela originariamente prevista pelo legislador. Apenas subsidiariamente é que se deve pensar na tutela meramente reparatória do meio ambiente. Ou seja, quando se mostre impossível a tutela idealizada pelo legislador é que se deve pensar na substituição da tutela específica por outro tipo de prestação. E, ainda assim, a reparação deve ser a mais próxima possível do resultado que se teria com a conduta esperada pelo legislador. Daí por que a reparação in natura é princípio da responsabilidade civil ambiental.

Esses dispositivos expressamente impõem quais devem ser as formas de reparação in natura pelos danos causados ao meio ambiente: primeiro a restauração, em seguida a recuperação.

Logo, por exemplo, se o dano ambiental causado se deu nos *processos ecológicos essenciais,* como por exemplo áreas de preservação permanente (matas ciliares, topo de morros, veredas, restinga etc.), é preciso que a reparação ambiental se dê por meio de *restauração,* ou seja, que a área danificada seja *restaurada,* o que implica, em "restituição de um ecossistema ou de uma população silvestre degradada o mais próximo possível da sua condição original" (art. 2º, XIV).

Por outro lado, se se tratar de desequilíbrio ecológico porque houve um dano a um recurso ambiental *não renovável* como no caso da exploração de minerais (granitos, mármores etc.), então, será impossível a restauração, daí porque o

---

28. Extraído do voto do Relator, Min. Herman e Benjamin no Recurso Especial 1.198.727-MG (2010/0111349-9).

texto constitucional fala em *recuperação* assim entendido como a "restituição de um ecossistema ou de uma população silvestre degradada a uma condição não degradada, que pode ser diferente de sua condição original".

É necessário que fique bastante claro que a *regra* é a da reparação ambiental *integral* e *in natura por meio* (1) *de restauração* e em seguida por meio da (2) *recuperação*, e, não poderia ser diferente dada a essencialidade à vida do equilíbrio ecológico e pelo fato de que é um bem de uso comum do povo; uso este que não é amoedável. Não há a possibilidade de fungibilizar a reparação in natura (restauração e recuperação) por indenização em dinheiro.

> A expressão "bem de uso comum" do art. 225, *caput*, da CF/88 também impõe a precedência e prevalência da reparação *in natura* e *in situ* sobre a reparação pecuniária. Apenas a primeira forma de reparação se aproxima da ideia altruísta e democrática de *uso comum* do bem ambiental.

Mais que isso, outro aspecto a ser ressaltado, é que a reparação específica seja realizada in situ, isto é, sempre que possível, a medida a ser imposta ao poluidor deve ser a reparação do bem ambiental lesado no local onde houve a agressão do meio ambiente, afinal deve-se buscar a *restauração* do equilíbrio ecológico naquele ecossistema, naquele bioma. Logo, não é possível falar em reparar em local diverso daquele que foi realizada a impactação adversa do meio ambiente.

Importante que fique claro que não é suficiente o mero ressarcimento financeiro. É preciso restaurar ou recuperar a área degradada, tentando recolocá-la na mesma situação em que se encontrava antes da ocorrência do dano, daí porque deverá ser comum a cumulação das obrigações de reparar in natura com a indenização em sentido estrito. Como diz a já citada Súmula 629 do STJ: "quanto ao dano ambiental, é admitida a condenação do réu à obrigação de fazer ou à de não fazer cumulada com a de indenizar".

Além disso a reparação *in natura* não somente traz ínsita a ideia de proteção e preservação dos recursos ambientais, coaduna-se também com a ideia de que o poluidor deve ser educado (ensinado) mediante a realização de medidas reparatórias in natura, coisa que não ocorre quando estamos diante de uma reparação pecuniária.

Portanto, a reparação em pecúnia (ressarcimento) é exceção no sistema da responsabilização ambiental: só deve ser feita quando se mostrar impossível, total ou parcialmente, a reparação específica. Como explicamos alhures, seja por razões pedagógicas do poluidor e transgressor da norma ambiental, seja por razões de proteção do meio ambiente, sem dúvida, mais vale uma reparação in natura do que uma reparação pecuniária, porque, em última análise, sabe-se que o desequilíbrio ambiental e o prejuízo causado às presentes e futuras gerações não encontram um valor que reflita com fidelidade a perda ambiental, de forma que o dinheiro nunca ressarce verdadeiramente o prejuízo causado pela degradação do equilíbrio ecológico.

Isso sem contar os problemas burocráticos de transformar o dinheiro público em ações *pro ambiente* (aprovar projetos, licitações etc.), além é claro dos entraves processuais e extraprocessuais envolvendo a solvabilidade do condenado ao pagamento de quantia. Nunca é demais lembrar que a indivisibilidade do bem ambiental e o seu regime jurídico de bem de uso comum tornam a sua fruição democrática, ao passo que a reparação pecuniária não permite, regra geral, o mesmo alcance.

O Superior Tribunal de Justiça já reconheceu que a prioridade da reparação in natura é princípio que rege a responsabilidade civil ambiental.

> 3. Cabe esclarecer que, no Direito brasileiro e de acordo com a jurisprudência do Superior Tribunal de Justiça, a responsabilidade civil pelo dano ambiental, qualquer que seja a qualificação jurídica do degradador, público ou privado, proprietário ou administrador da área degradada, é de natureza objetiva, solidária e ilimitada, sendo regida pelos princípios do poluidor-pagador, da reparação *in integrum*, da prioridade da reparação in natura e do favor *debilis* (REsp 1401500/PR, Rel. Ministro Herman Benjamin, Segunda Turma, julgado em 16.08.2016, DJe 13.09.2016).

É importante deixar claro ainda que a reparação in natura também serve para evitar a propagação de danos futuros, pois a degradação ambiental se protrai no tempo, ou seja, o impacto ambiental "hoje" é certamente maior "amanhã".

> (...) 5. Não existe prescrição, pois a manutenção das construções na área de preservação ambiental impede que a vegetação se regenere, prolongando-se, assim, os danos causados ao meio ambiente. No caso em tela, a lesão perpetuou-se, recriando ou renovando a cada dia a pretensão jurídica do titular do direito ofendido. Não há que se falar de prescrição em ações de natureza ambiental decorrentes de dano permanente, ao menos enquanto se perpetuar o dano ambiental. (...) (REsp 1081257/SP, Rel. Ministro Og Fernandes, Segunda Turma, julgado em 05.06.2018, DJe 13.06.2018).

Frise-se mais uma vez que este dever de reparação in natura não estanca o problema dos danos extrapatrimoniais, pois é preciso ressarcir a coletividade pelo prejuízo que suportou com a perda do equilíbrio ecológico.

> A reparação integral do dano ao meio ambiente abrange não apenas o dano causado ao bem ou recurso ambiental imediatamente atingido, como também toda a extensão dos danos produzidos em consequência do fato danoso à qualidade ambiental, incluindo: a) os efeitos ecológicos e ambientais da agressão inicial a um determinado bem ambiental que estiverem no mesmo encadeamento causal (como, por exemplo, a destruição de espécimes, habitats e ecossistemas inter-relacionados com o meio imediatamente afetado; a contribuição da degradação causada ao aquecimento global); b) as perdas de qualidade ambiental havidas

no interregno entre a ocorrência do dano e a efetiva recomposição do meio degradado; c) os danos ambientais futuros que se apresentarem como certos; d) os danos irreversíveis causados à qualidade ambiental, que de alguma forma devem ser compensados; e) os danos morais coletivos resultantes da agressão a determinado bem ambiental.[29]

O tempo é fator de amplificação e reverberação do dano ambiental, motivo pelo qual pode-se afirmar que mesmo na reparação in natura pelos danos ambientais já sofridos, há uma face preventiva de danos futuros que não pode ser ignorada

9.4 O ALCANCE DO § 3º DO ART. 225 E O DEVER DE REPARAR DANOS AMBIENTAIS "INSIGNIFICANTES"

Apenas para relembrar, diz o artigo 225, § 3º que:

§ 3º As condutas e atividades consideradas lesivas ao meio ambiente sujeitarão os infratores, pessoas físicas ou jurídicas, a sanções penais e administrativas, independentemente da obrigação de reparar os danos causados.

Após deixar claro no caput do art. 225 e dizer em vários incisos do seu parágrafo primeiro que o axioma do direito ao meio ambiente ecologicamente equilibrado finca-se na *preservação* e, além disso que o risco ambiental deve ser foco de preocupação da tutela estatal no desenvolvimento de técnicas de evitem o dano e mantenham o ambiente íntegro, o texto constitucional trouxe sua preocupação com a tutela repressiva do dano causado ao meio ambiente, deixando claro que a responsabilização penal e a administrativa não exclui a obrigação de reparar pelos danos ao meio ambiente.

A primeira observação que se deve fazer é a de que se o mesmo fato der origem a sanções penais e administrativas, isso não elide a possibilidade de imposição de sanções civis, mormente a obrigação pelos danos causados.

Não é porque o sujeito já tenha sido penalizado administrativa ou penalmente que se deva prescindir da sanção civil. O texto da constituição proíbe isso.

Inaceitável, portanto, a tentativa de emplacar qualquer tese da transposição do princípio da insignificância penal para o âmbito da responsabilidade civil, sob argumento de que o dano cometido seria insignificante e porque o fato já teria sido, por exemplo, sancionado penalmente.

---

29. MIRRA, Alvaro Luiz Valery. Responsabilidade civil ambiental e a reparação integral do dano. Disponível em: https://www.conjur.com.br/2016-out-29/ambiente-juridico-responsabilidade-civil-ambiental--reparacao-integral-dano#:~:text=A%20repara%C3%A7%C3%A3o%20integral%20do%20dano%20ao%20meio%20ambiente%20abrange%20n%C3%A3o,da%20agress%C3%A3o%20inicial%20a%20um. Acesso em: 15 ago. 2020.

É preciso recordar que o Direito Penal deve atuar como *ultima ratio* de um ordenamento jurídico, sendo lógico reconhecer que a responsabilização penal (e a sanção penal imposta) deve ser o último instrumento de que se vale o Estado para reprimir condutas indesejáveis na sociedade; enfim, pelo axioma da intervenção mínima e necessária, o Direito Penal só deve atuar quando outros ramos do ordenamento não se mostrarem suficientes para tanto.[30]

Recorde-se, nesse passo, que a principal função do Direito Penal é resguardar bens jurídicos que possuam grande importância para a sociedade, de modo que apenas quando o bem jurídico a ser protegido pelo direito penal for imprescindível para a coexistência harmoniosa da coletividade é que terá lugar a tutela penal.

> Não é certo que o mesmo fato se subsuma a um texto normativo que leve à responsabilização penal e também à responsabilização civil. É o legislador, representante do povo, que define, em moldura abstrata, quais fatos sociais devem ser transformados em *fattispecies*. Eis aí o caráter fragmentário do Direito Penal. Normalmente, em matéria ambiental, um dever jurídico de não degradar o meio ambiente, uma vez descumprido, ensejará a tripla incidência da responsabilização [penal, civil e administrativa], dada a importância do bem jurídico para a coletividade.

E, uma vez prevista a *fattispecie* penal (tipos penais) é possível que, justamente pelo papel da *maxima e ultima ratio* do direito penal, que se averigue em concreto se a conduta típica é dotada de elementos significativos, inclusive sob a perspectiva da culpabilidade e da reprovabilidade social,[31] que justifiquem a imposição da sanção penal ou, ao contrário, se é possível aplicar o princípio da insignificância.

Não é demais lembrar – apenas para se ter ideia da envergadura e peso de uma sanção penal – que a condenação criminal transitada em julgado impõe ao condenado a gravíssima penalidade de privação dos direitos políticos nos termos do art. 15, III, da CF/88 impedindo-o, enquanto durar os efeitos da condenação, de participar da vida pública do país. Este é um bom termômetro para se ver que o direito penal só deve estar presente em situações que realmente importem para a harmonia do seio social. Isso sem falar da possibilidade de privação da liberdade de locomoção como efeito primário da pena.

---

30. Sobre o tema, ver FERRAJOLI, Luigi. *Direito e razão* – Teoria do garantismo penal. São Paulo: Ed. RT, 2002; BITENCOURT, Cezar Roberto. *Tratado de direito penal* – Parte geral. 17. ed. São Paulo: Saraiva, 2012, v. 1; ROXIN, Claus. *Derecho penal*: parte general. 2. ed. Trad. Diego-Manuel Luzon Peña et. al. Madrid: Editorial Civitas, 1997, t. I. Fundamentos. La estructura de la teoría del delito; ZAFFARONI, Eugenio Raúl. *Derecho penal*: parte general. Buenos Aires: Ediar, 2002.

31. Na visão consagrada pelo Supremo Tribunal Federal não basta a tipicidade formal, o mero enquadramento do fato ao texto normativo, mas também a análise de outros elementos de cada caso em concreto.

CAPÍTULO 4 • RESPONSABILIDADE CIVIL AMBIENTAL **111**

Por sua vez, de outro lado, a sanção civil imposta pela responsabilização civil tem, na visão tradicional, o papel de "restaurar o equilíbrio moral e patrimonial provocado pelo autor do dano"[32] daí por que se fala em restabelecimento do *status quo ante*; *em princípio da restitutio in integrum etc.* Restituir integralmente ou reparar integralmente é, no mínimo, *retirar todo e qualquer dano* (indene) existente.

Por sua vez, a função precaucional em matéria ambiental fica muito evidente na necessidade de que a tutela civil tenha um papel condizente com a premissa constitucional estabelecida pelo art. 225 da CF/88 ao dizer que é dever do Poder Público e da coletividade proteger e preservar o direito para as presentes e futuras gerações; ou ainda quando diz que ele deve controlar a produção, a comercialização e o emprego de técnicas, métodos e substâncias que comportem risco para a vida, a qualidade de vida e o meio ambiente; e, mais adiante, ao afirmar que deve proteger a fauna e a flora, vedadas, na forma da lei, as práticas que coloquem em risco sua função ecológica.

Observe-se que o fio condutor de *toda atuação do Poder Público* (legislativo, judiciário e executivo) em relação ao meio ambiente deve ser feita *ex ante* e não *ex post*, até mesmo quando se trata de *tipificar penalmente determinadas condutas*, ou ainda quando *impõe restauração integral* da antijuridicidade cometida (risco, ilícito e/ou dano), como já foi explicado alhures.

Em matéria ambiental, por imperativo constitucional, observado em diversas passagens do art. 225, dada a natureza preventiva e precaucional dos deveres impostos ao Poder Público e à coletividade, quando se reconhece a incidência da responsabilização civil, esta jamais, frise-se, jamais, esgota-se numa função meramente reparatória, sob pena de se fazer uma *capitis diminutio* da máxima da razão de ser das normas ambientais [civis, penais e administrativas] que são criadas para *conter, impedir, evitar* o risco, o ilícito e o dano, admitindo cada uma destas figuras como categorias que podem ser tuteladas de forma distinta e cumulativa se for o caso.

A *essencialidade* à vida, a *infungibilidade* do uso comum do equilíbrio ecológico e sua irrenunciabilidade por quem quer que seja não admitem qualquer possibilidade de que ele [o equilíbrio ecológico] possa ser substituído por outro bem de qualquer outra estirpe, razão pela qual a sanção civil ambiental deve ter sempre, e inexoravelmente, um papel precaucional, para o futuro, ainda que se trate de reparar o que ficou no passado.

---

32. GONÇALVES, Carlos Roberto. *Direito Civil Brasileiro* – Responsabilidade Civil. 4. ed. São Paulo: Saraiva, 2012, p. 21.

Essa é a leitura que se extrai, por exemplo, do lapidar voto do Ministro Og Fernandes quando afirma em sua ementa:

Em qualquer quantidade que seja derramamento de óleo é poluição, seja por inobservância dos padrões ambientais (inteligência do art. 3º, III, e, da Lei 6.938/1981, c/c o art. 17 da Lei 9.966/2000), seja por conclusão lógica dos princípios da solidariedade, dimensão ecológica da dignidade humana, prevenção, educação ambiental e preservação das gerações futuras (Agravo em REsp 667.867/SP (2015/0041944-0).

Na esteira dos arts. 927 e 489 do Código de Processo Civil, o julgado acima é coerente com a posição que vem sendo manifestada pelo Superior Tribunal de Justiça[33] que reconhece a função profilática da responsabilidade civil ambiental, ainda que tal aspecto esteja embutido na dimensão quantitativa do dever de reparar.

Nesse diapasão é de se elogiar o aresto cujo excerto transcrevemos acima e também logo abaixo, também porque traz segurança, calculabilidade e previsibilidade ao tema, fortalecendo e estabilizando o precedente judicial de que nenhuma responsabilização ambiental se aprisiona numa função meramente reparadora.[34]

A recusa de aplicação, ou aplicação truncada, pelo juiz, dos princípios do poluidor-pagador e da *reparação in integrum* arrisca projetar, moral e socialmente, a nociva impressão de que o ilícito ambiental compensa, daí a resposta administrativa e judicial não passar de aceitável e gerenciável "risco ou custo normal do negócio". *Saem debilitados, assim, o caráter dissuasório, a força pedagógica e o objetivo profilático da responsabilidade civil ambiental (= prevenção geral e especial), verdadeiro estímulo para que outros, inspirados no exemplo de impunidade de fato, mesmo que não de direito, do degradador premiado, imitem ou repitam seu comportamento deletério*".

(...)

A responsabilidade civil, se realmente aspira a adequadamente confrontar o caráter expansivo e difuso do dano ambiental, deve ser compreendida o mais amplamente possível, de modo que a condenação a recuperar a área prejudicada não exclua o dever de indenizar – juízos retrospectivo e prospectivo.

---

33. REsp 1145083/MG, rel. Min. Herman Benjamin, 2ª Turma, julgado em 27.09.2011, DJe 04.09.2012.

34. Sobre a evolução do conceito de dano na responsabilidade civil ver BALDASSARI, Augusto. Fonti positive in materia di danno. In: CENDON, Paolo (Ed.). *I danni risarcibili nella responsabilità civile*. Torino: UTET, 2005. v. 1. p. 41-73; CRISAFI, Marina. Il danno: profili storici. In: CENDON, Paolo (Ed.). *I danni risarcibili nella responsabilità civile*. Torino: UTET, 2005. v. 1; VISINTINI, Giovanna. *Trattato breve della responsabilità civile*: fatti illeciti, inadempimento, danno risarcibile. 3. ed. Milano: Cedam, 2005. Com enfoque no direito ambiental, ver ABELHA, Marcelo. *Processo Civil Ambiental*. 4. ed. Salvador: Podivm, 2016.; GALLO. Emanuela. L'evoluzione sociale e giuridica del concetto di danno ambientale. *Rivista Amministrare*. Il Mulino, p. 261-290, ago. 2/2010; GIAMPIETRO F. La responsabilità per danno all'ambiente dal T.U. ambientale all'art. 5 bis della legge 166/2009. *Rivista giuridica dell'ambiente*, fasc. 2, p. 191-202, 2011.

Como se observa, distinguem-se as razões pelas quais o ordenamento jurídico impõe a autonomia da responsabilização penal em relação à responsabilização civil, uma vez que a função (funcionalismo teleológico[35]) da tutela penal é proteger *"bens jurídicos – essenciais ao indivíduo e à comunidade"*[36] com consequências extremamente graves para o sujeito, como a impossibilidade de participar da vida pública (art. 15, III, da CF/88), ao passo que a responsabilidade civil tem, na atualidade, mormente em direito ambiental, papéis destinados a:

i) impor ao causador do dano (sentido lato) o dever de restabelecer de forma *integral* o reequilíbrio jurídico econômico suportado pela vítima;

ii) a função (nesta sociedade massificada) de *punir pedagogicamente* para não permitir que a equação entre *reparação integral* e *proveito econômico obtido pelo lesante* possa lhe ser favorável; e, ainda,

iii) um papel indissociável da *prevenção* no sentido de inibir comportamentos que não devem ser praticados, porque a lesão deles decorrentes implica em um dano insuportável.[37]

É curial perceber que, quando, ao mesmo tempo, um mesmo fato enquadra-se numa norma penal, civil e administrativa permitindo a responsabilização penal, civil e administrativa, e, após um juízo de proporcionalidade[38] e ante a análise das circunstâncias do caso concreto se chega à conclusão, em relação à responsabilização penal, que incide o princípio da insignificância para afastar conduta formalmente típica, tal aspecto é o reconhecimento, a confissão, o atestado de que as outras áreas do direito devem incidir.

Ora, quando se afasta a atipicidade da conduta pela invocação do Bagatelldelikte então, sem sombra de dúvidas, este é justamente o momento e o espaço de se invocar os demais ramos do direito, pois não é o espaço do Direito Penal.

É preciso perceber que a incidência do princípio da insignificância na esfera penal reforça, sobreleva, torna essencial a responsabilização civil e administrativa.

Pretender usar a insignificância do direito penal na esfera cível é uma contradição lógica, porque é justamente pela existência das responsabilidades civil e administrativa que se permite afastar a incidência do Direito Penal. Não

---

35. Sobre a distinção das escolas funcionalistas e o pensamento de seus corifeus (Claus Roxin e Günter Jakobs), ver MOLINA, Antonio García-Pablos de. *Tratado de Criminología*. 5. ed. Madrid: Editorial Tirant lo Blanch, 2014.

36. PRADO, Luiz Regis. *Bem jurídico-penal e Constituição*. São Paulo: Ed. RT, 1999, p. 47.

37. A respeito da multifuncionalidade da sanção civil, ver FARIAS, Cristiano Chaves; ROSENVALD, Nelson; BRAGA NETTO, Felipe Peixoto. *Curso de direito civil: responsabilidade civil*. 5. ed. Salvador: Podivm, 2018, p. 62.

38. Nesse sentido ver, por todos, FRANCO, Alberto Silva. *Código Penal e sua interpretação jurisprudencial*. 5. ed. São Paulo: Ed. RT, 1995, p. 67; BITENCOURT, Cezar Roberto. *Tratado de direito penal – parte geral*. 17. ed. São Paulo: Saraiva, 2012. v. 1, p. 27 e 28; LOPES, Maurício Antonio Ribeiro. *Princípio da insignificância no direito penal*. São Paulo: Ed. RT, 2000, p. 55.

fosse a incidência da tutela civil e administrativa sobre o mesmo fato, não poderíamos invocar nem a subsidiariedade e nem a fragmentariedade do Direito Penal, inexistindo espaço para que, apenas neste campo (penal) pudesse cogitar a insignificância.

Assim, quando a priori, um mesmo fato (por exemplo, uma conduta lesiva do poluidor que permite vazar 10 litros de óleo de sua embarcação no mar) e daí faz nascer a tutela penal, civil e administrativa, e, ante as características do caso concreto, enxerga-se na hipótese um crime insignificante, a aplicação da bagatela penal só será possível porque existe, e efetivamente deve incidir, a responsabilização civil e administrativa. Não fosse assim, nenhuma sanção estatal existiria para pequenos delitos, gerando um caos social.

9.5 Efeito da condenação penal: tornar certo dever de indenizar o dano causado pelo crime

Nada obstante a autonomia da jurisdição penal frente a civil não é possível desconsiderar situações em que o mesmo fato (ou bloco de fatos) integra tanto o suporte fático abstrato da regra jurídica penal quanto da civil. Nestas situações seria incoerente para o sistema se na esfera penal – cujo rigor probatório é bem maior – fosse reconhecido o delito e sua autoria e isso não tivesse nenhuma projeção no âmbito civil.

Exatamente por isso há uma série de dispositivos, tanto de âmbito penal quanto civil e processual civil que fazem a referida conexão.[39] Assim, diz expressamente o artigo 935 do Código Civil que:

> Art. 935. A responsabilidade civil é independente da criminal, não se podendo questionar mais sobre a existência do fato, ou sobre quem seja o seu autor, quando estas questões se acharem decididas no juízo criminal.

Nesta mesma linha os arts. 91 do Código Penal, arts. 63 e 64 do Código de Processo Penal e art. 315 do Código de Processo Civil:

> CP
> Art. 91. Efeitos da condenação
> São efeitos da condenação:
> I – tornar certa a obrigação de indenizar o dano causado pelo crime;
> CPP

---

39. Por exemplo, o Código de Processo Civil, art. Art. 163: "Não pode ser intérprete ou tradutor quem: (...) III – estiver inabilitado para o exercício da profissão por sentença penal condenatória, enquanto durarem seus efeitos".

CAPÍTULO 4 • RESPONSABILIDADE CIVIL AMBIENTAL **115**

Art. 63. Transitada em julgado a sentença condenatória, poderão promover-lhe a execução, no juízo cível, para o efeito da reparação do dano, o ofendido, seu representante legal ou seus herdeiros.

Parágrafo único. Transitada em julgado a sentença condenatória, a execução poderá ser efetuada pelo valor fixado nos termos do inciso IV do caput do art. 387 deste Código sem prejuízo da liquidação para a apuração do dano efetivamente sofrido. (Incluído pela Lei 11.719, de 2008).

Art. 64. Sem prejuízo do disposto no artigo anterior, a ação para ressarcimento do dano poderá ser proposta no juízo cível, contra o autor do crime e, se for caso, contra o responsável civil. (Vide Lei 5.970, de 1973)

Parágrafo único. Intentada a ação penal, o juiz da ação civil poderá suspender o curso desta, até o julgamento definitivo daquela.

CPC

Art. 315. Se o conhecimento do mérito depender de verificação da existência de fato delituoso, o juiz pode determinar a suspensão do processo até que se pronuncie a justiça criminal.

§ 1º Se a ação penal não for proposta no prazo de 3 (três) meses, contado da intimação do ato de suspensão, cessará o efeito desse, incumbindo ao juiz cível examinar incidentemente a questão prévia.

§ 2º Proposta a ação penal, o processo ficará suspenso pelo prazo máximo de 1 (um) ano, ao final do qual aplicar-se-á o disposto na parte final do § 1º.

Como se vê, se no juízo penal a sentença condenatória reconhecer a ocorrência do fato e da sua autoria não se pode mais questionar estes elementos do âmbito civil. Frise-se que isso se dá porque tanto a esfera penal quanto a esfera civil elegeram em seus suportes fático elementos comuns.

Vejamos o exemplo do art. 38 da Lei 9.605 que trata do crime pela destruição de área de preservação permanente. Diz este dispositivo que:

Art. 38. Destruir ou danificar floresta considerada de preservação permanente, mesmo que em formação, ou utilizá-la com infringência das normas de proteção:

Pena: detenção, de um a três anos, ou multa, ou ambas as penas cumulativamente.

Parágrafo único. Se o crime for culposo, a pena será reduzida à metade.

Observe que o elemento fático que integra o suporte fático do tipo penal é o mesmo elemento fático que integra o suporte fático de que o poluidor (degradador) dever de reparar pelos danos causados ao meio ambiente (art. 14, § 1º da Lei 6.938/81).

Se restou decidido na jurisdição penal a condenação de que o determinado sujeito é autor da destruição da área de preservação permanente sobre estes aspectos não haverá mais o que se discutir no âmbito civil. O inverso (*do cível para o penal*) obviamente não é possível porque em razão do princípio da presunção de inocência exige-se a prova *além de qualquer dúvida razoável da culpa do acusado e da materialidade do crime.*[40]

Isso implica dizer que não será necessária a proposição de ação condenatória para reconhecer o direito e impor ao poluidor o dever de reparar os danos causados ao meio ambiente, daí porque se fala em *efeito secundário extrapenal* da sentença penal condenatória.

> A lógica desta regra está no pressuposto de que o suporte fático penal tem como elemento integrante do seu cerne a conduta danosa ao meio ambiente, tanto quanto o suporte fático civil que prevê o dever de reparação. Assim, o suporte fático civil é suprido pela *sentença penal condenatória* daí porque se reconhece o papel da sentença (penal condenatória) como fato jurídico.

Não sendo necessária a proposição de ação condenatória para impor a responsabilidade civil pelos danos causados ao meio ambiente tem-se então que a sentença penal condenatória se presta como título executivo judicial, como aliás é expresso o artigo 515, VI do CPC.

> Art. 515. São títulos executivos judiciais, cujo cumprimento dar-se-á de acordo com os artigos previstos neste Título:
>
> VI – a sentença penal condenatória transitada em julgado.

A rigor, nada obstante a clareza da redação do dispositivo, a *sentença penal condenatória transitada em julgado* não se projeta no âmbito cível como um título *executivo* judicial, mas sim como um *título liquidatório* pois nela está reconhecido o dever de indenizar, mas não ainda o valor do dano que será apurado em liquidação de sentença.

Ainda que o artigo 387, VI do CPP venha dizer que "O juiz, ao proferir sentença condenatória (...) fixará valor mínimo para reparação dos danos causados pela infração, considerando os prejuízos sofridos pelo ofendido", data máxima vênia este dispositivo extrapola a finalidade da sanção penal e invade – com ofensa ao devido processo legal – aquilo que deve ser discutido na liquidação que precederá a execução civil.[41]

---

40. Em especial na responsabilidade civil ambiental em que que o elemento anímico dolo e culpa são irrelevantes e não integram o suporte fático do dever de reparar pelos danos causados ao meio ambiente.

41. Este é o grande mal do que se tem denominado de *efeito anexo da sentença* cada vez mais espalhado no nosso ordenamento (ex. Lei das Inelegibilidades 64/90) e que discrepa frontalmente da razão ontológica do artigo 91, I do Código Penal. Neste caso mencionado no art. 387, VI do CPP, num juízo em que não se discutiu o dano na perspectiva reparatória e que nem sequer teria competência para tanto, projeta-se um *valor mínimo* para efeito civil. Não havendo contraditório, ampla defesa, dilação probatória etc. sobre o montante do dano não tem o menor cabimento admitir que o juízo penal faça isso, e, ainda por cima, no momento da sentença.

10. RESPONSABILIDADE CIVIL E RESPONSABILIDADE PATRIMONIAL

É preciso ficar atento que no exato momento em que surge o *dever jurídico de reparação pelos danos ambientais*, à reboque também nasce a garantia patrimonial de que caso o poluidor não honre o dever de responsabilidade civil, é do seu patrimônio que será extraída a quantia para fazer frente aos prejuízos decorrentes do inadimplemento do dever reparatório.

Com isso deve ficar claro que o surgimento da responsabilidade civil – dever de reparar os danos causados ao meio ambiente – traz consigo a *responsabilidade patrimonial* do poluidor. Em outros termos, se houver o incumprimento da *obrigação de reparar pelos danos causados*, será do patrimônio do poluidor que será expropriado o valor corresponde aos prejuízos sofridos pelo inadimplemento. O sujeito que se vincula pela responsabilidade civil, também estará vinculado com o seu patrimônio servindo de garantia patrimonial.

Essa é uma informação muito importante pois é sempre possível que "o responsável não tenha, diante da dimensão do prejuízo causado, os recursos necessários para reparar todo o mal que provocou, quando isso é tecnicamente possível".[42]

Assim, num exemplo, imaginemos que um poluidor que tenha destruído uma área de preservação permanente e seja *responsável civilmente* tanto pela restauração da vegetação suprimida, quando pelo dever de pagar pelos prejuízos da privação da área pelo período compreendido entre o desmatamento e a sua restauração.

Caso descumpra ambos os deveres, será do seu patrimônio que será judicialmente retirada a quantia que será usada para promover a restauração e a indenização devidas. Essa "responsabilidade patrimonial" nada mais é do que uma *garantia patrimonial do devedor* que nasce no exato momento em que surge o dever de reparar os danos ambientais.[43-44]

---

42. BENJAMIN, Antonio Herman Vasconcellos e. Op. cit., p. 13; no mesmo sentido, MATEO, Ramón Martin. *Tratado de derecho ambiental*, v. I, p. 177.

43. Código Civil Brasileiro, Art. 942. Os bens do responsável pela ofensa ou violação do direito de outrem ficam sujeitos à reparação do dano causado; e, se a ofensa tiver mais de um autor, todos responderão solidariamente pela reparação.

    Parágrafo único. São solidariamente responsáveis com os autores os coautores e as pessoas designadas no art. 932.

44. A respeito ver nossa monografia "Responsabilidade patrimonial pelo inadimplemento das obrigações". São Paulo: Foco editora, 2023.

11. O POLUIDOR: SUJEITO RESPONSÁVEL PELO DEVER DE REPARAR O DANO AMBIENTAL

11.1 Conceito

Nos termos do artigo 14, § 1º da Lei 6.938/81 a responsabilidade civil pelos danos ambientais devem ser suportadas por alguém que se encaixe no conceito jurídico de poluidor.[45]

Segundo o art. 3º, IV, da Lei 6.938/81:

> Art. 3º Para os fins previstos nesta Lei, entende-se por: (...)
>
> IV – poluidor, a pessoa física ou jurídica, de direito público ou privado, responsável, direta ou indiretamente, por atividade causadora de degradação ambiental (...).

Já tivemos oportunidade de dissecar o largo conceito de poluidor no capítulo 3, item 2. Esse conceito amplo está diretamente relacionado com o dever constitucional *difuso* de proteger e preservar o meio ambiente ecologicamente equilibrado (art. 225, caput da CF/88), ou seja, isso significa que todos, em tese e abstratamente, podem figurar como poluidores.

Se o conceito de poluidor for lido com atenção será fácil perceber que muito do que nele se contém já está inserido no arquétipo normativo da própria responsabilidade civil pelos danos causados ao meio ambiente do artigo 14, § 1º da Lei 6.938/81.

Observe que para ser "poluidor" é preciso que exista uma *degradação ambiental*, ou seja, uma *alteração adversa da qualidade do meio ambiente* (art. 3º, I da Lei 6.938). A *alteração adversa do meio ambiente* representa um déficit, uma perda, um dano ao desequilíbrio ecológico. Em segundo lugar é necessário que esta degradação tenha relação direta ou indireta com uma atividade praticada por alguma pessoa, seja ela física ou jurídica.

Por sua vez quando se observa o suporte fático da responsabilidade civil ambiental no artigo 14, § 1º da Lei 6.938/81 logo se vê uma superposição conceitual que apenas reforça a regra da responsabilização.

Recorde-se que neste dispositivo está estabelecido que "é o poluidor obrigado, independentemente da existência de culpa, a indenizar ou reparar os danos causados ao meio ambiente e a terceiros, afetados por sua atividade". Mas, já sabemos que podem ser poluidores (1) pessoas físicas ou jurídicas; (2) pessoas de direito público ou privado; (3) pessoas responsáveis direta ou indiretamente

---

45. Para complementar a compreensão remete-se o leitor para o capítulo 3 onde tratamos dos sujeitos responsáveis para suportar a tríplice responsabilidade ambiental.

pela degradação ambiental. A rigor, se alguém é poluidor, é sinal de quem há dano e incide o dever de reparar o meio ambiente.

A grande vantagem desse largo conceito é que garante, na medida do possível, que sempre haja alguém apto a efetivamente proceder à reparação do meio ambiente lesado. A amplitude é horizontal, porque qualquer pessoal pode titularizar a condição de poluidor. Também é vertical porque não apenas os poluidores *diretos*, mas também os *indiretos* são responsáveis pelo dever de reparação do dano ambiental.

11.2 Poluidor e poluição

Passando ao conceito de poluidor diz o artigo 3º, IV que é "a pessoa física ou jurídica, de direito público ou privado, responsável, direta ou indiretamente, por atividade causadora de degradação ambiental". Há uma simbiose entre o conceito da lei e o caput do artigo 225 da CF/88 que estabelece o dever fundamental de todos de proteger e preservar o equilíbrio ecológico para as presentes e futuras gerações.

Disso resulta que qualquer pessoa, física ou jurídica, sem qualquer distinção pode assumir o rótulo de poluidor. No conceito legal acima exposto, um dos aspectos mais importantes é a *causalidade indireta entre a degradação do ambiente (desequilíbrio ecológico) e o sujeito*. Há que se ter um link, um nexo etiológico entre o resultado e o ato praticado (comissivo ou omissivo) do poluidor. Contudo, não precisa ser direta esta conexão, bastando a relação indireta, desde que adequada, para que se atribua a um sujeito a noção de poluidor.

Se tomarmos a flora como exemplo, pode-se dizer que é importante essa *causalidade indireta* porque tendo o recurso ambiental inúmeras funções (ecológicas e econômicas), certamente que, por consequência lógica, muitas serão as consequências do impacto adverso que lhe seja causado.

Assim, por exemplo, já adentrando no conceito de poluição do artigo 3, III, ao desmatar uma área de floresta, isso pode causar várias alterações facilmente perceptíveis como erosão, alteração da temperatura e do clima, da umidade, do vento, e, tantas outras nem tão visíveis a olho nu, mas diretamente conectadas como morte de indivíduos e organismos que dela dependiam, afetação nas cadeias alimentares, destruição de habitas e nichos ecológicos etc.

Observe-se que a restauração de todas as funções ecológicas é praticamente impossível, daí porque é sempre melhor evitar do que tentar remediar. Como bem determinado pela Ministra Laurita Vaz ao tratar do princípio da insignificância na seara ambiental, foi precisa ao dizer que "delitos contra o meio ambiente, a depender da extensão das agressões, têm potencial capacidade de afetar ecossistemas inteiros, podendo gerar dano ambiental irrecuperável, bem como a destruição e até a extinção de espécies da flora e da fauna, a merecer especial atenção do julgador".[46]

Ainda que se deva impor a restauração não há como olhar o prejuízo sob a perspectiva meramente estrutural da área que foi degradada, como se "plantando mudas de árvores nativas estaria resolvido o problema". O ecossistema equilibrado existe sob uma perspectiva dinâmica com constante relações e interações entre os componentes ambientais bióticos e abióticos.

Este é o alvo da restauração ambiental e ainda que a regeneração natural seja uma opção técnica importante – e muitas vezes a melhor – a ser considerada, é sempre necessário que se dê assistência, monitoramento, contribuição com preservação das matrizes representativas etc. Por outro lado, além do dimensionamento patrimonial e extrapatrimonial da restauração da função ecológica, há ainda, sempre, o aspecto extrapatrimonial decorrente da privação da função ecológica pelo período que em tese deve-se aguardar a restauração do ecossistema degradado. A modificação da temperatura, a diminuição dos ventos, a alteração da paisagem, a redução da biodiversidade local etc. são aspectos de inestimável valor ambiental e social.

O rol das alíneas do inciso III do artigo 3º é exemplificativo e na verdade são *consequências* da poluição e não propriamente o conceito de poluição. Esta, a poluição, é a *alteração adversa da qualidade do meio ambiente provocada por um poluidor*. O rol de situações ali descritas são apenas efeitos dela.

Muito embora a definição de poluição seja indiferente à sua fonte causadora que tanto pode ser fruto da queimada de um bosque feita por um agricultor para produzir alimentos para seu sustento e de sua família, quanto o despejo no ar de particulados e substâncias químicas por uma grande empresa na fabricação produtos que serão consumidos por milhões de pessoas, a verdade é que para se conseguir mudar a caótica situação de degradação ambiental do planeta é preciso conhecer as fontes mediatas da poluição sob pena de vivermos numa eterna – embora importante mas inglória – luta para punir poluidores imediatos, enquanto que os *mediatos* continuam a produzir fontes poluentes sem serem incomodados.

Toda alteração adversa da qualidade ambiental causada direta ou indiretamente pelo homem é poluição. Costuma-se tipificar a poluição pelo recurso ambiental diretamente atingido pelo impacto negativo, falando-se em poluição hídrica, atmosférica, sonora, florestal etc.

---

46. REsp 1372370/RS, Rel. Ministra Laurita Vaz, Quinta Turma, julgado em 27.08.2013, DJe 04.09.2013.

CAPÍTULO 4 • RESPONSABILIDADE CIVIL AMBIENTAL **121**

A rigor, a poluição não é, apenas, a degradação de um microbem ambiental biótico ou abiótico, mas ao próprio equilíbrio ecológico (macrobem). Um único agente pode ser emissor de vários tipos de poluição (químico, térmico, radioativo etc.) e a um só tempo propagar impactos em vários bens ambientais ao mesmo tempo.

Nada obstante as inúmeras fontes imediatas da poluição, é preciso identificar as razões pelas quais elaconstitui um dos problemas mais graves do planeta.

Considerando que os bens ambientais são também a matéria prima da atividade econômica e do desenvolvimento industrial, e, considerando ainda que há um crescimento populacional cada vez mais acentuado e que o planeta tem espaços e recursos naturais limitados, não será difícil entender a equação (e o resultado) de um modelo consumerista calcado numa matriz enérgica não sustentável.

Para melhorar o horizonte é preciso mexer nestas premissas (fontes mediatas) que estão por trás das fontes imediatas. Não por acaso um dos princípios da Política Nacional do Meio Ambiente é o da "educação ambiental a todos os níveis de ensino, inclusive a educação da comunidade, objetivando capacitá-la para participação ativa na defesa do meio ambiente".

Registre-se que no artigo 225, § 1º da CF este princípio da PNMA constitui incumbência do Poder Público (inciso VII) "promover a educação ambiental em todos os níveis de ensino e a conscientização pública para a preservação do meio ambiente". Sem uma consciência ambiental não é possível pensar numa alteração da matriz energética que tenha como prioridade e proteção da própria casa (planeta) que vivemos.

11.3   Poluidor e sua identificação

Segundo o art. 3º, IV, da Lei 6.938/81:

Art. 3º Para os fins previstos nesta Lei, entende-se por: (...)

IV – Poluidor, a pessoa física ou jurídica, de direito público ou privado, responsável, direta ou indiretamente, por atividade causadora de degradação ambiental (...).

Como já foi dito alhures a lei adotou um conceito amplo de poluidor. Podem ser poluidores as pessoas físicas ou jurídicas (de direito público ou privado) que sejam responsáveis direta ou indiretamente pela degradação ambiental. Todos estes sujeitos podem vir a responder pelos atos que direta ou indiretamente possam ou que tenham causado dano ambiental.

O iminente poluidor poderá ser réu em demanda ambiental preventiva, e apenas o concreto poluidor responderá em demanda reparatória. Quem polui causa danos ao meio ambiente e com isso nasce o dever de reparar.

A adoção do modelo de causalidade direta e indireta amplia o rol dos responsáveis e com isso torna quantitativamente maior a chance de reparação pelos danos causados ao meio ambiente. A responsabilidade patrimonial é fortalecida na medida que se amplia a garantia patrimonial do rol de responsáveis pela reparação do dano ambiental.

As maiores complicações, contudo, estão em saber o que é e quando há causa direta ou indireta do dano ambiental, daí porque esta requer um juízo de adequação e proporcionalidade na aferição, principalmente, da causalidade indireta.

Identificar o poluidor nem sempre é tarefa fácil. Tais dificuldades são agravadas ainda mais por circunstâncias quando:

- Há danos marginais e anônimos, que não se limitam no tempo ou no espaço;
- São várias as fontes emissoras de uma partícula e não se consegue identificar qual é a poluidora;
- O dano decorre da soma de diversas fontes;
- É a atividade de consumo quem dá causa imediata à poluição;
- Embora identificado e condenado, o responsável não tem bens ou patrimônio suficiente para reparar a lesão ambiental causada (solvabilidade do poluidor);
- Embora identificável o poluidor, o dano é irreversível in natura.

Num modelo capitalista globalizado o degradador pode estar oculto e isso dificulta muito a concretização da reparação. Oculto, por exemplo, porque a empresa que é apontada como degradadora tem seu percentual de ações espalhados por diversos donos e controladores situados, por exemplo, em países diferentes. O CEO da empresa pode estar a milhares de quilômetros de onde ocorreu a exploração predatória do meio ambiente não sendo possível nem sequer identificar o rosto do seu presidente, que, pode nem sequer saber onde fica o local do dano. O patrimônio da empresa pode estar diluído em outras empresas sociedades anônimas com capital aberto em bolsa de valores, ou seja, *investidores* espalhados por todo mundo.

Diante desses obstáculos, o que não se pode admitir é que o estado de danosidade e lesão ao meio ambiente fique impune ou, sob outra análise, que alguém se beneficie da "desgraça" ambiental, num verdadeiro "confisco" do bem ambiental, cujo titular é a coletividade.

CAPÍTULO 4 • RESPONSABILIDADE CIVIL AMBIENTAL **123**

Quanto às dificuldades em se determinar quem é o poluidor em cada situação, uma solução que se mostra viável é a utilização do regime da responsabilidade solidária entre as fontes poluentes, como foi dito alhures, e, é um dos princípios basilares da responsabilidade civil ambiental.[47]-[48]

O princípio da solidariedade na responsabilidade civil ambiental é princípio de justiça, de modo que não cabe, na análise da verificação do dano ambiental provocado por várias e diversas fontes, determinar qual teria sido o papel de cada um.[49]

A proporcionalidade do dano causado por cada fonte poluidora (o quanto de poluição que cada um produziu) só é importante para futura ação regressiva do que foi totalmente condenado pelo dano ambiental contra os demais causadores não condenados.

Assim, ratificando, aquele que causou ou contribuiu de alguma forma (direta ou indiretamente) para o dano ambiental pode ser responsabilizado integralmente porque responde solidariamente pelo todo. Não importa a dosimetria da causação do dano, pois todos são solidariamente responsáveis.[50]

---

47. Interessante é a responsabilidade compartilhada na Lei de Gerenciamento de Recursos Sólidos (Lei 12.305/10) assim entendida como conjunto de atribuições individualizadas e encadeadas dos fabricantes, importadores, distribuidores e comerciantes, dos consumidores e dos titulares dos serviços públicos de limpeza urbana e de manejo dos resíduos sólidos, para minimizar o volume de resíduos sólidos e rejeitos gerados, bem como para reduzir os impactos causados à saúde humana e à qualidade ambiental decorrentes do ciclo de vida dos produtos, nos termos desta Lei. Nesta lei a causalidade indireta é expressa no seu alcance e limites.

48. Um caminho inexoravelmente importante e efetivo para a proteção do meio ambiente é exigir durante o processo de licenciamento ambiental de empreendimentos de grande porte, portanto, na raiz do problema, condicionantes à licença de operação que imponham ao empreendedor uma série de ônus que normalmente constituem obstáculos à eventual e futura tutela do meio ambiente. É perfeitamente possível que se estabeleçam no licenciamento – ante as dificuldades atinentes à prova nas ações civis públicas ambientais – a responsabilidade pelo ônus financeiro da prova que seja necessária em eventual ação coletiva atinente a questões relativas ao objeto do licenciamento, o estabelecimento de presunções em favor do meio ambiente acerca dos fatos tratados no licenciamento, aspectos relacionados à solvabilidade do empreendedor, indicando garantidores para um eventuais danos decorrentes da atividade, a criação de fundos imediatos de reparação individual ou coletiva decorrentes da atividade que sejam monitorados pelo ente público etc.

49. É poluidor aquele que *direta* ou que *indiretamente* causa danos ao meio ambiente. O transportador do combustível que vaza e contamina o lençol freático é tão poluidor (direto) quanto aquele que contratou o serviço de transporte para o qual seria destinado o combustível (poluidor indireto). A Lei 6.938, art. 3º, IV, não define exatamente qual o nível "indireto" de poluidor que pode ser atingido (indireto do indireto), o que só será resolvido mediante as circunstâncias do caso concreto mediante a causalidade adequada.

50. A verificação da proporção do que cada um causou só poderá ser feita em ação própria contra os demais responsáveis, porque, aliás, em sede de responsabilidade objetiva ambiental, não se admite a figura do chamamento ao processo (modalidade de intervenção de terceiro que busca trazer ao processo os demais devedores solidários) ou da denunciação da lide (modalidade de intervenção de terceiros que busca, no mesmo processo, o direito de regresso).

(...) 11. O conceito de poluidor, no Direito Ambiental brasileiro, é amplíssimo, confundindo-se, por expressa disposição legal, com o de degradador da qualidade ambiental, isto é, toda e qualquer pessoa física ou jurídica, de direito público ou privado, responsável, direta ou indiretamente, por atividade causadora de degradação ambiental? (art. 3º, IV, da Lei 6.938/1981, grifo adicionado).(...) (REsp 1071741/SP, Rel. Ministro Herman Benjamin, Segunda Turma, julgado em 24/03/2009, DJe 16.12.2010).

Pode o titular da ação civil pública propor demanda contra um ou contra dois ou contra todos aqueles que foram responsáveis, direta ou indiretamente, pelo dano ambiental. Isso permite, por exemplo, escolher (litisconsórcio facultativo passivo) se deve estar na demanda o poluidor primário, o poluidor intermediário ou o poluidor final, sempre que, pela causalidade adequada todos tiverem direta ou indiretamente contribuído para a situação de ameaça ou de dano ambiental.

(...) 2. No dano ambiental e urbanístico, a regra geral é a do litisconsórcio facultativo. Segundo a jurisprudência do STJ, nesse campo a "responsabilidade (objetiva) é solidária" (REsp 604.725/PR, Rel. Ministro Castro Meira, Segunda Turma, DJ 22.08.2005, p. 202); *logo, mesmo havendo "múltiplos agentes poluidores, não existe obrigatoriedade na formação do litisconsórcio", abrindo-se ao autor a possibilidade de "demandar de qualquer um deles, isoladamente ou em conjunto, pelo todo"* (REsp 880.160/RJ, Rel. Ministro Mauro Campbell Marques, Segunda Turma, DJe 27.05.2010). No mesmo sentido: EDcl no REsp 843.978/SP, Rel. Ministro Heman Benjamin, Segunda Turma, DJe 26.06.2013. REsp 843.978/SP, Rel. Ministro Herman Benjamin, Segunda Turma, DJe 09.03.2012; REsp 1.358.112/SC, Rel. Ministro Humberto Martins, Segunda Turma, DJe 28.06.2013. 3. Agravo Regimental não provido (AgRg no AREsp 432.409/RJ, Rel. Ministro Herman Benjamin, Segunda Turma, julgado em 25.02.2014, DJe 19.03.2014).

Como se pode observar quando o que se pretende é evitar ou reparar danos ambientais, tenham eles derivados ou não de atos ilícitos a ação deve ser proposta contra o *poluidor* no largo conceito previsto no dispositivo do art. 3º, IV da Lei 6.938/81.

Todavia, quando o que se pretende é a imposição de uma sanção contra um ilícito sem que nenhum dano esteja no eixo ou no entorno do ato viciado, como por exemplo anular uma licença, paralisar um procedimento de licenciamento, impor um monitoramento, pretende uma restituição pelo enriquecimento ilícito às custas do meio ambiente, sancionar pela perda de uma faculdade etc., então não há que se falar em poluidor, que pressupõe *degradação do meio ambiente*.

Nas sanções contra o ilícito puro será legitimado passivo da demanda ambiental o *transgressor* (ou transgressores) *potencial ou atual* da norma ambiental violada. O que é preciso ter muito cuidado é a distinção entre transgressor e poluidor, tal como já explicamos no Capítulo 3.

Apenas o transgressor/infrator (art. 14, *caput* da PNMA) é que se sujeita à sanção pelo ilícito ambiental. É, pois, um grande equívoco trocar transgressor por poluidor porque nem todo transgressor é um poluidor e nem todo poluidor é um transgressor. Este – ou estes – relaciona-se com a violação direta, comissiva ou omissiva, de uma regra jurídica de proteção do meio ambiente, enquanto aquele está atrelado à noção de causação, direta ou indireta, de uma degradação ambiental.

Existem inúmeras degradações ambientais que são fruto de atividade lícita, como deixa claro o art. 3º, III, e, da Lei 6.938/81, ou seja, poluidores, mas não transgressores, e que por isso mesmo não serão responsáveis por nenhuma sanção civil por ato ilícito. Apenas a transgressão direta da regra jurídica ambiental é que sujeita o transgressor/infrator às sanções (civil não reparatória, penal e administrativa) pelo ilícito ambiental.

A esfera civil da responsabilidade ambiental por danos ao meio ambiente admite como poluidor aquele que *direta ou indiretamente degrada* o meio ambiente (art. 3º, IV, da PNMA), mas as eventuais sanções civis decorrentes de ilícitos ambientais só podem ser aplicada contra o infrator/transgressor que *diretamente* comete o ilícito ambiental.

Logo, nem a *infração ambiental e nem o dano ambiental* se confundem, como também tampouco se pode admitir que o conceito de *poluidor* possa ser confundido com o de *transgressor* ambiental. Nada impede que uma infração ambiental coloque em seu suporte fático um dano ao meio ambiente, como também coloque apenas um ilícito não danoso ao meio ambiente. Na primeira hipótese será infrator e poluidor, na segunda apenas infrator.

Assim, por exemplo, aquele que usa de forma incomum o bem ambiental gratuitamente sem licença para tal fim, mas sem causar nenhum impacto ao meio ambiente, deve ser sancionado civilmente pela violação (ilícito) do art. 4º, VI da Lei 6.938/81, que diz:

> VII – à imposição, ao poluidor e ao predador, da obrigação de recuperar e/ou indenizar os danos causados e, ao *usuário, da contribuição pela utilização de recursos ambientais com fins econômicos.*

A sanção civil pelo enriquecimento ilícito imposta ao usuário pagador não o transforma em *poluidor*, mas sim em *transgressor* da norma jurídica ambiental ofendida. Vimos isso com profundidade no Capítulo 4, item 2 e ss.

11.4   Poluidor indireto: impropriedade do termo

Em linguajar escorreito não é correto o termo "poluidor indireto" que vem sendo comumente utilizado pela doutrina e jurisprudência. A qualificação "indireta" é atribuída à causalidade do dano e não ao sujeito que titulariza a condição de poluidor. Trata-se de fenômeno ligada a *causalidade direta ou indireta* e não à condição de poluidor, como se este estivesse num degrau abaixo do "poluidor direto".

Em termos mais precisos pode-se afirmar que haverá pluralidade de poluidores em igual situação jurídica se ambos, ainda que um deles contribuiu de forma direta e outro de forma indireta, para o dano ambiental. Frise-se que é poluidor – *tour court* – tanto aquele que possui uma relação causal direta com o evento danoso como aquele cuja relação causal é indireta.

Assim como não serve para adjetivar o termo "poluidor", o vocábulo "indireto" também não se presta para qualificar o tipo de impacto que, relembremos, podem ser classificados em direto e indireto, relevante ou irrelevante, positivo ou negativo, imediatos e a médio e longo prazos, temporários e permanentes, reversíveis ou irreversíveis.

Os impactos ambientais são definidos na Resolução CONAMA 001/86 *para os fins daquela resolução*, ou seja, correspondem aos prognósticos resultantes dos estudos ambientais que irão apontar os possíveis *impactos* que podem advir da atividade a ser licenciada.

O termo "indireto" usado no artigo 3º, IV da Lei 6.938/81 refere-se à causalidade da degradação, e preenche o suporte fático do conceito de poluidor que necessariamente e alguém que causa *danos* ao meio ambiente. Por ser tema atrelado à causalidade, analisaremos em tópico mais adiante.

11.5   A solvabilidade do poluidor

11.5.1   Incumprimento do dever de reparar e a incidência da responsabilidade patrimonial

Como já tivemos oportunidade de mencionar, junto com o surgimento do dever de reparar os danos causados ao meio ambiente, nasce, a reboque, a responsabilidade patrimonial do poluidor, ou seja, o seu patrimônio serve de garantia para o caso de não ser adimplido o dever reparatório.

Não adimplida a obrigação de reparar na forma específica é do patrimônio do poluidor que deve ser judicialmente extraída a quantia necessária para que um terceiro possa cumprir a referida prestação de fazer às suas expensas. Não sendo viável ou impossível a reparação específica converte-se em perdas e danos e também será do patrimônio do poluidor que se expropriará judicialmente o valor devido. Na indenização pecuniária primária segue-se o mesmo caminho.

Uma questão delicada é que os danos ambientais têm um custo elevado para sua reparação e nem sempre o poluidor *inadimplente* com esse dever reparatório possui patrimônio suficiente para suportar os custos do ressarcimento específico ou pecuniário. Eis aí o problema da "insolvabilidade" do poluidor que nada mais é do que a inexistência de patrimônio garantidor dos prejuízos resultantes do inadimplemento da obrigação de reparar os danos ambientais por ele causados.

11.5.2 Ampliação das garantias do cumprimento do dever de reparar os danos ambientais

O dever de reparar tem um custo econômico que deve ser suportado pelo poluidor, daí porque quando não possui patrimônio que garanta este custo isso pode representar uma *vitória de pirro,* um "ganhou, mas não levou". Exatamente por isso algumas soluções existentes são a criação de (1) seguros ambientais e a (2) extensão subjetiva desta garantia patrimonial.

No que concerne aos seguros ambientais, visam exatamente atender ao princípio da prevenção, além de compatibilizar o desenvolvimento com a sustentabilidade dos recursos ambientais. Evita-se, por meio deles, que a responsabilização do poluidor seja infrutífera por causa da "não solvabilidade do poluidor".[51]

Existem vários tipos de seguros ambientais, como por exemplo, *seguro de responsabilidade civil ambiental, seguro de danos causados por poluição súbita e acidental, seguros para proteger proprietários adquirentes de áreas com passivos ambientais, seguros de transporte de cargas perigosas para o caso de acidentes durante o transporte das cargas, seguros para o caso de derramamento de óleo no mar* etc.[52]

Considerando que a responsabilidade civil em matéria ambiental adotou a teoria do risco, nos parece lógico que os seguros ambientais possam constituir regra necessária a toda atividade que pusesse em risco o meio ambiente.[53]

---

51. DURÇO, Roberto. Seguros ambientais. *Direito ambiental em evolução,* p. 312.
52. Assim, por exemplo, a Lei 12305/10 – Institui a Política Nacional de Resíduos Sólidos – estabelece em seu artigo 40 que "no licenciamento ambiental de empreendimentos ou atividades que operem com resíduos perigosos, o órgão licenciador do Sisnama pode exigir a contratação de seguro de responsabilidade civil por danos causados ao meio ambiente ou à saúde pública, observadas as regras sobre cobertura e os limites máximos de contratação fixados em regulamento".
53. "(...) seria uma solução interessante contratar um seguro obrigatório, por parte de todas aquelas pessoas que desenvolvem atividades 'suspeitas' de causar danos ambientais, estimando-se diferentes níveis de risco" (ZSÖGON, Silvia Jaquenod. *El derecho ambiental y sus principios rectores,* p. 304).

Entretanto, "a forma de tornar realidade o seguro ambiental é complexa".[54] Isso porque basta imaginar a dificuldade em se estabelecer o custo de um seguro contra riscos ambientais, quando se sabe de antemão que a quantificação do dano ambiental pode ser extremamente complexa, quase interminável e de valores estratosféricos.

Outro caminho adotado é a extensão subjetiva da garantia patrimonial em caso de incumprimento do dever de reparar o meio ambiente, caso em que os patrimônios de outros sujeitos também respondem pelos prejuízos resultantes do inadimplemento da obrigação ambiental. A extensão subjetiva se dá, naturalmente, por meio da solidariedade dos poluidores na reparação do dano ambiental, o que culmina com a responsabilidade patrimonial solidária.

A par da responsabilidade patrimonial solidária que coloca a expropriação do patrimônio de todos os poluidores em *primeira linha* e sem qualquer ordem de preferência, há ainda a possibilidade de que, por lei ou por convenção das partes,[55] outras pessoas também sejam responsáveis patrimonialmente pelos prejuízos decorrentes do incumprimento da obrigação de reparar os danos ambientais dos quais não deram causa, caso em que tal responsabilidade patrimonial pode ser, *primária ou subsidiária*.

No caso do direito ambiental brasileiro o artigo 4º da Lei 9.605 cria a responsabilidade patrimonial de terceiro por débito de outrem quando se opera a condição objetiva da insuficiência patrimonial do poluidor demandado pela dívida que não foi cumprida.

> Art. 4º Poderá ser desconsiderada a pessoa jurídica sempre que sua personalidade for obstáculo ao ressarcimento de prejuízos causados à qualidade do meio ambiente.

Para ficar mais simples a compreensão, imaginemos por exemplo, o caso de três empresas poluidoras que sejam condenadas a reparar os danos causados ao meio ambiente.

Em razão do incumprimento espontâneo do dever de reparar o meio ambiente fixado na sentença, liquida-se o que é devido e é dado início ao cumprimento de sentença dos valores apurados. Entretanto, nenhuma das três empresas possui patrimônio para cobrir os valores exequendos, caso em que se socorre da regra do artigo 4º da Lei 9.605 que reconhece a *responsabilidade patrimonial subsidiária* por parte dos sócios das referidas empresas.

---

54. FREITAS, Vladimir Passos de. *A Constituição Federal e a efetividade das normas ambientais*, p. 177.
55. Por exemplo por meio de um termo de ajustamento de conduta às exigências legais firmado entre o ministério público e o poluidor e o *garantidor patrimonial* por ele indicado.

CAPÍTULO 4 • RESPONSABILIDADE CIVIL AMBIENTAL **129**

Os sócios destas empresas são, por lei, *garantidores patrimoniais subsidiários* porque os seus patrimônios pessoais poderão ser excutidos se e quando os patrimônios dos poluidores não forem suficientes para satisfazer o débito. A insuficiência de patrimônio expropriável dos poluidores é um dado objetivo, simples, que normalmente se comprova com a ausência de bens penhoráveis do executado.

O citado artigo permite que a execução seja direcionada para os sócios com a responsabilidade patrimonial subsidiária desde que isso seja feito mediante um incidente processual que é alcunhado de "desconsideração da personalidade jurídica", mas que na verdade é apenas um *incidente de corresponsabilização.*

Usa-se a carcaça procedimental do incidente do artigo 133 do CPC para estender a responsabilização patrimonial aos garantidores subsidiários. Neste incidente tais sujeitos poderão defender-se para demonstrar que não titularizam a condição de sócio e que não haveria insuficiência patrimonial da empresa, caso em que deverão indicar onde estariam os bens que compõem o patrimônio expropriável.

Observe que é a lei que cria a *responsabilidade patrimonial subsidiária* dos sócios que, frise-se, não são os poluidores. Trata-se de *responsabilidade sem débito* como se costuma dizer e nesta hipótese atuam em *segunda linha*, já que os seus patrimônios pessoais só podem ser atingidos se e quando houver insuficiência patrimonial da empresa poluidora. No exemplo citado acima, uma vez estendida a responsabilidade patrimonial de todos os sócios, nenhum deles m particular tem algum tipo de preferência em relação aos demais.

11.5.3 Responsabilidade patrimonial subsidiária e teoria menor da desconsideração da personalidade jurídica

Há uma constante confusão entre *responsabilidade patrimonial (legal) subsidiária* e a *desconsideração da personalidade jurídica* e isso se dá porque o art. 4º da Lei 9.605 diz que "poderá ser desconsiderada a pessoa jurídica sempre que sua personalidade for obstáculo ao ressarcimento de prejuízos causados à qualidade do meio ambiente".

A rigor, o que se tem aí neste dispositivo não é *desconsideração da personalidade jurídica*, mas simples *responsabilidade patrimonial (legal) subsidiária*. A genuína desconsideração da personalidade jurídica, que também pode ser utilizada como técnica para proteger a garantia patrimonial na reparação dos danos ambientais, depende da existência de um ilícito que desfalque o patrimônio garantidor. Não é este o caso do artigo 4º que trata de uma situação jurídica objetiva: se o patrimônio do poluidor não garantir a dívida ambiental, o patrimônio do sócio deve prestar-se a esta garantia.

A desconsideração da personalidade jurídica integra um conjunto de técnicas de proteção do crédito por meio da tutela jurídica da proteção da garantia patrimonial. Durante muito tempo, a coletividade conviveu com os ilícitos promovidos por sócios ou representantes de pessoa jurídica, que a usavam como uma espécie de cortina para pôr em prática seus mais variados interesses escusos, contrariando a sua finalidade enquanto ente jurídico, sem que contra isso existisse qualquer solução legal.

Usava-se tal entidade como se fosse um biombo para esconder a prática de fraudes, pois se sabia da impossibilidade de se confundir o patrimônio da empresa com o patrimônio dos sócios. O contra-ataque do ordenamento jurídico, representando a indignação da sociedade, veio à altura dos ilícitos que eram praticados.

Se a existência da pessoa jurídica muitas vezes colocava-se como empecilho à busca da responsabilização dos verdadeiros causadores de um dano, passou-se a admitir a desconsideração da personalidade jurídica. O que já era permitido no Direito Fiscal (para proteção do fisco), no Direito do Trabalho (para proteger o trabalhador) e nas lides de Consumo (para proteger o consumidor) passou a ser regra também para o Direito Ambiental por meio do artigo 50 do CCB.

Não se confunde a figura do art. 4º da Lei 9.605 com a genuína desconsideração da personalidade jurídica. A rigor cuida de previsão legal de *responsabilidade patrimonial subsidiária*, ou seja, numa ação civil pública para ressarcimento dos prejuízos causados ao meio ambiente, além da pessoa jurídica responsável pela degradação ambiental, poderá ser requerida a citação da pessoa física do sócio para que participe da demanda e desde o início saiba que o seu patrimônio é garantidor da tutela ressarcitória do meio ambiente.

Assim, o art. 4º da Lei 9.605/98 (Lei de Crimes Ambientais) enuncia que:

> Art. 4º Poderá ser desconsiderada a pessoa jurídica sempre que sua personalidade for obstáculo ao ressarcimento de prejuízos causados à qualidade do meio ambiente.

O art. 4º da Lei de Crimes Ambientais limita-se a dizer que é possível "desconsiderar a personalidade jurídica" sempre que ela for obstáculo ao ressarcimento de prejuízos causados à qualidade do meio ambiente. Assim, não se exige que os diretores ou administradores tenham agido com dolo, má-fé, culpa ou ilicitamente no prejuízo causado ao meio ambiente. O que se tem aqui é, verdadeiramente, responsabilidade patrimonial legal subsidiária: se a pessoa jurídica não tiver patrimônio suficiente, é o patrimônio da pessoa física que responderá. Para uso deste direito em favor do meio ambiente é preciso que a ação civil pública de reparação dos danos ambientais coloque no polo passivo da demanda (art. 513, § 5º do CPC) não apenas o poluidor (o responsável pelo dever de reparar), mas também aqueles sujeitos (sócios) cujos patrimônios poderão ser expropriados caso a sentença reconheça o dever de reparação e a pessoa jurídica não disponha de recursos para adimplir a obrigação ambiental. Tendo ocorrido o prejuízo causado pela pessoa jurídica, pouco importarão as motivações do ato causador, já que os bens de seus sócios ou diretores poderão ser responsáveis pelo ressarcimento dos prejuízos causados ao meio ambiente.

Essa "desconsideração" no direito ambiental tem por finalidade não deixar o meio ambiente sem ressarcimento, mostrando-se muito mais como uma técnica legislativa que resolva os problemas de solvabilidade do poluidor/empresa do que propriamente como proteção da empresa contra os maus administradores.

Trata-se, portanto, de técnica para efetivar os créditos ambientais sempre que a pessoa jurídica de direito privado causar dano ao ambiente, mas não tiver condições para solver o prejuízo. Não importa a que título causou o dano, se com atos lícitos ou ilícitos.

Em resumo, se o poluidor (pessoa jurídica) não tem patrimônio suficiente para arcar com o ressarcimento do meio ambiente, passa-se imediatamente ao patrimônio das pessoas físicas sócias e diretamente por ela responsáveis.

12. NEXO DE CAUSALIDADE[56]

12.1 Generalidades

Vistas as ideias gerais sobre poluição, dano ambiental e poluidor, passamos à análise do último dos elementos necessários à aferição da responsabilidade civil por prejuízos causados ao meio ambiente: o nexo causal.

---

56. Sobre o tema, vale a indicação bibliográfica, que, à unanimidade, ressalta a dificuldade do tema: VANNINI, Ottorino. Ancora sul problema della causalità, *Annali di Diritto e Procedura Penale*, p. 1.321 e ss.; ONDEI, Emilio. Considerazioni sul problema della causalità nel reato. *Annali di Diritto e Procedura Penale*, 1.087 e ss.; SALTELLI, Carlo. Il rapporto di causalità nel reato, *Annali di Diritto e Procedura Penale*, p. 372 e ss.; GUARNERI, Giuseppe. In difesa della causalità adeguata, *Annali di Diritto e Procedura Penale*, p. 1321 e ss.; GARCIA, Basileu. Causalidade material e psíquica, *O novo Código Penal*, v. 1, p. 69; HUNGRIA, Nelson. As concausas e a causalidade por omissão perante o novo Código Penal,

Inicialmente, que fique claro não se tratar de tema que se possa dizer exclusivo da responsabilidade civil. Na verdade, interessa a diversos outros setores do pensamento jurídico, especialmente ao direito penal. Aliás, nem mesmo exclusivo das ciências jurídicas é o assunto, interessando, antes, à própria filosofia e à lógica.

Importante, ainda, ficar claro que se trata de tema dos mais tormentosos do Direito, não se tendo chegado a qualquer conclusão que se possa dizer completamente satisfatória. Por isso mesmo, diversas foram as teorias desenvolvidas para melhor explicar a relação de causalidade. Exporemos, aqui, apenas as linhas gerais de algumas delas, que reputamos importantes para o tema da responsabilidade ambiental.

Tendo em vista a maior evolução científica do estudo do tema na área penal, por razões óbvias, não hesitaremos em lá buscar as fontes mestras sobre o nexo causal com seus notáveis autores.

De antemão, vale dizer que aqui não se propõe uma fórmula milagrosa para compreensão e aprendizado do nexo de causalidade, mas apenas rápidas ideias sobre um tema que é pedra angular no esqueleto do princípio da responsabilização do poluidor.

12.2 Nexo e causa

Os conceitos de nexo e de causa não são exclusivos do Direito e, menos ainda, da responsabilidade civil, penal ou administrativa. A palavra nexo e a palavra causa são de uso corrente no nosso linguajar cotidiano.

Revista Forense, p. 851; GARCIA, Basileu. *Instituições de direito penal*, p. 218 e ss.; SAVATIER, René. *Traité de là responsabilité civile en droit français*, v. II, n. 456; COLOMBO, Leonardo. *Culpa aquiliana*, p. 38 e ss.; PAGE, H. De. *Droit Civil*, t. II, n. 959, p. 812 e ss.; PLANIOL-RIPERT e E. Esmein, *Traité de droit civil*, t. VI, n. 540, p. 538-541, 730 e ss.; PEREIRA, Caio Mário da Silva. *Responsabilidade civil*, p. 83 e ss.; SERPA LOPES, Miguel Maria de. *Curso de direito civil*, v. V, p. 218 e ss.; ALVIM, Agostinho. *Inexecução das obrigações e suas consequências*, p. 298 e ss.; ENNECCERUS, Ludwig. Theodor Kipp e WOLFF, Martin. *Tratado de derecho civil*, t. II, p. 64 e ss.; FARIAS, Jorge Leite Areias Ribeiro de. *Direito das obrigações*, v. 1; AGUADO, Paz M. de la Cuesta. *Causalidad de los delitos contra el medio ambiente*, 1995; VARELLA, Antunes. *Obrigações I*, n. 532, 1982; LEITE, José Rubens Morato. *Dano ambiental*, p. 185 e ss.; BENJAMIN, Antonio Herman V. e. Responsabilidade civil pelo dano ambiental, *Revista de direito ambiental*, p. 7 e ss.; NERY JR., Nelson e NERY, Rosa Maria Andrade. *Responsabilidade civil, meio ambiente e ação coletiva ambiental*, p. 278 e ss.; ALONSO, Paulo Sérgio Gomes. *Pressupostos da responsabilidade civil objetiva*, 2000; SANCHEZ, Antonio Cabanillas. *La reparación de los daños al medio ambiente*, p. 163 e ss.; ARAGÃO, Maria Alexandra de Sousa. *O princípio do poluidor pagador*, 1997; GONZÁLEZ, Maria del Carmen Sánchez-Friera. *La responsabilid civil del empresario por deterioro del medio ambiente*, p. 229 e ss.

Quando consultamos os referidos verbetes no Dicionário Aurélio,[57] encontramos as seguintes definições:

Causa – 1. Aquilo ou aquele que faz que uma coisa exista; 2. Aquilo ou aquele que determina um acontecimento; 3. Razão, motivo, origem; 4. Filos. Termo correlacionado a efeito e que se concebe de maneiras diversas. 5. Filos. Causa eficiente – Condição do fenômeno que produz outro fenômeno.

Nexo – 1. Ligação, vínculo, união. 2. Coerência.

O significado tradicional de nexo e de causa, regra geral, não discrepa do sentido que lhe emprestam a ciência jurídica e a filosofia. Em qualquer caso, tanto causa quanto nexo são palavras transitivas e situacionais, ou seja, só se pode dizer que alguma coisa é causa se estiver relacionada com outra coisa. A causa não existe de per *si*, posto que só pode ser considerada causa (de um fenômeno, acontecimento, evento, fato, ato, experiência etc.) se estiver relacionada com outro elemento.

As palavras *causa* e *efeito* só existem se relacionadas uma com a outra, uma vez que *não há causa sem efeito e nem efeito sem uma causa*.

Também a palavra nexo (ligação, liame, vínculo, união etc.), quando empregada com estes significados, não existe sem os elementos que lhe dão vida. Com isso, queremos dizer que só há nexo quando se tem mais de uma coisa, ou fato, ou ato que estejam unidos.

O nexo é justamente esse elemento unificador entre duas "entidades", e essa união pode se dar por qualquer aspecto que estabeleça uma homogeneidade entre essas duas ou mais "entidades". O nexo causal é o fato (ou conjunto de fatos) que conecta "A" com "B".

Como bem ensina a filosofia, a nossa vida é uma relação de causa e efeito, de modo que todo acontecimento se encontra escrito na cadeia causal.[58] Ou seja, os "eventos (acontecimentos) não ocorrem sem mais nem menos, mas acontecem, apenas, sob certas condições".[59]

Partindo dessas considerações, podemos dizer que "toda causa é causa em relação ao efeito que produz, mas é efeito em relação à causa que o produziu, estabelecendo-se, deste modo, uma cadeia indefinida de causas e efeitos".[60]

---

57. FERREIRA, Aurélio Buarque Holanda. *Dicionário Aurélio Básico da Língua Portuguesa*, p. 137 e 454.
58. GUIBOURG, Ricardo A.; GHIGLIANI, Alejandro M. e GUARINONI, Ricardo V. *Introducción al conocimiento científico*, p. 110, nota de rodapé n. 20.
59. COPI, Irwing M. *Introdução à lógica*, p. 329.
60. ALVIM, Agostinho. *Inexecução das obrigações e suas consequências*, p. 301.

A relação entre a causa e o seu efeito é justamente o que temos denominado nexo causal e, nesse aspecto, esta ligação é essencial para o conceito de causa, tendo em vista que sem efeito não há causa, e vice-versa.

O nexo, portanto, é a ligação existente entre a causa e o efeito que produz. Pode-se dizer, inclusive, que é o nexo que estabelece a existência de uma causa e o seu respectivo efeito, já que ausente o nexo não há nem causa, nem efeito. Ora, se esses dois elementos precisam se unir para existirem, certamente que, se essa união não ocorrer, *ipso facto* também não existirá aquela causa para aquele respectivo efeito.

Disso, podemos extrair a seguinte conclusão: ou existe o elo (nexo) e, portanto, a uma determinada causa poderá ser atribuído um efeito respectivo, ou não há o referido nexo e, portanto, não há causa, nem efeito correspondente.

O que pode variar, todavia, é a nitidez com que se enxerga a existência desse liame, que nem sempre é tão fácil de ser vislumbrado.

Como bem diz Caio Mário da Silva Pereira,[61] "quando um indivíduo vai desmontar um revólver e o detona, ferindo alguém, ocorre um fato simples, e a relação causal é estabelecida de maneira direta, entre o fato e o dano. Mas nem sempre as coisas se passam de maneira tão singela".

Noutras situações, porém, torna-se difícil estabelecer uma relação de causa e efeito. É clássico, no direito penal, o exemplo em que um sujeito hemofílico sofre algum ferimento (uma facada, por exemplo) que na maioria dos casos não seria fatal, mas acaba falecendo por perda excessiva de sangue em razão da doença. Nesse caso, qual teria sido a causa da morte? A facada? A doença? Ou ambos?

Aliás, importante dizer, é justamente o que ocorre com os danos ao meio ambiente. Dadas as características do bem ambiental, nunca é tarefa simples precisar qual teria sido a causa desta ou daquela degradação.

Basta pensar, por exemplo, que uma empresa pode lançar resíduos no meio ambiente hoje e algumas das consequências danosas apenas serem sentidas daqui a muito tempo, por gerações que ainda estão por nascer.[62]

---

61. Cf. *Responsabilidade civil*, p. 86.
62. Com diversos exemplos em matéria ambiental ver, por todos: ARAGÃO, Maria Alexandra de Sousa. *O princípio do poluidor pagador,* passim; BENJAMIN, Antonio Herman Vasconcellos e, op. cit., p. 44 e ss.; SANCHEZ, Antonio Cabanillas. *La reparación de los daños al medio ambiente,* p. 164 e ss.; LEITE, José Rubens Morato. *Dano ambiental,* p. 184 e ss.; CANOTILHO, José Joaquim Gomes. *A responsabilidade por danos ambientais,* p. 401 e ss. Com diversos exemplos para a responsabilidade civil em geral, ver ALVIM, Agostinho. *Inexecução das obrigações e suas consequências,* p. 301 e ss.

Em casos tais, pode-se afirmar com certeza que a pesquisa do nexo entre a causa e o seu efeito (atividade do agente e o efeito produzido) é de dificílima demonstração, "dado o aparecimento de concausas, que podem ser sucessivas; danos sucessivos, o último dos quais só se explica pelos seus antecedentes; ou concomitantes: um só dano ocasionado por mais de uma causa".[63]

É, inclusive, exatamente por conta dessa dificuldade que as leis ambientais têm aceitado que se responsabilize tanto o *causador direto* quanto o *indireto* de um dano ambiental.

Portanto, depois do que foi exposto, verifica-se que para se atribuir uma responsabilidade a alguém por um dano será necessário identificar os seguintes elementos:

1. Existência de um *sujeito*

2. Ao qual seja imputado um fato *(causa)* que o *vincule*

3. Ao *dano*

Em outras palavras, mais singelas, e perfeitamente colocadas por Savatier, pode-se dizer que "o dano só produz responsabilidade quando ele tem por causa uma falta cometida ou um risco legalmente sancionado".[64]

Dessas considerações já se pode imaginar que, mesmo não havendo necessidade de provar a culpa na responsabilidade civil ambiental (responsabilidade objetiva), ainda assim a prova da relação de causalidade quando se tem um dano ambiental é extremamente difícil.

Percebamos, pois, que com relação ao nexo de causalidade o problema aparece sob dois prismas, um abstrato e outro concreto: quanto àquele, é saber se existe ou não liame (nexo de causalidade) entre a atividade da pessoa e o dano ambiental, tendo em vista a existência de concausas, causas sucessivas, causas concomitantes etc.; quanto a este, uma vez afirmado existente o vínculo, é a comprovação (no mundo dos fatos) de que o liame afirmado como existente realmente ocorreu.

Analisaremos, separadamente, os dois aspectos e partiremos da análise *in abstracto* da existência do nexo de causalidade entre o dano ambiental e uma determinada pessoa. Para tanto, analisaremos algumas teorias acerca do nexo de causalidade, para identificarmos qual delas, em nosso sentir, deve ser aplicada em sede de Direito Ambiental.

---

63. ALVIM, Agostinho. *Inexecução das obrigações e suas consequências*, p. 301.
64. Cf. *Traité de la responsabilité civile en droit français*, v. II, n. 456.

Em seguida, verificaremos em que sentido o direito processual, especialmente com relação à instrução probatória, pode solucionar os problemas de demonstração de existência do nexo de causalidade.

12.3 Nexo causal em abstrato

O suporte fático que abriga o *nexo de causalidade* na responsabilidade civil ambiental está descrito no artigo 3º, IV e art. 14, § 1º, ambos da Lei 6.938/81:

> Art. 3º
>
> IV – poluidor, a pessoa física ou jurídica, de direito público ou privado, responsável, direta ou indiretamente, por atividade causadora de degradação ambiental;
>
> Art. 14.
>
> § 1º Sem obstar a aplicação das penalidades previstas neste artigo, é o poluidor obrigado, independentemente da existência de culpa, a indenizar ou reparar os danos causados ao meio ambiente e a terceiros, afetados por sua atividade. O Ministério Público da União e dos Estados terá legitimidade para propor ação de responsabilidade civil e criminal, por danos causados ao meio ambiente.

Colhe-se dos dispositivos acima as expressões que, em recorte abstrato, compõem o suporte fático do nexo causal: "responsável, direta ou indiretamente, por atividade causadora" e "indenizar ou reparar os danos *causados* ao meio ambiente e a terceiros, *afetados* por sua atividade".

O que significa ser "responsável direta ou indiretamente" pela atividade causadora do dano ambiental? Como saber se determinado fato, direto ou indireto, são a causa do dano ambiental?

No suporte fático descrito nas regras acima não se diz os critérios pelos quais e deve aferir a ligação – a causa – que conecta o dano ambiental ao poluidor. Para avançar na compreensão do problema imaginemos três situações hipotéticas:

> Uma empresa X lança no ar um determinado particulado que sozinho não possua o condão de poluir o meio ambiente, mas que, uma vez associado a um fator ambiental (vento, clima, umidade etc.), torne-se um elemento poluente, é de se questionar: a atividade da empresa foi causa para o efeito danoso ao meio ambiente? Haveria aí um nexo de causalidade entre a atividade e o dano ambiental?
>
> Em outro exemplo, imaginemos que uma empresa lança um dado efluente num determinado reservatório, mas, em decorrência de um caso fortuito, racha-se o reservatório e ocorre o vazamento do poluente que atinge uma nascente causando a morte da biota. Há o nexo de causalidade ou ele foi rompido pelo fato fortuito?
>
> Um sujeito que polua em mínima quantidade um rio que já estava bastante poluído. Haveria aí nexo de causalidade entre a poluição e a atividade do indivíduo?

Haveria responsabilidade civil ambiental para a firma que embarcou o óleo no navio que veio afundar em seguida por falha de seu armador?

Enfim, estes são alguns exemplos práticos relativamente comuns no Direito Ambiental que ilustram a dificuldade teórica em se estabelecer, abstratamente, um nexo de causalidade entre o agente e o dano ambiental para fins de responsabilização civil.

Na responsabilidade objetiva das atividades de risco o nexo causal passa a ter uma relevância maior porque – sem discussões de culpa do agente – é preciso encontrar um ponto de equilíbrio na interpretação da regra jurídica da *causalidade* evitando posições extremas (1) que sufoque indevidamente os direitos da vítima e (2) do suposto causador do dano. A teoria que mais tem atendido a esse mister é a da causalidade adequada.

Não basta que a causa seja uma condição necessária, pois é preciso que além disso esteja claro que exista uma relação de adequação entre o resultado danoso e o fato causal imputado ao agente (ação ou omissão). Essa relação de adequação deve passar por um juízo de valor probabilístico e de experiência comum,[65] portanto, excluindo desta relação de adequação aquelas hipóteses que sejam extraordinárias e excepcionais (fora do que é provável e comum).

Não se aplica no direito ambiental a teorias da equivalência de condições (*conditio sine qua non*), inicialmente idealizada pelo penalista Von Buri,[66] pela qual se questiona o seguinte: a suposta causa foi condição necessária para o evento danoso? Ou em sentido inverso: teria ocorrido o evento danoso se a causa não tivesse ocorrido?

Enfim, o que prevaleceria por esta teoria seria o fato de que, independentemente da distância, independentemente de eventos extraordinários, independentemente do antecedente, "considera-se causa toda condição do resultado, todo o fato que concorra para produzi-lo, todo o fato sem o qual o resultado não se teria produzido".[67]

Verifica-se claramente que essa teoria é muitíssima próxima do conceito filosófico naturalístico de causa, já exposto alhures, e, como bem diz De Page, é posta em socorro da vítima. Esta é a teoria mais simples acerca da relação entre causa e efeito e, como mencionado, faz justiça perante os olhos da vítima.[68]

---

65. "A causação entre o fato e dano é *probabilística*. Não se há de pensar em determinismo absoluto entre o fato e o dano". PONTES DE MIRANDA. *Tratado de direito privado*, XXII, p. 184.

66. GARCIA, Basileu, op. cit., p. 219.

67. GARCIA, Basileu, op. cit., p. 219.

68. Se a finalidade é "simplificar, sob os olhos da vítima, a prova do nexo de causalidade" (GIROD, Patrick. *La réparation du dommage ecologique*, p. 257), certamente que essa teoria é a que mais atende a essa

Por sua vez, a teoria da causalidade adequada, ora atribuída a Von Bar,[69] ora atribuída a Von Kries, preconiza que, diante do antecedente de causas, deve ser identificada aquela que foi *suficiente* (adequada) para produzir o dano.

A identificação poderia ser feita por um critério negativo, eliminatório, em que se deixaria à margem os fatos (causas) que teriam sido indiferentes à ocorrência do dano. Há que se destacar uma ou mais causas que, isoladas ou em conjunto, próximas ou remotas, seriam adequadas à configuração do dano.[70]

Tentando ser um pouco mais explícito, entendamos que, para que ocorra um dado acontecimento (no caso o dano), pode ser necessária a existência de uma ou mais causas. Essas *causas* são chamadas de *necessárias*, porque sem elas não poderia o dano ocorrer.

Entretanto, embora uma causa seja necessária, pode não ser suficiente (adequada) para aquele acontecimento.

Basta pensarmos, por exemplo, no derramamento de óleo no mar ocasionado pela ruptura do reservatório de um navio.

Neste caso, parece óbvio que a fabricação do óleo é causa necessária para a ocorrência do dano. É claro. Se o óleo não existisse, não haveria que se falar em derramamento de óleo. Será, porém, que a fabricação do óleo pode ser considerada causa adequada ou suficiente para o seu derramamento? Parece que não!

Com isso, diferencia-se a causa adequada da causa necessária, sendo óbvio que a causa adequada é um plus, um quid, algo a mais que se coloca sobre uma causa necessária. Aqui vale o jargão: toda causa adequada é necessária, mas nem toda causa necessária é adequada.

Mas, diante da distinção já feita, pergunta-se: quando, então, poderíamos considerar uma causa como adequada no seu recorte abstrato?

---

expectativa, mas certamente que a sua aplicação irrestrita fará com que se criem *vítimas* injustiçadas. Assim, por exemplo, o fabricante do óleo diesel seria responsável pelo vazamento de óleo ocorrido no navio, mesmo sabendo que o óleo foi produzido, manufaturado, distribuído, acondicionado, transportado para o navio e, por conta de um caso fortuito, o tanque se rompeu. Mas se não tivesse sido fabricado o óleo, isso não teria ocorrido. Esse problema não escapou à aguda crítica de Phillippe Malaurie e Laurent Aynes. *Droit civil, les obligations*, n. 46, p. 47, apud Caio Mário da Silva Pereira, *Responsabilidade civil*, p. 87, segundo o qual "por ter levado muito longe as implicações da responsabilidade ao atribuir a um dano um número infinito de causas, elas tenderiam a tornar cada homem responsável por todos os males que atingem a humanidade".

69. RIPERT, George, op. cit., n. 117.

70. "El dano no puede ser considerado en sentido jurídico como consecuencia del hecho en cuestión cuando éste, dada su naturaleza general, fuera totalmente indiferente para al nacimiento de semejante daño habiendo llegado a ser condición del daño solo por consecuencia de otras circunstancias extraordinarias, o sea era inadecuado para produzir el daño" (Enneccerus, Kipp e Wolff, *Tratado de derecho civil*, p. 68).

Adotada pelo direito ambiental brasileiro, é exatamente aqui que entra a crítica feita à teoria da causalidade adequada, tendo em vista o fato de que o sentido de adequação é extremamente subjetivo e, nesse ponto, a definição ficaria sob critério exclusivo do órgão julgador. A regra abstrata não traz uma interpretação segura sobre como se interpretar, previamente, o que seria a *causalidade adequada*. Trata-se de um conceito jurídico indeterminado e caberá a jurisprudência o papel de trazer as balizas interpretativas em situações que possam ser similares ou próximas.[71]

Entretanto, para evitar essa subjetividade, apoiado na rica jurisprudência do STJ, a doutrina tem lançado parâmetros para a verificação in abstracto do conceito de adequação da causa. Por eliminação, chega-se às seguintes conclusões:

1. Não afasta a causalidade adequada a imprevisibilidade de que o fato produzido seria apto a provocar o dano (lembrando que, em sede de Direito Ambiental, estamos diante da teoria do risco integral);

2. Pouco importa se a causa foi lícita ou ilícita;

3. Pouco importa se a causa é imediata ou mediata: eventual ato praticado por terceiro, ou até mesmo pelo próprio lesado, não interrompe o nexo causal entre a causa mediata e o dano, desde que se possa dizer que essa causa mediata é adequada ao fato gerador da responsabilidade;

4. A causa adequada poderá advir de um ato omissivo;

5. Em caso de causas cumulativas, se todas elas foram adequadas para a ocorrência do dano, responsabilizam-se todos os causadores, conforme se verá adiante nas regras de solidariedade;

6. Se nas causas acumuladas e adequadas houve participação de ato do próprio lesado, isso não inibe a responsabilidade, mas apenas limita o *quantum* indenizatório na proporção do dano causado.

Outra teoria, a do dano direto e imediato, pode ser dividida em várias subteorias, dentre as quais se destaca a teoria de Mosca, denominada causalidade jurídica.

---

71. TELES, Galvão. *Obrigações*, p. 363; Nikisch, *Zivilprozessrecht*, p. 494. A solução se aproxima da adoção de juízos de verossimilhança para se aplicar a responsabilidade civil ambiental. Verossimilhança que já existe para decisões provisórias de mérito, como nas tutelas de urgência. Nesse sentido, De Angel afirma que se coloca em relevo uma nova visão da relação de causalidade, em que exsurge uma tendência de que "quando seja impossível esperar a certeza ou exatidão da relação de causalidade, o juiz pode contentar-se com a probabilidade de sua existência". DE ANGEL, *Algunas previsiones sobre el futuro de la responsabilidad civil (con especial atención a la reparación del daño)*, p. 75 e ss.; SCARANO, Dano ambientale e onere della prova, p. 36-37; PATTI, Prova. Disposizioni generali. In: SCILAOJA Y BRANCA (a cura di). *Commentario del Codice Civile*, p. 152 e ss.; SANCHEZ, *La reparación de los daños al medio ambiente*, p. 171-172; LEITE, José Rubens Morato. *Dano ambiental*, p. 188.

Segundo ele, "quando no complexo dos elementos naturais e voluntários, sem os quais um acontecimento danoso não se teria verificado, há um fato ilícito, este é, juridicamente, causa do mesmo evento, e todos os outros elementos responsáveis não são senão simples condições. Se, pois, os fatos ilícitos são vários, o último se reputa causa direta e imediata e os outros, causa indireta e mediata do evento".[72]

Portanto, para este autor, o nexo de causalidade seria interrompido todas as vezes em que, dentre as causas necessárias para o evento, uma delas fosse decorrente de um ilícito atribuível ao próprio credor ou ao terceiro. A teoria foi muito criticada, porque não cuidou dos problemas relativos aos fatos naturais e também porque a interrupção por ato do credor não precisaria ser decorrente de ato ilícito para rompimento do nexo de causalidade.

Embora várias sejam as teorias que expliquem o nexo causal, a verdade parece estar na opinião de Enneccerus, Kipp e Wolff: "A difícil questão de até onde chega o nexo causal não poderia se resolver nunca de maneira plenamente satisfatória por meio de regras abstratas, senão que, nos casos de dúvida, há de se resolver pelo juiz segundo sua livre convicção, ponderando todas as circunstâncias".[73]

Exatamente por isso, pensamos que a teoria que se apresenta com mais possibilidade de atender ao critério de justiça, como dito alhures, é a da causalidade adequada, ainda que abstratamente traga margem de insegurança ao intérprete, justamente porque o juízo de adequação, conquanto tenha alguns parâmetros e balizas para a formação de convicção probabilística, outorga ao magistrado a possibilidade de, à luz das peculiaridades do caso concreto, determinar, a partir de uma *certeza relativa*,[74] qual teria sido a causa suficiente deste ou daquele evento danoso.

Para verificação em concreto do que seria a "causa suficiente e adequada" deve o magistrado fazer um juízo positivo e outro negativo em duas direções diferentes. A primeira da causa para o dano e a segunda do dano para a causa. Primeiro saber se a *causa é necessária e suficiente* e segundo saber se o resultado não é estranho ou indiferente àquela causa.

---

72. MOSCA, Tomaso. *Nuovi studi e nuove dottrine sulla colpa nel diritto civile, penale ed administrativo*, apud ALVIM, Agostinho. *Inexecução das obrigações e suas consequências*, p. 307 e ss.
73. Cf. *Tratado de derecho civil*, p. 67, tradução livre.
74. MIRRA, Alvaro Luiz Valery. *Participação, processo civil e defesa do meio ambiente*. São Paulo: Letras Jurídicas, 2011, p. 428-430.

No direito ambiental as dificuldades envolvendo o nexo de causalidade ganham relevo pelo fato de que não são incomuns problemas como *multiplicidade de fontes poluentes, indetectabilidade destas fontes; amalgamento das fontes, anonimato dos poluidores, incognoscibilidade científica do poluente, o grau de resiliência do meio ambiente que protrai no tempo a percepção da poluição,* a *ubiquidade e interatividade das relações ecológicas que faz sentir a poluição em espaço distante da fonte poluente* etc.[75]

Atento a esta problemática e para não deixar que o dano ao meio ambiente seja suportado pela sociedade e fique sem qualquer reparação é que o sistema da responsabilidade civil ambiental com base na teoria do risco tem procurado excogitar soluções *pro ambiente*. Uma delas é da descrita no art. 3º, IV da Lei 6.938/81 que criou a figura da *causalidade indireta* e que vem sendo apelidada de *poluidor indireto*, outra é, por exemplo, a presunção *iure et iure* da causalidade nos danos por ricochete que está prevista no artigo 14,§ 1º da Lei 6.938/81.

12.4 A causalidade indireta no direito ambiental

12.4.1 *Interpretação que considera a causa indireta uma causa secundária e antecedente à causa direta do dano ambiental*

A causalidade indireta no direito ambiental está descrita no inciso IV do artigo 4º da Lei 6.938/81 que institui a Política Nacional do Meio Ambiente. Segundo este dispositivo:

> IV – Poluidor, a pessoa física ou jurídica, de direito público ou privado, *responsável, direta ou indiretamente*, por atividade causadora de degradação ambiental;

Por estar prevista no dispositivo que trata do conceito de poluidor, o fenômeno da causalidade indireta tem sido apelidado de "poluidor indireto". Frise-se que "poluidor é poluidor" tanto porque o fato a ele imputado é direto, quanto pelo indireto na causação do dano. É a *conexão direta* ou *indireta* resultante da causalidade que faz com que se alcunhe o poluidor de *direto ou indireto*.

---

75. "(...) 4. Em direito ambiental (entre outras áreas de inerente complexidade), quando diversos fatores ou agentes contribuem de forma substancial para o resultado danoso, o conceito tradicional de nexo causal exige releitura. A impossibilidade de prova (positiva ou negativa, com inversão do ônus probatório) da influência específica do ato (omissivo ou comissivo) para o dano não pode inviabilizar a tutela protetiva do meio ambiente. Nessa circunstância, deve-se verificar a relação entre a conduta (ativa, negligente ou omissiva) verificada e o dever do imputado em evitá-la, bem como sua relevância para o resultado, e não exatamente a causalidade (conceito ele próprio impreciso e variável conforme as concepções epistemológicas adotadas) concreta e determinada entre a ação/omissão e o dano ambiental (...)." AREsp 1.945.714/SC, relator Ministro Og Fernandes, Segunda Turma, julgado em 24.05.2022, DJe de 20.06.2022.

Para entender o que seja a causalidade direta e a indireta ficará mais simples se na relação causal que une o evento e o dano pudermos distinguir (1) condições e (2) causas como já mencionamos alhures.

Apenas para recordar, *condições* são todos os fatos que dão origem a um dano; fatos estes que se não estivessem presentes o dano não aconteceria; são fatos cuja presença *permitem* que o dano aconteça. Já a *causa* é a condição que se apresenta como determinante para a ocorrência do dano. No universo das condições necessárias para a ocorrência de um evento danoso, a *causa é a* condição determinante. Como toda relação causal possui uma relação temporal de antecedente e consequente pode-se dizer que a *causa* determinante é a condição mais imediata, mais próxima do dano.

Conquanto seja possível distinguir no plano teórico o que seja condição e o que seja causa isso não é tão simples quando se está diante do caso concreto, porque pode haver muitas causas (determinantes) para o evento danoso que dependam de muitas condições para existirem. E, o que é pior, que pode tornar dramático o problema é que nem todas as condições são fatos imputados à mesma pessoa, isto é, a *causa determinante* pode ser atribuída a uma pessoa e as demais condições necessárias à outra pessoa.

De qualquer forma quando a lei ambiental fala no art. 3º, IV da Lei 6.938/81 em *causa direta e causa indireta* do evento danoso ambiental é possível dar ao texto uma interpretação mais restrita ou mais aberta dos referidos termos. Isso dependerá do axioma exegético político que se queira emprestar aos termos.

Uma visão mais aberta do termo *causa indireta* traz, por um lado um favorecimento da tutela do meio ambiente porque amplia os suportes fáticos que dão ensejam a responsabilidade civil ambiental, mas por outro contribui para uma insegurança jurídica na medida em que permite estender a responsabilização à sujeitos que tenham praticados atos que, conquanto fossem condições necessárias, não seriam determinantes para o evento danoso.[76]

Nesta hipótese de descoincidência subjetiva do sujeito ao qual se imputam atos que, conquanto lícitos, constituíram-se como condições necessárias do evento danoso, com o sujeito que se imputa a causa determinante, a insegurança jurídica do primeiro poderá ser indesejável e insuportável já que além de ter praticado o conforme ao direito, nem sequer lhe seria dada a chance de evitar a causa determinante do evento danoso praticado pelo outro sujeito, algo muito parecido com a responsabilidade por fato de outrem.

---

76. Neste sentido Paulo de Bessa Antunes ao criticar a excessiva ampliação do conceito de poluidor indireto. ANTUNES, Paulo de Bessa. *Direito ambiental*. 21. ed. São Paulo: Atlas, 2020, p. 336.

12.4.2 Causa indireta não deve ser responsabilidade pelo fato de outrem

Numa interpretação mais aberta a *causa direta* seria o evento que contribui de forma primária e imediata para o dano, enquanto a *causa indireta* seria a que contribui de forma secundária e mediata para o evento danoso. A primeira seria *condição necessária e suficiente* a segunda seria condição necessária e insuficiente para sozinha dar origem ao evento danoso. Não se trata de concausas.

A causa direta tem ligação direta com o evento danoso e a indireta não pois conecta-se de forma imediata com a causa direta. Ambas são *necessárias,* mas apenas a "direta" é suficiente. A causa indireta é apenas uma condição necessária, mas, sozinha, não leva à ocorrência do dano.

O problema envolvendo em responsabilizar alguém pela causa indireta aumenta quando elas (causa direta e a causa indireta) são imputadas à sujeitos diferentes. É preciso ter cuidado e não confundir a causalidade indireta do direito ambiental com a responsabilidade pelo fato de outrem.

Se para o direito ambiental a responsabilização pela causa indireta é um relevante passo para ampliar a eficácia da responsabilidade civil ambiental, considerando as inúmeras dificuldades de se responsabilizar o poluidor "direto", por outro lado cria um estado de incerteza e insegurança para aqueles que, no exercício lícito da sua atividade, não possuam nenhum controle daqueles sujeitos da cadeia de produção que venham provocar o dano ao meio ambiente.

É o caso, por exemplo, dos fabricantes de agrotóxicos que serão usados em lavouras. O fabricante não é o *causador direto,* assim como não o são os *comerciantes* do referido produto. O *causador direto* é aquele que despejará o poluente na lavoura e que causará a contaminação do lençol freático causando o dano ao meio ambiente. O mesmo se diga do fabricante de combustível que é o causador indireto da poluição ambiental enquanto a empresa de transporte é o causador direto da degradação da qualidade do ar. Idem para instituições financeiras que financiam atividades que resultam em degradação da qualidade do meio ambiente.[77]

---

77. Caso emblemático julgado pelo Superior Tribunal de Justiça afastando o nexo causal daqueles que em abstrato seriam "poluidores indiretos" foi o caso da explosão do navio Vicuna no Porto de Paranaguá. Com a explosão em 15.01.2004 houve contaminação ambiental provocada pelo acidente e em razão disso houve a proibição temporária da pesca no entorno. Com base no art. 14, § 1º da Lei 6.938/81 (dano por ricochete) uma pescadora ajuizou ação indenizatória por danos morais decorrente desta privação temporária. Entretanto, ajuizou a ação em desfavor apenas das empresas adquirentes (destinatárias) da carga que era transportada pelo navio tanque Vicuña no momento de sua explosão. Obviamente que se não tivesse a carga o navio não estaria no porto onde houve a explosão. Esta é uma condição necessária, mas não é uma condição (causa) suficiente para a ocorrência do dano. Aqui a causa indireta não possui nenhuma ligação nem com o fato causal direto e nem mesmo com o dano ambiental ou individual ricocheteado. Como se vê, a *causalidade indireta* não pode ser aberta e desconectada com

Nesta interpretação *pro ambiente* a causa indireta é sempre uma causa necessária, *sine qua non,* para a causa direta ocasionar o dano ao meio ambiente, mas isso não pode e não deve autorizar que alguém seja responsabilizado por uma situação genérica e abstrata, ou seja, seu ato-fato deve guardar peculiar conexão com o dano ao meio ambiente. O art. 3º, IV da Lei 6.938/81 impõe que mesmo a causa indireta tenha relação com o dano, senão não teria usado o vocábulo *"afetados* pela sua atividade".[78]

---

o dano. Mesmo que não seja uma *causa imediata ou* suficiente ela precisa guardar alguma conexão concreta com o dano ocorrido. Agiu corretamente o STJ: "1. Ação indenizatória ajuizada por pescadora em desfavor apenas das empresas adquirentes (destinatárias) da carga que era transportada pelo navio tanque Vicuña no momento de sua explosão, em 15.11.2004, no Porto de Paranaguá. Pretensão da autora de se ver compensada por danos morais decorrentes da proibição temporária da pesca (2 meses) determinada em virtude da contaminação ambiental provocada pelo acidente. 2. Acórdão recorrido que concluiu pela improcedência do pedido ao fundamento de não estar configurado, na hipótese, nexo de causal capaz de vincular o resultado danoso ao comportamento de empresas que, sendo meras adquirentes da carga transportada, em nada teriam contribuído para o acidente, nem sequer de forma indireta. 3. Consoante a jurisprudência pacífica desta Corte, sedimentada inclusive no julgamento de recursos submetidos à sistemática dos processos representativos de controvérsia (arts. 543-C do CPC/1973 e 1.036 e 1.037 do CPC/2015), "a responsabilidade por dano ambiental é objetiva, informada pela teoria do risco integral, sendo o nexo de causalidade o fator aglutinante que permite que o risco se integre na unidade do ato" (REsp 1.374.284/MG). 4. Em que pese a responsabilidade por dano ambiental seja objetiva (e lastreada pela teoria do risco integral), faz-se imprescindível, para a configuração do dever de indenizar, a demonstração da existência de nexo de causalidade apto a vincular o resultado lesivo efetivamente verificado ao comportamento (comissivo ou omissivo) daquele a quem se repute a condição de agente causador. 5. No caso, inexiste nexo de causalidade entre os danos ambientais (e morais a eles correlatos) resultantes da explosão do navio Vicuña e a conduta das empresas adquirentes da carga transportada pela referida embarcação. 6. Não sendo as adquirentes da carga responsáveis diretas pelo acidente ocorrido, só haveria falar em sua responsabilização – na condição de poluidora indireta – acaso fosse demonstrado: (i) o comportamento omissivo de sua parte; (ii) que o risco de explosão na realização do transporte marítimo de produtos químicos adquiridos fosse ínsito às atividades por elas desempenhadas ou (iii) que estava ao encargo delas, e não da empresa vendedora, a contratação do transporte da carga que lhes seria destinada. 7. Para os fins do art. 1.040 do CPC/2015, fixa-se a seguinte TESE: As empresas adquirentes da carga transportada pelo navio Vicunã no momento de sua explosão, no Porto de Paranaguá/PR, em 15/11/2004, não respondem pela reparação dos danos alegadamente suportados por pescadores da região atingida, haja vista a ausência de nexo causal a ligar tais prejuízos (decorrentes da proibição temporária da pesca) à conduta por elas perpetrada (mera aquisição pretérita do metanol transportado). 8. Recurso especial não provido. (REsp 1.596.081/PR, relator Ministro Ricardo Villas Bôas Cueva, Segunda Seção, julgado em 25.10.2017, DJe de 22.11.2017.)

78. Clássica é a frase contida no aresto que integra precedentes do STJ sobre o nexo causal do "poluidor indireto". "(...) 13. Para o fim de apuração do nexo de causalidade no dano ambiental, equiparam-se quem faz, quem não faz quando deveria fazer, quem deixa fazer, quem não se importa que façam, quem financia para que façam, e quem se beneficia quando outros fazem. (...)". REsp 650.728/SC, relator Ministro Herman Benjamin, Segunda Turma, julgado em 23.10.2007, DJe de 02.12.2009. Nesta frase clássica faltou dizer que todos os verbos que qualificam o que seria a "causalidade indireta" é preciso que deles exista uma conexão-ligação-pertinência-adequação-afetação com o dano ambiental. Assim, os que "deixam", "deveriam" ou "não se importam" devem, com a sua omissão, ter contribuído direta ou indiretamente com o dano ambiental. Sem este link não há nexo causal.

É preciso que exista uma conexão – mesmo que indireta – entre o dano e a respectiva causa. Não basta ser uma *causa condicional* antecedente à causa direta porque se assim fosse estaríamos responsabilizando alguém pela teoria da equivalência das condições. Isso funcionaria como uma espécie de responsabilidade pelo fato de outrem com a agravante que tal sujeito nem sequer teria a chance de estabelecer um dever de vigilância sobre o sujeito que praticou a causa direta e suficiente. Enfim, é preciso que existam circunstâncias peculiares diante do caso concreto para imputar a alguém o dever de reparar o meio ambiente pela causa indireta por ele praticada.

Ainda que tenha sido adotado este conceito mais amplo de *causalidade indireta* pelo direito ambiental, isso não exime que apenas diante das circunstâncias do caso concreto é que se permitirá aferir a pertinência adequada entre o evento e as causas direta e indireta, afastando as situações onde fique evidente que desconexão do evento com a causa indireta.[79]

12.4.3 A causa indireta na omissão do poder público

O Superior Tribunal de Justiça sedimentou o entendimento de que "o ente federado tem o dever de fiscalizar e preservar o meio ambiente e combater a poluição (Constituição Federal, art. 23, VI, e art. 3º da Lei 6.938/1981), podendo sua omissão ser interpretada como causa indireta do dano (poluidor indireto), o que enseja sua responsabilidade objetiva".[80]

Como se observa nesses casos, se diz "indireta" a responsabilidade ambiental porque não teria sido este ente (no caso o ente público) o responsável pela atividade degradadora, mas a sua conduta omissiva teria sido "indiretamente" causadora da referida degradação, tal como se tivesse *contribuído indiretamente* para o dano ambiental.

Com a devida vênia não pensamos como sendo correta a orientação do Superior Tribunal de Justiça, porque ao nosso ver, sempre que no suporte fático

---

79. No AgRg no REsp 1210071/RS afastou-se o nexo causal entre o sujeito que arrendou a embarcação para o arrendatário que praticou o dano ambiental usando a referida embarcação. Em abstrato o arrendamento seria a "causa indireta" e o arrendador seria o "poluidor indireto" e o arrendatário o "poluidor direto". No caso concreto a referida *causa indireta* não se mostrou adequada a suficiente para estabelecer o nexo causal que permitisse o mesmo ser considerado poluidor. Segundo trecho do voto do Ministro Napoleão "a conduta do recorrente, proprietário da embarcação, limitou-se a arrendar o barco a Claudemir de Oliveira Alves, o que não pode ser considerada a causa mais adequada a ter produzido o resultado do dano ambiental, até porque não restou comprovado que a pesca predatória realizada por Claudemir teria entrado na esfera de conhecimento do recorrente, ou que este haveria obtido algum tipo de lucro em razão da atividade ilegal da pesca por arrasto".
80. AREsp 1.678.232/SP, relator Ministro Herman Benjamin, Segunda Turma, julgado em 06.04.2021, DJe de 16.08.2021.

estiver previsto o dever específico do Poder Público de controlar a atividade de risco para evitar que dela nasça o dano ao meio ambiente e, da sua omissão resulte o dano, entendemos que existem *duas causas* para o dano ambiental e não uma causalidade indireta.

Em outros termos, o raciocínio seria o seguinte: se omissão não houvesse não haveria dano. Nesta situação o dano tanto se deu porque alguém poluiu diretamente e também porque alguém não cumpriu o seu dever de fiscalizar e impedir a referida poluição. Ambas as condutas – ação de poluir e omissão em impedir a poluição - são causas autônomas do dano.[81]

> Os fatos jurídicos podem ser *positivos* ou *negativos*. Ha regras jurídicas cujo suporte fático é o não acontecer, o não ter acontecido, a abstenção, a omissão, o silêncio.[82]

É interessante notar que, ao se imputar a responsabilidade ao Estado pela sua omissão, deve restar cabalmente demonstrado que há uma relação específica entre o ato de abstenção (o ato negativo, a omissão) e a ocorrência do dano ou seu agravamento, de forma que, num raciocínio inverso poder-se-ia dizer que se o ato tivesse sido praticado teria grande probabilidade de obstar o dano. Isso implica reconhecer que o *não ato* foi *causa determinante* para a concretização do dano ou do seu agravamento pelo seu causador imediato.

Esse cuidado na verificação da relação entre a omissão praticada e o dano causado é muito importante porque, não se pode esquecer que, ao punir o Estado, a população é que acaba sendo vitimada duas vezes, seja pelo dano ao meio ambiente, do qual ela é titular, seja pela condenação do Estado, que, em última análise, é ficção jurídica que representa a coletividade.[83]

Pensando no que foi dito acima e no afã de proteger o meio ambiente e a sociedade civil da dupla vitimização o Superior Tribunal de Justiça criou, data vênia, uma *responsabilidade patrimonial subsidiária* sem previsão legal.

Segundo o tribunal da cidadania no caso de condenação do poder público por ato omissivo específico que resultante da violação do dever de controlar, impedir e combater a poluição foi corretamente reconhecida a "responsabilidade solidária de todos os envolvidos no dano ambiental", mas criou-se uma "execução

---

81. Assim, por exemplo, no AREsp 1.756.656/SP onde houve a construção de moradias em áreas de preservação permanente com ciência e inércia do Município. Aqui tanto quem construiu, quanto quem deixou construir foram decisivos para a ocorrência do dano.
82. PONTES DE MIRANDA. *Tratado de direito privado*, t. I, p. 82.
83. Para condenar o estado pela sua omissão é preciso haver mais do que um "dever genérico de combater a poluição" sob pena de assim transformarmos o Estado em uma espécie de garantidor geral dos danos ambientais. É preciso que as circunstâncias do caso concreto demonstrem que na hipótese específica sob análise (ex. reiteração dos fatos ao longo do tempo, ciência prévia e inequívoca de que era preciso agir) o Estado ficou inerte e não fez o que deveria ter feito.

em relação ao Ente Público de caráter subsidiário".[84] Ora, se o dever de reparar o dano segue o regime da solidariedade, a responsabilidade patrimonial assim será salvo se houvesse – mas não há – expressa previsão legal neste sentido.[85]

12.5 Pluralidade de poluidores – causas concorrentes e concausas

12.5.1 *Causas concorrentes (autônomas e suficientes) do mesmo dano*

Como dissemos acima a *omissão específica* do Estado em não combater a poluição, de não impedir que ela aconteça, de não controlar o risco quando deveria, constitui ato ilícito decorrente da violação de um *dever de atividade* que lhe é determinado pela regra jurídica. Havendo relação direta entre o *não ato específico* (atividade específica não tomada) e o dano causado não há como dizer que não existe *relação direta* de causa e efeito. É um erro imaginar que por *ser um não ato ele não teria a propriedade de alterar o mundo exterior* e por isso mesmo seria *indireta* a causação do dano.

Nada mais equivocado este raciocínio porque no Direito Ambiental, dada a importância e características do bem ambiental e sabendo da necessidade de que a sociedade deve conviver com atividades de risco, há um duplo regime de deveres existentes para não permitir que deste risco nasça o dano ao meio ambiente:

(a) um dever do poluidor de não causar o dano decorrente da sua atividade e outro

(b) do Estado de controlar e impedir que o dano decorra do risco. Ambos os deveres – se descumpridos – são, sim, causas determinantes para o dano ambiental.

Não é correto afirmar que haveria uma *causação indireta* do Estado porque a omissão seria um *não ato* e sendo um *não ato* não alteraria o mundo exterior.

Como se disse, a descoberta da causa direta, determinante, suficiente para ocorrência do dano está na resposta à seguinte pergunta: se o dever de atividade tivesse sido praticado o dano seria evitado ou não agravado? Se a resposta for positiva, a omissão constitui causa direta do dano causado, tanto quanto o é o ato comissivo de poluir pelo degradador. A diferença entre as duas causas é que

---

84. AgInt no AREsp 2.295.797/RJ, relator Ministro Mauro Campbell Marques, Segunda Turma, julgado em 13.11.2023, DJe de 17.11.2023.

85. É claro que, uma vez responsabilizada, pode a pessoa jurídica de direito público obter, em ação regressiva contra o causador direto do dano, indenização pelos prejuízos sofridos. Aliás, há decisões que afirmam ser um dever do Estado buscar tal ressarcimento, evitando, assim, uma injusta oneração da sociedade em prol do particular poluidor.

a omissão do Estado é um ato ilícito e a poluição causada pelo poluidor pode advir de uma atividade lícita. Ambas, são causas autônomas e suficientes para a ocorrência do dano.

12.5.2 Causas que se unem para o evento danoso – concausas

Fala-se em concausa quando duas ou mais pessoas concorreram para o mesmo resultado danoso. Os poluidores são responsáveis porque são compartícipes na causação do dano ambiental. É perfeitamente possível que duas ou mais causas não sejam – sozinhas e autonomamente – suficientes para causar o dano ao meio ambiente, mas decorra da união delas. É o caso por exemplo de muitos desastres ambientais induzidos por ação humana.[86]

Os desastres podem se dar por causa natural (degradação ambiental) ou induzidos por ação humana (degradação ambiental por poluição). Os "induzidos por ação humana", a depender das circunstâncias do caso concreto, podem colocar a atividade humana como *concausa* do dano ao meio ambiente.[87]

Existem áreas onde há um risco conhecido e mapeado de que possam acontecer inundações, enxurradas e que se ocorridas poderá levar a danos às populações. Dados técnicos e científicos demonstram que em determinadas regiões existe um risco maior de que os eventos naturais possam causar problemas à população se não forem adequadas e oportunamente controlados. Não por acaso existe uma política nacional de proteção e defesa civil instituída pela Lei 12.608 que trata diretamente dos desastres naturais e induzidos pela ação humana.[88]

Assim, se o quadro ambiental de determinada região (condições de relevo, pluviometria, tipos de vegetação, bacia hidrográfica etc.) recomenda que não se deva permitir a construção em locais que possuam propensão para inundações ou deslizamentos de terra e rochas e o poder público não toma as devidas medidas de proibição é claro que o seu dever de omissão contribui diretamente para os danos que são ocasionados pelos eventuais desastres que venham a acontecer. A destruição das matas ciliares, a ocupação dos aclives

---

86. Nos termos do art. 1º, inciso V da Lei 12.608 "V – desastre: resultado de evento adverso, de origem natural ou induzido pela ação humana, sobre ecossistemas e populações vulneráveis que causa significativos danos humanos, materiais ou ambientais e prejuízos econômicos e sociais".

87. Não haveria enxurrada se não tivesse destruição a vegetação dos morros. A combinação da tromba d´agua com a construção ilícita em Área de Preservação Permanente resultou no dano ambiental decorrente da enxurrada.

88. Ao tratar das áreas de preservação permanente que podem ser instituídas por ato do poder executivo (art. 6º da Lei 12.651) o texto legal é claro ao apontar dentre as suas finalidades a de "I – conter a erosão do solo e mitigar riscos de enchentes e deslizamentos de terra e de rocha".

dos morros, a destruição de tabuleiros e das áreas de preservação permanente em geral são ações humanas que contribuem sensivelmente para a ocorrência de desastres.

Neste passo foi acertada a decisão do Superior Tribunal de Justiça que reconheceu a responsabilidade do Município pela inação – omissão – em tomar medidas de proteção que evitariam a ocorrência de inundação. Segundo colhe-se de trechos do aresto do STJ "os elementos de convicção contidos nos autos, constata-se que as inundações descritas na exordial foram causadas por culpa da Administração, que se omitira na adoção de medidas para evitar os danos. (...) e, quanto à alegação de culpa concorrente, o argumento é de ser rechaçado, na medida em que qualquer imóvel construído no local, seja de forma regular ou irregular, sofreria com as inundações devido à falha técnica da Municipalidade".[89]

12.5.3 *Pluralidade de poluidores (pela concausa ou causas concorrentes) por ficção quando o dano ambiental não é repartível*

O meio ambiente é um bem jurídico imaterial que resulta da complexa combinação química física e biológica dos recursos ambientais bióticos e abióticos. Esse "bem jurídico" possui características muito particulares como a sua essencialidade à vida, instabilidade, complexidade, dinamicidade, incognoscibilidade, reflexibilidade, infungibilidade, resiliência, ubiquidade etc. Essas características peculiares do bem ambiental implicam em soluções jurídicas que sejam adequadas à sua proteção.

Já dissemos que é comum uma poluição só ser sentida e notada pelos seres humanos em tempo muito posterior do momento em que ela aconteceu. Isso representa um problema para a verificação do nexo causal. O mesmo se diga de determinados agentes que só se descobrem ser poluentes com o desenvolvimento científico, muito tempo depois de o dano já ter sido causado. Idem para o fato de que a ubiquidade e inter-relação do bem ambiental que permite a interação de ecossistemas também causa uma pulverização da poluição que pode afetar os recursos ambientais de forma diferente, complexa e em locais muito distante da origem da fonte poluente. Identificar o nexo causal no direito ambiental normalmente é uma tarefa ingrata.

Fala-se em *causalidade alternativa* quando há existe um estado de incerteza científica ou técnica que não permita dizer se o dano foi causado pelo ato de A, de B de C etc. Para os chamados danos anônimos onde se tem segurança e certeza

---

89. REsp 1.799.446/SP, relator Ministro Herman Benjamin, Segunda Turma, julgado em 09.05.2019, DJe de 22.05.2019.

de que a causa do dano advém de um grupo específico de potenciais poluidores o sistema jurídico poderia adotar uma de duas posições: ou ninguém responde, sacrificando a vítima e estimulando este tipo de conduta, ou todos os potenciais causadores respondem em regime de solidariedade. Esta deve ser a orientação *pro ambiente* considerando as peculiaridades do bem ambiental mencionada acima.[90]

12.5.4 *O nexo causal nas obrigações ambientais propter rem*

No suporte fático que faz nascer o dever de reparar os danos ambientais existe a relação de causalidade que conecta de forma adequada o dano ao poluidor. Ainda que a responsabilidade seja do tipo *objetiva* "há de se constatar o nexo causal entre a ação ou omissão e o dano causado, para configurar a responsabilidade".[91]

A questão envolvendo as obrigações propter rem previstas no Código Florestal Brasileiro em nada discrepa ou altera a referida regra.

Nada há de *nexo causal presumido* ou *responsabilidade pelo fato de outrem*. Basta apenas que a regra seja observada sob o prisma adequado. Vejamos.

Segundo o artigo 2°, § 2° do Código Florestal Brasileiro (Lei 12.651/12) é claro ao dizer que:

> Art. 2° As florestas existentes no território nacional e as demais formas de vegetação nativa, reconhecidas de utilidade às terras que revestem, são bens de interesse comum a todos os habitantes do País, exercendo-se os direitos de propriedade com as limitações que a legislação em geral e especialmente esta Lei estabelecem.
>
> (...)
>
> § 2° As obrigações previstas nesta Lei têm natureza real e são transmitidas ao sucessor, de qualquer natureza, no caso de transferência de domínio ou posse do imóvel rural.

Dentre as obrigações ambientais previstas na lei está a de que

> (i) Todo imóvel deve manter área com cobertura de vegetação nativa, a título de reserva legal (art. 12), bem como
>
> (ii) Toda vegetação situada em Área de Preservação Permanente deverá ser mantida pelo proprietário da área, possuidor ou ocupante a qualquer título, pessoa física ou jurídica, de direito público ou privado (art. 7°). Além destas obrigações está a de
>
> (iii) Restaurar as áreas desmatadas onde era vedada a supressão sem a autorização ou licença competente (art. 41 e ss.).

---

90. BENJAMIN, Antonio Herman V. Responsabilidade civil pelo dano ambiental. *Revista de Direito Ambiental*, n. 9, p. 46; DESTEFENNI, Marcos. *A responsabilidade civil ambiental e as formas de reparação do dano ambiental*: aspectos teóricos e práticos. Campinas: Bookseller, 2005, p. 166.

91. STJ, AgRg no REsp 1.286.142/SC, Rel. Ministro Mauro Campbell Marques, Segunda Turma, DJe de 28.02.2013.

Estes são alguns exemplos de obrigações ambientais previstas no Código Florestal e que são impostas àquele que titulariza a condição de proprietário ou possuidor.

O que diz o dispositivo citado mais acima é que estas obrigações estão presas à propriedade, independentemente de quem seja o seu dono. Se o novo proprietário adquiriu o imóvel ele terá o dever de promover a restauração ambiental. Estas obrigações acompanham a coisa, e, por isso são alcunhadas de *propter rem*.

A opção legislativa de criar as obrigações ambientais que "acompanham a coisa" nestas hipóteses previstas no Código Florestal não é outra senão o fato de que estas áreas devem ter a cobertura vegetal e se submetem a um regime jurídico específico de preservação e conservação porque possuem uma função ecológica insubstituível.

Em outros termos, a supressão destas áreas causa, ininterruptamente, a perpetuação do dano ao meio ambiente, independentemente se quem deflagrou o dano foi José ou João que veio a suceder na cadeia dominial.

A ilicitude está tanto em destruir, como também em não restaurar ou em não permitir a restauração da área. Existem dois atos diferentes praticados por pessoas diferentes em diferentes momentos. A diferença é que no primeiro caso o poluidor age por comissão e o segundo poluidor age por omissão. Ambos são solidariamente responsáveis pelo dano que não se reparte.

Se o antigo proprietário foi quem destruiu e o novo proprietário simplesmente manteve o estado de destruição ambos são causadores do dano ambiental e responsabilizam-se por isso. A eventual desproporção do ato do primeiro em relação ao ato do segundo só é relevante para fins da *relação interna* do regime de solidariedade ao qual estão submetidos, e, absolutamente impertinente e irrelevante para a relação externa com o credor que é o titular do meio ambiente ecologicamente equilibrado.

A ideia da lei em dizer que as obrigações previstas na referida Lei 12.651 têm natureza real e são transmitidas ao sucessor apenas simplifica o suporte fático do *dever de restaurar a cobertura vegetal suprimida*. Contudo, isso de forma alguma elimina o nexo causal que efetivamente entre a *omissão específica* e o agravamento do dano por parte do novo proprietário que enseja a responsabilização solidária com o proprietário anterior que teria cometido o ilícito danoso.

Sendo mais claro, há dois aspectos muito importantes desenvolvidos pelo legislador, considerando a importância da restauração da área cuja cobertura vegetal foi suprimida.

O primeiro aspecto é o fato de que ambos os proprietários, velho e novo, são poluidores. O antigo proprietário é responsável pelo dano pelo seu ato comissivo de ter destruído a área e o segundo pelo dano omissivo de não ter permitido ou não promovido a sua restauração. O primeiro inaugurou o dano ao meio ambiente, o segundo perpetuou e agravou o estado de danosidade. Exatamente porque cada um, com seu ato, contribuiu para o dano ao meio ambiente, então ambos são responsáveis civilmente pelo dano ambiental causado e possuem, solidariamente, o *dever de reparar de forma integral o dano ambiental desde a sua origem* (privação do bem desde a sua origem, dano moral coletivo, dever de restaurar a área suprimida etc.)

O segundo aspecto é que dentro desse *dever de reparação integral pelos danos causados* mencionado acima há um deles, o de *restaurar a cobertura vegetal,* que mira seus efeitos para o futuro com vistas a cessar o ilícito e o estado de danosidade que se protrai no tempo.

Justamente por conta dessa importância é que a Lei atrelou esse dever apenas à condição de proprietário, ou seja, se (1) a área protegida está sem a cobertura vegetal + (2) o sujeito X é o seu proprietário, então não é necessário investigar se foi ele ou se não foi ele que *destruiu* a vegetação.

Não há que se falar em ausência de nexo causal entre o novo proprietário e o desmatamento que teria sido causado pelo proprietário anterior. O nexo do novo proprietário nasce no dia em que adquire a posse ou propriedade e *mantem, prorroga, protrai no tempo o ilícito danoso.* Neste particular é preciso o Superior Tribunal de Justiça ao aplicar a súmula 628 ao dizer que:

> IV. Esse enunciado sumular lastreia-se em jurisprudência do STJ que, interpretando a legislação de regência, consolidou entendimento no sentido de que "a obrigação de reparação dos danos ambientais é propter rem, por isso que a Lei 8.171/91 vigora para todos os proprietários rurais, ainda que não sejam eles os responsáveis por eventuais desmatamentos anteriores, máxime porque a referida norma referendou o próprio Código Florestal (Lei 4.771/65) que estabelecia uma limitação administrativa às propriedades rurais (...)" (REsp 1.090.968/SP, Rel. Ministro Luiz Fux, Primeira Turma, DJe de 03.08.2010). Segundo essa orientação, o atual titular que se mantém inerte em face de degradação ambiental, ainda que preexistente, comete ato ilícito, pois a preservação das áreas de preservação permanente e da reserva legal constituem "imposições genéricas, decorrentes diretamente da lei. São, por esse enfoque, pressupostos intrínsecos ou limites internos do direito de propriedade e posse (...) quem se beneficia da degradação ambiental alheia, a agrava ou lhe dá continuidade não é menos degradador" (STJ, REsp 948.921/SP, Rel. Ministro Herman Benjamin, Segunda Turma, DJe de 11.11.2009). No mesmo sentido: "Não há cogitar, pois, de ausência de nexo causal, visto que aquele que perpetua a lesão ao meio ambiente cometida por outrem está, ele mesmo, praticando o ilícito" (STJ, REsp 343.741/PR, Rel. Ministro Franciulli Netto, Segunda Turma, DJU de 07.10.2002). Atualmente, o art. 2º, § 2º, da Lei 12.651/2012 expressamente atribui caráter ambulatorial à obrigação ambiental, ao dispor que "as obrigações previstas nesta Lei têm natureza real e são transmitidas ao sucessor, de qualquer natureza, no caso de transferência de domínio ou posse do imóvel rural". Tal norma, somada ao art. 14, § 1º, da Lei 6.938/81 – que estabelece a

responsabilidade ambiental objetiva –, alicerça o entendimento de que "a responsabilidade pela recomposição ambiental é objetiva e propter rem, atingindo o proprietário do bem, independentemente de ter sido ele o causador do dano" (STJ, AgInt no REsp 1.856.089/MG, Rel. Ministro Sérgio Kukina, Primeira Turma, DJe de 25.06.2020).

Contudo, o Superior Tribunal de Justiça vai além ao dizer, neste mesmo precedente, que "de acordo com a mais atual jurisprudência do STJ, "a responsabilidade civil por danos ambientais é propter rem, além de objetiva e solidária entre todos os causadores diretos e indiretos do dano".[92]

A afirmação precisa ser compreendida *cum grano salis*.

O adquirente não é "poluidor indireto", mas "direto" pelo ato omissivo em manter o ilícito danoso.

A sua inação em não recuperar a vegetação desmatada *agrava o dano que foi inicialmente causado por proprietário anterior*. O *novo proprietário ou poluidor* que adquire o bem com o passivo ambiental e se omite em restaurá-lo contribui diretamente para a ampliação do dano e essa é a causa pela qual ele responde solidariamente com o proprietário anterior que teria cometido a ilícita e danosa supressão da vegetação.[93]

Parece-nos óbvio que se não foi o proprietário anterior que praticou o ato comissivo de suprimir a cobertura vegetal não há que se falar em responsabilizá-lo por ausência de nexo causal, o que deverá ficar claro e límpido na demonstração da inexistência do nexo entre o dano e sua conduta. Isso pode ficar comprovado, por exemplo, com documentos que integrem a escritura pública que transfere o bem onde se ateste por imagens que a área estava intacta quando da sua transmissão para o adquirente.

12.6 Nexo de causalidade em concreto: o problema da prova

Uma outra dificuldade quanto ao nexo de causalidade reside na verificação em concreto do liame entre o dano e o agente imputável. Muito embora seja também um ponto de estrangulamento, é justamente aqui que se tem obtido maiores avanços na solução do problema de se identificar a existência do liame entre a causa e o dano ambiental.

---

92. AgInt no AREsp 2.115.021/SP, Rel. Ministro Francisco Falcão, Segunda Turma, DJe de 16.03.2023.
93. O anterior titular do domínio ou da posse não estará obrigado a satisfazer a obrigação ambiental se estiver comprovado que não foi ele que causou (direta ou indiretamente) o dano porque este seria posterior à transmissão do bem. Nesta hipótese não há nexo causal que o conecte ao dano, não se admitindo que seja considerado poluidor.

Tendo em vista que qualquer vínculo une dois ou mais segmentos (causa e efeito), quando se pensa em responsabilidade civil ambiental pode-se dizer que tão difícil quanto estabelecer abstratamente esse liame (e isso foi visto no tópico anterior) é comprová-lo dentro do processo.

Assim, sob uma perspectiva concreta, partindo da ideia de que o nexo causal é um elo entre uma causa e um efeito, deve-se provar em juízo os seguintes elementos: o dano (efeito), o nexo (ligação) e a atividade poluente (causa).

A necessidade de se fazer uma anatomia desses aspectos é muito importante para o desenvolvimento que pretendemos dar para o problema. Ora, a prova deverá recair sobre a existência do dano e sobre o nexo entre o dano e a sua causa (atividade do agente), e não raras vezes a própria causa depende de prova.

Se não há dúvidas de que a demonstração da ocorrência do dano é mais fácil para aquele que o sofreu, o mesmo não se diga com relação ao nexo de causalidade. Isso porque, se este elemento é a ligação de duas extremidades (causa e efeito), é nítido que devem ser demonstrados os dois pontos de contato desse cordão, quais sejam:

causa: a atividade do suposto poluidor;

efeito: o dano sofrido pelo meio ambiente.

Assim, por um lado, para se convencer o magistrado acerca da inexistência do dever de indenizar, pode-se demonstrar que a suposta causa não gerou o efeito que lhe é imputado.

Contudo, caso se queira demonstrar a existência do dever de indenizar, precisa-se comprovar que o efeito veio, sim, daquela causa que se imputa.

Trata-se de dois caminhos que podem ser percorridos para se chegar àqueles resultados. O primeiro caminho parte da prova de que a suposta causa não poderia, naquelas circunstâncias, ter gerado o dano ambiental. O segundo caminho parte da necessidade de se provar positivamente que a atividade do suposto poluidor foi, de fato, a responsável pela degradação do meio ambiente.

Tentando ser mais lúcido ainda, o juiz pode ficar convencido da existência ou não da responsabilidade civil ambiental, seja porque se provou que aquele dano se liga àquela causa ou porque aquela causa jamais poderia ser atribuída àquele dano.

A diferença, pois, está em quem deve se desincumbir da prova. Se é aquele que sofreu o dano, deve provar positivamente a existência do liame causal. Se, porém, é o suposto causador quem tem o encargo de provar, deve ele comprovar que não existem elementos que permitam inferir a existência do liame causal.

Nos dois casos, o magistrado terá a certeza jurídica acerca da existência ou não do dever de indenizar.

Porquanto o resultado seja o mesmo (o convencimento do juiz sobre a existência ou não do dever de indenizar), é certo que os caminhos para se chegar a este desiderato são bastante distintos e dependem de atitudes diferentes dos protagonistas. Vejamos.

Tradicionalmente, o direito processual adotou a regra de que cabe ao autor provar os fatos constitutivos do seu direito e ao réu provar tão somente algum fato extintivo, impeditivo ou modificativo que porventura tenha alegado. É essa a regra insculpida no caput do art. 373, I e II, do Código de Processo Civil.[94]

Assim, falando mais especificamente da responsabilidade civil, caberia, por essas regras tradicionais, àquele que sofreu o dano demonstrar cabalmente todos os elementos necessários ao dever de indenizar. Por sua vez, o suposto causador do dano apenas precisaria agir para, por exemplo, demonstrar alguma excludente da responsabilidade, como o caso fortuito ou a força maior.

O fato é que, porém, já respondendo à pergunta, a prova do liame causal é mais difícil para aquele que sofreu o dano, que, no mínimo, está duplamente sobrecarregado. Primeiro, porque recai sobre si o ônus de provar o dano; segundo, porque é a própria vítima.

O liame dessa lesão com a causa é o ponto em que se concentra a mencionada dificuldade, e aqui ousamos discordar da orientação tradicional do CPC no art. 373, *caput*, que é causa de grandes injustiças no dia a dia forense.

Como se sabe, o estático *caput* e incisos I e II do art. 373 do CPC acaba por estimular posições de inércia das partes de acordo com os respectivos ônus probatórios subjetivos, alimentando um comportamento de sonegação de provas que seriam muito úteis para o processo.

Isso porque, quando já se sabe que a prova dos fatos constitutivos é difícil para o postulante, o seu adversário toma uma conduta desinteressada, quase inerte, pois já sabe, pela leitura prévia do art. 373, I, do CPC, que é desnecessário correr riscos trazendo provas para o processo que poderiam ser utilizadas contra ele.

Ainda mais – acrescente-se uma pitada ardilosa – nos casos em que o demandado sabe que é realmente o responsável e fica como um mero expectador sádico da dificuldade de produção de provas por parte do autor. Porque não tem nada a perder, senão confundir o convencimento do magistrado, usa a

---

94. "Art. 373. O ônus da prova incumbe: I – ao autor, quanto ao fato constitutivo do seu direito; II – ao réu, quanto à existência de fato impeditivo, modificativo ou extintivo do direito do autor."

estratégia de apenas questionar e descredibilizar a prova trazida pelo litigante contrário. É a máxima do menor risco possível.

Se, para a maioria dos casos, saber de antemão a regra de distribuição do ônus da prova não compromete a busca da verdade, não é menos verdade que, para muitos outros (que a cada dia se tornam mais frequentes), dada a existência de hipossuficiência técnica, científica e econômica, a exigência da prova dos fatos constitutivos (o nexo de causalidade no presente caso) pode representar uma verdadeira negação do acesso à justiça e, por conseguinte, um afastamento do processo da verdade.

Dexpax ilustra com perfeição o problema:

> Se o encargo da prova é do sujeito lesionado, este se encontra em uma situação extremamente desfavorável, tanto mais porque na quase totalidade dos casos, é evidente uma desigualdade econômica e financeira flagrante entre o poluidor e a vítima; se o primeiro é, por exemplo, um estabelecimento industrial, dispõe de todos os meios financeiros, até políticos, para fazer valer o seu ponto de vista; e o segundo não é mais do que um simples particular que não poderá fazer frente tendo em vista o custo das provas periciais, e, ademais será prejudicado pela lentidão do processo.[95]

A solução para estes casos é, então, uma tutela jurídica diferenciada: mecanismos processuais desenvolvidos para atender a determinados direitos substanciais, ou técnicas processuais diferentes para permitir um resultado mais justo do processo.

Exatamente por isso, pensamos, aquilo que o NCPC trata como exceção (técnica da inversão do ônus) deveria ser a regra para todo e qualquer processo, ou seja, a distribuição do ônus dinâmico da prova, e não simplesmente uma técnica utilizável nas situações descritas do referido parágrafo.

Está estampado no § 1º do art. 373 do CPC que, "nos casos previstos em lei ou diante de peculiaridades da causa relacionadas à impossibilidade ou à excessiva dificuldade de cumprir o encargo nos termos do caput ou à maior facilidade de obtenção da prova do fato contrário, poderá o juiz atribuir o ônus da prova de modo diverso, desde que o faça por decisão fundamentada, caso em que deverá dar à parte a oportunidade de se desincumbir do ônus que lhe foi atribuído".

---

95. DEXPAX M. *Droit de l'environnement*, p. 798. No mesmo sentido, apontando soluções às dificuldades impostas pelo nexo de causalidade em matéria de responsabilidade civil ambiental, ver Benjamin. Op. cit., p. 46.

Ora, quando estamos diante de uma lide ambiental é mister que a regra seja justamente o ônus dinâmico da prova, dadas as características peculiares do bem ambiental, como, aliás, há tempos temos sustentado.[96]

Retornando ao problema da prova do nexo de causalidade nas ações de responsabilidade civil ambiental, queremos dizer que já há, no ordenamento jurídico brasileiro, técnicas aptas a minimizar os referidos problemas.

Lembremos, primeiramente, de um dos princípios fundamentais do direito ambiental, que estudamos no capítulo anterior: o princípio da precaução.

Quando se trata de incerteza científica da atividade supostamente poluidora, é o princípio da precaução ambiental que determina que cabe ao suposto poluidor a prova de que não há risco de poluição.

Com isso, queremos dizer que é a regra de direito material, vinculada ao princípio da precaução, que determina que, em toda ação de responsabilidade civil ambiental na qual a existência do dano esteja vinculada a uma incerteza científica (hipossuficiência científica), sabe-se de antemão que o ônus de provar que os danos causados ao meio ambiente não resultaram da atividade econômica é do próprio empreendedor.

Aliás, justamente com base no princípio da precaução, o Superior Tribunal de Justiça já entendeu que é aquele a quem se imputa um dano ambiental (efetivo ou potencial) quem deve suportar o ônus de provar que a atividade que desenvolveu não trazia nenhum risco ambiental.[97]

É o suposto poluidor que possui a incumbência de demonstrar que aquela atividade que lhe é creditada não é degradadora ou não causa qualquer degradação ao meio ambiente. Esta posição está sedimentada no Superior Tribunal de Justiça como se observa na Súmula 618:

"A inversão do ônus da prova aplica-se às ações de degradação ambiental".

Perceba-se bem que aqui não se trata, precisamente, de técnica de *natureza processual* de inversão do ônus da prova embora comumente se mencione isso; trata-se, sim, de regra principiológica do próprio Direito Ambiental, em que o

---

96. Ver o nosso *Processo civil ambiental*, passim.
97. Esta é a posição uníssona no STJ. 2. "O princípio da precaução [...] pressupõe a inversão do ônus probatório, transferindo para a concessionária o encargo de provar que sua conduta não ensejou riscos para o meio ambiente e, por consequência, aos pescadores da região" (AgRg no AREsp 206.748/SP, Terceira Turma). 3. Não se conhece de recurso especial quando o acórdão recorrido encontra-se em consonância com a jurisprudência do Superior Tribunal de Justiça (Súmula 83 do STJ). 4. Agravo interno desprovido.
(AgInt no AREsp 2.363.891/ES, relator Ministro João Otávio de Noronha, Quarta Turma, julgado em 15.04.2024, DJe de 18.04.2024).

direito material predetermina a existência de uma presunção de que o estado de incerteza de causação do dano pela atividade e risco não pode impor sobre a coletividade um pesado ônus de demonstrar que o dano causado advém da atividade de risco. A contrário, caberia ao empreendedor, que tem o domínio técnico da sua atividade, e assumiu o risco que ela proporciona, de demonstrar que não causa o respectivo dano ambiental reclamado.[98]

Há, ainda, outra técnica, desta vez de direito processual, que não se limita aos casos de incerteza pelo risco: trata-se da inversão do ônus da prova, que poderá ser exercida em qualquer ação de responsabilidade civil ambiental, desde que presentes os fundamentos legais.

O raciocínio é simples e atende à finalidade da norma que será comentada. O que já se poderia fazer por intermédio do art. 6º, VIII, do Código de Defesa do Consumidor (Lei 8.078/90) agora pode ser utilizado o § 1º do art. 373 do CPC. Vejamos:

> Art. 6º São direitos básicos do consumidor: (...)
>
> VIII – a facilitação da defesa de seus direitos, inclusive com a inversão do ônus da prova, a seu favor, no processo civil, quando, a critério do juiz, for verossímil a alegação ou quando for ele hipossuficiente, segundo as regras ordinárias de experiências (...).

Entendemos que esse dispositivo se aplica às Ações Civis Públicas Ambientais, inclusive de responsabilidade civil por danos causados ao meio ambiente, por expressa disposição do art. 117 do mesmo diploma (Lei 8.078/90), que assim assevera:

> Art. 117. Acrescente-se à Lei 7.347, de 24 de julho de 1985, o seguinte dispositivo, renumerando-se os seguintes:
>
> Art. 21. Aplicam-se à defesa dos direitos e interesses difusos, coletivos e individuais, no que for cabível, os dispositivos do Título III da lei que instituiu o Código de Defesa do Consumidor.

Ora, vê-se que, muito embora o art. 6º, VIII, não esteja inserido no Título III do CDC, é indubitável que contém regras de Direito Processual Civil e que o art. 117 (art. 21 da LACP) manda aplicar a qualquer direito difuso (tutela do meio ambiente, por exemplo) tais dispositivos, deixando nítida a intenção de que fosse criado um plexo jurídico de normas processuais civis coletivas para serem imediatamente aplicadas aos direitos coletivos *lato sensu*.

---

98. Ter-se-ia exemplo desse princípio quando aplicado na ação civil pública ambiental em que se vise a condenação do poluidor porque a semente transgênica, por ele fabricada e lançada no mercado, teria causado um desequilíbrio ecológico quando usada pelos agricultores. Há hipossuficiência científica, cujo ônus sobre o nexo de causalidade (comprovação de sua inocorrência) cabe ao suposto poluidor.

CAPÍTULO 4 • RESPONSABILIDADE CIVIL AMBIENTAL | **159**

Ora, sendo o art. 6º, VIII, uma regra de direito processual civil, é ilógico que não se entenda como contida esta regra de inversão do ônus da prova na determinação do art. 21 da LACP.

Ademais, o fato de se encontrar o dispositivo fora do rol do Título III, embora ontologicamente seja também uma regra de Direito Processual, não afasta nem elide o fato de que o art. 6º, VIII, do CDC é regra principiológica do diploma, que se projeta em todo o Código e, inclusive, sobre o referido Título, que cuida do Direito Processual Civil.

Importante dizer, aliás, que essa interpretação do art. 6º, VIII, do CDC, combinado com o art. 21 da LACP, longe de configurar qualquer afronta à hermenêutica, vem sendo

Contudo, além da possibilidade de utilização dos dispositivos mencionados do procedimento especial coletivo, agora é possível valer-se de modo expresso o que determina o art. 373, § 1º, em que se permite, como dito alhures, que, "nos casos previstos em lei ou diante de peculiaridades da causa relacionadas à impossibilidade ou à excessiva dificuldade de cumprir o encargo nos termos do caput ou à maior facilidade de obtenção da prova do fato contrário, poderá o juiz atribuir o ônus da prova de modo diverso, desde que o faça por decisão fundamentada, caso em que deverá dar à parte a oportunidade de se desincumbir do ônus que lhe foi atribuído".

Em resumo, há, no ordenamento jurídico, ao menos duas técnicas que podem ser utilizadas para facilitar a instrução probatória em favor do meio ambiente:

Princípio da precaução: quando o caso for de incerteza científica, há presunção relativa de que a atividade econômica imputada é a causadora do dano ambiental, cabendo ao empreendedor a prova em sentido contrário.

Inversão do ônus da prova: por aplicação do art. 6º, VIII, do CDC, nos casos de hipossuficiência ou de verossimilhança das alegações, deve o juiz, no curso do processo, entregar ao suposto poluidor o encargo de provar que não causou o dano ambiental.

E neste sentido é firme a posição do Superior Tribunal de Justiça:

1. Em Ação Civil Pública proposta com o fito de reparar alegado dano ambiental causado por grave contaminação com mercúrio, o Juízo de 1º grau, em acréscimo à imputação objetiva estatuída no art. 14, § 1º, da Lei 6.938/81, determinou a inversão do ônus da prova quanto a outros elementos da responsabilidade civil, decisão mantida pelo Tribunal *a quo*. 2. O regime geral, ou comum, de distribuição da carga probatória assenta-se no art. 333, *caput*, do Código de Processo Civil. Trata-se de modelo abstrato, apriorístico e estático, mas não absoluto, que, por isso mesmo, sofre abrandamento pelo próprio legislador, sob o influxo do ônus dinâmico da prova, com o duplo objetivo de corrigir eventuais iniquidades práticas (a *probatio diabolica*, p. ex., a inviabilizar legítimas pretensões, mormente dos sujeitos vulneráveis) e instituir um ambiente ético-processual virtuoso, em cumprimento ao espírito e letra da Constituição de

1988 e das máximas do Estado Social de Direito. 3. No processo civil, a técnica do ônus dinâmico da prova concretiza e aglutina os cânones da solidariedade, da facilitação do acesso à Justiça, da efetividade da prestação jurisdicional e do combate às desigualdades, bem como expressa um renovado *due process*, tudo a exigir uma genuína e sincera cooperação entre os sujeitos na demanda. 4. O legislador, diretamente na lei (= *ope legis*), ou por meio de poderes que atribui, específica ou genericamente, ao juiz (= *ope judicis*), modifica a incidência do *onus probandi*, transferindo-o para a parte em melhores condições de suportá-lo ou cumpri-lo eficaz e eficientemente, tanto mais em relações jurídicas nas quais ora claudiquem direitos indisponíveis ou intergeracionais, ora as vítimas transitem no universo movediço em que convergem incertezas tecnológicas, informações cobertas por sigilo industrial, conhecimento especializado, redes de causalidade complexa, bem como danos futuros, de manifestação diferida, protraída ou prolongada. 5. No Direito Ambiental brasileiro, a inversão do ônus da prova é de ordem substantiva e *ope legis*, direta ou indireta (esta última se manifesta, p. ex., na derivação inevitável do princípio da precaução), como também de cunho estritamente processual e *ope judicis* (assim no caso de hipossuficiência da vítima, verossimilhança da alegação ou outras hipóteses inseridas nos poderes genéricos do juiz, emanação natural do seu ofício de condutor e administrador do processo). 6. Como corolário do princípio *in dubio pro natura*, 'Justifica-se a inversão do ônus da prova, transferindo para o empreendedor da atividade potencialmente perigosa o ônus de demonstrar a segurança do empreendimento, a partir da interpretação do art. 6º, VIII, da Lei 8.078/1990 c/c o art. 21 da Lei 7.347/1985, conjugado ao Princípio Ambiental da Precaução' (REsp 972.902/RS, rel. Min. Eliana Calmon, 2ª Turma, *DJe* 14.09.2009), técnica que sujeita aquele que supostamente gerou o dano ambiental a comprovar 'que não o causou ou que a substância lançada ao meio ambiente não lhe é potencialmente lesiva' (REsp 1.060.753/SP, rel. Min. Eliana Calmon, 2ª Turma, *DJe* 14.12.2009). 7. A inversão do ônus da prova, prevista no art. 6º, VIII, do Código de Defesa do Consumidor, contém comando normativo estritamente processual, o que a põe sob o campo de aplicação do art. 117 do mesmo estatuto, fazendo-a valer, universalmente, em todos os domínios da Ação Civil Pública, e não só nas relações de consumo (REsp 1049822/RS, rel. Min. Francisco Falcão, 1ª Turma, *DJe* 18.05.2009). 8. Destinatário da inversão do ônus da prova por hipossuficiência – juízo perfeitamente compatível com a natureza coletiva ou difusa das vítimas – não é apenas a parte em juízo (ou substituto processual), mas, com maior razão, o sujeito-titular do bem jurídico primário a ser protegido. 9. Ademais, e este o ponto mais relevante aqui, importa salientar que, em Recurso Especial, no caso de inversão do ônus da prova, eventual alteração do juízo de valor das instâncias ordinárias esbarra, como regra, na Súmula 7 do STJ. 'Aferir a hipossuficiência do recorrente ou a verossimilhança das alegações lastreada no conjunto probatório dos autos ou, mesmo, examinar a necessidade de prova pericial são providências de todo incompatíveis com o recurso especial, que se presta, exclusivamente, para tutelar o direito federal e conferir-lhe uniformidade' (REsp 888.385/RJ, 2ª Turma, rel. Min. Castro Meira, *DJ* de 27.11.2006. No mesmo sentido, REsp 927.727/MG, 1ª Turma, rel. Min. José Delgado, *DJe* de 04.06.2008). 10. Recurso Especial não provido" (REsp 883.656/RS, rel. Min. Herman Benjamin, 2ª Turma, julgado em 09.03.2010, *DJe* 28.02.2012).

12.7 Causalidade (direta e indireta) e a solidariedade passiva dos poluidores

Como já se disse, da leitura do art. 3º, IV, da Lei 6.938/81, entende-se que tanto aquele que seja o causador direto quanto o que seja apenas causador indireto do dano ambiental pode ser por ele responsabilizado. Disso extrai-se uma regra importantíssima para a efetivação da responsabilidade civil ambiental: todos os causadores (diretos e indiretos) respondem solidariamente pelos prejuízos causados ao meio ambiente.

Dizer que é solidária esta responsabilidade é o mesmo que dizer que qualquer dos causadores pode ser responsabilizado por todo o dano ambiental. Ou, ainda, que o autor de uma ação por responsabilidade civil ambiental pode escolher responsabilizar um, alguns ou todos os que tenham concorrido direta ou indiretamente para o dano. Portanto é facultativa a formação de litisconsórcio passivo entre os diversos poluidores. Pode o autor escolher se deseja demandar contra um ou contra todos os poluidores, podendo tomar a decisão estratégica processual que se me mostrar mais vantajosa.[99]

Frise-se que para que exista a pluralidade de poluidores pouco importa qualquer discussão quanto à intensidade da responsabilidade de cada um dos imputados. Se isso é importante para relação interna entre os poluidores para fins de regresso entre si, isso é absolutamente irrelevante na relação externa da solidariedade em relação a coletividade que foi prejudicada pelo dano ao meio ambiente.

A regra da solidariedade na responsabilidade civil ambiental é princípio de justiça, de modo que não cabe, na análise da verificação de um único e indivisível dano ambiental provocado por várias e diversas fontes, tentar identificar o quantum do papel de cada um. Ou existem várias causas e vários danos com diferentes poluidores, ou o dano é único e todos os poluidores que concorreram para produzi-lo, uns mais outros menos, são solidários no dever de reparar.

Como dito acima a proporcionalidade do dano causado por cada fonte poluidora só é importante para futura ação regressiva do que foi totalmente condenado pelo dano ambiental contra os demais causadores não condenados (relação interna da solidariedade).

---

99. 11. A jurisprudência do Superior Tribunal de Justiça é de que é objetiva e solidária a responsabilidade por dano ambiental e que, na forma do inciso IV do art. 3º da Lei 6.938/1981, considera-se poluidor toda pessoa física ou jurídica responsável direta ou indiretamente por atividade causadora de degradação ambiental. Disso decorre que o dano ambiental pode ser demandado tanto contra o responsável direto quanto contra o indireto ou mesmo contra ambos, dada a solidariedade estabelecida por lei, não havendo, ademais, irregularidade ou nulidade em apenas um dos cônjuges figurar no polo passivo da referida ação, porque em Ação Civil Pública voltada ao ressarcimento de danos ambientais há litisconsórcio passivo facultativo, abrindo-se ao autor a possibilidade de demandar qualquer um deles isoladamente, ou em conjunto, pelo todo. (...) AgInt no REsp 1.830.035/SP, relator Ministro Herman Benjamin, Segunda Turma, julgado em 28.09.2020, DJe de 14.10.2020.

Assim, ratificando, aquele que causou ou contribuiu de alguma forma para o dano ambiental pode ser responsabilizado integralmente porque responde solidariamente pelo todo.

A verificação da proporção do que ele causou só poderá ser feita em ação própria contra os demais responsáveis, porque, aliás, em sede de responsabilidade objetiva ambiental, não se admite a figura do chamamento ao processo (modalidade de intervenção de terceiro que busca trazer ao processo os demais devedores solidários) ou da denunciação da lide (modalidade de intervenção de terceiros que busca, no mesmo processo, o direito de regresso). Vejamos o que já decidiu o STJ:

> (...) 5. Do mesmo modo, a aplicação integrativa da Lei de Ação Civil Pública (art. 21 da Lei 7.47/85) e do Código de Defesa do Consumidor (art. 90 da Lei 8.078/90) impede denunciação da lide nas ações coletivas em geral (arts. 88 e 101, II, do CDC). A discussão paralela sobre o direito de regresso – especialmente em tema de proteção ao Meio Ambiente –, contraria a lógica do sistema, retardando o andamento da causa e ampliando o objeto litigioso para além do tema central da postulação. Precedentes: REsp 232.187/SP, Rel. Min. José Delgado, Primeira Turma, DJ 08/5/2000; REsp 397.840/SP, Rel. Min. Francisco Falcão, Primeira Turma, DJ 13.03.2006; AgRg no Ag 1.213.458/MG, Rel. Min. Mauro Campbell Marques, DJe 30.09.2010 (...) (REsp 1.696.736/SP, relator Ministro Herman Benjamin, Segunda Turma, julgado em 16.11.2021, DJe de 16.12.2021).

12.8 Solidariedade (passiva) entre os poluidores

A pluralidade de devedores em regime de solidariedade passiva é importante técnica de proteção do crédito, pois amplia a possibilidade de recebimento do que é devido ao credor ou credores. Existe a solidariedade quando, por vontade das partes ou por determinação legal (art. 265), quando na mesma obrigação concorre mais de um credor, ou mais de um devedor, cada um com direito, ou obrigado, à dívida toda (art. 264). Aqui nos interessa apenas a *solidariedade passiva na reparação de danos ambientais*.

Colhe-se do conceito legal de *solidariedade* quatro aspectos importantes:

> (i) Primeiro, que ela constitui exceção à regra da divisibilidade das obrigações prevista no art. 257 do CCB;[100]
>
> (ii) Segundo que ela implica em uma pluralidade subjetiva (ativa e/ou passiva) e
>
> (iii) Terceiro, que existe uma *unidade objetiva*, ou seja, há apenas uma relação de direito material ligando credores e devedores;

---

100. Art. 257. Havendo mais de um devedor ou mais de um credor em obrigação divisível, esta presume-se dividida em tantas obrigações, iguais e distintas, quantos os credores ou devedores.

(iv) Existe uma relação jurídica externa que conecta os solidários e a parte oposta e uma relação jurídica interna entre os próprios coobrigados solidários.

Na responsabilidade civil pelos danos ambientais havendo mais de um poluidor responsável pelo ato danoso todos responderão *solidariamente* pelo dever de reparar. Esta solidariedade passiva ambiental resulta da previsão legal extraída da combinação dos seguintes dispositivos: art. 225, § 3º, do artigo 942 do CCB, dos artigos 3º, IV e 14, § 1º da Lei 6.938/81. O regime da solidariedade legal passiva pela reparação dos danos causados ao meio ambiente vincula-se à participação de mais de um sujeito na causação do mesmo e único dano ao meio ambiente. Todos que participaram, contribuíram, agravaram etc. (o mesmo) dano ao meio ambiente respondem solidariamente por isso.

Basicamente, se o ato causador do dano ao meio ambiente resulta de uma contribuição (direta ou indireta, maior ou menor[101]) de mais de um sujeito, todos responderão solidariamente pela reparação do referido dano ambiental. A solidariedade passiva na responsabilidade civil ambiental é importantíssima técnica de proteção da sociedade (vítima do dano) porque amplia o rol de sujeitos que respondem pela totalidade da dívida. Isso tem uma enorme relevância no direito ambiental porque não será incomum existirem enormes dificuldades para identificar todos os poluidores do mesmo dano ambiental cometido. Assim, se o dano ambiental é decorrente de várias fontes de poluição, distribuídos por diferentes poluidores que estejam separados em razão do tempo e do espaço físico seria muito difícil de ser reparado na sua integralidade se não fosse o regime da solidariedade passiva adotada pelo ordenamento jurídico ambiental.

A solidariedade não se presume; resulta da lei ou da vontade das partes como diz expressamente o artigo 265 do CCB. No caso da responsabilidade civil ambiental há solidariedade (e responsabilidade primária) de todos aqueles que são poluidores, ainda que um deles seja o "poluidor direto" e o outro "indireto". Não importa para a relação externa que envolve os poluidores (devedores solidários) e o credor (sociedade) se o poluidor "A" poluiu mais ou menos que o poluidor "B". Apenas para a relação jurídica interna entre os poluidores isso será relevante.

Frise-se, apenas a relação jurídica externa perante a sociedade atingida pela danosidade ambiental é o que nos interessa. Se ambos contribuíram direta ou indiretamente para a causação do dano, ambos respondem pela reparação civil. Isso significa dizer que é perfeitamente possível demandar judicialmente a responsabilização do poluidor direto A e do poluidor indireto B, ou apenas um

---

101. MILARÉ, Edis. *Direito do ambiente*. 9. ed. São Paulo: Ed. RT, 2014, p. 446.

ou outro, para exigir na totalidade a reparação civil, tal qual determina o art. 264 do CCB combinado com o art. 942, caput do mesmo diploma civil.

12.9 Segue: solidariedade passiva e indivisibilidade do dano ambiental

A regra legal que impõe aos poluidores o dever de reparar o dano ambiental em regime de solidariedade existe em razão da relação *causa-dano* que lhes é atribuída. Sendo o dano ambiental resultante da participação direta ou indireta de múltiplas condutas então todos são solidários na reparação do meio ambiente.

A questão é deveras importante porque tem-se argumentado que se o *dano ambiental for repartível* então não se poderia aplicar o regime da solidariedade pela ausência da relação de causa-efeito.[102] A discussão[103] é séria e lógica, afinal de contas se não há *um dano* mais *vários danos* então cada um que responda pelo que deu causa.

Observe-se que com o desenvolvimento científico e com as novas tecnologias tem sido possível identificar as diferentes fontes poluentes conectando-as de forma específica ao seu agente poluente. Como se disse a tese é importante, mas encontra óbice no direito ambiental brasileiro em razão do conceito de meio ambiente, e, por corolário, de *dano* ambiental.

Há uma diferença entre (i) *identificar as fontes da poluição* e (ii) *distinguir a porção da sua contribuição no dano ao meio ambiente* a ponto de (iii) *estabelecer um nexo próprio para um dano próprio desta fonte poluente.*

Assim, por exemplo, e perfeitamente possível identificar na poluição hídrica quais são as fontes poluentes, atribuindo o efluente X à empresa X, o efluente Y

---

102. Relembremos que a solidariedade resulta de uma pluralidade de sujeitos conectados por uma única relação jurídica de direito material e constitui exceção à regra da divisibilidade das obrigações onde cada qual seria responsável pela sua parte. A existência do regime da solidariedade, resultante da lei ou da convenção, é que conecta as partes solidárias com a parte contrária na relação jurídica obrigacional. Só que a solidariedade não é única exceção à regra da divisibilidade das obrigações. A máxima de um por todos e todos por um pode não se dar apenas em razão de uma mera opção da lei ou das partes para reforçar a proteção da obrigação. Há casos em que a prestação (dar, fazer ou não fazer) tem por objeto uma coisa ou um fato que não suscetíveis de divisão, por sua natureza, por motivo de ordem econômica, ou dada a razão determinante do negócio jurídico. Nestas hipóteses denominadas de obrigações indivisíveis (prestação não for divisível), havendo dois ou mais devedores, cada um será obrigado pela dívida toda (art. 259 do CCB). Como se observa, tanto no caso de indivisibilidade do objeto da prestação (art. 259), quanto na hipótese de solidariedade o credor pode exigir do devedor a totalidade da prestação devida (art. 264).

103. Consulte-se o excelente texto de CARVALHO, Delton Winter onde o autor lança a referida discussão a partir de exemplos de legislação internacional que "dividem os danos". "Limites à responsabilidade solidária ambiental e à caracterização do poluidor indireto", in Veredas do Direito – Direito Ambiental e Desenvolvimento Sustentável, v. 17 n. 39 (2020). Disponível em: https://doi.org/10.18623/rvd.v17i39.1774. Acesso em: 18 maio 2024.

à empresa Y, o efluente Z a empresa Z e assim sucessivamente. O mesmo se diga, por exemplo, da poluição atmosférica de uma determinada área industrial. É perfeitamente possível com o desenvolvimento científico que se tenha identificado o "DNA" da mistura de gases e particulados relacionando estes poluentes às suas respectivas fontes.

O fato de ser possível fragmentar a poluição e distinguir os poluentes a partir das suas origens não tem o condão de dividir, materialmente falando, o dano ao meio ambiente.

Isso porque o *macrobem* tutelado pelo direito constitucional, que constitui o *bem de uso comum de* todos e possui um regime jurídico de indivisibilidade material, é o "equilíbrio ecológico" como se vê no artigo 225, *caput* da CF/88. Este bem é imaterial e resulta da combinação química, física e biológica, no espaço e tempo, dos *microbens ambientais* bióticos ou abióticos (recursos ambientais).

Para que fosse possível "dividir o dano ao equilíbrio ecológico" seria necessário não apenas identificar a fonte poluente, mas também determinar, no espaço e no tempo em que foi lançado, qual teria sido a sua porção no déficit do *equilíbrio ecológico*, considerando aspectos como impactos diretos e indiretos no tempo e no espaço e a inter-relação com os demais ecossistemas. A simples identificação do poluente em um ou alguns dos recursos ambientais (água, ar, solo etc.) atribuindo-o a determinada origem não tem o condão de *cindir* o *incindível dano ao equilíbrio ecológico*. Basta pensar nos *serviços ambientais ecossistêmicos* que serão afetados – direta ou indiretamente – pelo desiquilíbrio ecológico.

A fragmentação da poluição cometida e determinados recursos ambientais não implica em *fragmentar o dano ao equilíbrio ecológico*, porque este não se confunde com o dano ao *recurso ambiental*. O dano ao equilíbrio ecológico é o dano ao macrobem, bem este que resulta da combinação do recurso ambiental que foi danificado com os recursos ambientais que estavam saudáveis e que também foram direta ou indiretamente contaminados. É realmente impossível, dada a complexidade temporal e espacial que conectam os ecossistemas pretender fragmentar, materialmente, o desequilíbrio ecológico.

Isso não significa que a lei não possa, por ficção jurídica, redefinir o que seja dano ao meio ambiente e fragmentá-lo da forma que lhe convier, por exemplo, criando porções de acordo com limites espaciais e temporais para os poluidores diretos ou indiretos.

Exemplo disso é a "Convention on Civil Liability for Damage Resulting from Activities Dangerous to the Environment" citada no belíssimo texto de Delton Winter de Carvalho onde lança a importante discussão sobre o tema onde demonstra que no art. 6º, 3 haveria a "possibilidade do explorador liberar-se da responsabilidade solidária se este é capaz de demonstrar que, com sua atividade, contribuiu tão somente para uma parte específica do dano que lhe é imputado (art. 6º, item 3)".

É bem verdade que nesta Resolução há uma definição de "danos para os efeitos desta resolução" e nesta definição não estão apenas os danos ao meio ambiente, mas danos por ricochetes e os custos de medidas de prevenção etc., daí porque a *repartição sugerida* não seria propriamente do *dano ao meio ambiente* mas dos diferentes danos que ela considera cumulados na resolução.[104] A incindibilidade *material* e *jurídica* do equilíbrio ecológico, bem jurídico de natureza constitucional, cuja titularidade é da coletividade, leva a indivisibilidade do dano a ele cometido, o que, por sua vez, implica na solidariedade passiva de todos os que concorreram, direta ou indiretamente, para a sua causação.

Para que no ordenamento jurídico brasileiro pudesse acontecer a *fragmentação do dano ao equilíbrio ecológico* seria necessário alterar o regime jurídico da própria CF/88 que é onde está o conceito de meio ambiente e seu regime jurídico (art. 225, *caput*), bem como se encontra a raiz da responsabilidade civil pelos danos causados ao referido bem jurídico (art. 225, § 3º).

12.10 A *"responsabilidade solidária de execução subsidiária"*

A frase que intitula este tópico encontra-se estampada nos arestos que deram origem a Súmula 652 do STJ cujo enunciado é o seguinte

> A responsabilidade civil da Administração Pública por danos ao meio ambiente, decorrente de sua omissão no dever de fiscalização, é de caráter solidário, mas de execução subsidiária.

Os arestos que deram origem a referida súmula tinham por preocupação retirar das costas da sociedade o "duplo prejuízo" ambiental.

As razões que justificaram a adoção deste regime jurídico podem ser extraídas de alguns dos arestos que deram origem à Súmula. Colhe-se excerto do RESP 1.071741SP:

---

104. Article 2 – Definitions (…) 7. 7 "Damage" means: *a* loss of life or personal injury; *b* loss of or damage to property other than to the installation itself or property held under the control of the operator, at the site of the dangerous activity; *c* loss or damage by impairment of the environment in so far as this is not considered to be damage within the meaning of sub-paragraphs a or b above provided that compensation for impairment of the environment, other than for loss of profit from such impairment, shall be limited to the costs of measures of reinstatement actually undertaken or to be undertaken; *d* the costs of preventive measures and any loss or damage caused by preventive measures, to the extent that the loss or damage referred to in sub-paragraphs a to c of this paragraph arises out of or results from the hazardous properties of the dangerous substances, genetically modified organisms or micro-organisms or arises or results from waste.

> 15. A responsabilidade solidária e de execução subsidiária significa que o Estado integra o título executivo sob a condição de, como devedor-reserva, só ser convocado a quitar a dívida se o degradador original, direto ou material (= devedor principal) não o fizer, seja por total ou parcial exaurimento patrimonial ou insolvência, seja por impossibilidade ou incapacidade, inclusive técnica, de cumprimento da prestação judicialmente imposta, assegurado, sempre, o direito de regresso (art. 934 do Código Civil), com a desconsideração da personalidade jurídica (art. 50 do Código Civil).
>
> 16. Ao acautelar a plena solvabilidade financeira e técnica do crédito ambiental, não se insere entre as aspirações da responsabilidade solidária e de execução subsidiária do Estado, sob pena de onerar duplamente a sociedade, romper a equação do princípio poluidor-pagador e inviabilizar a internalização das externalidades ambientais negativas? substituir, mitigar, postergar ou dificultar o dever, a cargo do degradador material ou principal, de recuperação integral do meio ambiente afetado e de indenização pelos prejuízos causados.

Como se observa no trecho acima a intenção de se criar um regime de *responsabilidade solidária de execução subsidiaria* tem por finalidade não sobrecarregar a sociedade duplamente pelo dano ambiental. Diz-se "duplamente" porque, *primeiro*, a coletividade suportaria a lesão do equilíbrio ecológico e, *segundo*, porque ter o Poder Público como executado implica em transferir o peso da reparação para a própria sociedade.

Por mais nobre que pareça a intenção da referida Súmula não parece correta a criação de uma regra de subsidiariedade da responsabilidade patrimonial sem que isso esteja previsto em lei ou por convenção das partes.

Embora não seja comum o binômio *responsabilidade civil solidária* com uma *responsabilidade patrimonial subsidiária* ela é possível de ser estabelecida afinal são institutos distintos. Contudo, para que possa existir uma "responsabilidade solidaria com execução subsidiária" é necessário que isso esteja previsto na lei ou no negócio jurídico, afinal de contas a regra estabelecida pelo Código Civil no artigo 942 é a de que a solidariedade no dever de reparar se estende à responsabilidade patrimonial.

> Art. 942. Os bens do responsável pela ofensa ou violação do direito de outrem ficam sujeitos à reparação do dano causado; e, se a ofensa tiver mais de um autor, todos responderão solidariamente pela reparação.

Já dissemos mais acima que quando o dano ao meio ambiente resulta tanto da ação comissiva do poluidor, quanto da ação omissiva do poder público (omissão no dever específico de controle, fiscalização etc.) ambos os sujeitos são poluidores e em razão dessa concorrência de causas respondem solidariamente pelo dano causado ao meio ambiente. A demanda reparatória pode ser ajuizada contra ambos ou apenas um deles, pois a solidariedade da prestação implica em opção de escolha do credor e formação de litisconsórcio facultativo passivo.

Com essa orientação preconizada, o STJ "obriga" ao autor da demanda a litigar contra ambos, pois transforma a solidariedade em "faz de conta", posto que se decidir ajuizar a ação apenas contra o poder público e este vier a alegar e for acolhido o benefício de ordem, o autor não poderá prosseguir no cumprimento de sentença e nele direcionar a execução contra o outro poluidor por ausência de título executivo (art. 513, § 5º do CPC).

Para que ao poder público – solidário no dever de reparar os danos causados – fosse dada a prerrogativa de ter o direito de alegar o benefício de ordem seria mister que este direito estivesse expressamente reconhecido no ordenamento jurídico posto.

13. O DANO AMBIENTAL

13.1 Conceito de meio ambiente

13.1.1 O direito ao meio ambiente ecologicamente equilibrado

Não é possível entender o que seja "dano ao meio ambiente" sem compreender o que seja "meio ambiente". Comecemos pelo artigo 225, caput da CF/88.

O artigo 225, caput da CF/88 consagra o *direito ao meio ambiente ecologicamente equilibrado*, um *bem* de uso comum do povo, que é essencial à sadia qualidade de vida e que deve ser resguardado não apenas para as *presentes*, mas também para as *futuras* gerações.

Conquanto o *direito ao equilíbrio ecológico* não figure formalmente no rol de direitos constantes do título II da CF/88, não se discute a sua seiva de *direito fundamental* pois expressamente o texto constitucional vincula-o como *essencial* à *sadia qualidade de vida*. Dito em outros termos, não há vida sadia com qualidade sem um meio ambiente que esteja ecologicamente equilibrado. O direito à vida e o direito à saúde são conectados de forma indissociável ao *equilíbrio ecológico*, tanto sob uma perspectiva coletiva, quanto individual.[105]

A dimensão individual do meio ambiente não exclui a sua dimensão coletiva e vice-versa; o regime jurídico do bem é de *uso comum*, harmônico, não egoísta, ou seja, embora seja de fruição individual, este uso não pode privar todos que integram a coletividade de também fruí-lo na sua plenitude.

---

105. SARLET, Ingo Wolfgang; FERNSTERSEIFER, Tiago. *Direito constitucional ambiental*: estudos sobre a constituição, os direitos fundamentais e a proteção do ambiente. São Paulo: Ed. RT, 2011, p. 37-38; SARLET, Ingo Wolfgang. *A Eficácia dos Direitos Fundamentais*. 6. ed. rev., atual. e ampl. Porto Alegre: Livraria do Advogado, 2006. p. 92-96.

13.1.2 O elemento objetivo e o subjetivo do equilíbrio ecológico

O art. 225, caput identifica no direito ao meio ambiente ecologicamente equilibrado tanto o seu *elemento objetivo* (meio ambiente ecologicamente equilibrado ou simplesmente *equilíbrio ecológico*) quanto o *subjetivo* (todos, povo, coletividade, gerações presentes e futuras). Passaremos à análise da característica de cada um deles.

13.1.2.1 Elemento objetivo: equilíbrio ecológico

O elemento objetivo "equilíbrio ecológico" não pode ser apequenado com a costumeira confusão que se faz com os *recursos ambientais*. O equilíbrio ecológico é formado pela interação (química, física e biológica) dos recursos ambientais, ou seja, estes são parte do todo. Tais recursos, em conjunto, são ingredientes fundamentais para se alcançar o equilíbrio ecológico. Logo, o *produto* da interação destes recursos não se confunde, e nem se reduz, a cada um destes recursos em particular.

O ar, a água, a fauna, a flora, os minerais etc. são os recursos ambientais, que podem ser classificados em bióticos (com vida) e abióticos (sem vida). O equilíbrio ecológico é o resultado da combinação entre eles. Cada recurso ambiental tem um papel (função ecológica) na produção do equilíbrio ecológico com variações no tempo e no espaço e nas inter-relações entre si.

Neste particular o texto constitucional abraçou, integralmente, os conceitos de *meio ambiente* (equilíbrio ecológico) e de recursos ambientais previstos no art. 3º, I e V da Lei 6.938/81 que instituiu a Política Nacional do Meio Ambiente, vejamos:

> Art. 3º Para os fins previstos nesta Lei, entende-se por:
>
> I – Meio ambiente, o conjunto de condições, leis, influências e interações de ordem física, química e biológica, que permite, abriga e rege a vida em todas as suas formas;
>
> (...)
>
> V – Recursos ambientais: a atmosfera, as águas interiores, superficiais e subterrâneas, os estuários, o mar territorial, o solo, o subsolo, os elementos da biosfera, a fauna e a flora.

No texto do artigo 225 da CF/88 há o reconhecimento do direito fundamental ao equilíbrio ecológico, como também que ele não pode ser alcançado (o equilíbrio ecológico) sem que se protejam os recursos ambientais. É o que se observa ao falar no parágrafo primeiro do artigo 225 que a "efetividade" desse direito (equilíbrio ecológico) depende da proteção dos "processos ecológicos essenciais", "patrimônio genético", "componentes ambientais dos espaços especialmente protegidos", "função ecológica da fauna e da flora" etc.

Falando mais um pouquinho sobre o objeto ("equilíbrio ecológico") do direito fundamental previsto no artigo 225 da CF/88 é necessário dizer que o próprio texto magno estabeleceu o seu regime jurídico e de certa forma algumas características que são importantes para definir, em capítulos seguintes, como deve se dar a sua tutela.

A sua principal característica é ser *essencial à sadia qualidade de vida*. Ora, dizer que é fundamental, imprescindível, imanente, necessário à vida – com saúde – implica reconhecer que aí está o "mais básico de todos os direitos, no sentido de que surge como verdadeiro pré-requisito da existência dos demais direitos consagrados constitucionalmente. É, por isto, o direito humano mais sagrado".[106]

Observe que a *essencialidade à vida* traz consigo uma série de atributos como:

1. *Indisponibilidade*, afinal ninguém pode prescindir da vida com saúde;

2. *Imprescritibilidade*, "em razão da natureza permanente da lesão";[107-108]

3. *Inalienabilidade/indisponibilidade*, posto que não possuem conteúdo econômico que permita ser transferido ou negociado, sem impossível a sua disposição;

4. *Inapropriável* no sentido de não pertence a uma pessoa com exclusão de outras, ou seja, não pode ser excluído de quem quer que seja, inclusive porque se submete a um regime de *uso comum*;

5. *Irrenunciável* porque não se pode renunciar à vida com qualidade, *irretroatividade*, porque uma vez ocorrida a sua aquisição ao patrimônio jurídico do indivíduo, é vedado que se lhe imponha um retrocesso à sadia qualidade de vida adquirida;[109]

6. *Interrelacionalidade*, pois na medida em que tal objeto está atrelado ao núcleo mais sagrado do indivíduo/coletividade que é a vida com dignidade, todos os demais direitos que dependem do direito à vida se correlacionam com o meio ambiente sadio;

7. *Globalidade/transnacionalidade*, pois não sendo um objeto que encontra fronteiras políticas e sendo os recursos ambientais de índole planetária, comunicantes e dependentes

---

106. TAVARES, André Ramos. *Curso de Direito Constitucional*. 8. ed. São Paulo: Saraiva, 2010, p. 569.

107. AgInt no AREsp 1540341/PA, Rel. Ministro Napoleão Nunes Maia Filho, Primeira Turma, julgado em 15.06.2020, DJe 17.06.2020.

108. O STF (Tema STF 999) reconheceu por maioria de votos ser "imprescritível a pretensão de reparação civil de dano ambiental" no julgamento do Recurso Extraordinário 654833 seguindo orientação pacífica e sedimentada do STJ (STJ – REsp 1081257-SP, REsp 1644195-SC). Tal orientação do STF em abril de 2020, consolida a posição dos nossos tribunais de cúpula de que a lesão ao meio ambiente é de índole permanente e o direito ao meio ambiente ecologicamente equilibrado pertence as presentes e futuras gerações. Entre aderir a um sistema clássico de estabilidade pela prescrição e manter viva a possibilidade de reparação pelos danos ambientais o STF adotou a posição de proteção do meio ambiente, inclusive citando o voto do Ministro Herman Benjamin (STJ) sobre o tema quando disse que a "segurança jurídica da coletividade futura que enfraquece e mitiga, quando não aniquila, a chamada segurança jurídica tradicional, no caso do infrator das normas ambientais. Ou seja, deve prevalecer a segurança jurídica coletiva das gerações futuras sobre a segurança jurídica do infrator individual de hoje" (EDcl no REsp 1120117/AC).

109. BARROSO, Luís Roberto. *O direito constitucional e a efetividade de suas normas*. 5. ed. Rio de Janeiro: Renovar, 2001. p. 158.

um dos outros, não há como segregá-lo a um limite espacial e político construído pelo ser humano;

8. *Não monetizável (não amoedável)* que implica que não deve ser violado, pois privar o indivíduo/coletividade do seu usufruto não encontra conversão em pecúnia;

9. *Infungibilidade,* assim entendida como a impossibilidade de que possa ser substituído por qualquer outro objeto;

10. *Indivisível,* pois não podem ser fracionados sem alteração na sua substância, e sem prejuízo do uso a que se destinam;

11. *Reflexibilidade* na medida em que é base de sustentação para outros direitos, ou seja, a violação do equilíbrio ecológico ricocheteia para outros direitos (individuais ou coletivos) que dele dependam;

12. *Dinamicidade – o meio ambiente está em frequente movimento, é pulsante, daí porque se fala em "equilíbrio" que pressupõe este estado de harmonia constante;*

13. *Resiliente – como um ser vivo o equilíbrio ecológico tenta suportar, lutar e reagir para retornar ao seu equilíbrio mesmo após ser deformado ou atingido.*

Todas estas características do equilíbrio ecológico, objeto do direito constitucional ao meio ambiente, são importantíssimas para entender como *deve ser* o modelo de proteção do referido direito.

13.1.2.2 O elemento subjetivo: titularidade universal

Em mais de um momento o artigo 225 deixou clara a titularidade do direito ao meio ambiente ecologicamente equilibrado, ou seja, definiu a quem pertence este direito fundamental. O texto do artigo 225 usa as expressões "todos", "povo", "coletividade", "presentes e futuras gerações" para designar aqueles que titularizam o direito ao equilíbrio ecológico.

Além do fato de a CF/88 ter utilizado nomes que refletem a indeterminação e abstração dos titulares do direito ao equilíbrio ecológico, também disse que tal bem *é de uso comum do povo.*

A rigor, o equilíbrio ecológico não é um bem público nos termos do art. 98 do Código Civil[110] Brasileiro, ou seja, não são bens que pertençam ao Estado, muito embora alguns recursos ambientais que atuam no equilíbrio ecológico o sejam como se observa, por exemplo, em alguns incisos do art. 20 da CF/88.

Por outro lado, se olharmos para a classificação do bem público contida nos incisos do art. 99, perceberemos que o critério classificatório ali adotado foi *a destinação/utilização do bem,* portanto, sob este viés poderíamos dizer que o equilíbrio ecológico é um bem público sob tal perspectiva, não sendo por acaso

---

110. Art. 98. São públicos os bens do domínio nacional pertencentes às pessoas jurídicas de direito público interno; todos os outros são particulares, seja qual for a pessoa a que pertencerem.

o fato de o texto constitucional ter tomado emprestado a mesma expressão do art. 99, I do CCB.

Assim, tanto se pode definir o bem público a partir do seu titular (art. 98), quanto do seu destino/utilização (art. 99, I). É sob esta, e não aquela perspectiva que se encaixa o equilíbrio ecológico como se fosse um bem público. É, pois, *público pelo que se destina*, mas *não é público sob o conceito do art. 98.*

Portanto, embora criticável a opção do legislador de definir o "bem público" dentro de um diploma privado e a partir do sujeito que o titulariza (e não propriamente daquele que é o seu verdadeiro usuário[111]), isso não impede que utilizemos a classificação do artigo 99 para reconhecer que mesmo não sendo de titularidade de nenhum ente estatal o equilíbrio ecológico se submete a um regime jurídico de direito público.

É muito importante notar que o fato de a sua titularidade ser do "povo" da "coletividade" isso de forma alguma afasta o fato de que são fruídos individualmente, por cada sujeito que integra o povo ou a coletividade. Daí porque se fala em *dimensão individual* e *dimensão coletiva* do direito fundamental ao equilíbrio ecológico.[112]

Quando o texto constitucional diz que são "bens de uso comum do povo" isso significa que não se submetem a um regime de propriedade privada, ou seja, não há a faculdade de usar, gozar e dispor.

O direito de uso do equilíbrio ecológico (e da função ecológica dos recursos ambientais que o integram) é indistinto, ou seja, todos do povo podem usar em absoluta igualdade de condições, sem necessidade de consentimento ou autorização de qualquer pessoa. Normalmente são gratuitos, mas dada a existência de alguma peculiaridade pode ser exigida uma remuneração pela administração pública, por exemplo, para subsidiar os custos de manutenção específica, como por exemplo as taxas ambientais que se cobram para visitação em determinado e específico espaço ambiental de proteção de ecossistema de rara biodiversidade.

Para que o *povo* possa usufruir do equilíbrio ecológico é necessário que ele seja alcançado pela interação química, física e biológica da função ecológica dos recursos ambientais; isso quer dizer que só há a possibilidade de se ter uso comum do meio ambiente ecologicamente equilibrado se houver respeito à *função ecológica* dos recursos ambientais que em conjunto produzem este equilíbrio.

---

111. Ver a crítica de GASPARINI, Diógenes. *Direito Administrativo*. 13. ed. São Paulo: Saraiva, 2008, p. 856.
112. FENSTERSEIFER, Tiago. *Direitos Fundamentais e Proteção do Ambiente*: a dimensão ecológica da dignidade humana no marco jurídico-constitucional do Estado Socioambiental de Direito. Porto Alegre: Livraria do Advogado, 2008, p. 57 e ss.

CAPÍTULO 4 • RESPONSABILIDADE CIVIL AMBIENTAL **173**

É importante que fique claro que os recursos ambientais (ex. minerais, água, flora, fauna etc.) são bens que tanto servem a uma *função ecológica* (função típica, normal, conatural), quanto a uma *função econômica-cultural*. O que deve ficar claro é que pelo fato de que sua função ecológica ser essencial à vida ela precede a qualquer outra; é subordinante de todas as demais; qualquer outra função (econômica, cultural) que se pretenda dar ao referido bem, isso só pode ser feito se não houver prejuízo para a função ecológica e desde que exista prévio beneplácito do poder público competente que é o responsável por zelar o referido bem.

Para se ter segurança de que haverá respeito à proteção do *uso comum*, é necessário que a solicitação do *uso incomum* (por exemplo, a exploração de riquezas minerais, construção de uma obra com sacrifício de área verde, construção de um píer, passagem de um oleoduto, realização de uma passarela sobre um mangue etc.) ela seja expressamente autorizado pelo seu dono (povo)[113] o que se alcança mediante um devido processo (transparente, democrático, moral, eficiente etc.) onde o poder público avalie os possíveis impactos e, em caso positivo, consinta/autorize/outorgue licença para o referido uso incomum nas condições que vierem a ser por ele estabelecidas.

13.2 O dano ao equilíbrio ecológico (dano ambiental)

13.2.1 O conceito

O dano é a perda/prejuízo/diminuição/subtração que alguém sofre em seus bens em decorrência de um fato. Sempre que essa situação integrar um suporte fático de uma regra jurídica da respectiva incidência irradiará o direito à reparação. Nesta hipótese o titular do direito lesado poderá exigir do responsável o direito à reparação integral pelo dano que lhe foi causado. O dano existirá sempre que se verificar uma diferença a menor da situação atual do patrimônio do lesado e a situação que ele estaria caso o dano não tivesse sido causado. Costuma-se classificar o dano em *patrimonial e não patrimonial* de acordo com os efeitos que produz na esfera jurídica do lesado. Esta classificação tem assaz importância sob o prisma da sua reparabilidade.

---

113. Obviamente que o "povo" não tem como ser consultado se autoriza ou não uma atividade econômica que utilize recursos ambientais, mas quem faz este papel são os órgãos administrativos ambientais segundo os critérios de competência estabelecidos em lei. Neste procedimento deve-se "pedir licença", com todos os estudos necessários, com transparência, deve-se identificar a possibilidade (com condicionantes), ou não, de se permitir o uso *incomum* do bem ambiental sempre lembrando que o uso comum deve ser prioritário e resguardado para as presentes e futuras gerações.

Trazendo o tema para a responsabilidade civil ambiental lembremos que o "direito ao meio ambiente ecologicamente equilibrado" tem por *titular* o povo, a coletividade e o seu *objeto* é o equilíbrio ecológico. A lesão a este direito é o que aqui nos interessa.

Para tanto recordemos que o art. 3º, II da Política Nacional do Meio Ambiente expressamente diz que degradação ambiental é *a alteração adversa das características do meio ambiente*. Assim, degradação ambiental existe quando ocorre um *desequilíbrio ecológico*. Todavia, não é qualquer desequilíbrio ecológico que nos interessa, mas tão somente o que for causado, direta ou indiretamente, por ação humana.

Nem toda degradação é poluição, mas toda poluição é uma degradação. Acidentes naturais como vulcões que lançam lavas e queimam florestas são acidentes naturais que degradam o meio ambiente, mas não se inserem no conceito de poluição.

Há que se ter cuidado com os *desastres* v.g. como inundações, deslizamentos de terra etc. que normalmente são associados apenas à atos da natureza. A Lei 12.608 é clara a definir o desastre no artigo 1º, V como o "resultado de evento adverso, de origem natural ou induzido pela ação humana, sobre ecossistemas e populações vulneráveis que causa significativos danos humanos, materiais ou ambientais e prejuízos econômicos e sociais".

Está claro que se o desastre tiver sido *induzido, por ato omissivo ou comissivo, por ação humana* não haverá apenas *degradação*, mas sim *degradação por poluição* porque nesta hipótese haveria contribuição humana na sua causação, caso em que o poluidor responde por este ato.

É preciso não confundir "poluição" dos "efeitos da poluição". Como dito, a poluição é a *alteração adversa da qualidade ambiental* – o desequilíbrio ecológico – provocada direta ou indiretamente pelo homem. Já os *efeitos*, ou seja, as consequências da poluição são de várias ordens e sobre vários segmentos da sociedade, daí porque as alíneas do inciso III do art. 3º da PNMA apenas exemplificam o alcance da poluição: a) prejudiquem a saúde, a segurança e o bem-estar da população; b) criem condições adversas às atividades sociais e econômicas; c) afetem desfavoravelmente a biota; d) afetem as condições estéticas ou sanitárias do meio ambiente; e) lancem matérias ou energia em desacordo com os padrões ambientais estabelecidos.

13.2.2 O desequilíbrio ecológico e os microbens ambientais

Já vimos incessantemente que o equilíbrio ecológico é uma situação de equilíbrio de um ecossistema ou de um conjunto de ecossistemas que é adquirida em razão da interação, química, física e biológica de diversos fatores bióticos e abióticos num determinado espaço e tempo. Como cada ecossistema se conecta a outro ecossistema a *alteração adversa* pode começar silenciosamente num corte de árvore e terminar na devastação de uma floresta inteira. A depender da qualidade e quantidade da fonte da poluição e do local da contaminação a percepção sensorial da degradação pode se dar em espaço e em tempo distinto do momento real do fato danoso. Esse aspecto é deveras problemático para dar efetividade à responsabilização civil pelo dano ambiental, seja para identificar o poluidor, para estabelecer o nexo e até para mensurar o dano.

Cada indivíduo e cada fator abiótico tem um papel essencial (função ecológica) na participação deste equilíbrio. A supressão de um desses fatores, ou a alteração das condições que permitem a interação das peças da engrenagem pode ser fatal para levar ao desequilíbrio ecológico.

> Como numa engrenagem de um veículo que anda equilibradamente numa estrada, se a pista tiver um buraco, se o freio quebrar, se o motorista cochilar, se o combustível faltar, certamente que haverá um *desequilíbrio* que poderá resultar num acidente.

Todos temos direito ao equilíbrio ecológico que é um bem jurídico unitário, indivisível, abstrato e que na verdade é uma *situação jurídica*, dada a sua dinamicidade que é fruto de uma complexidade de combinações no tempo e no espaço.

Haverá *desequilíbrio* quando houver alguma alteração adversa desta situação de equilíbrio. Certamente que isso se dará quando alguma peça da engrenagem, algum elemento desta complexa teia de combinações e interações tiver a sua função afetada e que por isso resultará em comprometimento do resultado. Nesta teia de combinações todos fatores, bióticos e abióticos desempenham um papel importante no equilíbrio ecológico. Um depende do outro, que reage com um próximo, e assim em diante.

A preocupação desta explicação reside no fato de que não será possível enxergar um dano ao meio ambiente sem perceber que ele tem início pela agressão a algum ou alguns dos elementos bióticos/abióticos que em conjunto formam o equilíbrio ecológico. Assim, é a afetação negativa de algum (ou de alguns) recurso ambiental que comprometerá a harmonia do sistema causando o desequilíbrio ecológico.

Essa degradação causada pelo homem, que conhecemos por *poluição*, pode ser, por exemplo, na água do rio, nas matas ciliares, nas restingas, no mangue, nas chapadas, na alteração do clima, qualidade do ar etc. Fala-se, portanto, em *tipos* de poluição, mas a rigor o que se tem é a afetação negativa sobre algum (ou alguns) recurso ambiental ou sobre os métodos de interação química física e biológica que proporcionam a interação de todos no mesmo tempo e no espaço. Disso resulta o *desequilíbrio ecológico*.

Não se deve restringir a noção de degradação ambiental, por exemplo, ao recurso ambiental violado. O dano não se restringe à violação do microbem ambiental, ou seja, a restauração/reparação que deve acontecer é do equilíbrio ambiental, afinal este é o bem que constitui o direito fundamental constitucionalmente garantido. Não se pode apequenar o dano ao meio ambiente tão somente ao microbem degradado. É preciso considerar o seu papel no desequilíbrio ecológico.

O dano ambiental pode nascer no microbem, mas afeta inexoravelmente o macrobem. Quando um instrumento numa orquestra apresenta um defeito é a sinfonia inteira que fica comprometida e não apenas aquele que deu origem ao problema.

Como o fator espacial e temporal do equilíbrio ecológico são fundamentais a reparação do dano ao meio ambiente deve considerar estes aspectos. O que fazer com o passado, com o presente e com o futuro para evitar que o dano não reverbere no tempo e no espaço. A lesão pode ser na parte, mas o efeito é sobre o todo, isto é, o dano é ao *equilíbrio ecológico*, embora a lesão tenha seu início em algum (ou alguns) de seus alicerces (recursos ambientais) que, em conjunto, constroem a situação de equilíbrio.

Não será sempre fácil descobrir qual o foco de origem do desequilíbrio ambiental, principalmente no caso de poluições lentas e clandestinas. É que como um ecossistema é edificador de outro ecossistema, nem sempre será fácil descobrir, no tempo e no espaço, qual a peça de um pequeno ecossistema da base da pirâmide que causou o desequilíbrio raiz e assim foi contaminando os outros até ser percebido num nível mais macro. O que não se pode permitir é apequenar o dano ambiental à violação – e restauração – do microbem que integra um complexo conjunto de fatores que, combinados entre si no tempo e no espaço, resultam no equilíbrio ecológico.

Como o equilíbrio ecológico é o resultado de uma combinação de fatores num determinado tempo e espaço, então, o dano ambiental existe com o desequilíbrio ecológico, porque alguns de seus componentes foi afetado. Portanto, como o equilíbrio ecológico é o resultado da combinação química, física e biológica dos recursos ambientais bióticos e abióticos (art. 3º, I da PNMA), o dano ambiental nada mais é do que o desequilíbrio ecológico resultante da degradação da função ecológica de algum ou de alguns destes recursos.

Numa árvore podem existir vários ecossistemas em harmonia. Por sua vez esta mesma árvore é uma peça integrante de um outro ecossistema, e, assim em diante. O sujeito que pensa que um litro de óleo derramado no mar não causou nenhum dano ao equilíbrio ecológico tem a tacanha mentalidade de só enxergar o ecossistema marinho na sua totalidade, sem imaginar que dentro dele existem uma série de ecossistemas que o integram como um conjunto de peças que se unem em harmonia. O tamanho do dano ambiental não escapa dessa análise ecológica temporal ou espacial o que torna extremamente complexa a sua identificação.

É preciso entender minimamente de ecologia para ter alcance da caracterização do dano ao equilíbrio ecológico. Com a miopia da ignorância não se enxerga que o dano aos grandes ecossistemas, como por exemplo a destruição de um rio pela lama da barragem rompida, desequilibra não apenas o ecossistema *macro* do rio, mas todos os micros ecossistemas que o integram ou que com ele se conectam.

Por outro lado, o suposto *pequeno impacto* causado pela pouca quantidade de lama derramada pode assim parecer à olho nu, mas se olharmos com apoio na ciência, e sem desprezar que no espaço e no tempo os ecossistemas menores formam em conjunto o ecossistema maior, esse estrago pode ser considerado enorme.

> Sendo o equilíbrio ecológico o produto da interação dos recursos ambientais não há como desequilibrar o meio ambiente sem que esse desequilíbrio não tenha advindo da degradação do papel ecológico de um destes ingredientes. Como se fosse uma orquestra em harmonia, a falha de um instrumento compromete o resultado e torna inaudível a sinfonia. O tempo errado, a nota errada, o acorde perdido, em maior ou menor grau, por mais ou menos tempo, mas é sempre percebido.

Normalmente, dada a resiliência do equilíbrio ecológico, a degradação só é percebida pelos nossos sentidos quando a capacidade de absorver e resistir do meio ambiente já foi amplamente comprometida. Certamente quando se torna percebida pelos sentidos humanos a degradação é apenas a ponta de um enorme iceberg com prejuízos incalculáveis.

13.2.3 Serviços ecossistêmicos: compreendê-los para mensurar prejuízos

Não é possível pensar, e nem sequer compreender, o que seja um *dano ambiental* sem conhecer quais os importantes serviços ecossistêmicos que o equilíbrio ecológico traz para a sociedade.

Alguém já parou para se perguntar quanto custa o benefício econômico da contenção das chuvas que uma vegetação de encosta proporciona à população que reside no vale que fica logo ali abaixo?

Já imaginaram qual o valor econômico do sequestro de carbono da atmosfera que as florestas proporcionam reduzindo os impactos globais sobre o clima?

Quanto vale o trabalho realizado pelas matas ciliares no entorno de rios, nascentes e olhos d´água?

Qual o valor do ciclo do fosforo, da água, do carbono na energia do planeta, qual a importância dos ecossistemas, da biodiversidade, dos animais na cadeia trófica da qual o ser humano faz parte?

Quanto vale a chuva para os lençóis freáticos e para os rios? Qual o valor dos ventos e do calor do sol?

Enfim, chama-se *serviço ecossistêmico* todos os benefícios, diretos e indiretos, que podem ser medidos (tais como os recursos ambientais que servem de matéria prima para a atividade econômica e desenvolvimento), como também os que não podem ser medidos (como por exemplo a regulação do clima, temperatura, bem-estar, beleza etc.) provenientes do meio ambiente.

Na Lei 14.119/21 que estabelece a Política Nacional de Pagamento por Serviços Ambientais define-se por serviços ecossistêmicos os "*benefícios relevantes para a sociedade gerados pelos ecossistemas*", em termos de manutenção, recuperação ou melhoria das condições ambientais, nas seguintes modalidades:[114]

A. Serviços de provisão: os que fornecem diretamente bens ou produtos ambientais utilizados pelo ser humano para consumo ou comercialização, tais como água, alimentos, madeira, fibras e extratos, entre outros;

B. Serviços de suporte: os que mantêm a perenidade da vida na Terra, tais como a ciclagem de nutrientes, a decomposição de resíduos, a produção, a manutenção ou a renovação da fertilidade do solo, a polinização, a dispersão de sementes, o controle de populações de potenciais pragas e de vetores potenciais de doenças humanas, a proteção contra a radiação solar ultravioleta e a manutenção da biodiversidade e do patrimônio genético;

C. Serviços de regulação: os que concorrem para a manutenção da estabilidade dos processos ecossistêmicos, tais como o sequestro de carbono, a purificação do ar, a moderação de eventos climáticos extremos, a manutenção do equilíbrio do ciclo hidrológico, a minimização de enchentes e secas, e o controle dos processos críticos de erosão e de deslizamentos de encostas;

D. Serviços culturais: os que proveem benefícios recreacionais, estéticos, espirituais e outros não materiais à sociedade humana.

Ao fixar o axioma de proteger e preservar o meio ambiente o ordenamento jurídico garante que estes serviços ecossistêmicos sejam mantidos e assim permita a sobrevivência de todos os seres. Ao identificar os serviços ecossistêmicos tornou-se possível mensurar não propriamente o seu valor intrínseco, mas o quanto que a sua ausência prejudica a coletividade. Se esses elementos são servíveis para fixar um valor de pagamento pelos serviços ambientais, também devem sê-lo pelos danos causados ao equilíbrio ecológico.

---

114. A Lei acompanha os resultados publicados em 2005 na Avaliação Ecossistêmica do Milênio, fruto do programa de pesquisas sobre mudanças ambientais e suas tendências para as próximas décadas da ONU. Neste estudo os serviços ecossistêmicos foram alocados nestas 04 grandes categorias.

Assim, por exemplo, quando se verifica e contabiliza o tamanho de um prejuízo pelo desmoronamento de um morro porque a vegetação que o sustenta foi destruída, dá para se dimensionar exatamente o quê o serviço ecossistêmico impedia que acontecesse. Quando um rio assoreia e seca porque a vegetação ciliar foi devastada para servir de pasto, causando prejuízos incontáveis de todas as ordens, consegue-se perceber o valor do serviço ecossistêmico desta vegetação. Quando se tem um desastre de inundação porque se autorizou construções em desrespeito aos espaços que deveriam estar reservados para as áreas alagadas, causando incontáveis danos até mesmo para o próprio responsável pela degradação, fica evidente o valor dos serviços ecossistêmicos.

A degradação do meio ambiente e seus recursos naturais chegou a um patamar tão alto que o próprio meio ambiente já não consegue mais absorver os impactos que lhes são desferidos (absorver silenciosamente os impactos da poluição é outra característica do meio ambiente). Tem-se a percepção recuperar o que foi degradado para manter a sobrevivência no planeta pode sair mais caro do que conservar. Num meio ambiente degradado de miséria ambiental, nem a economia sobrevive, e, daí porque é preciso pensar numa economia (verde) que se concilie do meio ambiente.[115]

Na medida em que é feita a radiografia dos serviços ecossistêmicos do meio ambiente ecologicamente equilibrado para a coletividade, percebe-se o tamanho do prejuízo quando ele <u>não</u> está presente. Não adianta nada, por exemplo lucrar de imediato com pecuária, com agricultura devastando matas ciliares e não respeitando as áreas de preservação permanente e de reserva legal, se no futuro próximo a coletividade irá colher o prejuízo (irreparável) decorrente da falência dos serviços ecossistêmicos. A revelação do custo da degradação é importante método de demonstrar a importância do serviço ecossistêmico. É daí que surgem, portanto, as técnicas de valoração ambiental. Ao monetizar estes serviços, a partir dos prejuízos que o meio ambiente evita, tem-se importante ferramenta não apenas para saber o custo da degradação, mas a importância da preservação.[116]

---

115. A respeito ver ARROW, K. et alii. Economic growth, carrying capacity, and the environment. Environment and Development Economics, v. 1, part. 1. 1996.; MANCILLA, Alfredo Serrano; CARRILLO, Sergio Martín. *La Economía Verde desde una perspectiva de América Latina*. Fundación Friedrich Ebert, FES-ILDIS, Proyecto Regional de Energia y Clima, julho, 2011. Disponível em: http://library. fes.de/pdf-files/bueros/quito/08252.pdf. Acesso em: 15 set. 2020.; BOFF, Leonardo. *A ilusão de uma economia verde*. Disponível em: http://leonardoboff.wordpress.com/2011/10/16/a-ilusao-de-uma-e-conomiaverde/. Acesso em: 16 ago. 2020.

116. Não é necessário ser matemático para perceber que não se perderiam vidas humanas, bens materiais, fauna, flora, rio, lagos se se tivesse evitado o rompimento da barragem da Mineradora Samarco em Mariana-MG. Teria sido, sob todos os aspectos, melhor se tivesse tomado medida de proteção ex ante, impedindo a utilização daquela barragem, determinando o seu reparo, obrigado o seu esvaziamento etc.

Esse movimento fez surgir o que se denomina de serviços ambientais. Os serviços ecossistêmicos seriam todos os benefícios diretos e indiretos proporcionados pelo equilíbrio ecológico, ao passo que os serviços ambientais seriam as melhorias aos serviços ecossistêmicos praticadas pela ação humana.

13.2.4 O dano ao meio ambiente ecologicamente equilibrado e suas repercussões

13.2.4.1 Os conceitos fundamentais se conectam para identificação do que seja dano ao meio ambiente

Os suportes fáticos do artigo 3º da Lei 6.938/81 que definem *meio ambiente, degradação, poluição, poluidor* e *recursos ambientais* estão intimamente ligados e funcionam como um quebra cabeças onde uma peça conecta-se a outra e assim sucessivamente.

Sendo o *equilíbrio ecológico* (meio ambiente) um bem jurídico que se forma pela mistura química, física e biológica de *recursos ambientais e*, sendo a *poluição* a alteração adversa do equilíbrio ecológico causada por um *poluidor* que pode ser qualquer sujeito de direito, então pode-se inferir que toda poluição é uma afronta ao bem jurídico tutelado pelo direito ambiental e, logo, é um dano ambiental.

Nessa medida (sob o enfoque da reparação civil), a expressão poluidor--pagador é perfeita, já que: (1) se há poluidor, é porque houve (2) poluição; e, se houve (3) poluição, há (4) dano ambiental a ser reparado.

Sendo o dano um dos alicerces da responsabilidade civil, é claro que "não pode haver responsabilidade sem a existência de um dano, e é verdadeiro truísmo sustentar esse princípio, porque, resultando a responsabilidade civil em obrigação de ressarcir, logicamente não pode concretizar-se onde nada há que reparar".[117]

13.2.4.2 A coletividade (humana) – e não os elementos da natureza – como como titulares do bem jurídico meio ambiente ecologicamente equilibrado

Por mais que se reconheça a existência um debate jurídico[118] cada vez mais crescente em torno do reconhecimento dos elementos da natureza como sujei-

---

117. PEREIRA, Caio Mário da Silva. *Instituições de direito civil*, v. I, p. 236-237.
118. BECHARA, Erika. *A proteção da fauna sob a ótica constitucional*. São Paulo: Juarez de Oliveira, 2003, p. 70 e ss.; FREITAS, Vladimir Passos de. Natureza pode se tornar sujeito com direitos? Coluna "Segunda Leitura" – *ConJur*, 09.11.2008; PURVIN, Guilherme. *A natureza como sujeito de direitos*. Disponível em: https://oeco.org.br/colunas/a-natureza-como-sujeito-de-direitos/. Acesso em: 23 maio 2024.; ACOSTA, Alberto; Martínez, Esperanza (Org.). *La Naturaleza com derechos*: de la filosofia a la

tos de direitos, ao menos no ordenamento jurídico brasileiro a tutela do direito ao meio ambiente ecologicamente equilibrado ainda tem por premissa a regra de que este bem jurídico integra o patrimônio humano, da coletividade em si considerada, tomando por base o artigo 225, *caput* da CF/88.

Exatamente por isso não iremos tratar aqui do *dano intrínseco* ao meio ambiente assim entendido como aquele que está desconectado de qualquer efeito direto ou indireto que isso possa ter para a coletividade (humanos). Por outro lado, ainda que tomemos por base uma visão *não utilitarista* e *ética* do meio ambiente, em última análise, trata-se de um bem jurídico pertencente à coletividade, e, nesta perspectiva é que enfrentaremos o dano ambiental, inclusive na perspectiva do *dano moral ambiental* como veremos mais adiante.

13.2.4.3 O dano ao macrobem a partir do dano ao microbem: alcance do bem lesado

Tendo em vista que o dano é uma lesão a um bem jurídico, podemos dizer que existe o dano ambiental quando há lesão (prejuízo, déficit, perda, redução, subtração) ao equilíbrio ecológico (bem jurídico ambiental).

Pelo fato de que o equilíbrio ecológico se forma pela mistura dos recursos ambientais, esse déficit se inicia quando se afeta de modo adverso os recursos ambientais.

O dano ao meio ambiente ecologicamente equilibrado é o dano ao macrobem constitucional, mas isso só acontece porque algum, ou alguns, microbens foram afetados por um fator poluente.

Nunca custa repetir que os diversos "tipos de poluição", como poluição atmosférica, poluição hídrica, poluição do solo etc. são apenas formas de classificar a poluição a partir do recurso ambiental diretamente afetado. Contudo, o dano não é apenas ao ar, à água ou ao solo, mas ao equilíbrio ecológico que resulta da combinação de todos os componentes ambientais.

13.2.4.4 O dano ao meio ambiente X danos diretos à terceiros ou por ricochete

A lesão ao meio ambiente ecologicamente equilibrado que causa o desequilíbrio ecológico sempre terá repercussões maiores ou menores sobre o ecossistema

---

política. p. 317-362. Quito: Abya-Yala, 2011. Disponível em: http://www.rosalux.org.ec/attachments/article/254/derechos-naturaleza.pdf; BENJAMIN, A. H. V. A natureza no direito brasileiro: coisa, sujeito ou nada disso. *BDJur.* Brasília, DF. Dez./2009. Disponível em: http://bdjur.stj.jus.br/dspace/handle/2011/26184.

social porque os mesmos recursos ambientais que servem à função ecológica também servem a função social, cultural, econômica etc.

Se lembramos aqui o conceito de poluição veremos que no artigo 3º, III ela é definida como "a degradação da qualidade ambiental resultante de atividades" que impactam não apenas a biota, mas as também atividades econômicas e sociais.

Esse reconhecimento jurídico de que o dano direto ao equilíbrio ecológico se reflete para outros direitos é até intuitivo porque sabemos que o meio ambiente ecologicamente equilibrado é o produto da mistura de vários componentes ambientais (bióticos e abióticos) que nada obstante possuírem uma imanente *função ecológica* também possuem uma *função econômica, social, cultural* etc. Por razões lógicas, quando se comete um ato que degrada o meio ambiente é obvio que também trará impacto em outros direitos (privados e públicos, individuais e coletivos).

Assim, para fins de compreensão do tema, tomemos como exemplo o rompimento da barragem de rejeitos de mineração da Samarco. O primeiro evento – *evento-mãe* – foi o rompimento da barragem que permitiu que uma densa e gigantesca onda de lama tóxica, como se fosse uma avalanche de resíduos, criasse um longo caminho de devastação de tudo que estivesse pela frente. Primeiro, arruinou o ecossistema rupestre, seguindo-se numa sucessão lógica de acontecimentos que dizimaram os povoados da base dos morros (Bento Rodrigues e Paracatu de Baixo), destruindo a vegetação do entorno da cidade, atingindo córregos, alcançando o rio, espraiando-se se para mais de 14 cidades ribeirinhas, arrasando lavouras e atividades sociais e econômicas situadas à beira do rio, impedindo o abastecimento de água de centenas de milhares de pessoas e de empresas, poluiu lagoas próximas, atingiu a foz marinha e lá destruiu a ictiofauna, prejudicando pescadores, o turismo etc.

Com o desabastecimento de água – se tornou imprópria para qualquer finalidade – todos que dela dependiam foram obrigados a suportar o prejuízo ou encontrar soluções custosas para mitigar o problema. Alguns tiveram que buscar água potável em cidades próximas causando um aumento dos acidentes nas estradas e inflacionando o produto nas regiões vicinais, outros tiveram que retirar água das lagoas naturais próximas causando assoreamento das mesmas, outros tiveram que perfurar poços artesianos com a autorização do poder público causando posteriormente a diminuição do lençol freático que fez ceder o solo o que fez comprometer e tremer edificações (casas, bares, sobrados) em bairros adjacentes causando acidentes às pessoas que às habitavam etc.

A sequência de eventos resultantes do evento inicial – desmoronamento da barragem – tem uma conexão lógica e é fundamental para entender os denominados *danos indiretos* e *danos por ricochete*.

Em consonância com o artigo 225, § 3º da CF/88, o artigo 14, § 1º da Lei 6.938/81 é claro ao dizer que:

sem obstar a aplicação das penalidades previstas neste artigo, é o poluidor obrigado, independentemente da existência de culpa, a indenizar e reparar os danos causados *ao meio ambiente e a terceiros afetados* por sua atividade.

O dispositivo é claríssimo[119] ao estabelecer o *regime da responsabilidade civil objetiva* para a indenização e reparação do dano ao meio ambiente, e *também para terceiros que também tenham sido afetados por sua atividade.*

Assim, se:

(i) O direito ao meio ambiente ecologicamente equilibrado e

(ii) O direito de terceiros foram

(iii) Afetados pela atividade do poluidor

(iv) Impõe-se o regime da responsabilidade civil objetiva.

Neste dispositivo consagra-se a existência de um regime jurídico único de responsabilização civil objetiva tanto para a tutela do meio ambiente, quanto a tutela de *terceiros* desde estes direitos tenham sido *afetados* pela mesma atividade do poluidor.

Diz o dispositivo que enquanto for possível estabelecer uma relação de causalidade adequada do *(1)* fato matriz (rompimento da barragem da atividade de risco da mineradora) com *(2)* todos os fatos danosos subsequentes, *(3)* então todos os sujeitos prejudicados podem exigir a reparação dos danos com base na responsabilidade objetiva.

É preciso ficar atento para o fato de que há *causalidade direta*

(i) entre o dano ao equilíbrio ecológico e o evento matriz (rompimento da barragem que contaminou o meio ambiente) e também

(ii) entre o dano econômico individual sofrido cada um dos agricultores ribeirinhos e o evento matriz (evento matriz que contaminou a água).

A diferença é que o bem jurídico lesado no primeiro caso é o macrobem ambiental (equilíbrio ecológico) e no segundo caso o bem "água" está na sua *função econômica* para aqueles produtores rurais que a utilizam como insumo.[120]

---

119. O dispositivo foi e é assaz importante pois nasceu ainda sob vigência do Código Civil anterior quando o regime jurídico clássico era o da responsabilidade civil subjetiva.

120. Também é o caso do derramamento de óleo ocorrido na baía de Guanabara em janeiro de 2000, quando a Petrobras foi responsável pelo despejo de 800.000 litros de óleo no local. Sem dúvida, o meio ambiente (praias, fauna ictiológica e o próprio equilíbrio ecológico) foi lesionado e precisou ser reparado. A reparação dos danos ao equilíbrio ecológico é ontologicamente diversa da reparação dos danos que

Os suportes fáticos que fazem irradiar um e outro direito são diversos, mas em ambos há o vínculo de afetação com a atividade desempenhada pela empresa.

Mas não apenas os vínculos diretos entre a atividade da empresa e o dano por ela causado ensejam a reparação pelo regime da responsabilidade civil objetiva.

Existem os *danos reflexos* onde o vínculo é indireto. Nestes casos o *dano reflexo* tem como um dos elementos do seu suporte fático o *dano direto*.[121] Isso quer dizer que o dano reflexo é dependente do dano imediato (condição).

No exemplo citado acima seria o caso das edificações que ficaram condenadas pelo movimento do solo decorrente do consumo do lençol freático fruto das perfurações feitas para conseguir o acesso à água.

A causa imediata e suficiente foi o comprometimento do lençol freático, mas isso só aconteceu porque, subitamente, não era mais possível usar a água do rio que foi contaminado pela Mineradora. Esse *dano reflexo* ou por *ricochete* sofrido pelos moradores também seguirá o regime da responsabilidade civil objetiva.

Quando o dispositivo fala em "afetados por sua atividade" não se exige uma *relação direta* entre o evento danoso e o prejuízo causado. Não é por acaso que o artigo 3º, IV trata como poluidor aquele que direta ou indiretamente causa danos ao meio ambiente. Assim todo e qualquer *dano indireto* que seja *reflexo* do *dano direto*, seja ele ao meio ambiente ou a terceiros, também está açambarcado pelo conceito de "afetado por sua atividade".[122]

É importante deixar absolutamente claro que o dano ao equilíbrio ecológico é autônomo, e diverso, dos danos pessoalmente sofridos por *terceiros* que foram afetados diretamente pelo mesmo evento causador do dano ambiental. Também não se confundem os danos reflexos sofridos por *terceiros* decorrentes

---

cada indivíduo ou grupo de indivíduos possa ter sofrido em virtude do mesmo acontecimento. Certamente, os pescadores poderiam cobrar por perdas e danos e lucros cessantes (pelas redes estragadas, pelo pescado perdido e pelo que deixarão de ganhar); os donos de imóveis ribeirinhos, pelos prejuízos que podem ter daí advindo; as fábricas que se utilizam daquela água para irrigação, pelos prejuízos causados; as pessoas que comerem os peixes, por se contaminarem; as empresas de turismo marítimo da região, pelos prejuízos sofridos etc. Esses danos são particulares e, embora tenham em comum com o dano ambiental a origem (poluição), possuem natureza diversa do dano causado ao equilíbrio ecológico. Nesse sentido, ver: BENJAMIN, Antonio Herman V. e. Responsabilidade civil pelo dano ambiental, *Revista de direito ambiental*, p. 49; FLORES, Manuela. *Responsabilidade civil ambiental em Portugal*, v. II, p. 375; PRIEUR, Michel, op. cit., p. 1.036 e ss.

121. "Quando fatos jurídicos são elementos de suporte fático, não deixam de ser fatos jurídicos, não volvem a ser, apenas, elementos de tato". PONTES DE MIRANDA. *Tratado de direito privado*, v. I, p. 34.

122. No exemplo citado mais acima o assoreamento das lagoas naturais das cidades vizinhas causado pela corrida populacional em busca de água potável é *dano ecológico* causado diretamente pela coleta da população e *indireto* pelo evento da barragem rompida. Aqui também há o dever de reparar os danos ambientais afetados pela sua atividade.

do desequilíbrio ecológico causado pelo poluidor. Esses "terceiros" podem ser titulares de direitos individuais, coletivos ou difusos. Em nosso sentir, portanto, dano ambiental é um só: o dano ao meio ambiente (equilíbrio ecológico) como bem jurídico autônomo, independentemente de ter se "ricocheteado" ou não para a esfera particular dos indivíduos.[123]

Esses outros danos – individuais, coletivos, difusos – seguem o mesmo regime jurídico da responsabilidade civil objetiva[124] e sempre que forem de um vínculo (afetação indireta com a atividade do poluidor) devem possuir, como um de seus elementos do seu suporte fático, a ocorrência do dano ao meio ambiente. Os danos pessoais, particulares, causados pelo mesmo fato que degradou o meio ambiente, ou que foram consequências da agressão do meio ambiente, são diversos daqueles sofridos pelo meio ambiente.

É preciso o aresto do STJ neste sentido:

Administrativo – Ação Civil Pública – Interdependência Causal – Possibilidade de violação simultânea a mais de uma espécie de interesse coletivo – Direitos difusos e individuais homogêneos – Relevante interesse social – Legitimidade.

1. Conforme se observa no acórdão recorrido, o caso dos autos ultrapassa a órbita dos direitos patrimoniais da população diretamente afetada e atinge interesses metaindividuais, como o meio ambiente ecologicamente equilibrado e a uma vida saudável.

2. É um erro acreditar que uma mesma situação fática não possa resultar em violação a interesses difusos, coletivos e individuais simultaneamente. A separação, ou melhor, a categorização dos interesses coletivos lato sensu em três espécies diferentes é apenas metodológica.

3. No mundo fenomenológico as relações causais estão tão intimamente ligadas que um único fato pode gerar consequências de diversas ordens, de modo que é possível que dele advenham interesses múltiplos. É o caso, por exemplo, de um acidente ecológico que resulta em danos difusos ao meio ambiente, à saúde pública e, ao mesmo tempo, em danos individuais homogêneos aos moradores da região.

4. Ademais, ainda que o caso presente tratasse unicamente de direitos individuais homogêneos disponíveis, isso não afasta a relevância social dos interesses em jogo, o que é bastante para que se autorize o manejo de ação civil pública pelo agravado.

---

123. Sempre que o mesmo fato que deu origem ao dano ao meio ambiente estiver também no suporte fático do dever de reparar pelos danos individuais o sistema jurídico beneficia a vítima individual evitando que na sua demanda ele precise *provar o fato e a autoria do mesmo* quando isso já tiver sido reconhecido por sentença de mérito transitada em julgado da ação coletiva. Nesta hipótese, salvo exceções inerentes ao sistema *opt in* e *opt out* do ordenamento brasileiro, poderá haver o transporte *in utilibus* da coisa julgada coletiva para a demanda individual, tornando mais simples e célere a verificação do dever de indenizar pelos prejuízos individualmente sofridos (art. 103, § 4º do CPC). A respeito ver o nosso Ação Civil Pública e Meio Ambiente. 4. ed. São Paulo: Foco Editora, 2021.

124. Se eles tivessem eles a mesma natureza, não teria o legislador falado em danos causados ao meio ambiente e danos causados a "terceiros". É a própria lei quem deixa claro que tanto um como o outro devem ser indenizados independentemente da existência de culpa, pois aplicam-se lhe o regime da responsabilidade objetiva.

Agravo regimental improvido.

(AgRg no REsp 1.154.747/SP, relator Ministro Humberto Martins, Segunda Turma, julgado em 06.04.2010, DJe de 16.04.2010).

Exatamente por isso, entendemos não ser correto conceituar o dano ambiental como gênero do qual seriam espécies os danos pessoais (patrimoniais e extrapatrimoniais) e os danos ecológicos.[125]

13.2.4.5 Os efeitos patrimoniais e extrapatrimoniais do dano ao equilíbrio ecológico

Não há dúvidas que a *reparação integral* da lesão ao meio ambiente ecologicamente equilibrado implica em considerar os danos patrimoniais e extrapatrimoniais sofridos pela coletividade que é a titular do referido bem difuso.

O art. 225, § 3º da CF/88 e o art. 14, § 1º, da Lei 6.938/81 reconhecem, como sedimentado pelo STJ, "a necessidade de reparação integral da lesão causada ao meio ambiente, permitindo a cumulação das obrigações de fazer, não fazer e de indenizar, inclusive quanto aos danos morais coletivos".[126]

A própria lei que tutela estes interesses estabelece os diferentes efeitos do dano ao meio ambiente ecologicamente equilibrado deixando clara a necessidade de reparação integral do dano causado, tal como se observa no art. 1º da Lei da Ação Civil Pública (Lei 7.347/85):

---

125. No mesmo sentido do texto, ver: G., Alpa. La natura giuridica del danno ambientale. In: PERLINGIERI (a cura di). *Il danno ambientale com riferimento alla responsabilità civile*, p. 93 e ss.; MOSCARINI, Responsabilità aquiliana e tutela ambientale, *RDC*, p. 495-500; BARBIERA, Qualificazione del danno ambientale nella sistematica general del danno. In: PERLINGIERI (a cura di). *Il danno ambientale com riferimento alla responsabilità civile*, p. 120; GIAMPIETRO, *La responsabilità per danno all'ambiente*, Milano, 1988, p. 344; COMPORTI, Tutela dell'ambiente e tutela della salute, *RGA*, 1990, p. 207; MADDALENA. Il danno ambientale. In: BARBIERA (a cura di). *Proprietà, danno ambientale e tutela dell'ambiente*, p. 183 e ss.; FRANCARIO, *Danni ambientali e tutela civile*, p. 80 e ss.; SAMPAIO, Francisco José Marques. *Responsabilidade civil e reparação de danos ao meio ambiente*, p. 101 e ss.; PRIEUR, Michel, op. cit., p. 1.036 e ss.; GIROD, Patrick. *La réparation du dommage écologique*, p. 19; CABALLERO, *Essai sur la notion juridique de nuisance*, p. 293 e ss. Em sentido contrário, ver: LEITE, José Rubens Morato. *Dano ambiental*, p. 101 e ss.; BENJAMIN, Antonio Herman V. e. Responsabilidade civil pelo dano ambiental, *Revista de Direito Ambiental*, p. 51; CANOTILHO, J. J. Gomes. A responsabilidade por danos ambientais – aproximação juspublicística. *Direito do ambiente*, p. 404. O apoio de grande número de juristas italianos ao que dissemos no texto justifica-se pelo art. 18 da lei italiana de 1986 que, muito embora seja bastante retrógrada em matéria de responsabilidade civil por dano ambiental, deixou claro que o dano ambiental é um dano público, e não um dano individual. Tudo isso, é claro, sem elidir a possibilidade de que seja reclamada a reparação pelos danos individuais causados pela agressão ao meio ambiente.

126. STJ, EREsp 1.410.0698/MG, Rel. Ministro Napoleão Nunes Mais Filho, Primeira Seção, DJe de 03.12.2018.

> Art. 1º Regem-se pelas disposições desta Lei, sem prejuízo da ação popular, as ações de *responsabilidade por danos morais e patrimoniais* causados:
>
> I – ao meio ambiente (...).

Ao falar em "responsabilidade por danos morais e patrimoniais" causados ao consumidor, meio ambiente etc. parece-nos óbvio que o termo "moral" aí empregado está como o antônimo de dano patrimonial. Trata-se dos *efeitos não patrimoniais* do dano ambiental. Um exemplo pode ilustrar o nosso pensamento.

Uma empresa siderúrgica polui o ar atmosférico de toda a cidade, mesmo realizando uma atividade lícita. Independentemente da *licitude* ou *ilicitude* da sua conduta ela é responsável pela reparação integral dos danos que sua atividade de risco venha causar ao meio ambiente. E a reparação integral implica em efeitos patrimoniais e "morais" do dano ambiental.

Os danos patrimoniais decorrentes do equilíbrio ecológico – independentemente dos demais indiretos e por ricochete aos particulares – vão, por exemplo, desde a recuperação dos equipamentos públicos manchados, a recuperação das praias impróprias para banho, o restabelecimento da qualidade do ar atmosférico, a restauração e limpeza da areia, a descontaminação da fauna e flora, a internalização das medidas de controle da poluição etc.

Já os extrapatrimoniais que correspondem à privação que a coletividade tem e terá da sensação de bem-estar, a diminuição de qualidade e expectativa de vida, a privação do bem pelo período em que foi impedido o uso comum, o sentimento coletivo de indignação com o ato causado, o caráter pedagógico da sanção para o futuro, o comprometimento de uma determinada área, a impossibilidade de restabelecer o equilíbrio por se tratar de bem não renovável ou de impossível restauração etc.

13.2.4.6 O dano moral ambiental

Este "dano extrapatrimonial" que tem sido denominado "dano moral coletivo" e que corretamente deve ser indenizado na linha da sedimentada jurisprudência do Superior Tribunal de Justiça não precisa ser demonstrado porque é in re ipsa e seria praticamente impossível de ser retratado da mesma forma que um dano patrimonial, mormente em se tratando de um bem essencial à sadia qualidade de vida.

O dano moral ambiental é impossível de se encontrar uma correspondência com um valor em pecúnia, mas obviamente que deve ser objeto da indenização.

> Os danos morais coletivos são presumidos. É inviável a exigência de elementos materiais específicos e pontuais para sua configuração. A configuração dessa espécie de dano depende

da verificação de aspectos objetivos da causa (REsp 1.940.030/SP, Rel. Ministro Og Fernandes, Segunda Turma, DJe de 06.09.2022).

No caso, o dano moral coletivo surge diretamente da ofensa ao direito ao meio ambiente equilibrado. Em determinadas hipóteses, reconhece-se que o dano moral decorre da simples violação do bem jurídico tutelado, sendo configurado pela ofensa aos valores da pessoa humana. Prescinde-se, no caso, da dor ou padecimento (que são consequência ou resultado da violação) (STJ, REsp 1.410.698/MG, Rel. Ministro Humberto Martins, Segunda Turma, DJe de 30.06.2015).

Confirma-se a existência do 'dano moral coletivo' em razão de ofensa a direitos coletivos ou difusos de caráter extrapatrimonial – consumidor, ambiental, ordem urbanística, entre outros –, podendo-se afirmar que o caso em comento é de dano moral in re ipsa, ou seja, deriva do fato por si só (STJ, AgInt no REsp 1.701.573/PE, Rel. Ministro Francisco Falcão, Segunda Turma, DJe de 02.09.2019). Na mesma direção: STJ, REsp 1.642.723/RS, Rel. Ministro Herman Benjamin, Segunda Turma, DJe de 25.05.2020; REsp 1.745.033/RS, Rel. Ministro Herman Benjamin, Segunda Turma, DJe de 17.12.2021.

Os efeitos patrimoniais e morais do dano ao equilíbrio ecológico de forma alguma se sobrepõem, porque distinto, dos demais danos individuais que tenham no suporte fático o mesmo evento danoso que causou a degradação ambiental. Também não se confundem e nem absorvem os danos reflexos – patrimoniais e extrapatrimoniais – decorrentes do dano difuso ao meio ambiente.

No exemplo dado acima da empresa siderúrgica é diferente a repercussão desses danos na vida particular e íntima das pessoas: casas manchadas pelo pó de minério, pessoas com problemas de saúde, irritações de toda ordem etc. Todos esses são *danos particulares também podem ter repercussão patrimonial e extrapatrimonial.* Não se confunde o dano moral difuso com o sofrimento individual de cada sujeito na sua esfera particular atingida.

Sendo o direito ao meio ambiente sadio e ecologicamente equilibrado um direito que se antepõe aos demais, dada a sua índole de direito fundamental à vida, é óbvio que a agressão a ele repercutirá em diversos aspectos individuais, como lazer, saúde, segurança, propriedade etc.

Essas repercussões não são tuteladas como se fossem danos ao equilíbrio ecológico, justamente para se evitar a confusão com o "verdadeiro" dano ao bem jurídico "meio ambiente ecologicamente equilibrado", que tanto demorou para ser reconhecido como objeto autônomo de Direito.

Sob o ponto de vista processual, inclusive, o tratamento da reparação civil dos danos ambientais (patrimoniais e extrapatrimoniais) é diverso da reparação individual dos danos sofridos em razão da agressão ao meio ambiente: no primeiro caso, faz-se por Ação Civil Pública e com coisa julgada erga omnes; e, no segundo, faz-se por Ação Individual, usando as regras tradicionais do Código de Processo Civil.

CAPÍTULO 4 • RESPONSABILIDADE CIVIL AMBIENTAL | 189

13.2.4.7 O que deve integrar a reparação patrimonial do dano ao meio ambiente ecologicamente equilibrado?

13.2.4.7.1 Um olhar para a função ecológica (função ecossistêmica) dos recursos ambientais que foram danificados e seu papel dinâmico na contribuição e manutenção do equilíbrio ecológico

Vimos mais acima que o dano ao equilíbrio ecológico traz efeitos patrimoniais e extrapatrimoniais e feito o seu discernimento de outros danos que com ele se conectam, mas não se confundem, é preciso dar um passo adiante e responder a seguinte pergunta: "*o que integra a reparação integral?*

Fixada a premissa de que o dano ao meio ambiente é o dano ao equilíbrio ecológico, bem jurídico que se forma a partir da *função ecológica* (da mistura química, física e biológica) de recursos ambientais bióticos e abióticos então, primeiro é preciso compreender que a reparação integral do meio ambiente deve levar em consideração não apenas o macrobem, mas a *função ecológica dos microbens ambientais.*

Numa ação civil pública de responsabilidade civil por danos causados ao meio ambiente em razão da supressão de determinada área de preservação permanente não se deve mirar os olhos *apenas* para a função ecológica da vegetação suprimida, mas para o seu papel naquele ecossistema que ela integra e no seu papel ecológico para os ecossistemas que a ela estejam conectados. Enfim, é preciso olhar para a *parte* e para o *todo* considerando que não existem *funções ecológicas* que estejam desconectadas uma das outras. A área de preservação permanente não é um *instrumento isolado e estático* de uma orquestra, mas uma peça dinâmica que se conecta com outras – em certo tempo e espaço – contribuindo para o resultado harmônico e perfeito da sinfonia.

A reparação integral do dano ao meio ambiente abrange não apenas o dano causado ao bem ou recurso ambiental imediatamente atingido, como também toda a extensão dos danos produzidos em consequência do fato danoso à qualidade ambiental[5], incluindo: *a) os efeitos ecológicos e ambientais da agressão inicial a um determinado bem ambiental que estiverem no mesmo encadeamento causal (como, por exemplo, a destruição de espécimes, habitats e ecossistemas inter-relacionados com o meio imediatamente afetado; a contribuição da degradação causada ao aquecimento global);* b) as perdas de qualidade ambiental havidas no interregno entre a ocorrência do dano e a efetiva recomposição do meio degradado; c) os danos ambientais futuros que se apresentarem como certos; d) os danos irreversíveis causados à qualidade ambiental, que de alguma forma devem ser compensados; e) os danos morais coletivos resultantes da agressão a determinado bem ambiental.[127]

---

127. MIRRA, Álvaro Luiz Valery. *Ação civil pública e a reparação do dano ao meio ambiente.* 2. ed. São Paulo: Juarez de Oliveira, 2004, p. 315.

Essa advertência é fundamental para se evitar uma visão limitada e canhestra da reparação do dano ao equilíbrio ecológico.

13.2.4.7.2 O dano intercorrente (dano interino-provisório-lucros cessantes ambientais) entre a lesão ao equilíbrio ecológico e a sua restauração

Se seu veículo de trabalho apresentou um defeito de fábrica e precisa ser reparado e o conserto levará alguns dias ou semanas para acontecer a pergunta que você se faz é a seguinte: como vou ficar até lá? Haverá custos de tempo e dinheiro para colmatar este espaço sem a utilização do veículo.

O mesmo raciocínio deve ser feito com a perda ou deterioração de um recurso ambiental. A função ecológica que ele exerce não será exercida por outro e haverá um tempo para se restabelecer o equilíbrio ecológico. Como fica a coletividade entre a data da lesão que alterou de forma adversa a qualidade do meio ambiente e a sua restauração que pode levar meses, anos, décadas? Como fica o titular do direito ao meio ambiente ecologicamente equilibrado neste período que corre entre a lesão (intercorrente) e a restauração do macrobem ambiental? Como ficam os serviços ecossistêmicos (item 12.3.3 acima) que foram prejudicados?

Se a restauração integral do meio ambiente lesado, com a consequente reconstituição completa do equilíbrio ecológico, depender de lapso de tempo prolongado, necessário que se compense tal perda: é o chamado lucro cessante ambiental, também conhecido como dano interino ou intercorrente.[128]

O chamado dano interinal ou intercorrente tem dois marcos temporais:

(i) o momento em que nasce e

(ii) o momento em que se tem por restabelecido o equilíbrio ecológico.

Nas palavras seguras de Mirra:

danos interinos, vale dizer, as perdas de qualidade ambiental havidas no interregno entre a ocorrência do prejuízo e a efetiva recomposição do meio degradado.[129]

É preciso ter cuidado para não cometer equívocos.

---

128. FREITAS, Cristina Godoy de Araújo. Valoração do dano ambiental: algumas premissas. *Revista do Ministério Público do Estado de Minas Gerais*. Edição Especial Meio Ambiente: A Valoração de Serviços e Danos Ambientais, 2011, p. 11. Disponível em: https://www.cnmp.mp.br/portal/images/Comissoes/CMA/links/valoracao/MPMG_revista_Juridico_Ambiental.pdf. Acesso em: 19 abr. 2024.

129. MIRRA, Álvaro Luiz Valery. *Ação Civil Pública e a Reparação do Dano Ambiental*. 2. ed. São Paulo: Editora Juarez de Oliveira, 2004, p. 314.

O *momento inicial* não se dá quando se *nota* ou se *percebe* o desequilíbrio ecológico, mas sim quando ele efetivamente tem início, quando se agride o microbem que integra a cadeia de determinado ecossistema ou bioma, o que muitas vezes dependerá de prova técnica, dado o fato de que o meio ambiente tem uma capacidade plástica e resiliente de lutar escondido contra as agressões que lhes são causadas.

O *momento final* se dá quando, restaurado o microbem e a sua função ecológica, se alcança tempos depois o restabelecimento do macrobem (equilíbrio ecológico).[130]

> "1. Os danos ambientais interinos (também ditos intercorrentes, transitórios, temporários, provisórios ou intermediários) não se confundem com os danos ambientais definitivos (residuais, perenes ou permanentes).
>
> 2. Os danos definitivos somente se verificam, e são indenizáveis em pecúnia, se a reparação integral da área degradada não for possível em tempo razoável, após o cumprimento das obrigações de fazer. Seu marco inicial, portanto, é o término das ações de restauração do meio ambiente.
>
> 3. O marco inicial do dano intercorrente, a seu turno, é a própria lesão ambiental. Seu marco final é o da reparação da área, seja por restauração in natura, seja por compensação indenizatória do dano residual, se a restauração não for viável. (...)".[131]

A reparação integral deve contemplar este importante período que, diga-se de passagem, pode ser bastante longo a depender da análise qualitativa e/ou quantitativa da lesão ao microbem e ao equilíbrio ecológico.[132]-[133]

---

130. Excepcionalmente o marco final pode se dar quando se efetiva a compensação pelo dano ambiental residual quando a restauração foi impossível.

131. Certeira a posição do STJ a respeito do tema. REsp 1.845.200/SC, relator Ministro Og Fernandes, Segunda Turma, julgado em 16.08.2022, DJe de 06.09.2022; ver ainda REsp 2.083.016/SC, relatora Ministra Assusete Magalhães, Segunda Turma, julgado em 15.08.2023, DJe de 21.08.2023.

132. Há muitos anos temos demonstrado a influência que estes aspectos do direito material ambiental causam no processo civil. Mudanças estas que nem a tutela coletiva comum consegue dar resposta, daí porque falamos num *processo civil ambiental*. A liquidação e a execução da tutela reparatória ambiental pode levar a uma execução que dure anos até que seja efetivamente satisfeita a obrigação. RODRIGUES, Marcelo Abelha. *Processo civil ambiental*. 5. ed. Salvador: Podivm, 2021, p. 262 e ss.

133. "(...)4. A reparação ambiental deve ser feita da forma mais completa possível, de modo que a condenação a recuperar a área lesionada não exclui o dever de indenizar, sobretudo pelo dano que permanece entre a sua ocorrência e o pleno restabelecimento do meio ambiente afetado (= dano interino ou intermediário), bem como pelo dano moral coletivo e pelo dano residual (= degradação ambiental que subsiste, não obstante todos os esforços de restauração). 5. A cumulação de obrigação de fazer, não fazer e pagar não configura bis in idem, porquanto a indenização não é para o dano especificamente já reparado, mas para os seus efeitos remanescentes, reflexos ou transitórios, com destaque para a privação temporária da fruição do bem de uso comum do povo, até sua efetiva e completa recomposição, assim como o retorno ao patrimônio público dos benefícios econômicos ilegalmente auferidos. (...)". (REsp 1.180.078/MG, rel. Min. Herman Benjamin, 2ª Turma, julgado em 02.12.2010, DJe 28.02.2012). Outros precedentes do STJ: "O poluidor deve não só devolver a natureza a seu estado anterior, mas

13.2.4.7.3 O dano residual

Nem a mais perfeita restauração do equilíbrio ecológico trará o retorno ao status quo ante do equilíbrio ecológico adulterado pelo poluidor. Essa constatação é lege lata prevista no ordenamento jurídico ambiental, ou seja, é *presumido* e não depende de uma análise técnica ou científica para constatar que há um *resíduo danoso* que de forma alguma pode ser juridicamente suportado pela coletividade. Presume-se o *dano residual* e ao degradador é que cabe o ônus probatório de que a restauração foi completa.

Nos termos do artigo 2º, XIII e XIV da Lei 9985/00 tem-se os conceitos de restauração e recuperação ambiental:

> XIII – recuperação: restituição de um ecossistema ou de uma população silvestre degradada a uma condição não degradada, que pode ser diferente de sua condição original;
>
> XIV – restauração: restituição de um ecossistema ou de uma população silvestre degradada o mais próximo possível da sua condição original;

Quando se fala em reparar o dano ao meio ambiente é inexorável que se busque, o mais depressa possível, a devolução do equilíbrio ecológico perdido, daí porque a *reparação in natura* é medida obrigatória em razão das características imanentes do *macrobem ambiental*. Pretender o ressarcimento em dinheiro é algo que deve ser subsidiário porque não substitui o *uso comum*; dinheiro não substitui *a essencialidade à vida de todos os seres presentes e futuros*, algo que só o equilíbrio ecológico proporciona.

Contudo a própria legislação brasileira reconhece os dois estágios distintos da *reparação in natura*: o primeiro estágio, mais desejável e o segundo estágio em caso de impossibilidade do primeiro. Primeiro *restaurar* e se não for possível *recuperar* e se nenhum dos dois for viável, indenizar em dinheiro.

É de se notar que no conceito de *restauração* – que constitui a melhor forma de se buscar a reparação in natura – a lei usa propositadamente a expressão *o mais próximo possível* porque reconhece que o retorno ao status quo ante é impossível.

Há sempre um *resíduo* que não consegue ser restaurado de fato. Se no plano fático o retorno ao status quo ante é impossível, isso não quer dizer que este déficit deva ser colocado na conta da sociedade, antes o contrário. O princípio da reparação integral inserto no *poluidor pagador* impõe que *todos* os prejuízos

---

reparar os prejuízos experimentados no interregno, pela indisponibilidade dos serviços e recursos ambientais nesse período" (REsp 1.845.200/SC, Rel. Ministro Og Fernandes, Segunda Turma, DJe de 06.09.2022); AgInt no REsp 1.548.960/SC, Rel. Ministro Mauro Campbell Marques, Segunda Turma, DJe de 12.03.2018.

sejam suportados pelo poluidor, e, portanto, aí se inclui o *dano residual* que deve ser compensado.[134]

13.2.4.7.4 Reparação dos custos das medidas de combate e prevenção do dano – a "indenização preventiva"

Já vimos anteriormente que o princípio do poluidor pagador, através da precaução, prevenção e responsabilização, impõe que sejam internalizadas no custo da atividade, da obra e do serviço todas as externalidades negativas ambientais.

Relembre-se que estas *externalidades* nada mais são do que os efeitos adversos que atividades econômicas causam no meio ambiente durante todo o ciclo de vida do produto, do serviço ou da atividade e que, por uma deficiência de mercado, não estão inseridos nos custos de produção e do consumo da referida atividade. Enfim, são patologias ambientais que derivam das atividades econômicas e que são suportadas pela sociedade que é a titular do meio ambiente ecologicamente equilibrado. Tal situação provoca, de um lado, a absurda equação de *socialização do prejuízo resultante dos impactos negativos por toda a sociedade*, e de outro a privatização do lucro daquele que aufere vantagens econômicas com a referida atividade.[135]

Já tivemos oportunidade de demonstrar que o poder público – gestor do bem ambiental – tem o dever de impor ao empreendedor da atividade/obra/serviço a *internalização* as *externalidades negativas ambientais* por meio da precaução, prevenção e responsabilização, caso entenda que deva conceder a licença ambiental.

A responsabilização não é apenas a *responsabilização civil pelos danos causados*, mas qualquer modalidade de responsabilização jurídica como a penal, a administrativa, a responsabilidade pelo uso do bem, a responsabilidade pelo reembolso dos custos do combate da poluição etc.

Imaginemos um exemplo. Iniciado um incêndio num galpão relativamente próximo de uma zona de amortecimento de uma unidade de conservação de uso sustentável, assim que enxergam o fogo descontrolado a população aciona o corpo de bombeiros, a defesa civil, as ambulâncias etc. Graças a esta intervenção

---

134. "(...) 4. O dano residual compensa a natureza pela impossibilidade de retorná-la ao estado anterior à lesão. O dano intercorrente compensa a natureza pelos prejuízos causados entre o ato degradante e sua reparação (...). REsp 1.845.200/SC, relator Ministro Og Fernandes, Segunda Turma, julgado em 16.08.2022, DJe de 06.09.2022; no mesmo sentido AREsp 1.677.537/RS, relator Ministro Francisco Falcão, Segunda Turma, julgado em 27.10.2020, DJe de 17.11.2020; REsp 1.410.698/MG, Rel. Min. Humberto Martins, Segunda Turma, DJe 30.06.2015.

135. DERANI, Cristiane. *Direito Ambiental Econômico*. São Paulo: Max Limonad, 1997. p. 158; ANTUNES, Paulo de Bessa. *Política Nacional do Meio Ambiente* – PNMA: Comentários à Lei 6.938, de 31 de agosto de 1981. Rio de Janeiro: Lumen Juris, 2005, p. 38.

governamental conjunta o incêndio é debelado a tempo e evitado um desastre ambiental (caso a zona de amortecimento e a unidade de conservação tivessem sido atingidos). Neste exemplo a pergunta que não cala é a seguinte: quem deve arcar com custo do combate à poluição; o custo das ações realizadas pelo poder público? A sociedade ou o dono do galpão onde ali faz o depósito de seus produtos?

A resposta é intuitiva e sem maiores dificuldades. Tem-se aí a *responsabilização jurídica* do empreendedor dono do galpão pelo *dever de reembolso dos custos do combate à poluição*, não se podendo admitir que a população tenha que arcar com este custo cuja responsabilidade é de um sujeito que tem nome e sobrenome. Observe que não houve dano ao meio ambiente, mas houve custo para impedir que ele acontecesse, daí porque se fala em *indenização preventiva*. Não é tecnicamente uma indenização preventiva, mas um dever de reembolso das despesas que o poder público teve para evitar o desastre. Esse custo não pode e não deve ser suportado pela sociedade de forma alguma, mas por aquele que deu causa.

13.2.4.7.5 Segue: o dano ao meio ambiente e o surgimento do dever de pagar pelos novos custos de combate àquele risco

É célebre a frase do filosofo irlandês, e advogado, Edmund Burke: "aqueles que não conhecem a história estão fadados a repeti-la". Nada mais insensato é o comportamento de não aprender com o passado para tentar não repetir os erros no futuro.

Na sociedade que vivemos, convivendo com atividades de risco, é preciso tomar as experiências negativas como aprendizados para o futuro. Quando *o que era um risco se transforma em um dano para as pessoas e para a coletividade* é necessário repensar e redefinir a situação para impedir que danos possam novamente acontecer.

Sempre que uma atividade de risco para o meio ambiente e para a coletividade causa danos – normalmente qualitativa e quantitativamente devastadores – não é possível manter a situação de risco para o futuro aguardando que novos episódios danosos venham acontecer.

Sempre que o dano ao meio ambiente acontece é preciso repensar toda cadeia de risco da atividade do poluidor e, se for o caso de mantê-la, o exemplo do passado deve necessariamente servir de base para novos comportamentos, novas medidas de controle, novas exigências, novas condicionantes ambientais etc. que permitam avaliar o impacto potencial de cada evento de risco em termos de custo, tempo e recursos que serão necessários caso venham a acontecer, sem descartar a criação de fundos e seguros obrigatórios ambientais que ficariam disponíveis para reparação de danos futuros.

Toda reparação de danos ao meio ambiente decorrente de uma atividade de risco deve contemplar todos os custos futuros para adoção de técnicas, métodos e instrumentos que afastem a situação de risco que em dano se transformou. Ao fixar o dever de reparação pelos *danos causados* é necessário que se pense para o presente e para o futuro e, a partir da deficiência no controle do risco naquele caso concreto, torna-se inexorável eliminar o agente do risco que foi a fonte do dano, o que pode ser feito mediante a implantação de técnicas e métodos que o neutralizem, ou, no cenário mais drástico, proibindo a referida atividade que apresente aquele grau de risco que mostrou-se insuportável para a coletividade. O custo econômico desta gestão de risco deve ser exigido do poluidor caso se entenda por manter a referida atividade.

O que não se pode admitir é que depois do dano ao meio ambiente com perda inestimável dos serviços ecossistêmicos se mantenha a atividade da forma como se encontrava, pois se o risco é a probabilidade de dano, desde então ter-se-á 100% de certeza da sua ocorrência. Acaso o caminho seja por manter a atividade deverá ser exigido do poluidor que absorva todos os custos para correção e eliminação do risco – inconvivível – para a sociedade.[136]

13.2.4.8 Os danos futuros: monitoramento e liquidação

Diferente do que foi explicado no tópico anterior, os danos futuros são as *perdas e prejuízos* que ainda não aconteceram, mas possuem alto grau de probabilidade de que irão acontecer e por isso mesmo devem estar contemplados na reparação dos danos ao meio ambiente. Não se trata de *medidas* para evitar danos de novos eventos como se disse acima, mas reparação integral de danos que nascem do evento presente, mas que acontecerão no futuro.

É preciso deixar claro que na relação de causa e efeito o evento danoso é sempre causa do dano, e, nem sempre o dano, ou danos, acontecem no mesmo momento do evento danoso, podendo surgir ao longo do tempo. No direito ambiental não será incomum que o evento que aconteça hoje cause danos imediatos e danos futuros. Observe que aqui não se está falando de danos que se *protraem*

---

136. Isso implicará, certamente, em imediata suspensão/revisão da licença/autorização do poluidor que causou os danos ao meio ambiente que pode ser exigido na tutela jurisdicional por meio de pedido de remoção do risco de dano futuro, sem obstar que no plano administrativo de outros "potenciais" poluidores sejam exigidas as mesmas medidas de eliminação daquele risco que, sabe-se, *não é apenas provável* causador de danos.

no tempo, mas de danos que nascem em momento bem posterior do evento danoso, mesmo estando intimamente ligado a ele.

Lembremos aqui do problema do rompimento da barragem da mineradora que devastou o meio ambiente causando impactos severos no ecossistema. Como o equilíbrio ecológico requer uma combinação de fatores no tempo e no espaço e depende do entrelaçamento de ecossistemas e biomas, é perfeitamente possível que determinados danos ambientais já possam ser antevistos a partir dos que já existem hoje.

O *dano futuro* são danos que advirão do evento que já aconteceu. Possuem um alto grau de probabilidade e por isso devem ser tomados como *danos certos* daí porque devem integrar a reparação integral do meio ambiente. Caso clássico de dano futuro é a *perda de renda futura* decorrente de uma incapacidade adquirida em acidente do trabalho.

No direito ambiental dentro do conceito de reparação integral do meio ambiente devem estar contemplados os *danos futuros* que representam as perdas ambientais que advirão em razão de um evento danoso do passado. O grau de probabilidade do dano futuro é tão alto que lhe confere certeza de que irão acontecer e que por isso devem estar contemplados no conceito de reparação integral, muitas vezes por meio de condenação genérica cuja liquidação poderá levar anos.

Tomando de exemplo o caso do rompimento da barragem de Mariana existem inúmeros indivíduos da biota cujo ciclo de vida é migratório e temporário e assim o são em razão das condições do clima e da vegetação dos seus habitats. Esses indivíduos que integram e são importantes para manutenção do ecossistema simplesmente podem não mais aparecer, ou, surgindo, podem levar a contaminação para outros locais. O assoreamento do Rio Doce e destruição da sua vegetação ciliar causa uma destruição de ecótonos – áreas dinâmicas que servem de transição de ecossistemas impedindo o contato de diferentes ecossistemas o que é essencial para os processos ecológicos. Os *ninhos naturais* de peixes e mamíferos que adentram o rio para reprodução são afetados e só o tempo permitirá identificar o *dano futuro do evento passado*, afinal de contas os processos ecológicos possuem o seu próprio tempo e espaço e podem acontecer muito tempo depois do fato que deflagrou a destruição do Rio Doce.

Para uma justa composição dos danos ambientais é preciso que o poluidor seja obrigado a custear o *monitoramento* dos *danos futuros* para os quais deve também ser condenado de forma genérica.

A depender das características do evento danoso ambiental muitos danos podem acontecer ao longo do tempo; danos que derivam diretamente do evento danoso, mas que por características inerentes às complexas relações dos ecossistemas só acontecerão com o passar do tempo. Cite-se como exemplo a *desova de tartarugas gigantes* na foz do Rio Doce que é, segundo o projeto Tamar, a "única área com concentração regular de desovas da tartaruga gigante ou de couro (Dermochelys coriacea) no Brasil. Apenas 5 a 15 fêmeas desovam anualmente na região".[137] A lama tóxica da Samarco levou 15 dias para percorrer 600 km até o mar. Como as desovas são feitas anualmente, certamente que o dano acontecerá no futuro em relação aos ecossistemas que o quelônio integra e participa já que não terão mais o nicho ecológico para suas desovas. Todos estes danos são certos, mas futuros, e devem estar contemplados na reparação integral do meio ambiente.

13.2.4.9 Responsabilização jurídica civil: reparação dos danos (in natura + in pecunia) + reembolso dos gastos de combate da poluição

A responsabilização jurídica imposta pelo princípio do poluidor pagador é gênero do qual se esgalham várias espécies: a penal a administrativa e a civil. Por sua vez, a *responsabilização jurídica civil* contempla também algumas espécies como a imposição de sanção reparatória, sanção restituitória, sanção invalidante, sanção caducificante etc.

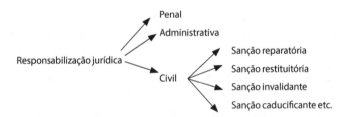

A espécie de responsabilização jurídica cível mais festejada é a *responsabilização civil pelos danos causados ao meio ambiente* que enseja a reparação integral pelo dano causado pelo poluidor. Essa reparação integral impõe sobre o poluidor o dever de cumular obrigações reparatórias de fazer e de pagar (dano atual e futuro, dano residual, dano intermitente, dano moral etc.). Em relação a reparação in natura por meio de prestações de fazer e não fazer deve-se dar preferência para a reparação *por restauração* e subsidiariamente de *por recuperação* com já dito alhures.

A tutela reparatória pecuniária se dá para todos os danos que não comportam reparação in natura (restauração ou recuperação) ou mesmo para as hipóteses

---

137. Disponível em: https://tamar.org.br/noticia1.php?cod=293#:~:text=Tartaruga%20de%20couro%20desova%20no,f%C3%AAmeas%20desovam%20anualmente%20na%20regi%C3%A3o. Acesso em: 23 maio 2024.

em que eles sejam possíveis de restaurar e recuperar, mas o poluidor se recuse a prestar o fato, caso em que deverá pagar em dinheiro os custos da prestação que vier a ser executada por terceiro.

A sanção de restituição pelos gastos de combate à poluição integra as diversas faces do poluidor pagador, e, independe da ocorrência de danos ao meio ambiente, podendo ser com ela cumulada a depender do caso concreto. Logo, havendo ou não danos ao meio ambiente, deve ser exigido do empreendedor o dever de restituir aos cofres públicos[138] a perda financeira suportada pela coletividade para evitar/mitigar um dano atribuível à atividade do empreendedor. É *dele* o custo que não *deve* ser suportado pela coletividade, daí porque se tem o dever de restituição.

13.2.5 O pagamento pelo uso do bem ambiental

Integra o dever geral de responsabilização do poluidor pagador a imposição da sanção pecuniária devida pelo uso econômico dos recursos ambientais, embora esteja absolutamente fora do campo da *responsabilização pelos danos causados ao meio ambiente*. O *usuário pagador* é aquele sujeito que se insere no suporte fático do artigo 4º, VII da Lei 6.938/81:

> VII – à imposição, ao poluidor e ao predador, da obrigação de recuperar e/ou indenizar os danos causados e, ao *usuário, da contribuição pela utilização de recursos ambientais com fins econômicos.*

O uso econômico legalmente autorizado do recurso ambiental – biótico ou abiótico – não deve ser *gratuito*, pois não há razão que justifique o proveito econômico do particular sem qualquer contribuição à coletividade.[139] O recurso ambiental (microbem) integra o macrobem – equilíbrio ecológico – que é de titularidade e uso comum do povo.

O uso incomum – econômico – não apenas deve ser previamente requerido ao poder público (gestor do bem ambiental) como deve implicar em remuneração pelo seu uso. Esse dever de contribuição financeira pode se dar de várias formas segundo a legislação de cada país, podendo ser feito por meio de mecanismos

---

138. Aqui não se tratou do direito de restituição do *particular* que também é possível, por exemplo, quando combate à poluição do seu vizinho para evitar o dano a sua propriedade. Nesta hipótese ele só não suportou o dano graças a seu esforço que lhe custou tempo e dinheiro. Esse dever de restituição da quantia gasta implica em uma justiça corretiva que impede que alguém tenha uma perda financeira provocada pelo ato de outrem que interfere indevidamente na esfera de outrem.

139. Neste sentido ver MACHADO, Paulo Affonso Leme. *Direito Ambiental Brasileiro*. 19. ed. São Paulo: Malheiros, 2011.

de tributação ou remuneração (preço) pelo valor intrínseco do bem em forma de contribuição financeira.

O objetivo do pagamento pelo uso econômico do bem tem como objetivo, em primeiro lugar, reconhecer que a função ecológica do bem ambiental é prioritária e tem um dono que é a coletividade, em segundo lugar deixar claro que numa justiça social não tem o menor sentido que alguém lucre em cima de um bem que pertence a todos sem contribuir com parcela de seu uso incomum, em terceiro lugar objetiva internalizar os custos ambientais associados ao uso de um bem natural, como forma de incentivar o uso economicamente sustentável, em quarto lugar usar o recurso para gestão sustentável dos recursos naturais. Trata-se de "mecanismo de assunção partilhada da responsabilidade social pelos custos ambientais derivados da atividade econômica".[140]

Não há que se confundir o usuário com o poluidor. O usuário usa o *microbem ambiental para fins econômicos*; o poluidor *polui o macrobem* causando dano ao meio ambiente. O suporte fático de um e de outro são absolutamente diferentes, o que não significa que o mesmo sujeito não possa ser poluidor e usuário ao mesmo tempo. Às vezes é.

Isso acontece porque o uso econômico do recurso ambiental não se limita apenas a sua condição de matéria prima para a produção, mas também pode ser utilizado como como local de descarte da produção realizada. Assim, por exemplo, quando o recurso ambiental é utilizado como matéria prima (água) e também é utilizado como local de descarte (ar, água, solo) o mesmo sujeito assume a titularidade de *poluidor e usuário pagador*. Aproveita o recurso ambiental como usuário e como poluidor ao mesmo tempo.

---

140. STF, ADI 3378, Tribunal Pleno, Relator: Min. Carlos Britto, Julgamento: 09.04.2008, Publicação: 20.06.2008: "1. O compartilhamento-compensação ambiental de que trata o art. 36 da Lei 9.985/2000 não ofende o princípio da legalidade, dado haver sido a própria lei que previu o modo de financiamento dos gastos com as unidades de conservação da natureza. De igual forma, não há violação ao princípio da separação dos Poderes, por não se tratar de delegação do Poder Legislativo para o Executivo impor deveres aos administrados. 2. Compete ao órgão licenciador fixar o quantum da compensação, de acordo com a compostura do impacto ambiental a ser dimensionado no relatório – EIA/RIMA. 3. O art. 36 da Lei 9.985/2000 densifica o princípio usuário-pagador, este a significar um mecanismo de assunção partilhada da responsabilidade social pelos custos ambientais derivados da atividade econômica. 4. Inexistente desrespeito ao postulado da razoabilidade. Compensação ambiental que se revela como instrumento adequado à defesa e preservação do meio ambiente para as presentes e futuras gerações, não havendo outro meio eficaz para atingir essa finalidade constitucional. Medida amplamente compensada pelos benefícios que sempre resultam de um meio ambiente ecologicamente garantido em sua higidez. 5. Inconstitucionalidade da expressão "não pode ser inferior a meio por cento dos custos totais previstos para a implantação do empreendimento", no § 1º do art. 36 da Lei 9.985/2000. O valor da compensação-compartilhamento é de ser fixado proporcionalmente ao impacto ambiental, após estudo em que se assegurem o contraditório e a ampla defesa. Prescindibilidade da fixação de percentual sobre os custos do empreendimento. 6. Ação parcialmente procedente".

13.2.6 Imprescritibilidade do dano ambiental

Como decorrência lógica do fato de que o dano ao equilíbrio ecológico não cessa porque se protrai no tempo e porque se trata de um bem *essencial à sadia qualidade de vida*, portanto, de natureza pública e indisponível, prevalece a regra da imprescritibilidade da pretensão de reparação de danos ao meio ambiente, consolidade inclusive em precedente vinculante (Tema 999) onde restou consolidado no julgamento do RE 654833 "o entendimento de que o dano ambiental não é um mero ilícito civil, por afetar toda a coletividade, e os interesses envolvidos ultrapassam gerações e fronteiras", motivo pelo qual o "direito ao meio ambiente está no centro da agenda e das preocupações internacionais inauguradas formalmente com a Declaração de Estocolmo e, como tais, não merecem sofrer limites temporais à sua proteção".

> 1. Debate-se nestes autos se deve prevalecer o princípio da segurança jurídica, que beneficia o autor do dano ambiental diante da inércia do Poder Público; ou se devem prevalecer os princípios constitucionais de proteção, preservação e reparação do meio ambiente, que beneficiam toda a coletividade.
>
> 2. Em nosso ordenamento jurídico, a regra é a prescrição da pretensão reparatória. A imprescritibilidade, por sua vez, é exceção. Depende, portanto, de fatores externos, que o ordenamento jurídico reputa inderrogáveis pelo tempo.
>
> 3. Embora a Constituição e as leis ordinárias não disponham acerca do prazo prescricional para a reparação de danos civis ambientais, sendo regra a estipulação de prazo para pretensão ressarcitória, a tutela constitucional a determinados valores impõe o reconhecimento de pretensões imprescritíveis.
>
> 4. O meio ambiente deve ser considerado patrimônio comum de toda humanidade, para a garantia de sua integral proteção, especialmente em relação às gerações futuras. Todas as condutas do Poder Público estatal devem ser direcionadas no sentido de integral proteção legislativa interna e de adesão aos pactos e tratados internacionais protetivos desse direito humano fundamental de 3ª geração, para evitar prejuízo da coletividade em face de uma afetação de certo bem (recurso natural) a uma finalidade individual.
>
> 5. A reparação do dano ao meio ambiente é direito fundamental indisponível, sendo imperativo o reconhecimento da imprescritibilidade no que toca à recomposição dos danos ambientais.
>
> 6. Extinção do processo, com julgamento de mérito, em relação ao Espólio de Orleir Messias Cameli e a Marmud Cameli Ltda, com base no art. 487, III, b do Código de Processo Civil de 2015, ficando prejudicado o Recurso Extraordinário. Afirmação de tese segundo a qual é imprescritível a pretensão de reparação civil de dano ambiental. Tema 999 – Imprescritibilidade da pretensão de reparação civil de dano ambiental (RE 654833).

Dito isso é importante se destacar que não se confunde o *dano ambiental que pertence à coletividade* com danos que se cometem ao microbem ambiental na sua perspectiva econômica, ou seja, não há que se aplicar a regra da imprescritibilidade do dano ao meio ambiente para situações em que o se pretende é a reparação de danos privados pelo uso da função econômica do recurso ambiental.

Recordemos que o recurso ambiental tanto possui uma função ecológica quanto pode servir a uma função econômica, desde que devidamente autorizado pelo poder público. Não é possível invocar a tese da imprescritibilidade do dano ambiental para situações que se referem ao uso econômico e privado do recurso ambiental, aspecto que vem sendo acertadamente reconhecido pelo STJ.

> 1. A pretensão de reparação de dano causado ao meio ambiente (macrobem ambiental), enquanto direito difuso e indisponível, está protegida pelo manto da imprescritibilidade. 2. No caso de danos ambientais individuais (microbem ambiental), o entendimento desta Corte é no sentido de que a pretensão de indenização está sujeita à prescrição, haja vista afetarem direitos individualmente considerados, isto é, de titularidade definida. Precedentes. 3. Na hipótese, a pretensão do autor é de indenização por dano individual, de natureza eminentemente privada, sem qualquer pedido de restauração do meio ambiente, razão pela qual não há que falar em imprescritibilidade. Inaplicabilidade da tese firmada pelo STF no Tema 999. 4. O termo inicial do prazo prescricional para o ajuizamento de ação de indenização por danos individuais decorrentes de dano ambiental conta-se da ciência inequívoca dos efeitos decorrentes do ato lesivo. Precedentes. 5. Agravo interno a que se nega provimento (AgInt no REsp 2.029.870/MA, relatora Ministra Maria Isabel Gallotti, Quarta Turma, julgado em 26.02.2024, DJe de 29.02.2024).

13.2.7 Não há dano insignificante ao meio ambiente – dever de reparação integral

Tese que chegou a ser levantada seria a de que os danos insignificantes ao meio ambiente não deveriam estar sujeitos à responsabilização civil, numa tentativa de transposição do princípio da insignificância do direito penal para o direito civil. Não há razão lógica que justifique esta exegese. A tese não deve prosperar porque é impossível a utilização do princípio da insignificância (penal) para descaracterizar a responsabilidade civil ambiental. Isso já foi tratado no Capítulo IV, item 8.4 retro.

O texto constitucional brasileiro é categórico ao afirmar no art. 225, § 3º que:

> Art. 225. Todos têm direito ao meio ambiente ecologicamente equilibrado, bem de uso comum do povo e essencial à sadia qualidade de vida, impondo-se ao Poder Público e à coletividade o dever de defendê-lo e preservá-lo para as presentes e futuras gerações.
>
> (...)
>
> § 3º As condutas e atividades consideradas lesivas ao meio ambiente sujeitarão os infratores, pessoas físicas ou jurídicas, a sanções penais e administrativas, independentemente da obrigação de reparar os danos causados.

Parece-nos de clareza meridiana que o texto constitucional adota, em matéria ambiental, a regra da autonomia da sanção penal [e da administrativa] da sanção de natureza civil [obrigação de reparar os danos causados] e em relação à sanção reparatória o dever de reparação integral como vem descrito não apenas no referido texto constitucional, mas também nos arts. 4°, VI e 14, § 1° da Lei 6.938/81.

A regra jurídica que estabelece o dever de reparação integral finca-se na premissa de que *ou dano há* e deve ser reparado, ou não há dano e nada há que reparar. Não há regra jurídica que permita abrir mão do dever de reparar quando estes sejam *insignificantes*.

Não existe no ordenamento jurídico civil uma *imunidade reparativa* para danos insignificantes, e, a autoridade que assim age comete violação da regra que impõe o dever de reparação civil pelos danos causados ao meio ambiente.

Até mesmo quando a Lei classifica atividades de baixo impacto para admitir pontualmente e em alguns casos a supressão de área de preservação permanente, como faz o artigo 3°, X e art. 8° da Lei 12.651 (Código Florestal), também aqui nestas hipóteses deve incidir o dever de reparar o dano causado.

13.2.3 Dano ambiental e impacto ambiental

É preciso ter muito cuidado quando se toma a palavra *dano* ambiental por *impacto* ambiental e vice-versa. Em termos coloquiais não há problema em tomar um pelo outro, mas juridicamente são distintos os termos.

A expressão impacto ambiental é comumente utilizada para fins de avaliação ambiental em estudos prévios que irão identificar os possíveis *impactos* que a atividade irá causar ao meio ambiente em todas as suas perspectivas.

A expressão consta na Resolução 001/86 do CONAMA que serve de roteiro lógico dos estudos de impacto ambientais onde ali se colhe, por exemplo, que os impactos podem ser *positivos e negativos (benéficos e adversos), diretos e indiretos, imediatos e a médio e longo prazos, temporários e permanentes; seu grau de reversibilidade; suas propriedades cumulativas e sinérgicas; a distribuição dos ônus e benefícios sociais.* (art.° 6°, II).

Como se vê os *impactos* podem ser negativos ou positivos e normalmente são utilizados como projeções, prognoses que servem para o poder público exigir que sejam tomadas medidas de controle, mitigatórias e de neutralização dos *possíveis impactos negativos*. O dano ambiental é lesão ao equilíbrio ecológico e corresponde a uma situação atual de perda, subtração e redução do equilíbrio ecológico. A rigor é justamente para se antecipar ou evitar os danos que se faz a prognose de impactos negativos para tomar medidas profiláticas de sua ocorrência. O impacto negativo que se prevê é o dano futuro que se evita por meio das técnicas de avaliação de impacto ambiental e condicionantes neutralizadoras e mitigatórias assumidas pelo empreendedor antes de operar sua atividade.

Em resumo o dano Ambiental se refere a toda e qualquer alteração negativa do equilíbrio ecológico enquanto o impacto ambiental se refere-se a prognose de todas as alterações positivas ou negativas que podem ser causadas no ambiente devido a uma ação, obra, serviço ou atividade.

13.2.4 Complexidade do dano ambiental e sua identificação – Condenação ao dever de monitoramento

Certamente que a identificação – e eventual mensuração – do dano ambiental e sua extensão dependerá de perícia, muitas vezes complexa, porque deve ser realizada por vários profissionais expertos de áreas diferentes. Não será incomum que uma pessoa jurídica, que contempla todos os profissionais, seja escolhida para a referida realização.

Um roteiro seguro para identificar o dano ambiental e suas proporções será seguir as diretrizes estabelecidas pela Resolução CONAMA 001/86 do conteúdo do estudo prévio de impacto ambiental. Inicialmente é preciso saber se o empreendimento ou obra estava fase de implantação ou operação, caso em que terá que fazer uma identificação e avaliação sistemática de impactos ambientais. Será preciso ainda definir os limites da área geográfica que foi direta ou indiretamente afetada pelos impactos sempre considerando a bacia ou microbacia hidrográfica do entorno.

Considerando o que já foi dito sobre os serviços ecossistêmicos, pode-se, didaticamente, organizar a identificação e proporção dos impactos considerando as seguintes situações. Primeiro verificar se existe um inventário ambiental anterior ao dano, o que, tratando-se de atividade licenciada constará no estudo que embasou a licença ambiental.

Este diagnóstico ambiental prévio – com imagens, estudos etc. – permite fazer uma análise comparativa da completa descrição e análise dos recursos ambientais e suas interações, tal como existiam antes da situação danosa.

Com ou sem este inventário será preciso identificar o dano (direto e indireto) ambiental considerando as seguintes perspectivas a curto, médio e longo prazo: a) o meio físico – o subsolo, as águas, o ar e o clima, destacando os recursos minerais, a topografia, os tipos e aptidões do solo, os corpos d'água, o regime hidrológico, as correntes marinhas, as correntes atmosféricas; b) o meio biológico e os ecossistemas naturais – a fauna e a flora, destacando as espécies indicadoras da qualidade ambiental, de valor científico e econômico, raras e ameaçadas de extinção e as áreas de preservação permanente; c) o meio socioeconômico – o uso e ocupação do solo, os usos da água e a sócio economia, destacando os sítios e monumentos arqueológicos, históricos e culturais da comunidade, as relações de dependência entre a sociedade local, os recursos ambientais e a potencial utilização futura desses recursos.

> Que fique bem claro, por exemplo, que a destruição de uma mata ciliar não se resume a uma *restauração da mata ciliar*. O impacto negativo deve ser analisado e mensurado sob todas as perspectivas mencionadas acima, inclusive o tempo de sua duração. Só assim poder-se-á pensar em uma reparação justa e integral.

Com base nesta análise e com estes dados é que se poderá identificar o dano, direto e indireto, a sua duração, e a sua extensão, permitindo que se tenha uma restauração ou recuperação (integral) e indenização do direito que foi lesado o que só terminará quando toda a análise do monitoramento tenha sido efetivada.

Considerando ainda o fato de que o dano ambiental presente e futuro pode se protrair no tempo é necessário que o *dever de integral reparação do dano* contemple a necessidade de que – por tempo razoável – seja exigido o <u>monitoramento dos danos atuais e potenciais</u> em razão do dano já causado.

Isso implica, por exemplo, impor ao poluidor o dever de:

> (a) identificar as áreas que sejam sensíveis,
>
> (b) tentar obter sempre que possível (normalmente no licenciamento ambiental) o inventário ambiental que reflita – de acordo com a atividade – medições da qualidade do ar, da água, do solo, da fauna, da flora, biodiversidade – que servirão de *linha de base ou marco zero* para avaliação dos danos,
>
> (c) usar tecnologias avançadas de monitoramento – inclusive remoto – que permita uma identificação em tempo real das alterações evitando que o tempo seja fator que amplifique danos existentes;
>
> (d) uso de tecnologia de coleta e análise de dados para obter uma resposta mais pronta e minudente; e) exigir que sejam fornecidos relatórios que deem publicidade e transparência à coletividade que é a titular do meio ambiente ecologicamente equilibrado.

Capítulo 5
RESPONSABILIDADE PENAL AMBIENTAL

1. JUSTIFICATIVA DA TUTELA PENAL

Certamente que todas as atitudes impensadas, egoístas, supérfluas, predadoras, abusivas e destruidoras praticadas pelo homem contra a sua própria casa – o meio em que vive – têm um preço caríssimo. Realmente, trata-se de um mal impagável e que vem sendo "cobrado", dia após dia, em sucessivas e infindáveis prestações, pelo próprio entorno, que dá sinais vitais (ou mortais) da destruição do planeta.

Não há dúvidas de que toda degradação que o homem causa ao meio ambiente, seja ela aparente ou sorrateira, necessária ou supérflua, curta ou extensa, direta ou indireta, sempre será uma agressão contra todas as formas de vida, inclusive, obviamente, a vida humana.

Se o homicídio, crime tipificado no art. 121 do CP, é tido pela sociedade como uma das condutas penalmente tuteladas mais repugnantes, na medida em que constitui uma agressão ao convívio e à harmonia social, não hesitaremos em dizer que toda agressão que é causada ao meio ambiente é ofensa igual ou maior do que um homicídio ou latrocínio.

Pela importância do bem ambiental, por sua essencialidade e natureza, podemos dizer, com Herman Benjamin, que

> Agredir ou pôr em risco essa base de sustentação planetária é, socialmente, conduta de máxima gravidade, fazendo companhia ao genocídio, à tortura, ao homicídio e ao tráfico de entorpecentes, ilícitos também associados à manutenção, de uma forma ou de outra, da vida em sua plenitude. Os crimes contra o meio ambiente são talvez os mais repugnantes de todos os delitos do colarinho-branco, sentimento que já vem apoiado em sucessivas pesquisas de opinião pública naqueles países que já acordaram para a gravidade e irreparabilidade de muitas ofensas ambientais.[1]

---

1. BENJAMIN, Antonio Herman Vasconcellos e. Crimes contra o meio ambiente: uma visão geral. *Direito em evolução*, v. II, p. 27.

Exatamente por isso, não faz sentido que a própria sociedade organizada se ocupe em cuidar do meio ambiente apenas por intermédio de uma tutela civil ou administrativa. A repressão penal é diretamente proporcional ao bem juridicamente protegido.

Se o bem tutelado é de extremo valor para a sociedade, espera-se mais do que a simples existência de uma tutela penal sobre este bem, senão que essa "proteção" seja educativa, desencorajante, exemplar e realmente efetiva, justamente para evitar e prevenir condutas que constituam verdadeiras ameaças ao bem precioso para a sociedade.

> Por isso, nada mais lógico que esperar das instituições públicas representativas da sociedade real atitude e manifestação em relação à tutela do meio ambiente, posto que a "última ratio da tutela penal ambiental significa que esta é chamada para intervir somente nos casos em que as agressões aos valores fundamentais da sociedade alcancem o ponto do intolerável ou sejam objeto de intensa reprovação social".[2]

Assim, seja porque chegamos ao limite do intolerável, seja porque o meio ambiente é condição de existência dos seres, nada mais lógico que existam normas ambientais de índole penal, que traduzam essa preocupação e essa valorização social do meio ambiente. Afinal de contas, "preservar e restabelecer o equilíbrio ecológico em nossos dias é questão de vida ou morte".[3]

Se reconhecermos que o Direito Ambiental é um ramo jovem do Direito, podemos dizer que a sua face penal é a que "menos rugas apresenta". Isso pelo aspecto lógico de que a criação legislativa de condutas tipificadas como crime depende do quão importante é o bem tutelado para a sociedade, ou seja: se o bem da vida que serve à satisfação dos interesses da sociedade é abundante, ou se a sociedade é pequena diante dos bens que lhe servem à sobrevivência, certamente que a aquisição, o uso, a posse, a propriedade, o abuso, a consumação, a destruição desses bens não importarão tanto assim à sociedade, já que não estará impedida de se saciar.

Mas, à medida que o bem se torne escasso, que a utilização por uma pessoa represente um sacrifício para as demais, que a propriedade por um dos membros signifique um abalo de um grupo ou coletividade de pessoas, certamente que haverá uma preocupação em regular, restringir, delimitar ou até mesmo negar

---

2. FERREIRA, Ivette Senise. *Tutela penal do patrimônio cultural*, p. 68. Ver ainda: PRADO, Luiz Regis. *Crimes contra o ambiente*, p. 17; RODRIGUES, Anabela Miranda. Direito penal do ambiente, *Revista Direito Ambiental*, p. 16; PALMA, Maria Fernanda. Direito penal do ambiente – uma primeira abordagem, *Direito do ambiente*, p. 434.
3. MILARÉ, Édis. *Direito do ambiente*, p. 345; no mesmo sentido, ver FREITAS, Gilberto Passos de. A tutela penal do meio ambiente. *Dano ambiental*: prevenção, reparação e repressão, p. 310.

e impedir a posse, o uso, o gozo e a fruição desses bens de que todos necessitam na mesma qualidade e quantidade.

Bens ambientais, como água, ar, terra, clima etc., são exemplos desses objetos essenciais que devem ser ao máximo tutelados pelo Direito.

É na esfera penal, por intermédio de sanções desta natureza, que encontramos (ou deveríamos encontrar) a máxima reprovação e a máxima repressão social. Vistas como *maxima ratio* e *ultima ratio*, as normas penais não podem falhar, já que representam a reprovação e a preocupação máximas com certas condutas, além da última e decisiva cartada contra as "falhas" das demais formas de tutela.

Diante disso, como só num passado próximo o legislador acordou para a necessidade de se tutelar o meio ambiente de modo autônomo, holístico – em que se tenha a proteção ecocêntrica do meio ambiente –, nada mais lógico que a face penal ambiental mostre também a sua cara.

2. RESPONSABILIDADE PENAL E POLUIDOR PAGADOR

Como dissemos, o princípio da responsabilidade – subprincípio da pedra fundamental do poluidor-pagador – também se ramifica para a esfera penal. Assim, porquanto seja associado às tutelas administrativa e civil, o princípio do poluidor-pagador também espraia seus tentáculos na seara penal e, quando o faz, traduz-se na máxima apelidada de poluidor-punido.

Embora num primeiro momento essa relação possa causar alguma estranheza ao leitor, pretende-se dizer que a tutela penal do meio ambiente tem – seguindo a diretriz do poluidor-pagador – uma marcante veia preventiva, que predetermina o tipo de formatação legislativa, a sua interpretação e os seus objetivos.

Como já estudamos, o poluidor pagador, apesar de partir da ideia de internalização das externalidades negativas ambientais, visa atingir diversos objetivos concomitantes: impedir a realização de condutas poluentes; informar sobre a existência de produtos e condutas poluentes; educar a evitar consumo de poluentes; sobretaxar produtos poluentes, cobrar pelo uso incomum do bem etc.

Partindo-se dessas ideias, tem-se que as tutelas civil e administrativa, normalmente calcadas nas perdas e danos e na multa, dificilmente atingem os principais responsáveis pela degradação do meio ambiente.

Isso porque o que acaba ocorrendo é que os reais responsáveis pela degradação transferem as perdas pecuniárias sofridas para a sociedade, para o mercado de consumo, por meio de um ilegítimo, sorrateiro e disfarçado aumento de preço do produto poluente. É o que ensina, mais uma vez, Herman Benjamin:

Tem-se aí um 'curioso' (e perverso) fenômeno em que o cidadão é vitimado duas vezes. De um lado, como vítima difusa da degradação ambiental e de outro como devedor final do *quantum* reparatório ou sancionatório.[4]

Já na esfera criminal, a situação é outra, uma vez ser impossível, pelo princípio da pessoalidade da pena (CF, art. 5º, XLV),[5] a transferência da sanção penal para outra pessoa que não o condenado.

Exatamente por isso, a sanção penal, inclusive na seara ambiental, deverá ser de tal modo prevista e aplicada que só poderá ser suportada pelo próprio poluidor, impedindo, pois, a dupla vitimização social, de ocorrência costumeira nas tutelas civil e administrativa, como foi dito alhures.

3. RESPONSABILIDADE PENAL E PREVENÇÃO: OS CRIMES DE PERIGO

Já foi mencionado que a estrutura mestra do Direito Ambiental, o poluidor pagador, embora se apresente por meio de uma nomenclatura que enseja uma interpretação diversa, tem a sua mola propulsora nas preocupações com a prevenção e a precaução. O alcance do princípio não pode ser delimitado por uma interpretação canhestra que o vincule apenas à tutela repressiva de caráter civil.

Mas como pensar em punição penal sob uma face preventiva? Enfim, como imaginar que a repressão por um crime ambiental seja preventiva, se a pena se dá após a consumação do delito? Nada mais do que simples técnica legislativa é necessária para resolver este aparente impasse.

Como diz o bom senso, em matéria de Direito do Ambiente é melhor prevenir do que remediar, dada a irreversibilidade fática da degradação dos processos ecológicos. Assim, toda a política ambiental, seja ela no âmbito executivo, legislativo ou jurisdicional, deve ser solidificada no princípio raiz da precaução e da prevenção.

Não escapam dessa influência as tutelas jurisdicionais civil e penal. Isso quer dizer que o legislador deve usar e abusar das técnicas legislativas que privilegiem a precaução e a prevenção, sem perder de vista os princípios que regem o devido processo legal.

Nesse passo, destacam-se, por exemplo, no âmbito civil, as técnicas de tutela inibitória e de criação de presunções ou ficções legais, de modo a facilitar a prova em favor do ambiente, inclusive com técnicas de inversão de ônus etc.

---

4. BENJAMIN, Antonio Herman Vasconcellos e. *Crimes contra o meio ambiente*, p. 29.
5. "Art. 5º, XLV – *nenhuma pena passará da pessoa do condenado* (...)."

Já na seara penal, também o legislador tem tido criatividade para transferir o momento de consumação do crime da lesão para a ameaça ou, antes ainda, para o mero risco. Insere como elemento do suporte fático contido na regra jurídica a "exposição ao risco" o "perigo" a "ameaça", ou seja, aperfeiçoa-se o crime no instante em que o bem tutelado encontrar-se numa condição objetiva em que há apenas o *perigo abstrato ou concreto* de lesão. É o que se chama de crimes de perigo. No primeiro antecipa-se o momento para proteger contra o risco; no segundo, contra a ameaça de lesão. Assim, por exemplo, temos os tipos descritos no art. 42 que trata do crime de "fabricar" e de "soltar" balões.

De um ponto de vista político-criminal, portanto, o recurso aos crimes de perigo permite realizar conjuntamente as finalidades de repressão e prevenção ao crime ambiental.

Hoje, é certo que o progresso da vida moderna tem aumentado em demasia as oportunidades de perigo comum. Muitas vezes, não está a sociedade em condições de refrear certas atividades perigosas, tidas como condições essenciais de desenvolvimento que se processa.

Em tal contexto, torna-se evidente que uma técnica normativa assentada na incriminação do perigo é a mais adequada a enfrentar as ameaças múltiplas trazidas de muitas partes e por meios estranhos ao sistema ecológico.[6]

É certo e inegável que a técnica que privilegia a criação legislativa de crimes de perigo também padece do problema relacionado à prova de sua ocorrência. Aliás, no caso de perigo concreto ou abstrato, o problema é ainda maior, uma vez que a existência do perigo ou do risco deve ser provada caso a caso (in concreto, por exemplo, a queima em céu aberto de produtos tóxicos). Já no caso de perigo abstrato (por exemplo, fabricar balões), a prova da conduta definida na lei já é o bastante.[7]

4. O PRINCÍPIO DA INSIGNIFICÂNCIA E O DIREITO PENAL AMBIENTAL

Como dissemos anteriormente, o direito penal é a *ultima ratio* do ordenamento jurídico, inclusive no direito ambiental. Diante desta clássica premissa, a questão que exsurge é: A multiplicidade de ilícitos penais ambientais é positiva ou negativa no ordenamento jurídico ambiental? Enfim, há uma banalização

---

6. COSTA JÚNIOR, Paulo José da. *Direito penal ecológico*, p. 75.
7. Nesse sentido, ver: FERREIRA, Ivette Senise. *Tutela penal do patrimônio cultural*, p. 98; PALMA, Maria Fernanda. *Direito penal do ambiente*, p. 441; BENJAMIN, Antonio Herman Vasconcellos e. Crimes contra o meio ambiente. *Direito em evolução*, p. 30, nota de rodapé n. 18.

de condutas típicas na seara ambiental? Muitas destas condutas poderiam ser tuteladas pela responsabilização administrativa? Enfim, essas questões trazem à tona o problema da aplicação do princípio da insignificância em relação ao direito penal ambiental?

Qualquer conclusão que se pretenda dar em torno do tema deve ter como ponto de partida a CF/88, precisamente o art. 225, que expressamente reconhece que o bem ambiental é de titularidade do povo e, mais que isso, das gerações futuras. Além disso prescreve que tal bem jurídico é essencial à vida, ou seja, não se sobrevive sem o equilíbrio ecológico.

Mais adiante, o § 3º desse mesmo art. 225 prescreve que "as condutas e atividades consideradas lesivas ao meio ambiente sujeitarão os infratores, pessoas físicas ou jurídicas, a sanções penais e administrativas, independentemente da obrigação de reparar os danos causados".

Ora, a opção feita pelo texto maior – dada a importância objetiva e subjetiva do bem jurídico tutelado – é de não admitir qualquer tipo de lesão sob o prisma penal, independentemente da incidência conjunta das sanções civis e administrativas, as condutas consideradas lesivas ao meio ambiente. Também não nos parece que a tutela penal do ambiente seja "subsidiária" e servível apenas quando já estiver esgotada, e sejam ineficientes os métodos de sanção civil e administrativa, antes o contrário.

O legislador constitucional foi claro ao dizer que os infratores, pessoas físicas ou jurídicas, se sujeitarão "a sanções penais e administrativas, independentemente da obrigação de reparar os danos causados". Não há apenas a "independência" das esferas penal civil e administrativa, mas também que as condutas lesivas sujeitarão (no imperativo afirmativo) os infratores às três modalidades de sanção, ou seja, trata-se de reação máxima (não mínima, não subsidiária) às agressões perpetradas contra o meio ambiente. A intolerância deve ser penal, civil e administrativa contra as condutas lesivas ao meio ambiente.

Com respeito àqueles que sustentam a incidência irrestrita do princípio da insignificância, afirmando que a proteção penal só deveria ser convocada a intervir quando as agressões ao equilíbrio ecológico fossem insustentáveis ou atingissem um patamar de impacto elevado, falta conhecimento técnico sobre ecologia, pois, afinal de contas, o que seria *lesão ínfima ou impacto considerável?*

Pensamos que uma vez ocorrida a tipicidade formal, o conceito de lesividade para configuração da tipicidade material deve ser compreendido à luz das ciências ecológicas.

Ora, por exemplo, a destruição de áreas pequenas, mas de transição e fluxo gênico, pode ser muito pior do ponto de vista ecológico do que 1 hectare de

CAPÍTULO 5 • RESPONSABILIDADE PENAL AMBIENTAL **211**

floresta plantada e homogênea. Exemplificando, existem árvores que, sozinhas, servem de pouso e arribação de aves migratórias. O sujeito que "abre a mata" destruindo o sub-bosque para "limpar" a passagem está cometendo um crime à auto sustentabilidade do ecossistema. Enfim, não é apenas o tamanho da área que determina o tamanho do impacto.

Não é difícil notar a presença da tutela penal em todas as condutas lesivas ao meio ambiente como determina o texto constitucional, e não apenas naquelas em que o legislador infraconstitucional decidir como *ultima ratio* para não "banalizar" o direito penal.

Parece que devemos distinguir os problemas decorrentes das arcaicas modalidades de pena, do descrédito decorrente da impunidade dos infratores, da burocracia do sistema judiciário penal, da quase nenhuma fiscalização e controle das infrações, com o verdadeiro sentido da questão, ou seja, o reconhecimento de que as condutas lesivas ao meio ambiente são sempre de uma gravosidade enorme, e, como tal, por expressa vontade do legislador constitucional, devem ser objeto de incidência do direito penal do ambiente.

O Superior Tribunal de Justiça tem admitido a incidência do princípio da insignificância (bagatela) no direito penal ambiental apenas em caráter excepcional e somente "quando demonstrada a ínfima ofensividade ao bem ambiental tutelado" ou ainda caso a "lesão seja irrelevante, a ponto de não afetar de maneira expressiva o equilíbrio ecológico", "ausência de periculosidade do agente", "reduzido grau de reprovabilidade do comportamento" para usar expressões contidas em seus arestos.

1. A aplicação do princípio da insignificância, causa excludente de tipicidade material, admitida pela doutrina e pela jurisprudência em observância aos postulados da fragmentariedade e da intervenção mínima do Direito Penal, demanda o exame do preenchimento de certos requisitos objetivos e subjetivos exigidos para o seu reconhecimento, traduzidos no reduzido valor do bem tutelado e na favorabilidade das circunstâncias em que foi cometido o fato criminoso e de suas consequências jurídicas e sociais.

2. Esta Corte admite a aplicação do referido postulado aos crimes ambientais, desde que a lesão seja irrelevante, a ponto de não afetar de maneira expressiva o equilíbrio ecológico, hipótese caracterizada na espécie.

3. Na hipótese, em que o agravante foi flagrado mantendo em cativeiro 4 pássaros da fauna silvestre, das espécimes tico-tico, papa-banana e coleiro, estão presentes os vetores de conduta minimamente ofensiva, ausência de periculosidade do agente, reduzido grau de reprovabilidade do comportamento e lesão jurídica inexpressiva, os quais autorizam a aplicação do pleiteado princípio da insignificância, haja vista o vasto lastro probatório constituído nas instâncias ordinárias.

4. Agravo regimental desprovido (AgRg no HC 519.696/SC, rel. Min. Jorge Mussi, 5ª Turma, julgado em 21.11.2019, *DJe* 28.11.2019).

1. É pacífica neste Superior Tribunal a compreensão de que a aplicação do princípio da bagatela, nos crimes ambientais, requer a conjugação dos seguintes vetores: *conduta minimamente ofensiva; ausência de periculosidade do agente; reduzido grau de reprovabilidade do comportamento e lesão jurídica inexpressiva.*

2. Ainda de acordo com a jurisprudência do STJ, a pequena quantidade de pescado apreendido não é suficiente para afastar a ofensividade da conduta, especialmente quando constatada a forma como foi praticado o delito (em período de defeso, mediante a utilização de petrecho não permitido). Diante do cenário em apreço, está presente o desvalor significativo da ação delituosa imputada ao agravante.

3. No que tange à apontada violação do art. 619 do CPP, destaco que o vício de omissão estará configurado se o órgão julgador não se pronunciar sobre tese suscitada tempestivamente pela parte. Na hipótese, verifico que a tese defensiva foi formulada apenas no âmbito dos embargos de declaração, o que configura indevida inovação recursal, circunstância que evidencia a inexistência de obrigação de sua análise pela Instância de origem.

4. Ausentes fatos novos ou teses jurídicas diversas que permitam a análise do caso sob outro enfoque, deve ser mantida a decisão agravada.

5. Agravo regimental não provido (AgRg no REsp 1.845.406/SC, relator Ministro Rogerio Schietti Cruz, Sexta Turma, julgado em 14.08.2023, DJe de 17.08.2023).

5. A LEI DE CRIMES AMBIENTAIS (LEI 9.605/98)

Conforme exposto no capítulo anterior, apesar do nome pela qual é conhecida – Lei de Crimes Ambientais –, a Lei 9.605/98 não trata apenas da tutela penal do meio ambiente.

Na verdade, estão também ali contemplados instrumentos administrativos repressivos, ou seja, infrações administrativas pelo descumprimento de normas ambientais.

Aliás, o projeto inicial da lei voltava-se exclusivamente às penalidades administrativas. Apenas no transcorrer do processo legislativo é que ali se incluiu a previsão de crimes ambientais. É o que ensina Paulo Affonso Leme Machado:

> Esta lei nasceu de projeto enviado pelo Poder Executivo Federal. A exposição de motivos 42 é de 22 de abril de 1991, do Secretário do Meio Ambiente. Inicialmente, o projeto tinha o objetivo de sistematizar as penalidades administrativas e unificar os valores das multas. Após amplo debate no Congresso Nacional, optou-se pela tentativa de consolidar a legislação relativa ao meio ambiente no que diz respeito à matéria penal.[8]

Dizer, assim, que a Lei 9.605/98 é a lei de crimes ambientais é tomar a parte pelo todo. Vale dizer, ainda, que a "lei de crimes ambientais" não unificou a tutela penal do ambiente. Perdeu-se, como bem observa Milaré, uma oportunidade de

---

8. MACHADO, Paulo Affonso Leme. *Direito ambiental brasileiro*, p. 656.

"se pôr fim à pulverização legislativa imperante na matéria, certo que a nova lei não alcançou a abrangência que se lhe pretendeu imprimir, pois não incluiu todas as condutas que são contempladas e punidas por vários diplomas como nocivas ao meio ambiente. Nas razões do veto ao art. 1º do Projeto de Lei 1.164/91, tal circunstância é plenamente admitida".[9]

Calcados nos objetivos traçados para esse capítulo, estudaremos agora apenas os aspectos gerais da tutela penal do ambiente previstos na Lei 9.605/98.

Apesar das muitas críticas que são feitas à lei de crimes ambientais,[10] não podemos deixar de considerá-la um avanço, pelo menos porque pôs fim à inércia legislativa. Já não estamos no mesmo lugar em relação à proteção penal do ambiente. Enfim, houve uma vontade legislativa, tradução da vontade popular, que, técnica ou atécnica, está em vigor e representa um inconformismo com a situação jurídica antes vigente.

Por isso, coadunamos integralmente com uma visão progressista e positiva em relação à lei de crimes ambientais exaltada por Milaré, quando assevera que:

> Nada obstante, entendemos que o novo diploma, embora não seja o melhor possível, apresentando ao contrário defeitos perfeitamente evitáveis, ainda assim representa um avanço político na proteção ao meio ambiente, por inaugurar uma sistematização da punição administrativa com severas sanções e tipificar organicamente os crimes ecológicos, inclusive na modalidade culposa. (...) Não se pode esquecer jamais que a lei é farol que ilumina e aponta os horizontes, não é barreira para simplesmente impedir a caminhada. Toda lei tem defeitos, que se tornam mais evidentes quando passa a lei a ser aplicada. Cumpre aos tribunais aparar-lhe as arestas, criando jurisprudência que consolide interpretações mais razoáveis.[11]

Para sermos consentâneos com a proposta de cuidarmos dos princípios e diretrizes do Direito Ambiental, trataremos apenas de trazer à baila um perfil e diretrizes da referida lei, seguindo a esteira do que já estamos fazendo.

O art. 1º da Lei de Crimes Ambientais foi vetado. Dizia o dispositivo que:

> Art. 1º As condutas e atividades lesivas ao meio ambiente são punidas com sanções administrativas, civis e penais, na forma estabelecida nesta Lei.
>
> Parágrafo único. As sanções administrativas, civis e penais poderão cumular-se, sendo independentes entre si.

---

9. MILARÉ, Édis. *Direito do ambiente*, p. 348.
10. Ver, por todos: PRADO, Luiz Regis. *Crimes contra o ambiente*, p. 15; ANTUNES, Paulo de Bessa. *Direito ambiental*, p. 435; REALE, Miguel. A lei hedionda dos crimes ambientais, *Folha de S.Paulo*, caderno 1, 06.04.1998, p. 3.
11. MILARÉ, Édis. *Direito do ambiente*, p. 368.

As razões do veto presidencial ao art. 1º e seu respectivo parágrafo fundamentaram-se no fato de que o referido dispositivo estaria limitando a tutela administrativa e penal do meio ambiente aos casos tratados por essa lei, que, por si só, não abrange todos os casos de conduta antijurídica ao meio ambiente. Segundo o texto, a razão do veto seria que, "(...) se mantido o art. 1º, condutas como estas não mais poderiam ser coibidas. Com o veto, permanecem em vigor as atuais proibições, mesmo que não incluídas nesta Lei".

Pensamos, contudo, serem completamente descabidas as razões do veto, assim como era desnecessária a explicitação pelo dispositivo daquilo que a CF/88 já previa claramente no art. 225, § 3º: a cumulatividade das sanções penais, civis e administrativas.

6. A RESPONSABILIZAÇÃO PENAL DA PESSOA JURÍDICA E A DUPLA IMPUTAÇÃO NÃO OBRIGATÓRIA

Como é notório, a grande vedete da lei de crimes ambientais é a previsão da responsabilização penal da pessoa jurídica. Deve-se dizer, porém, que a previsão legislativa não representa verdadeiramente uma novidade, uma vez que já estava insculpida no texto constitucional para a esfera penal do ambiente (art. 225, § 3º).[12]

Aliás, há autores[13] que sustentam que, mesmo antes da CF/88, já havia previsão legal para o apenamento da pessoa jurídica, com base no largo conceito de poluidor (art. 3º da Lei 6.938/81 c/c o art. 14 do mesmo diploma jurídico).

De qualquer forma, inegável que a expressa previsão legal (art. 3º da Lei 9.605/98) vem dirimir qualquer dúvida a respeito do tema e, assim, implementar mais efetivamente a determinação do texto constitucional.

Vale dizer que a responsabilidade da pessoa jurídica é de certa forma uma grande evolução da ciência penal que, tardiamente, abre os olhos para uma sociedade metaindividual, repleta de entidades coletivas com personalidade jurídica distinta da pessoa que os criou, capazes de assumir deveres e obrigações, capazes de praticar ilícitos, sendo, não raras vezes, na seara ambiental, os principais agentes poluidores.[14]

---

12. Art. 225, § 3º: "As condutas e atividades consideradas lesivas ao meio ambiente sujeitarão os infratores, *pessoas físicas ou jurídicas*, a *sanções penais* e administrativas, independentemente da obrigação de reparar os danos causados".

13. ROTHENBURG, Walter Claudius. A responsabilidade criminal da pessoa jurídica na nova lei de infrações ambientais, *Direito ambiental*, p. 60.

14. "(...) maior degradador é o industrial, o empresário ou o comerciante, ou seja, o presidente, o diretor, o administrador, o membro de conselho e o órgão técnico, o auditor, gerente, o preposto ou mandatário de pessoa jurídica. Normalmente, o centro de decisões de uma grande empresa situa-se em outro país,

CAPÍTULO 5 • RESPONSABILIDADE PENAL AMBIENTAL

É claro que, como já apontara Luiz Regis Prado,[15] inúmeros problemas hão de surgir com relação à ausência de normas processuais penais específicas para a responsabilidade da pessoa jurídica.

Isso porque a norma fundamental de direito processual penal (art. 79 da presente lei) simplesmente afirma que se aplicam subsidiariamente as disposições do Código de Processo Penal. E este, por sua vez, foi projetado num momento em que jamais se cogitaria da hipótese de se imputar um crime a uma pessoa jurídica.

Certamente, continuam a existir questionamentos do tipo: Como poderá ser culpada a pessoa jurídica se a culpabilidade é aferida a partir de critérios como imputabilidade, potencial consciência da ilicitude e exigibilidade de conduta diversa? Serão exigidos tais critérios, mesmo não se sabendo ao certo se a pessoa jurídica é dotada de capacidade penal ou se tem consciência e vontade? Deve-se condicionar a responsabilização da pessoa jurídica à responsabilização conjunta e cumulativa com as pessoas físicas que estejam envolvidas? Como se dá a execução da decisão condenatória?

Para tanto, já dissemos e repetimos, há uma necessidade de se prestar uma tutela diferenciada em sede de direito penal do ambiente. É preciso revisitar conceitos que foram pensados para uma sociedade absolutamente diferente da que vivemos.

Estabelecidas essas premissas, passemos a uma análise dogmática dos requisitos que devem estar presentes para a responsabilização penal da pessoa jurídica. Vejamos o que dispõe o art. 3º da Lei 9.605/98:

> Art. 3º As pessoas jurídicas serão responsabilizadas administrativa, civil e penalmente conforme o disposto nesta Lei, nos casos em que a infração seja cometida por decisão de seu representante legal ou contratual, ou de seu órgão colegiado, no interesse ou benefício da sua entidade.

Primeiramente, vê-se que o dispositivo exige que o ato criminoso se dê em razão de decisão do representante (legal ou contratual) ou do órgão colegiado da entidade. É claro: apenas no caso em que a conduta seja determinada por aqueles que têm poderes para falar e agir em nome da entidade, é que pode ser apenada.

---

fazendo-se com que a punição se torne ineficaz, pois não há como responsabilizar, via de regra, o autor do delito. Isso não ocorrerá se se admitir a responsabilidade penal da pessoa jurídica."

15. PRADO, Luiz Regis. *Comentários à lei de crimes ambientais*, 1999; CERNICCHIARO, Luiz Vicente. *Entendendo ser inimputável a pessoa jurídica*; OLIVEIRA, Constantino e José Carlos de. A responsabilidade penal da pessoa jurídica: direito penal na contramão da história, *Responsabilidade penal da pessoa jurídica & medidas provisórias e direito*, p. 95; VICENTE, Luiz. *Direito penal na Constituição*, p. 160; Num ensaio sobre o tema, de leitura extremamente agradável, concisa, com ampla referência bibliográfica, ver o texto de SIRVINSKAS, Luiz Paulo. Responsabilidade penal da pessoa jurídica na Lei 9.605/98, *Revista dos Tribunais*, n. 784, p. 483 e ss. fev. 2001.

Nos casos em que a decisão for de alguém que não tem poderes para tanto, é apenas o agente quem deve ser responsabilizado. Afinal, em última essência, não teria agido em nome da pessoa jurídica.

Sobre a relação entre a atuação da pessoa jurídica e de seu representante, vale a transcrição de interessantíssimo trecho de acórdão do Superior Tribunal de Justiça, de relatoria do ministro Gilson Dipp:

> (...) II. A Lei ambiental, regulamentando preceito constitucional, passou a prever, de forma inequívoca, a possibilidade de penalização criminal das pessoas jurídicas por danos ao meio ambiente.
>
> III. A responsabilização penal da pessoa jurídica pela prática de delitos ambientais advém de uma escolha política, como forma não apenas de punição das condutas lesivas ao meio ambiente, mas como forma mesmo de prevenção geral e especial.
>
> IV. A imputação penal às pessoas jurídicas encontra barreiras na suposta incapacidade de praticarem uma ação de relevância penal, de serem culpáveis e de sofrerem penalidades.
>
> V. Se a pessoa jurídica tem existência própria no ordenamento jurídico e pratica atos no meio social através da atuação de seus administradores, poderá vir a praticar condutas típicas e, portanto, ser passível de responsabilização penal.
>
> VI. A culpabilidade, no conceito moderno, é a responsabilidade social, e a culpabilidade da pessoa jurídica, neste contexto, limita-se à vontade do seu administrador ao agir em seu nome e proveito.
>
> VII. A pessoa jurídica só pode ser responsabilizada quando houver intervenção de uma pessoa física, que atua em nome e em benefício do ente moral.
>
> VIII. 'De qualquer modo, a pessoa jurídica deve ser beneficiária direta ou indiretamente pela conduta praticada por decisão do seu representante legal ou contratual ou de seu órgão colegiado.'
>
> IX. A atuação do colegiado em nome e proveito da pessoa jurídica é a própria vontade da empresa. A coparticipação prevê que todos os envolvidos no evento delituoso serão responsabilizados na medida de sua culpabilidade.
>
> X. A Lei Ambiental previu para as pessoas jurídicas penas autônomas de multas, de prestação de serviços à comunidade, restritivas de direitos, liquidação forçada e desconsideração da pessoa jurídica, todas adaptadas à sua natureza jurídica.
>
> XI. Não há ofensa ao princípio constitucional de que 'nenhuma pena passará da pessoa do condenado...', pois é incontroversa a existência de duas pessoas distintas: uma física – que de qualquer forma contribui para a prática do delito – e uma jurídica, cada qual recebendo a punição de forma individualizada, decorrente de sua atividade lesiva.
>
> XII. A denúncia oferecida contra a pessoa jurídica de direito privado deve ser acolhida, diante de sua legitimidade para figurar no polo passivo da relação processual-penal. (...)" (STJ, 5ª Turma, REsp 564.960/SC, rel. Min. Gilson Dipp, *DJ* 13.06.2005).

Vê-se, ainda, a exigência de que o ato seja praticado "no interesse ou benefício" da pessoa jurídica. É aqui que se apresentam maiores as dificuldades, porque os termos benefício e interesse podem se adequar às mais variadas e díspares situações.

Pensamos, por exemplo, que não há necessidade de que exista o lucro aferível em pecúnia como resultado da conduta praticada. Seja o lucro direto, seja o lucro indireto, o ganho institucional ou o ganho comercial, qualquer destes implicaria o preenchimento dos requisitos. Como bem observa Paulo Affonso Leme Machado:

> Não é, portanto, somente a ideia de vantagem ou de lucro que existe no termo interesse. Assim, age criminosamente a entidade cujo representante ou órgão colegiado deixa de tomar medidas de prevenção do dano ambiental, por exemplo, usando tecnologia ultrapassada ou imprópria à qualidade do ambiente.[16]

É importante, porém, observar que a responsabilidade penal no sistema brasileiro é fincada sempre na culpa, como elemento subjetivo. Em resumo, não existe responsabilidade penal objetiva. Trata-se do princípio da culpabilidade previsto na CF/88.

Exatamente por isso, na apuração da responsabilidade penal da pessoa jurídica, não é possível prescindir do elemento anímico, seja ele a culpa ou o dolo.

É claro que a aferição do elemento subjetivo deve recair sobre a conduta do ser humano que tomou a decisão, sem que isso negue a existência da pessoa jurídica, senão porque ratifica a sua existência, isto é, deve-se apurar os elementos objetivos e subjetivos da responsabilidade penal da pessoa jurídica no fato típico praticado pelo seu órgão colegiado ou seu representante legal ou contratual, somando-se a isso o aspecto do benefício e do interesse mencionado alhures.

É óbvio que, mesmo sendo jurídica a pessoa, seus atos são praticados por seres humanos, mas em prol do ente coletivo.

Essas pessoas (seres de carne e osso), quando agem, não o fazem num espírito particular e egoísta, senão num pensamento indissociavelmente coletivo, distinto do pessoal, numa dimensão diversa da sua própria dimensão pessoal. É sobre os atos desses indivíduos, enquanto representantes da pessoa jurídica, que a encarnam e que impulsionam a sua vontade, que deve ser feita a análise dos elementos do tipo penal. Não há nada muito diverso do que já se faz na apuração da responsabilidade administrativa, ao se verificar a ilicitude da conduta da empresa.

Consequência disso é o que prevê o parágrafo único do mesmo art. 3º:

> Parágrafo único. A responsabilidade das pessoas jurídicas não exclui a das pessoas físicas, autoras, coautoras ou partícipes do mesmo fato.

---

16. MACHADO, Paulo Affonso Leme. *Direito ambiental brasileiro*, p. 594.

Deixa claro o dispositivo que não deve ser excluída a responsabilidade individual da pessoa natural. Por óbvio, tudo isso com vistas a evitar que a pessoa jurídica seja um instrumento ardilmente utilizado para que as pessoas físicas pratiquem crimes imunizados pelo véu ou manto desses entes coletivos.

Aliás, acrescente-se que, usando as palavras de Luiz Regis Prado, "a responsabilidade penal decorrente de uma infração é que poderá ser imputada à pessoa moral (...). Desse caráter subsequente ou de empréstimo resulta importante consequência: toda infração penal imputada a uma pessoa jurídica será quase sempre igualmente imputável a uma pessoa física".[17]

É claro: se a responsabilidade penal da pessoa jurídica decorre da conduta humana e depende da presença do dolo ou da culpa nesta, uma vez verificados tais elementos, também a pessoa natural incorrerá em crime. É o que se chama de teoria ou sistema da dupla imputação.

Esta *era a orientação que vinha sendo tomada pelo Superior Tribunal de Justiça* que entendia que a responsabilidade penal da pessoa jurídica dependia da imputação concomitante da pessoa física que agia em nome da pessoa jurídica ou em seu benefício.[18]

Entretanto o Superior Tribunal de Justiça modificou a sua firme jurisprudência da dupla imputação com o julgamento proferido pelo Supremo Tribunal Federal do RE 548.181 onde o tema foi enfrentado e decidiu-se que a responsabilização da pessoa jurídica não possui como requisito ou condição que seja também responsabilizado o representante responsável.

> Recurso extraordinário. Direito penal. Crime ambiental. Responsabilidade penal da pessoa jurídica. Condicionamento da ação penal à identificação e à persecução concomitante da pessoa física que não encontra amparo na constituição da república. 1. O art. 225, § 3º, da

---

17. PRADO, Luiz Regis. *Crimes contra o ambiente*, p. 23.
18. "I – Admite-se a responsabilidade penal da pessoa jurídica em crimes ambientais desde que haja a imputação simultânea do ente moral e da pessoa física que atua em seu nome ou em seu benefício, uma vez que 'não se pode compreender a responsabilização do ente moral dissociada da atuação de uma pessoa física, que age com elemento subjetivo próprio' cf. REsp 564960/SC, 5ª Turma, rel. Min. Gilson Dipp, DJ de 13.06.2005 (Precedentes). II – No caso em tela, o delito foi imputado tão somente à pessoa jurídica, não descrevendo a denúncia a participação de pessoa física que teria atuado em seu nome ou proveito, inviabilizando, assim, a instauração da *persecutio criminis in iudicio* (Precedentes). III – Com o trancamento da ação penal, em razão da inépcia da denúncia, resta prejudicado o pedido referente à nulidade da citação. Recurso provido" (STJ, 5ª Turma, RMS 20.601 / SP, rel. Min, Felix Fischer, DJ 14.08.2006). No mesmo sentido: STJ, 6ª Turma, RHC 24.239/ES, rel. Min. Og Fernandes, DJ 1º.07.2010; STJ, 6ª Turma, REsp 800.817/SC, rel. Min. Celso Limongi, 22.02.2010; STJ, 5ª Turma, REsp 969.160/RJ, rel. Min. Arnaldo Esteves Lima, DJ 31.08.2009; STJ, 5ª Turma, HC 93.867/GO, rel. Min. Felix Fischer, DJ 12.05.2008; STJ, 5ª Turma, REsp 889.528/SC, rel. Min. Felix Fischer, DJ 18.06.2007. No mesmo sentido, EDcl no REsp 865.864/PR, rel. Min. Adilson Vieira Macabu (Desembargador Convocado do TJ/RJ), 5ª Turma, julgado em 20.10.2011, DJe 1º.02.2012.

CAPÍTULO 5 • RESPONSABILIDADE PENAL AMBIENTAL **219**

Constituição Federal não condiciona a responsabilização penal da pessoa jurídica por crimes ambientais à simultânea persecução penal da pessoa física em tese responsável no âmbito da empresa. A norma constitucional não impõe a necessária dupla imputação. 2. As organizações corporativas complexas da atualidade se caracterizam pela descentralização e distribuição de atribuições e responsabilidades, sendo inerentes, a esta realidade, as dificuldades para imputar o fato ilícito a uma pessoa concreta. 3. Condicionar a aplicação do art. 225, §3º, da Carta Política a uma concreta imputação também a pessoa física implica indevida restrição da norma constitucional, expressa a intenção do constituinte originário não apenas de ampliar o alcance das sanções penais, mas também de evitar a impunidade pelos crimes ambientais frente às imensas dificuldades de individualização dos responsáveis internamente às corporações, além de reforçar a tutela do bem jurídico ambiental. 4. A identificação dos setores e agentes internos da empresa determinantes da produção do fato ilícito tem relevância e deve ser buscada no caso concreto como forma de esclarecer se esses indivíduos ou órgãos atuaram ou deliberaram no exercício regular de suas atribuições internas à sociedade, e ainda para verificar se a atuação se deu no interesse ou em benefício da entidade coletiva. Tal esclarecimento, relevante para fins de imputar determinado delito à pessoa jurídica, não se confunde, todavia, com subordinar a responsabilização da pessoa jurídica à responsabilização conjunta e cumulativa das pessoas físicas envolvidas. Em não raras oportunidades, as responsabilidades internas pelo fato estarão diluídas ou parcializadas de tal modo que não permitirão a imputação de responsabilidade penal individual. 5. Recurso Extraordinário parcialmente conhecido e, na parte conhecida, provido. RE 548181 Órgão julgador: Primeira Turma Relator(a): Min. Rosa Weber Julgamento: 06.08.2013 Publicação: 30.10.2014.

Portanto, é certo que a responsabilidade penal da pessoa jurídica não foge à regra tradicional assentada na culpa e, nesse caso, deve-se perquirir sobre as pessoas individuais ou coletivas que a incorporam, impulsionam e encarnam, esteja ela centralizada ou descentralizada ou seja, que praticam os atos tendentes à obtenção dos benefícios ou interesses da pessoa jurídica. Essa perquirição, no entanto, não significa que a responsabilização da pessoa jurídica dependa da responsabilização concomitante da pessoa física.[19]

As pertinentes indagações de Sirvinskas,[20] com relação à responsabilização penal ambiental da pessoa jurídica, não impedirão a sua aceitação no nosso ordenamento, pois a sua previsão reside no texto constitucional.

---

19. "(...) 2. A responsabilidade penal da pessoa jurídica não representa, automaticamente, a de seus sócios, sob pena de se ver esvaziada a regra básica e civilizatória da intranscendência subjetiva das sanções. Por conseguinte, não se deve admitir que os "indícios" de autoria da pessoa jurídica redundem na prisão processual de seu sócio, sem que em relação a ele haja, igualmente, "indícios" de autoria em relação aos delitos investigados (...)" (RHC 71.923/PA, relator Ministro Reynaldo Soares da Fonseca, Quinta Turma, julgado em 20.09.2016, DJe de 26.09.2016).

20. SIRVINSKAS, Luiz Paulo. Responsabilidade penal da pessoa jurídica na Lei 9.605/98. *Revista dos Tribunais*, p. 490-491: "As penas contidas nos tipos penais da parte especial são as privativas de liberdade. Não constam nos tipos penais as penas aplicáveis às pessoas jurídicas, mas só aquelas destinadas às pessoas físicas. Assim, como aplicar as penas contidas na parte geral da lei às pessoas jurídicas? Como fazer a integração da parte geral à parte especial? Como fazer a dosimetria da pena? O legislador não estaria colocando nas mãos do juiz um poder discricionário que não lhe incumbe ao permitir fazer a

Entretanto, inegavelmente, será um desafio para a doutrina, a jurisprudência e os operadores do Direito como um todo estabelecer formas, meios e parâmetros para, desviando-se das atecnias do legislador, melhor acomodar a implementação do instituto segundo os ditames do Direito Ambiental e do Direito Penal.

7. A RESPONSABILIDADE PENAL E O PRINCÍPIO DA INTERVENÇÃO MÍNIMA

Em sequência ao que já foi dito em tópico anterior sobre o princípio da insignificância, aqui com especial enfoque às críticas que têm sido feitas à Lei 9.605/98 é o "seu caráter altamente criminalizador",[21] tendo em vista que tipificou como crime diversas hipóteses que antes eram consideradas meras contravenções.

Se a tutela penal é a *ultima ratio* do ordenamento jurídico, a filosofia adotada pelo legislador – extremamente rigoroso – não seria consentânea com a tendência evolutiva da ciência penal, consubstanciada no princípio da insignificância e da intervenção penal mínima.

Apesar de tais observações, como fizemos questão de retratar antes não se pode perder de vista que o bem jurídico aqui tutelado (meio ambiente) guarda sensível peculiaridade, nem sempre ou dificilmente compreendida pelo homem.

Um desses aspectos se refere a sua ubiquidade e sua natureza holística. Como observou Anabela Miranda Rodrigues,[22] "um dos problemas da degradação do ambiente resulta do facto de a esmagadora maioria das pessoas não ter assimilado a ideia de que a responsabilidade coletiva começa na responsabilidade individual. Cada pessoa pensa que os estragos que faz são insignificantes quando comparados com os estragos provocados pelos outros milhões de seres humanos. E, assim,

---

integração das penas contidas na parte geral à parte especial? O juiz não poderia impor a pena à pessoa jurídica sem respeitar um patamar entre o mínimo e o máximo, podendo, inclusive, determinar o fechamento da empresa com consequências graves e irreversíveis à sociedade? Não se estaria criando a pena de morte para a pessoa jurídica, o que é vedado pela Constituição Federal? A pessoa jurídica não tem o direito de saber de antemão a pena aplicável entre um mínimo e um máximo, bem como os tipos penais atribuídos à pessoa jurídica? As penas atribuídas às pessoas jurídicas não seriam substitutivas das penas privativas de liberdade contidas na parte especial? E quando se tratar de tipo penal que admite a conduta culposa ou dolosa, qual deve-se aplicar? Essas omissões e a falta de integração não estariam ferindo o princípio da legalidade e o princípio da proporcionalidade da pena? Qual seria o rito processual para se processar e julgar uma pessoa jurídica? Admite-se a responsabilidade penal da pessoa jurídica de direito público? Seria essa a melhor técnica legislativa adotada pelo legislador? São questões de difícil solução".

21. PRADO, Luiz Regis. *Crimes contra o ambiente*, p. 16.
22. RODRIGUES, Anabela Miranda. Direito penal do ambiente – uma aproximação ao novo direito português. *Revista Direito Ambiental*, p. 14.

numa cadeia onde a responsabilidade não existe, os factores de degradação do ambiente acumulam-se".

Partindo-se desta premissa, e sem levá-la aos exageros, deve-se fazer com que a intervenção penal contribua com sanções educativas, tal como penas socioeducativas ambientais à comunidade, para que se consiga, depois de imposta e cumprida a pena, mais do que um ex-criminoso, um militante defensor do meio ambiente.

Assim, às vezes, o que parece ser um exagero do legislador no tocante à tutela penal do ambiente, principalmente quando comparada com outros crimes comuns do nosso cotidiano, nada mais é do que uma correta política de implementação principiológica das diretrizes e estruturas do próprio Direito Ambiental. Pretendem elas evitar ao máximo a degradação de um único ou de todos os bens ambientais, já que a separação ou o isolamento de um bem ambiental do contexto em que se insere é praticamente impossível.

Outro aspecto é que qualquer análise material da "insignificância da lesão" deve ser feita na perspectiva do prejuízo ecológico em relação ao nicho, ao *habitat*, ao ecótono, microecossistema no qual o recurso ambiental se inseria e não simplesmente sob a perspectiva dos "benefícios ou malefícios" diretos para o ser humano.

8. RESPONSABILIDADE PENAL E AS SANÇÕES PENAIS

O item 26 da exposição de motivos da Lei 9.605/98 indica qual a intenção do legislador em relação às sanções adotadas. Vejamos:

> Uma política criminal orientada no sentido de proteger a sociedade terá de restringir a pena privativa de liberdade aos casos de reconhecida necessidade, como meio eficaz de impedir a ação criminógena cada vez maior do cárcere. Esta filosofia importa obviamente na busca de sanções outras para delinquentes sem periculosidade ou crimes menos graves.

Já dissemos e insistimos nisso: não se pode pensar na tutela penal do ambiente fazendo-se um mero decalque dos conceitos tradicionais do Direito Penal. O objeto de tutela é socialmente diferente, as sanções, o escopo e até mesmo o perfil do delinquente ambiental são absolutamente diversos.

Como bem observou Gilberto Passos de Freitas: "os crimes ambientais são cometidos por pessoas que não oferecem nenhuma periculosidade ao meio social, e que foram levadas a praticar a infração penal por circunstâncias do meio em que vivem, dos costumes".[23]

---

23. FREITAS, Gilberto Passos de. Do crime de poluição. *Direito em evolução*, v. I, p. 113. No mesmo sentido, observa Sérgio Salomão Shecaira que: "No plano do direito econômico ou mesmo do direito

Nesse sentido é que a Lei 9.605/98 buscou estabelecer uma série de penas diferenciadas. As sanções penais endereçadas às pessoas físicas são:

penas privativas de liberdade: reclusão, detenção e prisão simples;

penas restritivas de direito (art. 8º): prestação de serviços à comunidade, interdição temporária de direitos, suspensão parcial ou total de atividades, prestação pecuniária e recolhimento domiciliar;

pena de multa: cálculo a ser estabelecido nos termos do art. 18.

Na mesma linha, considerando que a referida lei busca dar atuação à responsabilidade penal da pessoa jurídica, é intuitiva a necessidade de se preverem para elas sanções diferenciadas. Afinal, obviamente impossível pensar-se em penas restritivas de liberdade para os entes morais. São, então, as seguintes as penas aplicáveis às pessoas jurídicas (art. 21):

pena de multa: cálculo a ser estabelecido nos termos do art. 18 da Lei 9.605/98;

penas restritivas de direito (art. 22): suspensão total ou parcial de atividades, interdição temporária de estabelecimento, obra ou atividade; proibição de contratar com o Poder Público, bem como dele obter subsídios, subvenções ou doações; prestação de serviços à comunidade (art. 23): custeio de programas e de projetos ambientais; execução de obras de recuperação de áreas degradadas; manutenção de espaços públicos; contribuições a entidades ambientais ou culturais públicas; liquidação forçada de pessoa jurídica (art. 24), em casos extremos.

9. OS CRIMES AMBIENTAIS E AS NORMAS PENAIS EM BRANCO

A peculiaridade das características do equilíbrio ecológico – bem jurídico ambiental – implica em diversas consequências no âmbito da política legislativa. Vimos mais acima que a necessidade de tutelar situações que evitem o dano ao meio ambiente fizesse com que o legislador – inclusive penal – passasse a inserir no suporte fático do tipo penal condutas que estivessem relacionadas com a exposição ao risco.

Além desta mudança nota-se também no direito penal ambiental um uso cada vez mais frequente das *normas penais em branco*, que, sabemos, são aquelas que no suporte fático da regra jurídica está prevista conduta aberta e cujo preenchimento depende de ser de complementação por regras infralegais. Uma

---

ecológico, onde normalmente vem implementando a responsabilidade coletiva, a pena privativa de liberdade é, na maioria das vezes, desnecessária e até descabida. O tipo particular de agente que comete crimes econômicos, que a criminologia moderna, a partir de Shuterland, batizou de *crimes de colarinho-branco*, não precisa qualquer *ressocialização*, por se tratar de pessoa altamente socializada, integrada ao corpo social e de boas qualificações profissionais". A responsabilidade penal das pessoas jurídicas e o direito ambiental. *O novo em direito ambiental*, p. 132.

rápida leitura da Lei de Crimes Ambientais (Lei 9.605/1998) contém inúmeros exemplos de normas penais em branco.

Como se disse, no suporte fático destas regras há a previsão do preceito sancionatório penal, porém a precisa definição da conduta tipificada como crime não está totalmente preenchida, pois depende de verificação em regulamentação complementar, normalmente de índole infralegal.

Artigo 34

Crime: Pescar em períodos ou locais proibidos.

Complementação: Os períodos e locais proibidos são definidos por regulamentações de órgãos ambientais, como o Instituto Brasileiro do Meio Ambiente e dos Recursos Naturais Renováveis (IBAMA).

Artigo 67

Crime: Deixar de cumprir obrigação de relevante interesse ambiental, quando assim o exigir a autoridade competente.

Complementação: As obrigações de relevante interesse ambiental são determinadas por atos administrativos, como resoluções, portarias e outros atos normativos expedidos por órgãos ambientais.

Obviamente que as *normas penais em branco* possuem vantagens e desvantagens como qualquer escolha política que se faça. Considerando que a tutela do equilíbrio ecológico deve ser adequada – no plano legislativo judiciário e executivo – não é possível olhar para este modelo legislativo e simplesmente criticá-lo sem entender a sua conexão com as características do bem ambiental objeto de proteção.

Costuma-se apontar a *insegurança jurídica* como fator que deveria inibir o uso das normas penais em branco: a insegurança jurídica decorrente do fato de que a cada atualização das normas complementares previstas no tipo penal ter-se-ia uma alteração da tipificação do crime e com isso causaria uma insegurança jurídica para a coletividade. Se por um lado e flexibilidade é apontado em tom crítico, por outro, considerando a *complexidade, instabilidade, plasticidade e dinamicidade* do equilíbrio ecológico, faz todo sentido que se tenha uma regra penal que não esteja engessada pelo tempo e que fique refém de um longo processo legislativo que, a depender do tempo, nenhum sentido fará para a tutela do meio ambiente.

O *excesso de regulamentação* também é objeto de críticas para o uso das normas penais em branco pois a necessidade de colmatar peculiaridades do tipo penal em normas regulamentares pode gerar um excesso de regras amplificando a complexidade do ordenamento jurídico. Na verdade, este é um problema de todo o ordenamento jurídico ambiental e isso se dá, mais uma vez, em razão da interdisciplinaridade do direito ambiental, que, por sua vez, decorre da condição de que o equilíbrio ecológico é formado por recursos ambientais que além da função ecológica possui inúmeras funções sociais, culturais e econômicas. Essa peculiaridade do equilíbrio ecológico faz com que os impactos negativos que ele sofra se reflitam/irradiem e interfiram em direitos/deveres regulamentado por outros ramos do direito.

Não se pode negar que a constante atualização e flexibilidade das normas penais em branco permitem que a lei penal esteja com o seu suporte fático sempre mais adaptado a realidade da vida e isso é fundamental considerando as características do bem tutelado. Não se pode negar também que ao entregar o detalhamento do tipo para as complementações em normas infra legais permite que isso seja feito com maior rigor técnico e científico.

Em situações em que o tipo penal usa da técnica das normas penais em branco é necessário que a peça acusatória traga consigo o *ato regulamentador* sem o qual não estão presentes todos os elementos que permitam o franco contraditório. Daí porque nessas hipóteses o STJ tem reconhecido a inépcia da denúncia.[24]

10. INTRANSCENDÊNCIA DA PENA NO CASO DE SUCESSÃO/ INCORPORAÇÃO DE PESSOA JURÍDICA

A pretensão punitiva estatal corresponde à responsabilidade penal é de caráter intransmissível e a ela não se aplica o regime de transmissibilidade das obrigações civis aplicáveis à obrigação de reparar os danos decorrente da pretensão à responsabilização civil.

Assim, o princípio da intranscendência da pena (art. 5º, XLV da CF/88) também se aplica às pessoas jurídicas, de forma que, se houve a extinção legal e

---

24. "1. Esta Corte Superior entende que o oferecimento da peça acusatória sem o ato regulamentador da norma penal em branco constitui inépcia da denúncia, por impossibilitar a defesa adequada do denunciado. 2. O texto do art. 54, *caput*, da Lei 9.605/1998 revela uma norma penal em branco, que depende de complementação. No entanto, verifica-se que a denúncia não indicou qualquer ato regulatório extrapenal emitido pelo Poder Público destinado à concreta tipificação do ato praticado, que aponte parâmetros e critérios para a criminalização das condutas ali expostas, o que consubstancia a inépcia da denúncia. 3. Outrossim, ao mencionar a suposta existência de poluição atmosférica, a peça acusatória não descreve, por completo, a conduta delitiva, pois sequer aponta quais as substâncias odoríferas teriam sido emitidas pela empresa denunciada e a sua relação com eventuais danos causados à saúde humana, o que, mais uma vez, impossibilita a defesa adequada da Acusada. 4. Recurso ordinário provido para trancar a Ação Penal 0007945-60.2017.8.14.0201 por inépcia da denúncia, sem prejuízo da possibilidade de oferecimento de nova peça acusatória com a descrição completa do fato criminoso, bem como da legislação complementar ao tipo penal em branco. Fica prejudicado o exame das demais alegações deduzidas neste recurso (RMS 71.208/PA, relatora Ministra Laurita Vaz, Sexta Turma, julgado em 26.09.2023, DJe de 02.10.2023).

lícita da pessoa jurídica, v.g. por meio de uma incorporação ou fusão, deve-se aplicar o artigo 107, I do CP pois se se adotou a responsabilização penal da pessoa jurídica, não se poderia negar-lhe as garantias fundamentais do acusado. O tema é complexo e ainda depende de uma sedimentação nos tribunais superiores.

Em nosso sentir esta garantia não poderá ser fraudulentamente utilizada para fazer com que a pessoa jurídica escape da pena, de forma que nestas hipóteses deve-se tomar como ineficaz perante o Poder Público a tentativa de burla para fugir à sanção penal. Registre-se ainda que os efeitos *extrapenais da sentença condenatória* que já tenha sido dada quando foi realizada a incorporação, como o dever de reparar civilmente os danos causados constitui uma obrigação civil que deve ser transmitida à incorporadora.[25]

---

25. REsp 1.977.172/PR, relator Ministro Ribeiro Dantas, Terceira Seção, julgado em 24.08.2022, DJe de 20.09.2022.

CAPÍTULO 6
RESPONSABILIDADE ADMINISTRATIVA AMBIENTAL

1. TUTELA JURÍDICA ESTATAL ADMINISTRATIVA E POLUIDOR PAGADOR

Já dissemos que no processo de internalização dos custos ambientais para prevenir, controlar e remediar a poluição o poluidor pagador vale-se dos princípios da precaução, prevenção e responsabilização.

Esses três princípios de concretização do poluidor pagador devem nortear o Poder Público nas suas três esferas de poder: legislativo, executivo e judiciário. A tutela estatal administrativa se faz por meio do seu *poder de polícia* com finalidade preventiva, normativa, fiscalizatória, pedagógica e repressiva.

É preciso abrir os olhos e perceber que a tutela estatal administrativa do meio ambiente é muito mais larga do que apenas a que se perfaz pelos mecanismos de *comando/controle* que se englobam as técnicas de fiscalização e sanções administrativas e as *responsabilidades* daí decorrentes.

Embora não seja objeto de nossa análise neste livro, um dos objetivos de atuação mais importante na atualidade – momento em que se revela a insuficiência do sistema *comando-controle* – deve ser na promoção de ações voltadas à educação ambiental, a formação de uma conscientização pública da importância de preservar e proteger o meio ambiente, e promover a transparência e a informação ambiental de modo a permitir que a coletividade participe, é desenvolver os mecanismos econômicos de incentivo e promoção do meio ambiente, é buscar soluções consensuais dos conflitos evitando o litígio administrativo e judicial etc.

Como dito, para efetivar todas estas funções na proteção do meio ambiente (preventiva, repressiva, normativa, fiscalizatória, pedagógica etc.) o Estado vale-se do seu poder de polícia. Apenas para se ter uma ideia da largueza dos instrumentos administrativos disponíveis, basta fazer uma rápida leitura do art. 9º da Lei da Política Nacional do Meio Ambiente onde estão listados alguns dos instrumentos administrativos que são extremamente importantes e largamente utilizados no dia a dia estatal para a promoção do seu dever de proteção do meio ambiente.

2. A INFRAÇÃO ADMINISTRATIVA, RESPONSABILIZAÇÃO ADMINISTRATIVA AMBIENTAL E DEVIDO PROCESSO ADMINISTRATIVO

Já dissemos anteriormente que a regra jurídica descreve em abstrato o suporte fático hipotético e os seus respectivos preceitos. Todas as vezes que o referido fato ali previsto acontece no "mundo real", há a incidência e irradiam-se as eficácias. Se a referida regra é administrativa e o preceito nela previsto é um dever de suportar uma sanção administrativa então ter-se-á a *responsabilização administrativa ambiental.*

Para que exista a *responsabilização administrativa* é mister que o suporte fático administrativo contenha os elementos que, se ocorridos, no plano real, farão irradiar o dever de suportar as sanções ali previstas. Assim, por exemplo, a infração administrativa deve estar prevista em lei e conter de forma clara e expressa: a conduta ilegal e típica, o nexo causal, os sujeitos (ativo e passivo) o nexo causal, o resultado, a sanção correspondente.

Há uma diferença entre a *incidência* que faz irradiar os efeitos da regra jurídica e a sua *aplicação*. Para que a responsabilidade administrativa nascida de uma infração cometida possa ser aplicada em concreto é preciso que exista um *devido processo legal administrativo*, onde esteja garantido ao sujeito passivo o direito ao contraditório, à ampla defesa, a isonomia, a imparcialidade, a moralidade, a eficiência, a boa-fé etc.

Assim responsabilização administrativa nada mais é do que o dever jurídico que pessoas físicas ou jurídicas (infratores) têm de responder pelos atos que violem as regras jurídicas administrativas de proteção do meio ambiente. Aquele que comete a infração administrativa – onde consta a descrição do tipo administrativo – faz nascer essa responsabilidade de suportar a sanção administrativa.

Essa responsabilidade (administrativa) está descrita no suporte fático da regra jurídica administrativa onde também está descrito qual o preceito que o sujeito deve suportar pela respectiva violação cometida. Dentre os preceitos o que nos interessa são as *sanções administrativas* mencionada inclusive no art. 225, § 3º da CF/88.

Depois da *incidência* da responsabilidade vem a sua *aplicação*, e, num Estado Democrático de Direito, o Estado só pode agir por meio de um devido processo (legislativo, judiciário e administrativo). Assim, nenhuma sanção administrativa pode ser imposta ao particular sem que lhe seja outorgado direito ao devido processo legal administrativo. Ninguém pode ser privado dos seus bens ou ter a sua liberdade cerceada por meio da imposição de uma sanção administrativa que não obedeça a um regular processo administrativo que seja guiado pelo princípio do devido processo legal. O contraditório, a ampla defesa, a isonomia, a imparcialidade etc. devem estar presentes no referido processo administrativo antecedente à aplicação da sanção administrativa. Além disso, por se tratar de ato da administração pública todos os princípios inerentes à sua atuação como legalidade, moralidade, eficiência, motivação etc. também devem estar presentes.

3. AS INFRAÇÕES E AS SANÇÕES ADMINISTRATIVAS AMBIENTAIS

Como se sabe, a possibilidade de a Administração Pública impor sanções aos particulares pelo cometimento de alguma infração é decorrência direta de seu Poder de Polícia. Este, em resumo, pode ser entendido como a prerrogativa que detém a Administração Pública de, em prol do interesse público, impor, por meio de seu poder de império, limitações à liberdade e propriedade dos indivíduos.

No direito ambiental brasileiro a imposição de sanções administrativas pelas condutas considerada lesivas ao meio ambiente tem assento constitucional como se observa no artigo 225, § 3º ao mencionar a cumulatividade da sanção penal, civil e administrativa.

No plano infraconstitucional a previsão de sancionar administrativamente esteve durante muito tempo no artigo 14, *caput* da Lei 6.938/81, mas dada a necessidade de um melhor tratamento do tema, praticamente todas as regras pertinentes à responsabilidade administrativa ambiental passaram a ser tratadas na Lei 9.605, que, nada obstante ser alcunhada de "Lei de Crimes Ambientais" também cuida de outros assuntos e em especial do direito sancionador administrativo ambiental dedicando ao tema aspectos gerais como o conceito de infração, as sanções aplicáveis, a cumulatividade, a sua gradação, a autoridade competente, em qual delas é preciso ter o elemento culpa, o direito de conversão da multa simples em serviços de preservação, melhoria e recuperação da qualidade do meio ambiente etc.

O fato de a Lei 9.605 ter absorvido uma enorme fatia do direito administrativo ambiental sancionador, não significa dizer que o art. 14, *caput* da Lei 6.938 esteja revogado, antes o contrário. É nesta Lei da Política Nacional do Meio Ambiente que reside a regra que prevê que a sanção de multa – *conforme definir o decreto regulamentador* – é cabível em razão do descumprimento "das medidas necessárias à preservação ou correção dos inconvenientes e danos causados pela degradação da qualidade ambiental".[1]

---

1. A autorização conferida pela Lei 6.938/81 (e não pela Lei 9.605) que permitiu ao Decreto 6.514/08 estabelecer a sanção de multa para todos os tipos infracionais ali previstos com patamar mínimo e máximo para a sanção pecuniária.

As referidas regras legais da Lei 9.605 foram inicialmente regulamentadas pelo Decreto 3.179, de 21 de setembro de 1999, mas atualmente está vigente o Decreto 6.514, de 22 de julho de 2008 que dispõe sobre as infrações e sanções administrativas ao meio ambiente, estabelece o processo administrativo federal para apuração destas infrações, e dá outras providências.

Assim, é no *caput* do art. 70 da Lei 9.605/98, repetido no artigo 2º do Decreto 6.514/08 que está o conceito de *infração administrativa*:

> Art. 70. Considera-se infração administrativa ambiental toda ação ou omissão que viole as regras jurídicas de uso, gozo, promoção, proteção e recuperação do meio ambiente.

A lei (art. 72), e o respectivo Decreto (art. 3º), não apenas definem o que seja *infração administrativa*, mas também arrolam quais as sanções administrativas aplicáveis, sem prejuízo de outras previstas em legislação ambiental específica. São elas:

> Art. 3º As infrações administrativas são punidas com as seguintes sanções:
>
> I – Advertência;
>
> II – Multa simples;
>
> III – Multa diária;
>
> IV – Apreensão dos animais, produtos e subprodutos da fauna e flora e demais produtos e subprodutos objeto da infração, instrumentos, petrechos, equipamentos ou veículos de qualquer natureza utilizados na infração;
>
> V – Destruição ou inutilização do produto;
>
> VI – Suspensão de venda e fabricação do produto;
>
> VII – embargo de obra ou atividade e suas respectivas áreas;
>
> VIII – demolição de obra;
>
> IX – Suspensão parcial ou total das atividades; e
>
> X – Restritiva de direitos[2]

Como se observa no rol acima, nas sanções administrativas aí previstas não se encontra nenhuma sanção premial, pois todas elas envolvem "restrições de direitos" do infrator. As sanções administrativas ambientais são penalidades administrativas previstas em lei e que são impostas, mediante um devido processo legal administrativo, àquele que comete a infração ambiental que também deve estar prevista em lei.

---

2. As sanções restritivas de direitos estão descritas no § 8º do art. 72 da Lei 9.605: "I – suspensão de registro, licença ou autorização; II – cancelamento de registro, licença ou autorização; III – perda ou restrição de incentivos e benefícios fiscais; IV – perda ou suspensão da participação em linhas de financiamento em estabelecimentos oficiais de crédito; V – proibição de contratar com a Administração Pública, pelo período de até três anos".

Uma simples leitura das sanções arroladas permite identificar que em alguma delas a finalidade prefacial é repressiva e em outras é preventiva. Assim, o embargo de determinada atividade ou a advertência podem ter nítido colorido preventivo, assim como a multa possui, a priori, clara função repressiva.

Assim como na tutela penal e na tutela civil o principal vetor da tutela administrativa ambiental é a atuação preventiva, precaucional ainda quando vise a "recomposição da qualidade ambiental". O órgão ambiental competente para autuar deve saber que até quando se impõe uma sanção repressiva ele o faz tendo em mira a preocupação com a prevenção de ilícitos e danos ao meio ambiente.

É verdade que nem sempre do ilícito administrativo advém um dano ao equilíbrio ecológico, mas isso não é de forma alguma um limitador da atuação administrativa. De cada uma das sanções previstas no artigo 72 da Lei 9.605 pode-se extrair uma finalidade precípua embora todas elas reservem, de forma direta ou indireta, uma função preventiva.

4. OS TIPOS INFRACIONAIS ADMINISTRATIVOS DESCRITOS NO DECRETO 6.514

O Decreto 6.514, de 22 de julho de 2008 é que regulamenta a Lei 9.605, de 12 de fevereiro de 1998 no que diz respeito às infrações e sanções administrativas ao meio ambiente.

No referido diploma estão estabelecidas diversas infrações administrativas que podem ser agrupadas em várias categorias: *infrações contra a fauna* (arts. 24 à 42), *infrações contra a flora* (arts. 43 à 60-A; *infrações relativas à poluição* (arts. 61 à 71-A), *infrações contra o ordenamento urbano e patrimônio cultural* (arts. 72 à 75), *infrações administrativas contra a administração ambiental (arts. 76-83), infrações cometidas às unidades de conservação* (arts. 84 à 93).

Alguns aspectos gerais do referido Decreto merecem destaque.

O primeiro deles é que existe uma similaridade muito grande entre os tipos penais previstos na Lei 9.605 e os tipos administrativos descritos no Decreto 6.514 revelam uma semelhança muito grande. Vejamos, por exemplo:

Lei 9.605

Art. 38. Destruir ou danificar floresta considerada de preservação permanente, mesmo que em formação, ou utilizá-la com infringência das normas de proteção:

Pena: detenção, de um a três anos, ou multa, ou ambas as penas cumulativamente.

Parágrafo único. Se o crime for culposo, a pena será reduzida à metade.

Decreto 6.514

> Art. 43. Destruir ou danificar florestas ou demais formas de vegetação natural ou utilizá-las com infringência das normas de proteção em área considerada de preservação permanente, sem autorização do órgão competente, quando exigível, ou em desacordo com a obtida: (Redação dada pelo Decreto 6.686, de 2008).
>
> Multa de R$ 5.000,00 (cinco mil reais) a R$ 50.000,00 (cinquenta mil reais), por hectare ou fração.

Outro aspecto que saltam aos olhos no referido Decreto é o fato de que em todos os tipos que estão ali descritos há a previsão de multa para punir a infração cometida, com valor mínimo e máximo que deve ser sopesado segundo critérios de gradação estabelecidos no artigo 6º da Lei 9.605 por expressa dicção do *caput* do seu artigo 72.

Também merece destaque o fato de que o referido Decreto reservou todo o Capítulo II, contendo quase 1/3 dos dispositivos do diploma apenas para tratar processo administrativo para apuração de infrações ambientais por condutas e atividades lesivas ao meio ambiente. Segundo o parágrafo único do artigo 94 a razão desta enorme preocupação foi dar "unidade às normas legais esparsas que versam sobre procedimentos administrativos em matéria ambiental, bem como, nos termos do que dispõe o art. 84, inciso VI, alínea "a", da Constituição, disciplinar as regras de funcionamento pelas quais a administração pública federal, de caráter ambiental, deverá pautar-se na condução do processo".

Importante deixar claro – e voltaremos com mais vagar mais adiante – que à exceção da multa que é prevista como preceito em todos os tipos infracionais – sendo variável o seu valor nos limites do máximo e do mínimo estabelecidos pela regra jurídica, todas as demais sanções administrativas podem ser cumuladas segundo critério da adequação entre meios e fins, o que é verificado no curso do procedimento administrativo após regular contraditório, ampla defesa, produção de provas etc. Isso fica muito claro na regra prevista no artigo 123 quando distingue a *autoridade julgadora* do *agente autuante*.

5. O MOMENTO DA INCIDÊNCIA E O DA APLICAÇÃO DA SANÇÃO ADMINISTRATIVA

A regra jurídica que descreve o suporte fático fica em *stand by* à espera do fato concreto à ela correspondente para que se dê o fenômeno da incidência. Vários são os tipos administrativos ambientais emoldurados em abstrato no Decreto 6.514/08.

Em todos estes tipos há a previsão de um preceito que obrigatoriamente incide sempre que se der a infração ambiental: a multa. Foi o art. 14, *caput* da Lei 6.938/81 que deu essa autorização ao decreto para estabelecer a referida regra, já que a Lei 9.605 não predetermina a sanção de multa para *todos* os tipos de infração.[3]

A despeito disso, isso não quer dizer que outras sanções administrativas descritas no art. 72 – também previstas em abstrato – não possam ser cumuladas com a sanção de multa em determinado caso concreto, mas para isso será necessário percorrer um procedimento que permita a autoridade competente a formação de um juízo de adequação que confirme ou modifique a *gradação* da multa e da eventual (ou eventuais) sanção imposta cumulativamente.

O fenômeno da incidência pressupõe que (i) exista uma regra jurídica descrita em abstrato prevendo o fato que nela um dia virá a incidir – e (ii) o acontecimento do fato que na regra está previsto.

Assim, no exato momento em que o fato acontece no mundo real – fato que está descrito no suporte fático da regra jurídica abstrata, há o fenômeno do encaixe, do enquadramento, da junção entre ambos. Tal como uma chave à fechadura, a mão à luva, o dedo ao dedal, há a incidência.

Após a incidência surge a necessidade de *aplicar* a norma jurídica concreta nascida da incidência. As regras são construídas para serem aplicadas espontaneamente permitindo que as pessoas saibam de antemão quais as consequências dos fatos por elas praticados e realizem aquilo que nela está previsto tão logo incidam e irradiem seus efeitos. Mas nem sempre é assim, e essa aplicação pode ser feita pela autoridade judicial, legislativa e executiva, e, não será absurdo imaginar hipóteses de verdadeiro descompasso entre aquilo que incidiu e aquilo que se aplicou. A norma concreta que incidiu pode não corresponder à norma concreta que foi aplicada, pois pode haver erro de percepção, erro de compreensão, erro de interpretação da regra jurídica abstrata, do fato que nela incide ou da consequência que dela decorreu.

---

3. Ao nosso ver é criticável esta postura. A multa é uma sanção pecuniária que traz pouco proveito para o objetivo de restaurar ou recuperar de imediato o meio ambiente o que seria deveras importante já que normalmente é o órgão ambiental com poder de polícia que primeiro toma conhecimento do fato jurídico lesivo ao meio ambiente. A punição pela multa é medida que atinge o patrimônio do infrator e o seu destino são fundos definidos pelo art. 73 onde a coletividade – e o meio ambiente no local da lesão – dificilmente verá alguma mudança ou retorno pelo valor auferido. Para o meio ambiente e para a sociedade seria muito mais interessante que o referido Decreto Regulamentador se preocupasse em impor sanções que mirassem dever de sanar o ilícito sob pena de que outra ou outras sanções fossem aplicadas. Segundo o artigo 73 da Lei 9.605 é o seguinte: "Os valores arrecadados em pagamento de multas por infração ambiental serão revertidos ao Fundo Nacional do Meio Ambiente, criado pela Lei 7.797, de 10 de julho de 1989, ao Fundo Naval, criado pelo Decreto 20.923, de 8 de janeiro de 1932, ao Fundo Nacional para Calamidades Públicas, Proteção e Defesa Civil (Funcap), criado pela Lei 12.340, de 1º de dezembro de 2010, e aos fundos estaduais ou municipais de meio ambiente, ou correlatos, conforme dispuser o órgão arrecadador. (Redação dada pela Lei 14.691, de 2023) § 1º Reverterão ao Fundo Nacional do Meio Ambiente 50% (cinquenta por cento) dos valores arrecadados em pagamento de multas aplicadas pela União, percentual que poderá ser alterado a critério dos órgãos arrecadadores (Incluído pela Lei 14.691, de 2023)".

As diversas *infrações administrativas ambientais* estão descritas em abstrato em diversos dispositivos do Decreto 6.514/08. Haverá o fenômeno da *incidência* nestas molduras sempre que os fatos nelas descritos aconteçam no mundo real. Suporte fático abstrato e suporte fático concreto se amalgamarão irradiando os respectivos efeitos que serão *aplicados* por quem tenha poderes para tanto após um devido processo legal administrativo.

É interessante notar que, conquanto em cada tipo de infrações ambientais esteja previsto em seu suporte fático a conduta ilícita e a multa (limite máximo e limite mínimo) como consequência de sua incidência, há outras regras jurídicas administrativas que preveem a possibilidade de que para cada infração cometida seja possível cumular com a sanção de multa uma outra, ou outras, sanções que também estão previstas abstratamente em outras regras jurídicas administrativas.[4]

Neste caso como a incidência destas outras sanções não estão tão claras quanto a da multa,[5] porque os critérios que a fazem incidir dependem de elementos que possuem conceitos vagos como *adequação, proporcionalidade, gradação* etc., torna-se muito importante o *processo administrativo* que precede a aplicação da sanção repressiva.

É nele que, com transparência, fundamentação, contraditório, ampla defesa, adequação, proporcionalidade, racionalidade, imparcialidade, isonomia etc. será aplicada a sanção administrativa correta, havendo perfeita correspondência entre aquela que incidiu e aquela que foi aplicada pela autoridade competente.

6. O PROCESSO ADMINISTRATIVO PARA APLICAÇÃO DA SANÇÃO ADMINISTRATIVA

Ao receber a autuação pela suposta infração cometida o infrator ainda não sabe qual será o valor da multa, tampouco se da sua conduta ouras sanções serão impostas. A revelação de ambos os aspectos só virá no momento da *aplicação da sanção administrativa* após um prévio regular processo administrativo. Exatamente por isso não basta que este processo seja apenas um método formal para "cumprir tabela" e aplicar ao final aquilo que o agente autuante entendeu como correto no seu auto de infração.

---

4. É o que se colhe do artigo 4º, § 2º e art. 126 do Decreto 6.514/08; também o que se dessume do *caput* do artigo 72 da Lei 9.605.

5. A incidência da multa é clara, porque está expressamente prevista na regra jurídica que tipifica a infração. Por outro lado, é aberta a sua gradação já que é preciso estabelecer qual o montante devido entre os extremos (máximo e mínimo) fixado na regra jurídica. Para o regime de gradação da multa aplica-se o mesmo raciocínio das *demais sanções administrativas*.

CAPÍTULO 6 • RESPONSABILIDADE ADMINISTRATIVA AMBIENTAL **235**

O processo administrativo federal[6] para aplicação das sanções administrativas ambientais é regulamentado pelo Decreto Federal 6.514/08 junto com o que dispõe a Lei 9.784. Neste processo administrativo destacam-se os seguintes momentos: *a autuação, a conciliação, a defesa, a instrução, as alegações finais, a decisão e a fase recursal.*

Os que militam no sistema contencioso administrativo ambiental no Brasil sabem que ele precisa melhorar sensivelmente e deveria ser exatamente o inverso do que se tem, nada obstante uma melhora nos últimos anos.

Um bom sistema contencioso administrativo isso evitaria litígios que acabam desembocando no Judiciário, como normalmente sói acontecer. A começar pelo difícil acesso físico ou virtual aos autos do processo, pela falta de transparência e previsibilidade dos atos e fatos especialmente na comunicação dos atos processuais,[7] pela inexistência de contraditório efetivo, pela mentalidade da administração de que a finalidade do processo é manter a autuação, pela parcialidade e subjetivismo estatal de julgar seus próprios atos, pela ausência de um julgamento público, pela ausência de uma jurisprudência nacional consolidada (orientação jurídica normativa) de fácil acesso que dê coerência, uniformidade e integridade à atuação do órgão e segurança para o administrado etc.[8]

---

6. Estas regras acabam sendo seguidas pelos Estados e Municípios que não dispõem de uma regulamentação própria.
7. Talden Farias é certeiro: "Se é verdade que o instituto da defesa e do recurso administrativos têm sido utilizados sem maiores problemas, o mesmo não se pode dizer das alegações finais, cuja inobservância ou má aplicação é recorrente desde a construção e a afirmação do processo administrativo ambiental no país. Nesse diapasão, é possível citar os seguintes exemplos de desrespeito ao instituto: i) a parte autuada não é intimada para apresentá-las, ii) a parte autuada é intimada por meio de edital sem que se esteja diante de interessados indeterminados, desconhecidos ou com domicílio indefinido (Lei 9.784/99, artigo 26, § 4º) e iii) a notificação é expedida em nome da parte quando esta já se fez representar por meio de advogado devidamente constituído nos autos. Contudo, a falta mais recorrente é a ausência de notificação e a notificação por meio indevido". FARIAS, Talden. Alegações finais e sua correta intimação como direito no processo ambiental. Disponível em: https://www.conjur.com.br/2022-jun-20/talden-farias-alegacoes-finais-correta-intimacao-processo-ambiental/#:~:text=A%20Lei%209.605%2F98%20disp%C3%B5e,punidas%20na%20pr%C3%B3pria%20esfera%20administrativa. Acesso em: 20 mar. 2024.
8. Em outra passagem Talden Farias é mais uma vez preciso: "O problema é que prevalece a subjetividade dos agentes de fiscalização, tendo em vista que os critérios estabelecidos para o arbitramento das sanções administrativas são abertos, o que deixa margem para uma excessiva discricionariedade administrativa. Seria interessante que, pelo menos no caso da determinação das multas cuja variação entre o valor mínimo e máximo é bastante significativa, como é o caso do transcrito art. 66, fossem estabelecidos critérios capazes de reduzir essa discricionariedade. Nesse sentido, seria interessante tentar vincular a dosimetria da pena ao sistema de precedentes administrativos do próprio órgão, bem como ao dos demais órgãos ambientais, a fim de evitar desproporcionalidades, subjetividades e injustiças. Afinal de contas, se o SISNAMA foi criado para promover a integração entre os órgãos ambientais, o objetivo do SISNIMA é levantar, consolidar e organizar essas informações com o intuito de aperfeiçoar a prestação das políticas públicas na área ambiental". A responsabilidade administrativa e o licenciamento ambiental. Disponível em: https://www.conjur.com.br/2021-nov-27/ambiente-juridico-responsabilidade-administrativa-licenciamento-ambiental/. Acesso em: 23 jan. 2024.

É necessário que o processo administrativo seja *democrático* no exato sentido da expressão. Será nulo o processo administrativo que serve de embasamento da aplicação da sanção administrativa se nele não houver contraditório real e efetivo, se faltou ampla defesa, se foi subtraído total ou parcialmente o direito à prova, se houve surpresa processual, se houve quebra da parcialidade e da isonomia, se houve quebra da boa-fé e da confiança legítima, se faltou adequação (proporcionalidade, razoabilidade e excesso) entre o meio (sanção) e o resultado pretendido etc.

O artigo 95 do Decreto 6.514 é claro ao dizer que:

> Art. 95. O processo será orientado pelos princípios da legalidade, finalidade, motivação, razoabilidade, proporcionalidade, moralidade, ampla defesa, contraditório, segurança jurídica, interesse público e eficiência, bem como pelos critérios mencionados no parágrafo único do art. 2º da Lei 9.784, de 29 de janeiro de 1999.

Observe que o dispositivo acima ainda determina que se aplique ao processo administrativo sancionador os critérios mencionados no parágrafo único do art. 2º da Lei 9.784/99 que assim diz:

> Art. 2º A Administração Pública obedecerá, dentre outros, aos princípios da legalidade, finalidade, motivação, razoabilidade, proporcionalidade, moralidade, ampla defesa, contraditório, segurança jurídica, interesse público e eficiência.
>
> Parágrafo único. Nos processos administrativos serão observados, entre outros, os critérios de:
>
> I – atuação conforme a lei e o Direito;
>
> II – atendimento a fins de interesse geral, vedada a renúncia total ou parcial de poderes ou competências, salvo autorização em lei;
>
> III – objetividade no atendimento do interesse público, vedada a promoção pessoal de agentes ou autoridades;
>
> IV – atuação segundo padrões éticos de probidade, decoro e boa-fé;
>
> V – divulgação oficial dos atos administrativos, ressalvadas as hipóteses de sigilo previstas na Constituição;
>
> VI – adequação entre meios e fins, vedada a imposição de obrigações, restrições e sanções em medida superior àquelas estritamente necessárias ao atendimento do interesse público;
>
> VII – indicação dos pressupostos de fato e de direito que determinarem a decisão;
>
> VIII – observância das formalidades essenciais à garantia dos direitos dos administrados;
>
> IX – adoção de formas simples, suficientes para propiciar adequado grau de certeza, segurança e respeito aos direitos dos administrados;
>
> X – garantia dos direitos à comunicação, à apresentação de alegações finais, à produção de provas e à interposição de recursos, nos processos de que possam resultar sanções e nas situações de litígio;
>
> XI – proibição de cobrança de despesas processuais, ressalvadas as previstas em lei;
>
> XII – impulsão, de ofício, do processo administrativo, sem prejuízo da atuação dos interessados;

CAPÍTULO 6 • RESPONSABILIDADE ADMINISTRATIVA AMBIENTAL **237**

XIII – interpretação da norma administrativa da forma que melhor garanta o atendimento do fim público a que se dirige, vedada aplicação retroativa de nova interpretação.

Os 13 postulados acima descrevem aspectos fundamentais de um processo administrativo democrático. A autoridade que definirá se aplicará ou não a sanção administrativa, bem como a eventual gradação da multa se ela for mantida, tem um seríssimo papel de *sentenciar* de forma a levar em consideração todos os critérios ali elencados, motivando sua decisão de forma explícita, clara e congruente com indicação dos fatos e dos fundamentos jurídicos. Se algum destes elementos necessários ao devido processo legal forem descumpridos e daí resulte prejuízo ao administrado isso implicará em um resultado que terá violado direito fundamental processual podendo ser controlada a sua legalidade perante o Poder Judiciário.

7. ILÍCITO ADMINISTRATIVO NÃO PRECISA SER UM ILÍCIO DANOSO

Como expressamente sacramenta o art. 225, § 3º, da CF/88, as responsabilidades penal, civil e administrativa são independentes, e o que aqui se afirmou corrobora o exposto. Ocorre que o objeto de tutela de cada uma delas é diverso, daí por que não se pode falar em *bis in idem* nesse caso.

Sabendo-se que as normas ambientais podem impor uma obrigação positiva (fazer) ou negativa (abster-se ou tolerar), a consequência é que sua violação pode se dar por omissão ou por ação, respectivamente. No primeiro caso (fazer), haverá infração ambiental quando existir omissão da pessoa que não cumprir a determinação legal. No segundo caso (não fazer), há o ilícito quando pratica aquilo que deveria abster ou tolerar.

Em matéria ambiental, o mais comum são as obrigações negativas, que impõem, regularmente, em prol do interesse público, restrições ao direito de propriedade e liberdade individual genericamente considerados.

Dessa forma, tem lugar a responsabilidade administrativa ambiental sempre que ocorrerem infrações/violações às normas administrativas ambientais. A infração ambiental fica caracterizada, assim, por uma conduta ilícita (contra a lei, desconforme à lei). E isso – é importante ficar claro – independe da existência do dano ambiental propriamente dito.

Assim como é possível haver responsabilidade civil mesmo que não haja responsabilidade administrativa (quando há dano ambiental por conduta lícita), também é possível a responsabilidade administrativa mesmo não havendo a responsabilidade civil (conduta ilícita mais inexistência do dano no caso concreto).

O sujeito que pratica a infração ambiental é um infrator, porque infringe a regra jurídica. Viola a lei, pratica ato contrário ao direito, e, se neste tipo legal administrativo, no seu suporte fático estiver previsto um ilícito danoso, então o dano também será pressuposto da incidência da sanção administrativa.[9] Mas frise-se, não há necessidade de que o resultado seja sempre *danoso* pois há ilícitos administrativos que se contentam apenas com a violação pura e simples da regra jurídica sem que nela este previsto em seu suporte fático o dano.[10]

8. RESPONSABILIDADE ADMINISTRATIVA OBJETIVA OU SUBJETIVA?

Ao contrário da responsabilidade penal, que por imposição constitucional se fundamenta na culpa, o mesmo não se passa com a responsabilidade administrativa. Pode o legislador infraconstitucional adotar a regra da responsabilidade administrativa objetiva, inclusive estabelecendo a culpabilidade como critério para atenuar ou agravar a penalidade. Foi exatamente isso que fez a legislação ambiental por meio do art. 14, *caput* da Lei 6.938/81 combinado com o art. 70 da Lei 9.605/98.[11]-[12]

É de se observar que o próprio legislador ambiental estabeleceu que apenas a multa simples pode ser aplicada com a demonstração do dolo ou da culpa (art. 72, § 3º),[13] ou seja, está aí a clara a prova de que a culpabilidade pode, ou não, ser requisito para a responsabilização administrativa ambiental.

---

9. Art. 43. Destruir ou danificar florestas ou demais formas de vegetação natural ou utilizá-las com infringência das normas de proteção em área considerada de preservação permanente, sem autorização do órgão competente, quando exigível, ou em desacordo com a obtida: (Redação dada pelo Decreto 6.686, de 2008). Multa de R$ 5.000,00 (cinco mil reais) a R$ 50.000,00 (cinquenta mil reais), por hectare ou fração.

10. Decreto 6.514, Art. 31. Deixar, o jardim zoológico e os criadouros autorizados, de ter o livro de registro do acervo faunístico ou mantê-lo de forma irregular: Multa de R$ 500,00 a R$ 5.000,00 (mil reais). Parágrafo único. Incorre na mesma multa quem deixa de manter registro de acervo faunístico e movimentação de plantel em sistemas informatizados de controle de fauna ou fornece dados inconsistentes ou fraudados.

11. No mesmo sentido ver MACHADO, Paulo Affonso. *Direito ambiental brasileiro*. 24. ed. São Paulo: Malheiros, 2016. p. 378.; DINO NETO, Nicolao; BELLO FILHO, Ney; DINO, Flávio. Da infração administrativa. *Crimes e infrações administrativas ambientais*. 3. ed. Belo Horizonte: Del Rey, 2011. p. 410-414. Defendendo uma natureza subjetiva da responsabilidade administrativa ambiental ver VITTA, Heraldo Garcia *A sanção no direito administrativo*. São Paulo: Malheiros, 2003. p. 35-59 e *Responsabilidade civil e administrativa por dano ambiental*. São Paulo: Malheiros, 2008. p. 157; FERREIRA, Daniel. *Teoria geral da infração administrativa a partir da Constituição Federal de 1988*. Belo Horizonte: Fórum, 2009, p. 209 e ss.; PEREIRA JR., Edilson Nobre. *Sanções administrativas e princípios de direito penal*, Nobre Júnior, E. P. (2000). Sanções administrativas e princípios de direito penal. *Revista De Direito Administrativo*, 219, 127-151. https://doi.org/10.12660/rda.v219.2000.47499..

12. A Lei 9.605, de forma expressa, no seu artigo 2º é categórico ao vincular a *culpabilidade às penas para os crimes* previstos na referida Lei. "Art. 2º Quem, de qualquer forma, concorre para a prática dos crimes previstos nesta Lei, incide nas penas a estes cominadas, na medida da sua culpabilidade, bem como o diretor, o administrador, o membro de conselho e de órgão técnico, o auditor, o gerente, o preposto ou mandatário de pessoa jurídica, que, sabendo da conduta criminosa de outrem, deixar de impedir a sua prática, quando podia agir para evitá-la".

13. Lei 9.605, art. 72, § 3º A multa simples será aplicada sempre que o agente, por negligência ou dolo: I – advertido por irregularidades que tenham sido praticadas, deixar de saná-las, no prazo assinalado por órgão competente do SISNAMA ou pela Capitania dos Portos, do Ministério da Marinha; II – opuser embaraço à fiscalização dos órgãos do SISNAMA ou da Capitania dos Portos, do Ministério da Marinha.

Neste sentido, Celso Antonio Bandeira de Mello afirma que a caracterização do ilícito administrativo se contenta com "a mera voluntariedade, sem prejuízo, como é claro, de a lei estabelecer exigência maior perante a figura tal ou qual".[14]

É de se notar que a configuração da responsabilidade administrativa ambiental exige apenas a voluntariedade da conduta praticada que viole as regras jurídicas de uso, gozo, promoção, proteção e recuperação do meio ambiente, como diz o texto do art. 70 da Lei de Crimes Ambientais. A rigor, a responsabilidade administrativa daquele que viola a regra jurídica ambiental decorre do fato objetivo da violação, daí porque ela é "objetiva".

Ora, assim como o condutor do veículo (e não necessariamente o proprietário) deve ser sancionado ao avançar o semáforo vermelho (fato objetivo), pouco importando se agiu com dolo ou culpa ao transgredir a regra, o mesmo se diga, por exemplo, ao transportador do óleo que falhou no transporte e deixou que o produto escorresse para a baía de Guanabara. Regra geral, por opção do legislador, a exceção da multa simples onde se faz necessária a demonstração do dolo e da negligencia, as demais penalidades administrativas decorrem do fato objetivo, puro e simples, causada pelo infrator (transgressor).

O que é preciso ter muito cuidado é a distinção entre transgressor e poluidor. Apenas o transgressor/infrator (art. 14, caput da PNMA) é que se sujeita à sanção administrativa ambiental. É, pois, um grande equívoco trocar transgressor por poluidor porque nem todo transgressor é um poluidor e nem todo poluidor é um transgressor. Este está relacionado com a violação direta, comissiva ou omissiva, de uma regra jurídica de proteção do meio ambiente, enquanto aquele está atrelado à noção de causação, direta ou indireta, de uma degradação ambiental. Existem inúmeras degradações ambientais que são fruto de atividade lícita, como deixa claro o art. 3º, III, e, da Lei 6.938/81, ou seja, poluidores, mas não transgressores, e que por isso mesmo não serão responsáveis administrativamente por nenhuma sanção. Apenas a transgressão direta da regra jurídica ambiental é que sujeita o transgressor/infrator à sanção administrativa ambiental.

Muito embora o Superior Tribunal de Justiça tenha consolidado que a responsabilidade administrativa ambiental seja do tipo subjetiva, *concessa maxima venia*, o que se observa em *todos* arestos que deram origem à tese[15] é a de que, na

---

14. Cf. *Curso de direito administrativo*. 20 ed. São Paulo: Malheiros, 2006. p. 805.

15. Muito embora os casos que embasam a posição do STJ refiram-se a um problema de ausência de nexo causal do "poluidor indireto" com a violação da regra jurídica, eles também se referem a aplicação da multa simples que segue a natureza subjetiva expressamente determinada pelo art. 72, § 2º da Lei 9.605 que exige *dolo* ou *negligencia* para sua aplicação. "Responsabilidade subjetiva 13. Nos termos da jurisprudência do STJ, como regra, a responsabilidade administrativa ambiental apresenta caráter subjetivo, exigindo-se dolo ou culpa para sua configuração. Precedentes: EREsp 1.318.051/RJ, Rel. Min.

verdade, o que se pretendeu dizer é que não pode o *terceiro* (poluidor indireto) que não participou da infração ambiental ser penalizado como se fosse ele um transgressor, porque efetivamente ele não é.

A esfera civil da responsabilidade ambiental admite como poluidor aquele que direta ou indiretamente degrada o meio ambiente (art. 3º, IV, da PNMA), mas a responsabilidade administrativa só pode ser aplicada contra o infrator/transgressor que *diretamente* comete o ilícito ambiental. Poluidor é aquele que, por conduta direta ou indireta, causa dano ao meio ambiente. Transgressor-infrator é aquele que viola, diretamente, uma regra jurídica administrativa ambiental.

Nem todo infrator é poluidor e nem todo poluidor será um infrator, porque há infrações que não preveem como resultado da conduta violada a ocorrência do dano ao meio ambiente e também porque só infratores que violam *diretamente* a regra jurídica são assim considerados ao contrário dos poluidores que admitem a causalidade indireta da degradação.

A opção do Legislador pela regra da responsabilidade administrativa subjetiva apenas paras as hipóteses de aplicação de *multa simples* (*dolo e negligencia*, art. 72, § 2º da Lei 9.605)[16] faz todo sentido pois enquanto a multa é uma punição

---

Mauro Campbell Marques, Primeira Seção, DJe 12.06.2019; AgInt no REsp 1.712.989/SP, Rel. Min. Regina Helena Costa, Primeira Turma, DJe 14.06.2018; AgInt no REsp 1.712.989/SP, Rel. Min. Regina Helena Costa, Primeira Turma, DJe 14.06.2018; AgRg no AREsp 62.584/RJ, Rel. Min. Sérgio Kukina, Rel. p/ acórdão Min. Regina Helena Costa, Primeira Turma, DJe 07.10.2015; REsp 1.640.243 Rel. Min. Herman Benjamin, Segunda Turma, DJe 24.04.2017; EDcl no AgInt no REsp 1.744.828/SP, Rel. Min. Herman Benjamin, Segunda Turma, DJe 05.09.2019; REsp 1.708.260/SP, Rel. Min. Herman Benjamin, Segunda Turma, DJe 22.11.2018; REsp 1.401.500/PR, Rel. Min. Herman Benjamin, Segunda Turma, DJe 13.09.2016; REsp 641.197/PE, Rel. Min. Teori Albino Zavascki, Primeira Turma, DJ 04.09.2006, p. 232; REsp 1.251.697/PR, Rel. Min. Mauro Campbell Marques, Segunda Turma, DJe 17.04.2012; AREsp 826.046, Rel. Min. Gurgel de Faria, DJe 03.10.2017; EREsp 1.318.051/RJ; AgInt no AREsp 1.458.422/SP, Rel. Min. Assusete Magalhães, Segunda Turma, DJe 19.12.2019; EREsp 1.318.051/RJ, Rel. Min. Mauro Campbell Marques, Primeira Seção, DJe 12.06.2019; AgInt no REsp 1.818.627/RS, Rel. Min. Herman Benjamin, Segunda Turma, DJe 25.06.2020; EDcl no AREsp 1.486.730/RS, Rel. Min. Mauro Campbell Marques, Segunda Turma, DJe 09.03.2020. 14. Sobre o tema, ressalta-se que "a aplicação de penalidades administrativas não obedece à lógica da responsabilidade objetiva da esfera cível (para reparação dos danos causados), mas deve obedecer à sistemática da teoria da culpabilidade, ou seja, a conduta deve ser cometida pelo alegado transgressor, com demonstração de seu elemento subjetivo, e com demonstração do nexo causal entre a conduta e o dano" (REsp 1.251.697/PR, Rel. Min. Mauro Campbell Marques, Segunda Turma, DJe 17.04.2012). Autoria e nexo de causalidade atestados pela corte de origem" (REsp 1.645.049/RJ, relator Ministro Herman Benjamin, Segunda Turma, julgado em 02.08.2022, DJe de 14.11.2022).

16. "Isso implica dizer que a rigor a responsabilidade administrativa ambiental não leva em consideração o elemento subjetivo. Contudo, a sanção de multa simples é diferente, uma vez que a Lei 9.605/98 exige expressamente a identificação do dolo e/ou da negligência[5] (sobre o assunto ver o artigo aqui). De toda forma, existe divergência quanto ao assunto, pois há também quem defenda que qualquer uma dessas sanções se reja pela responsabilidade subjetiva". FARIAS, Talden. "Sanções administrativas ambientais", Disponível em: https://www.conjur.com.br/2018-set-15/sancoes-administrativas-ambientais/. Acesso em: 20 fev. 2024.

ao administrado pela conduta praticada e cujo papel primordial é sancionar a sua conduta inclusive com gradação do montante devido segundo os critérios do art. 6º, em todas as outras há uma nítida preocupação com a limitação da atividade/ obra etc. praticada pelo infrator.[17]

Todas as demais sanções do art. 72 o objetivo primordial não é expropriar o patrimônio do administrado por uma conduta ilegal já praticada, pois há um olhar imediato para o futuro, para evitar os danos futuros, os prejuízos que ainda podem advir. Ao contrário da multa, cujo caráter preventivo é secundário, é evidente em todas as demais sanções que o foco é, primeiro, proteger o presente e o futuro a coletividade e para o meio ambiente evitar novas violações e prejuízos.[18]

Perde muito o sentido prático – mantendo-se mais no plano teórico e acadêmico – a discussão sobre a natureza jurídica da responsabilidade administrativa ambiental, se objetiva ou subjetiva, porque *todos os tipos infracionais* previstos no Decreto 6.514 preveem a incidência da sanção de multa, ficando ao alvedrio do órgão julgador apenas a sua dosimetria. Desta forma, porque todos os tipos incidem em multa simples, então, necessariamente todas as *condutas* tipificadas acabam se submetendo ao regime subjetivo da responsabilidade, fato que pode dar a impressão de que para a aplicação das demais sanções a demonstração da culpa fosse condição necessária para a sua aplicação.

9. SANÇÕES ADMINISTRATIVAS AMBIENTAIS INDEPENDEM DAS SANÇÕES CIVIS

A Lei 9.605 estabelece o conceito de infração administrativa no artigo 70 como vimos anteriormente, e também fixa, no art. 72, quais as sanções administrativas que podem ser impostas ao infrator. São elas a advertência, Multa Simples, Multa Diária, Apreensão, Destruição ou Inutilização de Produtos, Suspensão de Atividades; Embargo; Restrição de Direitos.

---

17. Na sanção de restrição de direitos do § 8º do art. 72, à exceção da "perda ou restrição de incentivos e benefícios fiscais" e da "perda ou suspensão da participação em linhas de financiamento em estabelecimentos oficiais de crédito", cujo papel prefacial e preponderante é repressivo do infrator, todas as demais sanções restritivas de direito (suspensão de registro, licença ou autorização; cancelamento de registro, licença ou autorização; proibição de contratar com a Administração Pública, pelo período de até três anos) a função preventiva é igual ou superior à mera repressão por uma violação de um dever jurídico.

18. A Lei é expressa ao trazer para o *gerúndio* a justificativa das sanções de "VI – suspensão de venda e fabricação do produto; VII – embargo de obra ou atividade; VIII – demolição de obra", "IX – suspensão parcial ou total de atividades" ao mencionar que "as sanções indicadas nos incisos VI a IX do caput serão aplicadas quando o produto, a obra, a atividade ou o estabelecimento não estiverem obedecendo às prescrições legais ou regulamentares" (art. 72, § 7º).

Em respeito ao princípio da legalidade da atuação da Administração, só há que se falar em responsabilidade administrativa quando a regra jurídica administrativa ambiental for violada.[19]

Isso, porém, independe de eventual consequência danosa ou não da infração. No cerne do suporte fático da infração administrativa ambiental pode constar a presença ou não do elemento dano. Há infrações onde o dano é previsto e outras que não. Destarte, ainda que a violação não cause qualquer dano, ainda assim haverá a incidência do fato à norma descumprida, com a consequência de ser aplicada a sanção administrativa ambiental ao infrator.

Nada impede, dessa forma, a existência de uma sanção administrativa sem que para aquele caso exista qualquer sanção reparatória civil ambiental. Para esta última, é condição necessária a existência do dano. Para a primeira, é necessária apenas a ligação da conduta ilícita a determinada pessoa, e, sendo o caso de aplicar a multa simples que esteja demonstrada a sua *culpa* (dolo ou negligência).

Assim, por exemplo, ferir uma condicionante da licença de operação é infração administrativa punível com a respectiva sanção, mas pode não ter causado nenhum dano, motivo pelo qual pode não ensejar qualquer tipo de responsabilização na ordem civil.

Exatamente por isso, as infrações administrativas podem se classificar quanto à gravidade da perturbação causada como materiais e formais. A primeira é aquela que causa efetivo dano ambiental. Já a segunda constitui mero descumprimento da norma legal, sem qualquer dano. Trata-se de opção legislativa quando cria o suporte fático da infração administrativa. O único requisito necessário no cerne do suporte fático é que exista uma violação a um direito. Já no suporte fático que prevê a responsabilidade civil pelos danos causados a conduta pode até ser licita, mas tem que ser danosa.

10. O SUJEITO PASSIVO DA SANÇÃO ADMINISTRATIVA

Justamente porque a ocorrência de infração administrativa independe do dano ambiental, não há sempre correspondência entre a pessoa que pode ser responsabilizada administrativamente e o conceito de poluidor.[20] Assim, o

---

19. Em decorrência do imperativo constitucional do artigo 37 da CF/88, só pode haver infração e sua respectiva sanção administrativa se ambas estiverem tipificadas na lei. Trata-se do princípio da tipicidade e da legalidade dos atos da administração. Para consulta, ver: ENTERRÍA, Garcia de, op. cit., p. 159; MARIENHOFF, Miguel S. *Tratado de derecho administrativo*, t. IV, p. 588 e LASO, Enrique Sauaguès. *Tratado de derecho administrativo*, p. 426.

20. Nesse sentido, do largo conceito de infrator, ver PUERTO, Miguel Montoro. *La infración administrativa*, p. 143. Em igual sentido, ver ENTERRÍA, Garcia de. *Curso de derecho administrativo*, v. II, p. 161.

CAPÍTULO 6 • RESPONSABILIDADE ADMINISTRATIVA AMBIENTAL

"infrator é infrator", ainda que não seja "poluidor". Por óbvio, podem ser infratores tanto as pessoas físicas como as pessoas jurídicas, desde que *violem* a regra jurídica administrativa ambiental, ou seja, que cometam a infração ambiental assim tipificada pela lei.

11. A EXECUÇÃO DAS SANÇÕES ADMINISTRATIVAS

É comum afirmar-se que as sanções administrativas são dotadas de auto-executoriedade. Todavia, apesar de corrente, a afirmativa merece ser vista com ressalvas.

Uma coisa é dizer que os atos do poder público são dotados de exigibilidade. É certo: decidido algo pela Administração Pública, o ato é imponível ao particular, independentemente de sua aceitação.

Coisa, porém, bem diferente é a (auto) executoriedade, definida como "qualidade pela qual o Poder Público pode compelir materialmente o administrado, sem precisar de buscar previamente as vias judiciais, ao cumprimento da obrigação que impôs e exigiu".[21]

Assim, há uma profunda diferença entre a executoriedade e a exigibilidade das sanções. A exigibilidade precede à executoriedade. Vale ressaltar, assim, que nem toda sanção administrativa é auto executável, embora seja exigível.

Para satisfação da pena de multa, por exemplo, é mister que se recorra às vias judiciais (execução fiscal), motivo pelo qual a referida penalidade não se coloca no rol de sanções mais eficazes, justamente porque, em última análise, a invasão da esfera patrimonial do infrator só é possível mediante a atuação jurisdicional.

Contudo, por exemplo, quando estamos diante de uma interdição de atividade, perda de benefício fiscal etc., tais sanções comportam executoriedade imediata, não dependendo de se recorrer ao Poder Judiciário para que seja aplicada.

12. CONCURSO FORMAL E MATERIAL

Tendo o infrator cometido mais de uma ação e, em decorrência disso, realizado mais de uma infração, haverá o chamado concurso material, que enseja a aplicação cumulativa das sanções administrativas. Na verdade, o infrator será penalizado pelo número de ações e infrações cometidas.

---

21. MELLO, Celso Antonio Bandeira de, op. cit., p. 52.

Já no concurso formal, por intermédio de uma só ação o infrator acaba ferindo vários preceitos normativos. Mas aqui, diferente do que se passa na esfera penal, o infrator é sancionado por todos eles.

Assim, na tutela administrativa ambiental, não se adotou a regra ou princípio da absorção (em que se aplica a penalidade mais grave nos casos de concurso formal), já que o infrator será sancionado por todas as infrações, ainda que para tanto tenha praticado uma só conduta.

É essa, inclusive, a regra consagrada no art. 72, § 1º, da Lei 9.605/98:

> Art. 72, § 1º: Se o infrator cometer, simultaneamente, duas ou mais infrações, ser-lhe-ão aplicadas, cumulativamente, as sanções a elas cominadas.

O infrator ou transgressor é apenas o sujeito que diretamente viola as regras ambientais. O poluidor é aquele que direta ou indiretamente degrada o meio ambiente. O infrator é o sujeito passivo da responsabilização administrativa; o poluidor é o sujeito passivo da responsabilização civil ambiental. Importante notar que nesta a causalidade é mais extensa do que naquela.

13. UMA INFRAÇÃO COM VÁRIAS SANÇÕES IMPOSTAS

Se for observado o rol de sanções administrativas do artigo 3º do Decreto 6.514 ali não estão previstas nenhuma sanção premial, pois todas elas envolvem "restrições de direitos", verdadeira punição do infrator.

As sanções administrativas ambientais são penalidades administrativas previstas em lei e que são impostas, mediante um devido processo legal administrativo, àquele que comete a infração ambiental; infração esta que também deve estar prevista em lei.

Uma simples leitura das sanções arroladas permite identificar que a maior parte delas finalidade prefacial é preventiva de danos e ilícitos, ainda que isso venha em forma de repressão. Assim, por exemplo o embargo de determinada atividade, a suspensão de uma atividade, a multa diária ou a advertência têm nítido colorido preventivo, assim como a multa possui, prefacialmente, uma clara função repressiva. Assim como na tutela penal e na tutela civil o principal vetor da tutela administrativa ambiental é a atuação preventiva, precaucional ainda quando vise a "recomposição da qualidade ambiental".

O órgão ambiental competente (autuante e julgador) deve saber que até quando se impõe uma sanção repressiva ele o faz tendo em mira a preocupação com a prevenção de ilícitos e danos ao meio ambiente. Não faz nenhum sentido punir por punir. É preciso que a punição tenha uma relação lógica de adequação com o resultado de proteger o ambiente e educar o punido e a própria sociedade.

Em razão da pessoalidade da penalidade é preciso ter bastante cuidado e equilíbrio na escolha da sanção adequada, inclusive com gradação da medida imposta, para que a sua aplicação não seja um mal maior do que o que já se tinha, causando problemas sociais e econômicos que afetem a coletividade de uma outra forma.

É verdade que nem sempre do ilícito administrativo advém um dano ao equilíbrio ecológico, mas isso não é de forma alguma um limitador da atuação administrativa. De cada uma das sanções previstas no artigo 72 da Lei 9.605 pode-se extrair uma finalidade precípua embora todas elas reservem, de forma direta ou indireta, uma função preventiva.

Toda e qualquer infração administrativa ambiental corresponde uma adequada e proporcional sanção, ou mais de uma sanção. Há de existir uma correspondência lógica, razoável, proporcional, necessária, eficiente, impessoal e finalística entre a infração cometida e a sanção imposta. Nada impede que numa mesma infração ambiental possam ser aplicadas mais de uma sanção de natureza diferente quando atendam aos requisitos destacados acima e atenda, sempre, à finalidade de proteção, recuperação e promoção da defesa ambiental.

Será comum, por exemplo, que o infrator que desmate área de preservação permanente para edificar uma construção à beira mar, seja autuado com várias sanções administrativas, tais como a multa pelo ilícito, e ainda tenha que demolir a edificação feita em área *non aedificandi*, e também que seja interditada a sua atividade de construção, até que seja recuperada a área com vegetação nativa, e ainda, se for o caso, a apreensão dos materiais e equipamentos que estavam sendo utilizados. Nessa análise de definição da sanção a ser imposta que é feita durante o processo administrativo a sanção de multa é a única que sabe-se que deverá ser aplicada em valor que esteja situada no limite máximo e mínimo. Cabe ao órgão aplicador da sanção de multa graduá-la num valor adequado segundo os critérios do art. 6º da Lei 9.605, bem como identificar se haveria outras sanções aplicáveis na hipótese segundo os tradicionais critérios de adequação, proporcionalidade e razoabilidade já mencionados alhures.

Cada uma destas sanções se dá por razões diversas embora emanadas de um mesmo fato. A mesma ação ou omissão implica, neste exemplo, a imposição de uma série de sanções, todas compatíveis, com a noção de prevenção, repressão e recuperação do meio ambiente.

Com muito maior razão incidem duas ou mais sanções quando o infrator cometer, simultaneamente, mais de uma infração ambiental, caso em que ser-lhe-ão aplicadas, cumulativamente, as sanções a elas cominadas.

É claro que para haver a imposição das sanções administrativas ambientais deve o órgão competente seguir-se pelo princípio da finalidade, ou seja, deve haver uma adequação lógica entre a sanção imposta e a infração cometida, bem como deve graduar a penalidade, especialmente as mais graves, de acordo com os critérios do artigo 6º da Lei 9.605 como determina o artigo 72 da mesma lei.

Diz o artigo 72, *caput* que "as infrações administrativas são punidas com as seguintes sanções, observado o disposto no art. 6º", que por sua vez determina que:

> para *imposição* e *gradação* da penalidade, a autoridade competente observará:
>
> I – A gravidade do fato, tendo em vista os motivos da infração e suas consequências para a saúde pública e para o meio ambiente;
>
> II – Os antecedentes do infrator quanto ao cumprimento da legislação de interesse ambiental;
>
> III – a situação econômica do infrator, no caso de multa.

O "subjetivismo" do artigo 6º, repleto de conceitos indeterminados, deve sempre ser afastado com um dever de fundamentação amplo, vertical e horizontalmente, que deixe transparente e evidente os fatos e fundamentos jurídicos que foram levados em consideração para a imposição e gradação da sanção administrativa ambiental, não apenas para legitimá-la, mas também para permitir o regular contraditório do sancionado que deseje impugnar por meio de recurso cabível.[22]

14. CLASSIFICAÇÃO DAS INFRAÇÕES AMBIENTAIS

As infrações administrativas admitem várias classificações. Aproveitaremos as já consagradas na doutrina penal e administrativa usando exemplos relacionados com os tipos infracionais contra a flora descritos no Decreto 6.514/08.

14.1 Formais e materiais

A primeira classificação é quanto ao resultado, ou seja, há infrações formais, também chamadas de mera conduta e outras que são materiais. Na primeira, o tipo infracional previsto no texto é apenas a conduta em si mesma, e, não um resultado que dela pode advir. Nenhum resultado externo ou efeito da conduta é relevante para as infrações de mera conduta, ao contrário das matérias que contêm no elemento normativo do tipo não apenas a conduta, mas um efeito externo que dela advém. Estas infrações materiais podem ser subclassificadas de acordo com o tal resultado previsto, se causam um dano (lesão, prejuízo) ou se causam um perigo concreto ou abstrato.

---

22. A preocupação do legislador é evidenciada no artigo 4º, § 1º do Decreto 6.514/08 ao dizer que "para a aplicação do disposto no inciso I, o órgão ou entidade ambiental estabelecerá de forma objetiva critérios complementares para o agravamento e atenuação das sanções administrativas".

No artigo 43, que inaugura os tipos infracionais contra a flora no Decreto 6.514, tem-se a seguinte infração:

> Art. 43. Destruir ou danificar florestas ou demais formas de vegetação natural ou utilizá-las com infringência das normas de proteção em área considerada de preservação permanente, sem autorização do órgão competente, quando exigível, ou em desacordo com a obtida.

Neste dispositivo tem-se um bom exemplo de infração cujo tipo nela previsto exige dano (destruir ou danificar) florestas e demais formas de vegetação sem autorização ou em desacordo com os limites nela estabelecidos.[23] Haverá, contudo perigo concreto a conduta de utilizar em floresta ou demais formas de vegetação, motosserra sem licença ou registro da autoridade ambiental competente (art. 57), ou ainda "soltar balões que possam provocar incêndios nas florestas e demais formas de vegetação, em áreas urbanas ou qualquer tipo de assentamento humano (art. 59).

Por outro lado, tem-se no artigo 44 a hipótese de infração formal onde é suficiente a conduta, independentemente do resultado:

> Art. 44. Cortar árvores em área considerada de preservação permanente ou cuja espécie seja especialmente protegida, sem permissão da autoridade competente.

Na hipótese acima, basta cortar árvores (mais de uma) em APP ou cuja espécie seja especialmente protegida sem que se tenha a permissão da autoridade competente. Aqui não importa o tipo de corte – que não se confunde com poda – e tampouco se causou ou não dano ou destruição.[24] O verbo aí previsto é "cortar" árvores em APP ou espécie protegida. A conduta de "cortar árvores" sem permissão em APP ou de espécie especialmente protegida é suficiente para o enquadramento no tipo. É claro que alguns poderão dizer em defesa, por exemplo, que as "duas árvores cortadas" não causam dano da área de APP, mas não é o dano que é tipificado na infração acima, mas a mera conduta transgressora do infrator. Tanto isso é verdade – que o dano não faz parte do tipo – que se o sujeito estiver munido da licença ou autorização para o desmatamento ele poderá fazê-lo, e, bem sabemos que isso não afasta o fato de que, mesmo autorizado, causa dano ao meio ambiente.

---

23. No mesmo sentido o artigo Art. 49. *Destruir ou danificar florestas ou qualquer tipo de vegetação nativa, objeto de especial preservação, não passíveis de autorização para exploração ou supressão.*

24. O mesmo se diga no artigo Art. 45. *Extrair de florestas de domínio público ou áreas de preservação permanente, sem prévia autorização, pedra, areia, cal ou qualquer espécie de minerais.* Não é exigência para configuração da infração que a *extração* seja causadora de dano ou de destruição – embora normalmente o seja – porque *extrair* não se confunde com "extrair e danificar". Basta a primeira ação "extrair" sem a licença ou autorização competente nas áreas mencionadas.

Outro exemplo de infração de mera conduta é a não averbação da reserva legal. Todos sabemos a importância da reserva legal na função de função de assegurar o uso econômico de modo sustentável dos recursos naturais do imóvel rural, auxiliar a conservação e a reabilitação dos processos ecológicos e promover a conservação da biodiversidade, bem como o abrigo e a proteção de fauna silvestre e da flora nativa (art. 3º, III da Lei 12.651). É inegável que não ter reserva legal constituída causa dano, mas o que o art. 55 do Decreto 6.514 prescreve como infração administrativa é a omissão do proprietário, ou seja, "deixar de averbar a reserva legal". A averbação da reserva legal é um dever positivo do proprietário[25] cujas regras, limites, regime jurídico e procedimento são estabelecido na Lei 12.651. A mera conduta de não proceder a averbação da reserva legal – ainda que a área esteja conservada de fato[26] – configura a infração administrativa.

14.2 Objetivas e subjetivas

A maior parte das infrações ambientais são objetivas, ou seja, no tipo infracional descrito (seguindo o artigo 72 da Lei 9.605), basta a atitude voluntária do infrator de ter agido – ação – contrária à lei. É irrelevante o elemento subjetivo, dolo ou culpa, para a configuração da infração.

Nada impede que o legislador estabeleça a necessidade da presença do dolo ou da culpa para configurar a infração, caso em que estaremos diante de uma infração subjetiva o que torna sempre muito mais complexo o ato de "autuar a infração", bem como a imposição da sanção administrativa. Normalmente será preciso elementos de prova que atestem a conduta dolosa ou culposa do suposto infrator. É possível também que o legislador não tipifique a infração como subjetiva, mas exija que para determinadas sanções administrativas sejam impostas esteja presente o elemento anímico. A infração não se torna "subjetiva", mas determinada sanção para ser imposta depende da presença do referido elemento subjetivo. É o que aconteceu no artigo 72, § 3º, I e II da Lei 9.605 que impõe a necessidade de caracterização de negligência ou dolo nas hipóteses de multa simples:

Art. 72.

§ 3º A multa simples será aplicada sempre que o agente, por negligência ou dolo:

I – advertido por irregularidades que tenham sido praticadas, deixar de saná-las, no prazo assinalado por órgão competente do SISNAMA ou pela Capitania dos Portos, do Ministério da Marinha;

---

25. Art. 18. A área de Reserva Legal deverá ser registrada no órgão ambiental competente por meio de inscrição no CAR de que trata o art. 29, sendo vedada a alteração de sua destinação, nos casos de transmissão, a qualquer título, ou de desmembramento, com as exceções previstas nesta Lei.

26. Aspecto que poderá interferir na espécie e na graduação da sanção administrativa (advertência ou multa diária).

CAPÍTULO 6 • RESPONSABILIDADE ADMINISTRATIVA AMBIENTAL **249**

II – opuser embaraço à fiscalização dos órgãos do SISNAMA ou da Capitania dos Portos, do Ministério da Marinha

Da mesma forma, fiel à lei que visa regulamentar, diz o artigo 3º, § 2º do Decreto 6.514 que "as infrações administrativas são punidas com as seguintes sanções: (...) ... a caracterização de negligência ou dolo será exigível nas hipóteses previstas nos incisos I e II do § 3º do art. 72 da Lei no 9.605, de 12 de fevereiro de 1998".

Assim, por exemplo, no artigo Art. 51-A do Decreto 6.514 tem-se como infração ambiental contra a flora:

> Executar manejo florestal sem autorização prévia do órgão ambiental competente, sem observar os requisitos técnicos estabelecidos em PMFS ou em desacordo com a autorização concedida: (Incluído pelo Decreto 6.686, de 2008).
>
> Multa de R$ 1.000,00 (mil reais) por hectare ou fração.

Trouxemos para exemplo a hipótese acima porque nada obstante a sanção administrativa de advertência possa ser aplicada, isolada ou cumulativamente com outras sanções sempre que "o agente autuante constate a existência de irregularidades a serem sanadas" (art. 5º, § 2º do Decreto 6.514), há casos em que a advertência está vinculada às situações de "menor lesividade ao meio ambiente" (art. 5º, *caput*), assim considerada aquelas que "a multa máxima cominada não ultrapasse o valor de R$ 1.000,00 (mil reais), ou que, no caso de multa por unidade de medida, a multa aplicável não exceda o valor referido". (art. 5º, § 1º).

Neste artigo 53 a autoridade competente lavrará o auto de infração com a indicação da respectiva sanção de advertência, ocasião em que estabelecerá prazo para que o infrator sane tais irregularidades. Caso o autuado, por negligência ou dolo, deixe de sanar as irregularidades, o agente autuante certificará o ocorrido e aplicará a sanção de multa relativa à infração praticada, independentemente da advertência. (art. 5º, § 4º).

14.3 Duração

As infrações administrativas também podem ser classificadas quanto a sua duração. Esta classificação tem importância para contagem do prazo prescricional, e, foi expressamente mencionada no artigo 21 do Decreto 6.514:

> Art. 21. Prescreve em cinco anos a ação da administração objetivando apurar a prática de infrações contra o meio ambiente, contada da data da prática do ato, ou, no caso de infração permanente ou continuada, do dia em que esta tiver cessado.
>
> § 1º Considera-se iniciada a ação de apuração de infração ambiental pela administração com a lavratura do auto de infração.
>
> § 2º Incide a prescrição no procedimento de apuração do auto de infração paralisado por mais de três anos, pendente de julgamento ou despacho, cujos autos serão arquivados

de ofício ou mediante requerimento da parte interessada, sem prejuízo da apuração da responsabilidade funcional decorrente da paralisação. (Redação dada pelo Decreto 6.686, de 2008).

§ 3º Quando o fato objeto da infração também constituir crime, a prescrição de que trata o caput reger-se-á pelo prazo previsto na lei penal.

§ 4º A prescrição da pretensão punitiva da administração não elide a obrigação de reparar o dano ambiental. (Incluído pelo Decreto 6.686, de 2008).

Também tem importância a classificação para a aplicação da sanção administrativa de multa diária, por expressa dicção do artigo 72, § 5º da Lei 9.605 e art. 10 do Decreto 6.514/08:

Art. 72.

§ 5º A multa diária será aplicada sempre que o cometimento da infração se prolongar no tempo.

Art. 10. A multa diária será aplicada sempre que o cometimento da infração se prolongar no tempo.

§ 4º A multa diária deixará de ser aplicada a partir da data em que o autuado apresentar ao órgão ambiental documentos que comprovem a regularização da situação que deu causa à lavratura do auto de infração.

São chamadas de permanentes aquelas que não cessam enquanto o infrator não cumprir o comando legal; são chamadas de instantâneas aquelas que cessam tão logo é praticada a conduta, ou sejam não se protraem no tempo. É exemplo de infração permanente o previsto no artigo 55 do Decreto 6.514 (deixar de averbar a reserva legal), e é exemplo de instantânea a prevista no artigo 57 (comercializar motosserra sem autorização legal).

Ainda com relação às infrações administrativas, estas se classificam em instantâneas e permanentes, levando-se em consideração o tempo de duração da conduta antijurídica.

Importa dizer que não se está aqui falando da duração dos efeitos da referida conduta. Afinal, quando se trata de meio ambiente, os efeitos de qualquer conduta danosa são geralmente sentidos por muito tempo.

O que se distingue aqui é a duração da conduta antijurídica. Pode ser ela:

- Instantânea: é aquela cuja consumação é imediata (por exemplo: quando não se dá publicidade ao RIMA em prazo determinado);

- Permanente: é aquela cuja consumação se prolonga no tempo, sendo contínua a agressão ao bem tutelado (por exemplo: quando se descumpre uma licença de operação lançando efluentes acima do limite ou padrão estabelecido).

Obviamente que estes aspectos são decisivos para fixar o tipo de sanção adequada para evitar que o ilícito se protraia no tempo, e, mais cuidado se deve ter é saber se este ilícito é danoso ou não. Tudo isso deve influenciar na aplicação da sanção adequada para o caso concreto.

15. SANÇÕES ADMINISTRATIVAS E MEDIDAS ADMINISTRATIVAS

As sanções administrativas descritas nos onze incisos do artigo 72 da Lei 9.605/98 foram repetidas no artigo 3º do Decreto 6.514/08. Todavia, além das sanções administrativas ambientais, o decreto regulamentador disse no Capítulo II, dedicado ao "processo administrativo para a apuração das infrações ambientais", precisamente na seção II (da autuação) que ao lavrar o auto de atuação pode o agente autuante adotar "medidas administrativas", in verbis:

> Art. 101. Constatada a infração ambiental, o agente autuante, no uso do seu poder de polícia, poderá adotar as seguintes medidas administrativas:
>
> I – Apreensão;
>
> II – Embargo de obra ou atividade e suas respectivas áreas;
>
> III – Suspensão de venda ou fabricação de produto;
>
> IV – Suspensão parcial ou total de atividades;
>
> V – Destruição ou inutilização dos produtos, subprodutos e instrumentos da infração; e
>
> VI – demolição.
>
> § 1º As medidas de que trata este artigo têm como objetivo prevenir a ocorrência de novas infrações, resguardar a recuperação ambiental e garantir o resultado prático do processo administrativo.
>
> § 2º A aplicação de tais medidas será lavrada em formulário próprio, sem emendas ou rasuras que comprometam sua validade, e deverá conter, além da indicação dos respectivos dispositivos legais e regulamentares infringidos, os motivos que ensejaram o agente autuante a assim proceder.
>
> § 3º A administração ambiental estabelecerá os formulários específicos a que se refere o § 2º.
>
> § 4º O embargo de obra ou atividade restringe-se aos locais onde efetivamente caracterizou-se a infração ambiental, não alcançando as demais atividades realizadas em áreas não embargadas da propriedade ou posse ou não correlacionadas com a infração. (Incluído pelo Decreto 6.686, de 2008).

Quando comparamos o rol do artigo 3º com o rol do artigo 101 percebemos que as "medidas administrativas" estão em menor número do que as "sanções administrativas".

Para compreender a distinção entre uma medida administrativa e uma sanção administrativa é preciso, primeiro, perceber que nenhuma punição pode ser imposta a quem quer que seja sem que se respeito um devido processo legal, e, com muito maior razão uma punição pelo poder público num estado democrático de direito. Assim, nas situações mais simples do cotidiano como uma multa de trânsito, podemos não concordar com a sua autuação, e temos o direito de impugná-la e recorrer as instancias administrativas antes de sermos sancionados com a multa. Auto de infração que impõe a sanção é apenas a peça inaugural de um processo administrativo que podemos ou não deflagrar caso não concordemos com o que foi imposto.

Se o processo administrativo regular e democrático deve ser sempre prévio a imposição de sanções administrativas, então o que fazer quando, por exemplo, numa fiscalização ambiental constata-se uma flagrante construção à beira da praia, em área de preservação permanente com destruição de vegetação de restinga? Será que não se deve interditar a atividade ou embargar a obra? Basta constar no auto de infração a punição com a multa? Eis aí a chave para compreender o que seja medida administrativa. Nada mais são do que a antecipação dos efeitos de uma sanção administrativa que só é definitivamente imposta após o regular processo administrativo. Quem deve sofrer o ônus do tempo do processo administrativo? A coletividade privada do meio ambiente em risco ou aquele que foi fiscalizado e autuado em flagrante desmatamento? São medidas de prevenção que são tomadas *ab initio*, com executoriedade antecipada e imediata, sem as quais seria absolutamente inútil a futura imposição da sanção após todo o regular processo.

Daí porque é preciso o artigo 101, § 1º:

> § 1º As medidas de que trata este artigo têm como objetivo prevenir a ocorrência de novas infrações, resguardar a recuperação ambiental e garantir o resultado prático do processo administrativo.

O motivo pelo qual não há uma correspondência entre o número de sanções e o número de medidas administrativas é simples. Nem todas possuem uma função acautelatória ou preventiva que justifique ter os seus efeitos antecipados para o momento da autuação. Assim, por exemplo, sob a perspectiva ambiental qual a justificativa de se ter uma medida administrativa de multa cujo destino são fundos ambientais (art. 73)? Por outro lado, há lógica pertinência em se considerar como medida administrativa todas aquelas que estão arroladas no artigo 101 do Decreto 6.514.

Importa registrar que até mesmo a demolição de obra tem um fim preventivo na medida que uma vez demolida a obra irregular é possível que o equilíbrio ecológico se restaure mais rapidamente, como no exemplo que demos acima da restinga destruída. Tudo vai depender do caso concreto, daí porque foi adequado o legislador ao prever no artigo 112 que:

CAPÍTULO 6 • RESPONSABILIDADE ADMINISTRATIVA AMBIENTAL **253**

Art. 112. A demolição de obra, edificação ou construção não habitada e utilizada diretamente para a infração ambiental dar-se-á excepcionalmente no ato da fiscalização nos casos em que se constatar que a ausência da demolição importa em iminente risco de agravamento do dano ambiental ou de graves riscos à saúde. (Redação dada pelo Decreto 6.686, de 2008).

§ 1º A demolição poderá ser feita pelo agente autuante, por quem este autorizar ou pelo próprio infrator e deverá ser devidamente descrita e documentada, inclusive com fotografias (Redação dada pelo Decreto 6.686, de 2008).

§ 2º As despesas para a realização da demolição correrão às custas do infrator.

§ 3º A demolição de que trata o caput não será realizada em edificações residenciais.

Logo, a regra contida no artigo 20, § 1º, de que a sanção (definitiva) de demolição só pode acontecer após o julgamento do auto de infração, em nada altera a possibilidade de que ela seja, num determinado caso concreto, tenha os seus efeitos antecipados no momento da autuação, ou seja, funcionando como uma medida administrativa. A restrição do parágrafo terceiro acima é pertinente e respeita ao direito constitucional de moradia. No cotejo de valores fundamentais o legislador optou por manter o direito de moradia até que seja definitivamente imposta a sanção administrativa de demolição.

16. A AUTUAÇÃO É A PRIMEIRA ETAPA DO PROCESSO DE APLICAÇÃO DA SANÇÃO ADMINISTRATIVA

É importante destacar que há uma distância nem sempre percebida entre a sanção lançada no auto de infração pelo agente autuante e a sanção definitivamente imposta ao final do processo administrativo pela autoridade julgadora. Às vezes a sanção lançada no auto de infração é confirmada, noutras modificada e em alguns casos eliminada. Não há vínculo entre a sanção lançada no auto de infração e a aplicada pela autoridade julgadora.

O auto de infração é a peça acusatória emanada da administração pública contra aquele que, segundo a autoridade competente, cometeu a referida infração ensejadora da referida sanção imposta.

O auto de infração deflagra o procedimento administrativo para a imposição da sanção que, pode ser objeto de concordância ou não do administrado, ou seja, pode contestar tendo direito a um devido processo com ampla defesa, com direito à prova (todas as provas admitidas em Direito), com direito a julgamento em primeira e segunda instancia administrativa.

É perfeitamente possível, por exemplo, que alguém seja autuado pela multa de desmatamento de determinada área sem autorização legal, e, ao longo do processo administrativo demonstre que a área desmatada foi dentro dos limites georreferenciados da autorização ou licença, sendo afastada a sanção que constava na peça inaugural.

O auto de infração é o ponto de partida e não o fim do processo administrativo, e, nada impede que o próprio órgão ambiental venha a reconhecer o desacerto da infração inicialmente imposta após o contraditório e eventualmente das provas produzidas, seja ela testemunhal, depoimento pessoal do autuante ou até mesmo prova pericial isenta. A impessoalidade da atuação administrativa (art. 37, *caput* da CF/88) deve também estar presente não apenas quando se autua, mas também em todo o processo administrativo.

Por ser uma peça de acusação o auto de infração deve conter todos os elementos possíveis que demonstrem o porquê alguém está sendo sancionado.[27] Quais os fatos que foram praticados que se considera como ilícitos, as razões (art. 6º) pelos quais se entendeu por aplicar uma ou algumas das sanções impostas. É preciso que no auto de infração conste claramente qual o dispositivo legal violado, porque sem estas especificações fere-se a legalidade, finalidade, transparência, eficiência, impessoalidade, moralidade, e impede totalmente o jurisdicionado de defender-se de forma adequada e justa.

É direito do povo que a administração pública aja dentro dos estritos limites da legalidade, sem perseguições, sem pessoalidade, de forma que ao receber o auto de infração o administrado saiba identificar o porquê de ele estar sendo autuado (fatos e fundamentos jurídicos), qual a sanção imposta e os motivos pelos quais foi agravada ou atenuada. É preciso que o auto de infração tenha relação com o caso concreto e descreva com precisão todos estes elementos.[28] O auto de infração é a peça inaugural do processo administrativo e o que nela está delimitado, seu conteúdo, acaba por também delimitar o objeto do contraditório., das provas e da cognição de quem julga.

É importante que fique livre de dúvidas que toda sanção administrativa só pode ser aplicada após um regular processo administrativo em que seja assegurado o devido processo legal nos termos do artigo 5º, LIV e LV.[29]

---

27. Neste sentido o Superior Tribunal de Justiça no AgRg no REsp 1480761/RS, Rel. Ministra Assusete Magalhães, Segunda Turma, julgado em 09.04.2019, DJe 16.04.2019.

28. Art. 97. O auto de infração deverá ser lavrado em impresso próprio, com a identificação do autuado, a descrição clara e objetiva das infrações administrativas constatadas e a indicação dos respectivos dispositivos legais e regulamentares infringidos, não devendo conter emendas ou rasuras que comprometam sua validade (Decreto 6.514/08).

29. A respeito ver: CASTRO, Carlos Roberto Siqueira. *O devido processo legal e a razoabilidade das leis na nova Constituição do Brasil*. 2. ed. Rio de Janeiro: Forense, 1989.; FIGUEIREDO, Lúcia Valle. Estado de Direito e devido processo legal. *Revista diálogo jurídico*, n. 11. Salvador, jan. 2002. Disponível em: http://www.direitopublico.com.br/pdf_11/DIALOGO-JURIDICO-11-FEVEREIRO-2002-LUCIA-VALLE-FIGUEIREDO.pdf. Acesso em: 10 fev. 2022.; LIMA, Maria Rosynete Oliveira. *Devido*

CAPÍTULO 6 • RESPONSABILIDADE ADMINISTRATIVA AMBIENTAL | **255**

É claro que o autuado pode optar por não se opor ao auto e cumpri-lo espontaneamente, mas nem isso afasta o regular processo administrativo. Até isso deve ser feito no bojo de um processo administrativo. O auto de infração é apenas a peça inaugural que deflagra o processo administrativo que poderá levar a imposição ou não, da sanção administrativa sugerida pelo órgão autuante ou de outra – ou outras – que se mostrar mais adequada diante do que restou evidenciado no processo administrativo.

Para tanto, apenas a autoridade competente poderá lavrar auto de infração ambiental e instaurar processo administrativo, a saber: os funcionários de órgãos ambientais integrantes do Sistema Nacional de Meio Ambiente – SISNAMA, designados para as atividades de fiscalização, bem como os agentes das Capitanias dos Portos, do Ministério da Marinha.

Repetindo o que foi dito alhures, ainda que possa soar como óbvio, é importante lembrar que o processo administrativo é inaugurado por um auto de infração, uma peça acusatória que deve preencher os requisitos do artigo 37, *caput* da CF/88, mas que só termina com um julgamento após regular, efetivo, participativo e substancial contraditório e ampla defesa caso assim manifeste o interessado, de forma que as sanções aplicadas pelo agente autuante estarão sujeitas à confirmação pela autoridade julgadora (Art. 4º, § 2º do Decreto 6.515/08), inclusive com possibilidade de o processo ser julgado em segunda instância administrativa.

Contraditório efetivo e substancial é aquele que onde o autuado tem a informação necessária, completa clara, transparente, sincera e a partir destas informações tem todas as possibilidades de exercer sua defesa, ou seja, reagir à acusação que lhe parece incorreta ou injusta. Além disso, substancialmente falando, o contraditório real impõe que a defesa ou impugnação ou recurso ou qualquer manifestação ou requerimento do autuado seja levado em consideração, possa influir no julgamento da sanção a ser imposta ou do recurso contra a decisão proferida. Isso significa que não há contraditório real se o órgão julgador não enfrenta cada uma das razões e fundamentos do autuado, não analisa seus argumentos, fazendo com que o processo administrativo seja apenas um ilegítimo e fajuto iter "formal" para "legitimar" a sanção imposta no auto de infração.

O auto de infração, portanto, é peça fundamental do processo administrativo que poderá levar a imposição da sanção administrativa descrita na peça acusa-

---

processo legal. Porto Alegre: Sergio Antônio Fabris Editor, 1999; PARIZ, Ângelo Aurélio Gonçalves. *O princípio do devido processo legal*: direito fundamental do cidadão. Coimbra: Editora Almedina, 2009; STUMM, Raquel Denize. *Princípio da proporcionalidade*: no direito constitucional brasileiro. Porto Alegre: Livraria do Advogado, 1995; BINENBOJM, Gustavo. *Uma teoria do direito administrativo*: direitos fundamentais, democracia e constitucionalização. Rio de Janeiro: Renovar, 2006.

tória. A rigor, no auto de infração deve ser confeccionado com impessoalidade e nele constar todos os elementos que permitam ao acusado se defender do que nele contém. Deve descrever os fatos com minudencia e clareza, deve indicar o dispositivo violado, deve justificar as razões pelas quais impôs determinada sanção ou a justificativa da sua gradação como determina o artigo 6º da Lei 9.605.

Nada impede, antes o contrário (considerando o dever constitucional da coletividade de proteger e preservar o meio ambiente), que qualquer pessoa, constatando infração ambiental, possa dirigir uma representação às autoridades relacionadas no parágrafo anterior para efeito do exercício do seu poder de polícia.

Por sua vez a autoridade ambiental que tiver conhecimento de infração ambiental é obrigada a promover a sua apuração imediata, mediante processo administrativo próprio, sob pena de corresponsabilidade.

A Lei 9.605 estabelece ainda os prazos do processo administrativo ambiental, a saber:

> Art. 71. O processo administrativo para apuração de infração ambiental deve observar os seguintes prazos máximos:
>
> I – Vinte dias para o infrator oferecer defesa ou impugnação contra o auto de infração, contados da data da ciência da autuação;
>
> II – Trinta dias para a autoridade competente julgar o auto de infração, contados da data da sua lavratura, apresentada ou não a defesa ou impugnação;
>
> III – Vinte dias para o infrator recorrer da decisão condenatória à instância superior do Sistema Nacional do Meio Ambiente – SISNAMA, ou à Diretoria de Portos e Costas, do Ministério da Marinha, de acordo com o tipo de autuação;
>
> IV – Cinco dias para o pagamento de multa, contados da data do recebimento da notificação.

17. PROPORCIONALIDADE NA APLICAÇÃO DAS SANÇÕES ADMINISTRATIVAS

Derivado do princípio da legalidade, exsurge o princípio da proporcionalidade.

Tendo em vista o fato de que as sanções administrativas são atos da Administração Pública e, portanto, devem estar pautados na lei, é certo que a sanção imposta deve encontrar correspondência com a gravidade da infração cometida. Caso contrário, podemos falar em ilegalidade da sanção desproporcional.

Não há tutela estatal repressiva sem um fundamento e um fim. É preciso que exista uma biunívoca relação entre meio e resultado. Toda e qualquer penalidade administrativa deve ser *adequada* em relação à infração cometida. Sem esta adequação há autoritarismo, excesso de poder e arbitrariedade.

O princípio da proporcionalidade da sanção administrativa deve ser compreendido a partir de três aspectos que a integram: a (i) adequação, assim compreendida a perfeita simetria entre a sanção aplicada e o objetivo almejado; (ii) necessidade, que implica dizer que a sanção aplicada deve ser a única, a imprescindível, nada além do necessário, mas suficientemente eficaz; (iii) proporcionalidade em sentido estrito: a sanção aplicada deve ser proporcional – compatível com a gravidade da conduta infracional, aspectos que dependem necessariamente da verificação das circunstâncias do caso concreto.

A própria multa simples, presentes em todos os tipos infracionais administrativos, neles não constam os termos mínimo e máximo de valoração das multas, que constitui uma das sanções mais aplicadas. Não é possível, porém, ao administrador aplicar uma multa, máxima ou mínima, sem especificar claramente quais os critérios que utilizou para chegar a determinado valor.

Não só as multas, mas toda e qualquer sanção administrativa deve pautar-se, então, no princípio da proporcionalidade, que nada mais é do que um corolário do princípio da razoabilidade e da finalidade que devem pautar os atos da Administração.

Assim, a multa, ou qualquer sanção aplicada, deve ser adequada para alcançar o fim desejado pelo legislador. A sanção que se mostrar exacerbada para a finalidade e de acordo com a infração praticada, configura desvio de poder, ato ilegal, motivo pelo qual está sujeita ao controle de sua legalidade pelo Poder Judiciário.

É clara a lição de Hely Lopes Meirelles:

"A proporcionalidade entre a restrição imposta pela Administração e o benefício social que se tem em vista, sim, constituem requisito específico para a validade do poder de polícia, como também a correspondência entre a infração cometida e a sanção aplicada, quando se tratar de medida punitiva. Sacrificar um direito ou uma liberdade de um indivíduo sem vantagem para a coletividade invalida o fundamento social d ato de polícia, pela desproporcionalidade da medida".[30]

Como explica Hugo de Brito Machado, o que se relaciona à discricionariedade do Administrador na aplicação das sanções administrativas encontra-se:

Limitado, contido em fronteiras requeridas até por imposição racional, posto que à falta delas perderia o cunho de poder jurídico. Com efeito se lhe faltassem diques não se lhe poderia inculcar o caráter de comportamento intralegal. (...) Toda atividade administrativa, consoante se assinalou, é por excelência, subordinada ao cumprimento de certos interesses. Tem,

---

30. MEIRELLES, Hely Lopes. *Estudos e pareceres de direito público*. São Paulo: Ed. RT, 1977, v. II, p. 14.

por conseguinte, caráter tipicamente instrumental. Corresponde a um meio para alcançar escopos traçados fora do âmbito da Administração, porque instituídos pelo Legislativo.[31]

É importante ressaltar que, no controle da legalidade dos atos da administração, não sobrará qualquer chance para o Poder Judiciário aplicar a sanção que entender como correta, porque isso diz respeito à conveniência e ao mérito do ato administrativo. Portanto, tocar-lhe-á apenas dizer se é legal ou não o referido ato.

18. COMPETÊNCIA PARA A APLICAÇÃO DAS SANÇÕES ADMINISTRATIVAS

18.1 O sujeito ativo da sanção administrativa e a competência comum do artigo 23, VI da CF/88

Tema de enorme importância é a competência para aplicação das sanções administrativas ambientais. No universo da competência material/administrativa comum em tema de meio ambiente (art. 23, VI, da CF/88) a identificação do ente político competente é medida de enorme importância e complexidade.

O que era para ser um *federalismo cooperativo* (parágrafo único do art. 23 da CF/88) marcado pela harmonia e coerência entre os entes políticos, tendo entre si, acima de tudo, a diretriz de que a proteção do meio ambiente deve estar em primeiro lugar, o que se vê na prática é um desinteresse e descaso por determinadas ações administrativas, e de outro lado um enorme interesse e até conflito de atribuições para outros tipos de atuações administrativas onde exista algum retorno financeiro para o ente político.

Os operadores do direito que atuam sobre o tema – como eu que estou há mais de 30 anos lidando com o assunto – sabem que as atuações administrativas de licenciamento e de aplicações de sanções administrativas chega a existir até uma disputa entre entes políticos não sendo comum que o conflito entre eles desemboque no Poder Judiciário, afinal de contas a validade da ação administrativa começa pela perfeita identificação da autoridade competente. O único benefício que deveria pautar a atuação administrativa seria aquele descrito no inciso VI do artigo 23 da CF/88, mas inegavelmente há um interesse fazendário em atuar administrativamente naquilo que traz retorno econômico direto e indireto para o ente político.

A competência comum num federalismo cooperativo permite que em abstrato e em tese todos os entes políticos sejam competentes para atuar em

---

31. MELLO, Celso Antonio Bandeira de, op. cit., p. 434.

prol da proteção do meio ambiente, mas diante de uma situação em concreto apenas um deles será o competente pois não se admite, por exemplo, que para uma mesma hipótese de incidência exista mais de um competente para aplicar a sanção administrativa devida, ou que o *licenciamento ambiental* de uma mesma atividade seja realizado em mais de um nível de competência. O *non bis in idem* fica muito claro em relação a tutela repressiva da administração pública (art. 76 da Lei 9.605[32]) e em relação a tutela preventiva da administração pública (art. 13 da Lei Complementar 140[33]).

Na tentativa de trazer alguma harmonia para o federalismo cooperativo surgiu a Lei Complementar 140/10 que diminuiu em parte o problema do licenciamento ambiental já que dedica dispositivos específicos para lista o que é de um e o que é de outro ente político, mas mesmo assim conflitos continuam a existir. Nesta própria Lei Complementar, ao tratar da competência supletiva e subsidiária no artigo 17, traz um dispositivo que mesmo parecendo de clara solar, não raramente é objeto de conflito que acaba desaguando no poder judiciário como se deu na manifestação do Supremo Tribunal Federal no julgamento da ADI 4.757/DF quando enfrentou os inúmeros conflitos que vem acontecendo sobre situações tratadas pela LC 140, em especial na compreensão e aplicação dos arts. 14, § 4º (prorrogação automática de licenças ambientais em caso de omissão ou mora da administração) e do artigo 17, § 3º que trata da competência supletiva e subsidiária para a atuação repressiva do poder de polícia.

Com relação ao sujeito ativo (que imporá a sanção), as sanções podem ser Federais, Estaduais (aqui incluído o DF) e municipais, independentemente do fato de a infração ter ocorrido em hipótese de incidência federal, estadual ou municipal.

Assim, em virtude da competência material comum adotada pelo texto constitucional (art. 23, VI, da CF/88), nada impede que um ente municipal aplique sanção administrativa prevista em lei federal por violação de norma de igual natureza.

Assim, nada impede que um Município aplique multa com base em Lei Federal, justamente porque a ideia do legislador constituinte, ao estabelecer a competência comum, foi fazer com que, em nenhuma situação, a infração ambiental seja ignorada ou omitida por qualquer órgão ambiental, independentemente da esfera política a que o órgão pertença.

---

32. Art. 76. O pagamento de multa imposta pelos Estados, Municípios, Distrito Federal ou Territórios substitui a multa federal na mesma hipótese de incidência.
33. LC 140, Art. 13. Os empreendimentos e atividades são licenciados ou autorizados, ambientalmente, por um único ente federativo, em conformidade com as atribuições estabelecidas nos termos desta Lei Complementar.

Todavia, excessos não podem acontecer. Não pode, por exemplo, uma mesma hipótese de incidência caracterizadora de infração ser responsabilizada com duas multas.

Haveria, neste caso, conflito de atribuições entre órgãos ambientais, o que o próprio legislador infraconstitucional dirimiu – com regra de duvidosa constitucionalidade diante do nosso sistema federativo –, dando preferência, no citado art. 76, ao ente político mais próximo à realidade impactante do meio ambiente, privilegiando, portanto, o Estado frente à União e o Município frente ao Estado.

Isso porque se considera a aplicação da norma mais favorável ou protetiva do meio ambiente, independentemente da sua natureza (federal, estadual ou municipal) e do ente político que a aplica.

Só não será possível a aplicação do presente entendimento para os casos específicos de competência exclusiva da União, como ocorre, por exemplo, nos casos de ilícito ambiental por infração à legislação nuclear, que é de competência única do CNEN.

18.2 A distribuição interna da competência para aplicar a sanção administrativa ambiental

Uma vez definido o ente competente para a aplicação da sanção administrativa passa-se a discernir qual é o *agente autuante*, a *autoridade julgadora de primeira e de segunda instancia administrativa* e a *unidade administrativa responsável* pelo processamento em primeiro e em segundo grau em caso de recurso.

Como a aplicação da sanção administrativa ambiental é precedida de um processo administrativo esses conceitos são fundamentais porque em cada um deles é preciso que exista legalmente prevista a competência para exercer a função de aplicar a sanção administrativa. Assim o agente autuante tem que ter competência para lavrar o auto de infração,[34] a unidade administrativa deve ser

---

34. Administrativo. Multa ambiental. Autuação. Competência dos técnicos do IBAMA para aplicação de penalidade. Portaria IBAMA 1.273/98. Exercício de poder discricionário. 1. A Lei 9.605/1998 confere a todos os funcionários dos órgãos ambientais integrantes do SISNAMA o poder para lavrar autos de infração e para instaurar processos administrativos, desde que designados para as atividades de fiscalização, o que, para a hipótese, ocorreu com a Portaria 1.273/1998. (REsp 1.057.292/PR, rel. Min. Francisco Falcão, 1ª Turma, julgado em 17.06.2008, DJe 18.08.2008). 2. Basta ao técnico ambiental do IBAMA a designação para a atividade de fiscalização, para que esteja regularmente investido do poder de polícia ambiental, nos termos da legislação referida. Caberia ao órgão ambiental (IBAMA), discricionariamente escolher os servidores que poderiam desempenhar a atividade de fiscalização e designá-los então para essa função. Evidentemente que a tarefa de escolha dos servidores designados para o exercício da atividade de fiscalização diz respeito ao poder discricionário do órgão ambiental. Agravo regimental improvido" (STJ, 2ª Turma, AgRg no REsp 1.260.376/PR, rel. Min. Humberto Martins, DJ 21.09.2011).

aquela com competência para processar e a autoridade julgadora deve ser aquela com poder legalmente constituídos para tal mister.

Também é importante deixar claro que como a aplicação da sanção administrativa é precedida de um processo administrativo, então, embora o agente autuante lavre o auto de infração impondo a sanção que lhe pareça adequada a sua indicação não vincula a autoridade julgadora, esta sim, com o poder de aplicar a referida sanção administrativa.

> Art. 123. A decisão da autoridade julgadora não se vincula às sanções aplicadas pelo agente autuante, ou ao valor da multa, podendo, em decisão motivada, de ofício ou a requerimento do interessado, minorar, manter ou majorar o seu valor, respeitados os limites estabelecidos na legislação ambiental vigente.

Em relação ao tema do *non bis in idem*, já dissemos que por expressa determinação da Lei de Crimes Ambientais (Lei 9.605/98), especialmente no art. 76, o legislador pretendeu deixar incontestável que uma mesma hipótese de incidência não pode dar ensejo à aplicação de mais de uma multa por órgãos ambientais diversos. Ora, a intenção do legislador não é outra senão impedir que alguém (pessoa física ou jurídica) seja apenado duplamente por uma mesma situação, ferindo de morte o princípio da legalidade e do devido processo legal.

A norma prevista no art. 76 da Lei 9.605/98 existe justamente porque a competência material (para aplicar a sanção administrativa) em matéria ambiental (art. 23, VI, da CF/88) permite que todos os órgãos ambientais do SISNAMA, nas diversas esferas políticas (União, Estados, Distrito Federal e Municípios), possam exercer poder de polícia tendo por fundamentação uma lei que pertença a qualquer dos entes federados.

18.3   O art. 17, § 1º da Lei Complementar 140

O art. 17 da Lei Complementar 140 traz importantes regras em torno do Poder de Polícia sancionatório que nesta hipótese está vinculado ao poder de polícia preventivo para licenciamento. Segundo o referido dispositivo:

> Art. 17. Compete ao órgão responsável pelo licenciamento ou autorização, conforme o caso, de um empreendimento ou atividade, lavrar auto de infração ambiental e instaurar processo administrativo para a apuração de infrações à legislação ambiental cometidas pelo empreendimento ou atividade licenciada ou autorizada.
>
> § 1º Qualquer pessoa legalmente identificada, ao constatar infração ambiental decorrente de empreendimento ou atividade utilizadores de recursos ambientais, efetiva ou potencialmente poluidores, pode dirigir representação ao órgão a que se refere o *caput*, para efeito do exercício de seu poder de polícia.

§ 2º Nos casos de iminência ou ocorrência de degradação da qualidade ambiental, o ente federativo que tiver conhecimento do fato deverá determinar medidas para evitá-la, fazer cessá-la ou mitigá-la, comunicando imediatamente ao órgão competente para as providências cabíveis.

§ 3º O disposto no *caput* deste artigo não impede o exercício pelos entes federativos da atribuição comum de fiscalização da conformidade de empreendimentos e atividades efetiva ou potencialmente poluidores ou utilizadores de recursos naturais com a legislação ambiental em vigor, prevalecendo o auto de infração ambiental lavrado por órgão que detenha a atribuição de licenciamento ou autorização a que se refere o *caput*.

Logo se vê que cabe ao órgão responsável pelo licenciamento ou pela autorização exercer o Poder de Polícia, lavrando eventuais autos de infração e, mesmo, instaurando processos administrativos (caput). Tal atuação, ainda, pode ser provocada por qualquer pessoa legalmente identificada (§ 1º).

No caso de degradação ambiental, iminente ou atual, cabe a qualquer dos entes federativos tomar as medidas necessárias para fazer cessá-la, comunicando ao órgão competente para que este tome as providências cabíveis (§ 2º).

É importante destacar algumas peculiaridades em relação à exata compreensão do § 2º do art. 17 citado acima.

É regra comezinha de Direito que os parágrafos se interpretam em consonância com o *caput* do dispositivo. E, resta claro no referido caput, que, por exemplo, quando o órgão ambiental estadual é a autoridade ambiental competente para conceder a licença/autorização em determinado caso concreto, tenha ou não concluído o licenciamento, não poderia a atuação do Órgão Federal ou Municipal extrapolar os limites estabelecidos pelo art. 17, § 2º. Aí se tem uma atuação excepcional, extraordinária e com a nobre função de – mesmo sem ser o órgão competente que emitiu a licença ou autorização – poder tomar medidas urgentes de proteção do meio ambiente quando tome conhecimento de uma situação de risco iminente, em que não seja viável esperar a burocracia administrativa de prévia comunicação do órgão oficial competente para tutela preventiva.

Há, apenas, dada a razão de urgência e perigo de dano ao meio ambiente, a possibilidade de o órgão, que não é o originariamente competente, tomar medida administrativa urgente para impedir o dano ao meio ambiente, para em seguida comunicar o tal órgão competente (do *caput* do dispositivo) para que tome as providências de estilo.

Os limites da atuação excepcional são expressamente delimitados no dispositivo, que diz:

1. Nos casos de iminência ou ocorrência de degradação da qualidade ambiental.

2. O ente federativo que tiver conhecimento do fato.

3. Deverá determinar medidas para evitá-la, fazer cessá-la ou mitigá-la.

4. Comunicando imediatamente ao órgão competente para as providências cabíveis (IDAF).

Logo, segundo o referido dispositivo, para o IBAMA, no presente caso, há uma competência extraordinária, excepcional de atuar em processos administrativos do qual ele não é o originariamente competente, apenas e tão somente para determinar medidas administrativas para evitar, fazer cessar ou mitigar a degradação da qualidade ambiental.

Ora, "evitar" significa impedir, não deixar que aconteça o dano ambiental, portanto, é uma medida ex ante, ou seja, antes de o ato potencialmente impactante acontecer.

Por sua vez, *"fazer cessar"* implica adotar medidas que paralisem o ato que potencialmente já se iniciou, mas ainda não terminou; portanto, serve para estancar o dano que está sendo praticado.

Já o vocábulo *"mitigar"* significa tornar mais brando, mais suave, menos intenso, aliviar, suavizar, aplacar.

O dispositivo trata da máxima da precaução, ou seja, confere-se ao ente federativo não licenciador um poder de agir diante de uma dúvida, de um receio, de um risco iminente de impacto (um desmatamento iminente, por exemplo).

Entretanto, e que isso fique muito claro, o dispositivo em nenhum momento autoriza o ente federativo, que atua excepcionalmente para evitar danos iminentes, a praticar o exercício do poder de polícia repressivo ou punitivo, por exemplo, aplicando multa que tem uma função ex post. Só lhe assiste o poder de tomar medidas preventivas, acautelatórias, para evitar o dano iminente, fazer cessá-lo ou mitigá-lo, jamais uma sanção que não possui nenhum condão de fazer cessar, evitar ou mitigar o impacto iminente.

A multa aplicada, por exemplo, sobre a *supressão já realizada*, portanto, sem nenhuma função acautelatória nem nenhuma função preventiva, é totalmente descabida, irrazoável e descomprometida com a relação de causa e efeito. Há, claramente, um desbordamento completo do papel exercido pelo órgão que atua excepcionalmente quando aplica uma sanção punitiva sem a perspectiva acautelatória.

A sanção punitiva é de competência, se for o caso, do órgão competente pelo licenciamento ou autorização, após ser imediatamente comunicado das medidas administrativas cautelares aplicadas pelo órgão que agiu excepcionalmente. Daí por que se fala em comunicação para as providências cabíveis, segundo expressa e inexorável determinação do Legislador.

Outrossim, fica explícito que tal atuação não impede o exercício de atividade fiscalizatória. Todavia, prevalece eventual auto de infração lavrado pela autoridade competente (§ 3º). Como já vínhamos dizendo há algum tempo o federalismo cooperativo não permite uma atuação desordenada e anárquica dos órgãos ambientais. A regra é a de que o órgão licenciador atue administrativamente, sem impedir que os demais possam estar na retaguarda para tutela administrativa do meio ambiente.

Como disse o STF no julgamento da (ADI) 4757, de relatoria da ministra Rosa Weber a *atuação supletiva* dos órgãos ambientais que estão na retaguarda só devem acontecer em caso de "omissão ou insuficiência de fiscalização" daquele que seria o originariamente competente.

19. A NÃO VINCULAÇÃO DO ÓRGÃO JULGADOR À SANÇÃO ADMINISTRATIVA LANÇADA NO AUTO DE INFRAÇÃO E A PROTEÇÃO DO CONTRADITÓRIO E DA AMPLA DEFESA

Tema da mais alta complexidade é o que envolve a regra do artigo 123 do Decreto 6.514 de 22 de julho de 2008, cujo texto é o seguinte:[35]

> Art. 123. A decisão da autoridade julgadora não se vincula às sanções aplicada pelo agente autuante, ou ao valor da multa, podendo, de ofício ou a requerimento do interessado, minorar, manter ou majorar o seu valor, respeitados os limites estabelecidos na legislação ambiental vigente.
>
> Art. 123. A decisão da autoridade julgadora não se vincula às sanções aplicadas pelo agente autuante, ou ao valor da multa, podendo, em decisão motivada, de ofício ou a requerimento do interessado, minorar, manter ou majorar o seu valor, respeitados os limites estabelecidos na legislação ambiental vigente. (Redação dada pelo Decreto 6.686, de 2008).
>
> Parágrafo único. Nos casos de agravamento da penalidade, o autuado deverá ser cientificado antes da respectiva decisão, por meio de aviso de recebimento, para que se manifeste no prazo das alegações finais.
>
> Parágrafo único. A autoridade julgadora notificará o autuado para se manifestar no prazo das alegações finais, por via postal com aviso de recebimento ou por outro meio válido que assegure a certeza de sua ciência, nos casos em que a instrução processual indicar o agravamento da penalidade de que trata o art. 11. (Redação dada pelo Decreto 9.760, de 2019)
>
> Parágrafo único. Na hipótese de ser identificada, após o encerramento da instrução processual, a possibilidade de agravamento da penalidade, o autuado será notificado, para que formule, no prazo de dez dias, as suas alegações, antes do julgamento de que trata o art. 124: (Redação dada pelo Decreto 11.080, de 2022)

---

35. Fizemos questão de colocar os dispositivos revogados para dar sequência ao raciocínio do texto deste tópico. O número de modificações legislativas é indicativo de que se trata de um tema polêmico.

Não é *mera coincidência* a redação do citado dispositivo com o art. 383 do Código de Processo Penal que trata da *emendatio libelli*. A redação original do referido dispositivo era a seguinte:

> Art. 383. O juiz poderá dar ao fato definição jurídica diversa da que constar da queixa ou da denúncia, ainda que, em consequência, tenha de aplicar pena mais grave.

Posteriormente, ele foi alterado pela Lei 11.719 de 20 de junho de 2008 que lhe deu a redação atual:

> Art. 383. O juiz, sem modificar a descrição do fato contida na denúncia ou queixa, poderá atribuir-lhe definição jurídica diversa, ainda que, em consequência, tenha de aplicar pena mais grave.

O fato de existir larga diferença de funções, regras, institutos, finalidades etc., há uma aproximação natural entre o direito administrativo sancionador e o direito penal em razão do papel punitivo estatal de ambos e de certa forma provocado pela sociedade de risco que vivemos.[36]

Um confronto entre o artigo 123 do Decreto 6.514 e o artigo 383 do Código de Processo Penal Brasileiro revela, em ambos, a regra de *não vinculação* do órgão julgador, que:

1. no caso do processo penal permite-lhe sem modificar a descrição do fato contida na denúncia ou queixa, poderá atribuir-lhe definição jurídica diversa

2. no caso do processo administrativo sancionador permite-lhe aplicar, de ofício ou a requerimento do interessado, sanção administrativa diversa da que foi aplicada pelo agente autuante, bem como alterar o valor da multa aplicada desde que esta fique dentro dos limites estabelecidos na lei.

Num caso ou noutro, data máxima vênia, e aqui nos interessa apenas a análise do art. 123 do Decreto 6.514, na altura do desenvolvimento da teoria geral do processo não tem o menor cabimento que o órgão julgador possa – no momento da decisão – impor uma penalidade diversa da indicada pelo órgão autuante e sobre a qual não houve contraditório e ampla defesa (prova) no curso do processo.

---

36. A respeito ver OSÓRIO, Fábio Medina. *Direito administrativo sancionador*. São Paulo: Ed. RT, 2000; NIETO, Alejandro. Derecho *Administrativo Sancionador*. 4. ed. Madrid: Tecnos, 2008. Para uma análise mais crítica desta aproximação ver LOBO DA COSTA, Regina Helena. *Direito Penal Econômico e Direito Administrativo Sancionador – ne bis in idem* como medida de política sancionadora integrada. Tese de Livre-Docência apresentada na Universidade de São Paulo (USP), em 2013; GRECO, Luís. A relação entre o Direito Penal e o Direito Administrativo no Direito Penal Ambiental: uma introdução aos problemas da acessoriedade administrativa. *Revista Brasileira de Ciências Criminais*. São Paulo: IBCCRIM, v. 58, 2008.

Não se está a dizer que o órgão julgador tenha que estar vinculado à sanção lançada no auto de infração, não é isso. O que se quer dizer é que ele pode, sim, aplicar uma sanção diversa (dentre as legalmente previstas) da que consta no auto de infração, mas só pode fazer isso se a sua decisão foi construída em processo administrativo que tenha sido marcado por um contraditório real e efetivo, com ampla defesa, aí compreendida a produção de provas.

O argumento de que a sanção é apenas um preceito, uma regra de direito pura e que por isso não teria nenhum problema na *não vinculação* no ato de decidir, parte de uma premissa superada de que *fato e direito* possam ser ontologicamente separados um do outro. É errada a premissa de que o contraditório e a ampla defesa ocorre apenas sobre os fatos narrados no auto de infração; a rigor o sujeito passivo que foi autuado exerce sua defesa sobre os *fatos qualificados juridicamente*.

O prévio contraditório e ampla defesa desenvolvidos no processo administrativo precedem a *aplicação definitiva da sanção administrativa*. Considerando que *a autoridade* que confecciona o auto de infração não coincide com a *autoridade* que julga (e aplica) a sanção adequada para aquele caso concreto fica claro que este último não está vinculado àquela sanção que foi lançada pelo agente autuante no limiar do processo. A vinculação, na verdade, decorre do compromisso democrático do processo com um contraditório real e efetivo. A decisão da autoridade julgadora é fruto de uma *construção*, de uma *cooperação* ocorrida no processo, por meio do contraditório. A desvinculação com aquilo que foi paulatinamente roteirizado e desenhado no curso do processo é inaceitável.

> O juiz participa em contraditório também pelo diálogo. A moderna ciência do processo afastou o irracional preconceito segundo o qual o juiz que durante o processo expressa seus pensamentos e sentimentos sobre a causa estaria prejulgando e, portanto, afastando-se do cumprimento do dever de imparcialidade. [...] O juiz mudo tem algo de Pilatos e, por temor ou vaidade, afasta-se do compromisso de fazer justiça (Dinamarco; Lopes, 2017, p. 65-66).

É absolutamente claro que o órgão julgador *pode* aplicar uma sanção diversa daquela que foi lançada pelo órgão autuante. Está livre a autoridade julgadora, dentro dos limites das sanções previstas na lei, em aplicar uma sanção que se mostre *adequada* à situação revelada nos autos após o contraditório e ampla defesa. É natural que possa não coincidir (e é até natural que não coincida) com aquilo que, na fumaça da pólvora, foi lançado pelo agente autuante.

Não é demais lembrar que o art. 2º, VI da Lei 9.784 (aplicável ao Decreto 6.514 por determinação do seu art. 95), que diz o seguinte:

> Art. 2º A Administração Pública obedecerá, dentre outros, aos princípios da legalidade, finalidade, motivação, razoabilidade, proporcionalidade, moralidade, ampla defesa, contraditório, segurança jurídica, interesse público e eficiência.

(...)

VI – Adequação entre meios e fins, vedada a imposição de obrigações, restrições e sanções em medida superior àquelas estritamente necessárias ao atendimento do interesse público.

A *adequação da sanção a ser aplicada* depende de uma análise de *meios e fins* que necessariamente depende do contraditório com os fatos juridicamente analisados ao longo do processo. Para dizer que uma sanção é *inadequada* é preciso que se coteje a sanção sugerida com o fenômeno da incidência (fatos e suporte fático). A formação do convencimento do que seja uma *sanção adequada* é forjada com contraditório e ampla defesa.

Ao que parece crê o Decreto que o parágrafo púnico do artigo 123 iria resolver o problema (da violação do contraditório e da ampla defesa) com a redação mais recente do referido dispositivo:

Parágrafo único. Na hipótese de ser identificada, após o encerramento da instrução processual, a possibilidade de agravamento da penalidade, o autuado será notificado, para que formule, no prazo de dez dias, as suas alegações, antes do julgamento de que trata o art. 124: (Redação dada pelo Decreto 11.080, de 2022)

Segundo o dispositivo acima se (i) *após o encerramento da instrução processual*; (ii) *for identificada a possibilidade de agravamento da penalidade*; (iii) *o autuado será notificado*; (iii) *para que no prazo de 10 dias*; (iv) *formule as suas alegações*.

Trocando em miúdos, a regra jurídica acima reconhece que *não é possível aplicar sanção diversa do auto de infração*, mas entende que isso será possível desde que *se oportunize ao administrado a chance de exercer dito contraditório em suas alegações finais*.

Datissima vênia a regra acima não é satisfatória.

E não é porque apequena o *contraditório e ampla defesa* à manifestação das alegações finais *após a instrução processual*. Em nosso sentir o dispositivo é francamente inconstitucional, e, mais adequado seria se franqueasse ao administrado o direito de reabrir a produção de provas a partir das suas alegações finais.

A *indicação de agravamento* soa como um aviso de que isso vai acontecer, e, definitivamente já existe um convencimento construído pela autoridade julgadora. Dá a entende o dispositivo que as alegações finais são apenas uma *formalidade* a ser cumprida quando, sabemos, não é isso que se espera de um processo democrático e um contraditório participativo.

O artigo 5º, LV da CF/88 não pode ser interpretado "pro forma". Quando se diz que "aos litigantes, em processo judicial ou administrativo, e aos acusados em geral são assegurados o contraditório e ampla defesa, com os meios e recursos a ela inerentes" o que se espera é que seja um *real* contraditório e uma *real* ampla defesa. E, diga-se, isso implica em direito à prova das alegações que são feitas.

Tomemos de exemplo a seguinte hipótese. É lavrado um auto de infração indicando, além da multa, que a atividade seja parcialmente suspensa (art. 72, IX), mas após a instrução a autoridade julgadora, antes de julgar, intime o administrado para adverti-lo de que há possibilidade de agravamento da penalidade para *suspensão total* + *demolição de obra* + cancelamento de registro (restritiva de direitos).

Ora, se o objeto de debate do processo administrativo não teve até aquele momento nenhuma vírgula sobre as novas penalidades não me parece que seja suficiente "resolver o problema da falta de contraditório e ampla defesa" concedendo o prazo de 10 dias para as alegações finais.

Um julgamento decente, correto e lícito corresponderia ao dever de intimar o administrado para informar ao administrado, com transparência e boa-fé que, a partir do que se viu no contraditório e ampla defesa até ali ocorrida, que há a possibilidade de que a sua situação possa ser agravada pelas sanções x, y e z. Para tanto, ele estaria sendo intimado para exercer o contraditório e ampla defesa sobre esta possível situação, concedendo-lhe, inclusive, o direito de exercer a ampla defesa com provas que se mostrarem pertinentes aos fundamentos trazidos nas suas alegações finais. Simplesmente facultar alegações finais sem direito à prova das mesmas é permitir o contraditório pela metade, meramente formal, e, portando, inaceitável.

20. ASPECTOS GERAIS DAS ESPÉCIES DE SANÇÕES ADMINISTRATIVAS

20.1 Introito

Muito embora o legislador tenha previsto, regra geral, a penalidade de multa (simples ou diária) para as transgressões dos tipos normativos descritos no Decreto 6.514, isso não significa que apenas a multa será aplicada, porque pode ser necessário que outras sanções também o sejam, tais como ordem de demolição, interdição de atividade, apreensão de apetrechos e ferramentas etc. Tudo vai depender da situação em concreto de forma que exista uma lógica e adequada relação entre a sanção imposta a infração cometida.

O que parecer ser certo e induvidoso é que a multa sempre incide em cada uma daquelas infrações cometidas nos tipos infracionais descritos no Decreto 6.514 (arts. 24 à 93), segundo os limites que ele mesmo estabelece, por exemplo:

Art. 51. Destruir, desmatar, danificar ou explorar floresta ou qualquer tipo de vegetação nativa ou de espécies nativas plantadas, em área de reserva legal ou servidão florestal, de domínio público ou privado, sem autorização prévia do órgão ambiental competente ou em desacordo com a concedida: (Redação dada pelo Decreto 6.686, de 2008).

Multa de R$ 5.000,00 (cinco mil reais) por hectare ou fração.

Ora, além da multa nos limites determinados pelo artigo 51, é perfeitamente possível que: (i) seja interditada/embargada a eventual construção ilegal, (ii) determinada a ordem de demolição do que já tiver sido construído, (iii) aplicada também advertência de que não proceda a mesma atitude em outras propriedades que possua, quando, por exemplo, na autuação o agente encontre planta de construção em área diversa e também protegida. Igualmente é possível que sejam (iv) apreendidos os subprodutos da flora que tenham sido retirados da natureza. A depender de aspectos como reincidência, poderio econômico do autuado, risco de novas destruições, dimensão da danosidade cometida é possível que seja necessária (v) a aplicação fundamentada de sanções restritivas de direitos.[37]

Obviamente que nenhuma destas sanções que não foram lançadas no auto de infração não podem e não devem se constituir uma surpresa para o administrado. É exigência de um processo democrático que todos tenham o direito ao contraditório e a mais ampla defesa, especialmente se ao longo de todo o processo administrativo o objeto de debate nem sequer girou em torno desta possibilidade.[38]

20.2 Advertência

Ante a possibilidade de cumulação de sanções administrativas, tem-se como primeira sanção do rol do artigo 72 a de advertência que, é a mais branda ali prevista pelo legislador e está regulamentada nos arts. 5º ao 7º do Decreto 6.514.

Segundo o Decreto 6.514/08:

---

37. As sanções restritivas de direitos estão descritas no art. 20 do Decreto 6.514: Art. 20. As sanções restritivas de direito aplicáveis às pessoas físicas ou jurídicas são: I – suspensão de registro, licença, permissão ou autorização; II – cancelamento de registro, licença, permissão ou autorização; I – suspensão de registro, licença ou autorização; (Redação dada pelo Decreto 6.686, de 2008). II – cancelamento de registro, licença ou autorização; (Redação dada pelo Decreto 6.686, de 2008). III – perda ou restrição de incentivos e benefícios fiscais; IV – perda ou suspensão da participação em linhas de financiamento em estabelecimentos oficiais de crédito; e V – proibição de contratar com a administração pública; Parágrafo único. A autoridade ambiental fixará o período de vigência da sanção restritiva de direitos, que não poderá ser superior a três anos. § 1º A autoridade ambiental fixará o período de vigência das sanções previstas neste artigo, observando os seguintes prazos: (Incluído pelo Decreto 6.686, de 2008). I – até três anos para a sanção prevista no inciso V; (Incluído pelo Decreto 6.686, de 2008). II – até um ano para as demais sanções. (Incluído pelo Decreto 6.686, de 2008). § 2º Em qualquer caso, a extinção da sanção fica condicionada à regularização da conduta que deu origem ao auto de infração (Incluído pelo Decreto 6.686, de 2008).
38. Remetemos o leitor ao item 20 retro.

Art. 5º A sanção de advertência poderá ser aplicada, mediante a lavratura de auto de infração, para as infrações administrativas de menor lesividade ao meio ambiente, garantidos a ampla defesa e o contraditório.

§ 1º Consideram-se infrações administrativas de menor lesividade ao meio ambiente aquelas em que a multa máxima cominada não ultrapasse o valor de R$ 1.000,00 (mil reais), ou que, no caso de multa por unidade de medida, a multa aplicável não exceda o valor referido.

§ 2º Sem prejuízo do disposto no *caput*, caso o agente autuante constate a existência de irregularidades a serem sanadas, lavrará o auto de infração com a indicação da respectiva sanção de advertência, ocasião em que estabelecerá prazo para que o infrator sane tais irregularidades.

§ 3º Sanadas as irregularidades no prazo concedido, o agente autuante certificará o ocorrido nos autos e dará seguimento ao processo estabelecido no Capítulo II.

§ 4º Caso o autuado, por negligência ou dolo, deixe de sanar as irregularidades, o agente autuante certificará o ocorrido e aplicará a sanção de multa relativa à infração praticada, independentemente da advertência.

Art. 6º A sanção de advertência não excluirá a aplicação de outras sanções.

Art. 7º Fica vedada a aplicação de nova sanção de advertência no período de três anos contados do julgamento da defesa da última advertência ou de outra penalidade aplicada.

A advertência é modalidade de sanção administrativa ambiental e que deve ser aplicada sempre que for possível, pois permite que o sancionado possa: a) evitar cometer uma conduta ou b) ajustar-se a determinada conduta que lhe for imposta, tendo, portanto, um caráter pedagógico e oportunizando uma chance ao mesmo de evitar uma punição mais severa em relação a irregularidade cometida.

A advertência deveria ser mais utilizada, pois permite que se eduque o infrator dando-lhe uma chance de não cometer mais o ilícito ao mesmo tempo que o coloca como alguém que possa contribuir para que outros não cometam o mesmo ato ilícito.

O prazo para sanação da irregularidade deve ser condizente com o tempo necessário e adequado para sua realização. Não adianta à administração pública advertir o administrado que deva sanar uma irregularidade em prazo demasiadamente exíguo para o seu cumprimento.

Assim, se se trata de um infrator contumaz não adianta nem tentar a imposição de nova advertência, e, por isso mesmo diz o artigo 7º do Decreto 6.514 que fica vedada a aplicação de nova sanção de advertência no período de três anos contados do julgamento da defesa da última advertência ou de outra penalidade aplicada.

Normalmente a advertência é um "aviso" de que se não tomar esta ou aquela conduta daí poderá advir uma sanção mais pesada contra ele. Não é mera "recomendação" ou "conselho" porque a advertência é, por si mesma uma sanção

CAPÍTULO 6 • RESPONSABILIDADE ADMINISTRATIVA AMBIENTAL

administrativa. Assim, se deixar de atender à exortação administrativa, seja por dolo ou culpa, o agente autuante certificará o ocorrido e aplicará a sanção de multa relativa à infração praticada, sem que isso afaste a possibilidade de outras sanções cumuladas.

Deve ser aplicada não apenas para evitar o ilícito que seja concretamente possa vir a acontecer, mas também para remover o ilícito, ainda que neste caso tenha ocorrido uma lesividade (dano) ao meio ambiente, desde que seja mínima.[39]

20.3 Multa (simples e diária)

As sanções administrativas restritivas de patrimônio econômico mais comuns são as multas,[40] que, a depender da natureza permanente da infração podem ser simples e diárias. Os incisos II e III do artigo 72 da Lei 9.605 tratam, respectivamente, da multa simples e da multa diária. Já no Decreto 6.514/08 estão previstas nos arts. 8º ao 13.

Curiosamente, todas as infrações administrativas ambientais são punidas, no mínimo, com a multa, seja simples ou diária a depender do caráter permanente da infração, vejamos apenas alguns exemplos de infrações contra a flora:

Art. 43

Multa de R$ 5.000,00 (cinco mil reais) a R$ 50.000,00 (cinquenta mil reais), por hectare ou fração.

Art. 44

Multa de R$ 5.000,00 (cinco mil reais) a R$ 20.000,00 (vinte mil reais) por hectare ou fração, ou R$ 500,00 (quinhentos reais) por árvore, metro cúbico ou fração.

Art. 45

Multa simples de R$ 5.000,00 (cinco mil reais) a R$ 50.000,00 (cinquenta mil reais) por hectare ou fração.

Art. 46

Multa de R$ 500,00 (quinhentos reais), por metro cúbico de carvão-mdc.

Art. 47

Multa de R$ 300,00 (trezentos reais) por unidade, estéreo, quilo, mdc[41] ou metro cúbico aferido pelo método geométrico.

Art. 48

---

39. "Consideram-se infrações administrativas de menor lesividade ao meio ambiente aquelas em que a multa máxima cominada não ultrapasse o valor de R$ 1.000,00 (mil reais), ou que, no caso de multa por unidade de medida, a multa aplicável não exceda o valor referido" (art. 5º, § 1º).

40. São exemplos de sanção patrimonial diversa da multa a perda de bens ou instrumentos utilizados para praticar o ilícito administrativo ou obtidos a partir do seu cometimento.

41. MDC (*metro de carvão*) é uma unidade de volume para o carvão vegetal, que corresponde à quantidade de carvão que cabe dentro de um 1 metro cúbico.

> Multa de R$ 5.000,00 (cinco mil reais), por hectare ou fração.
>
> Art. 49
>
> Multa de R$ 6.000,00 (seis mil reis) por hectare ou fração.
>
> Parágrafo único. A multa será acrescida de R$ 1.000,00 (mil reais) por hectare ou fração quando a situação prevista no caput se der em detrimento de vegetação primária ou secundária no estágio avançado ou médio de regeneração do bioma Mata Atlântica.
>
> Art. 50
>
> Multa de R$ 5.000,00 (cinco mil reais) por hectare ou fração.
>
> § 1º A multa será acrescida de R$ 500,00 (quinhentos reais) por hectare ou fração quando a situação prevista no caput se der em detrimento de vegetação secundária no estágio inicial de regeneração do bioma Mata Atlântica.

Como se observa acima há uma predileção (questionável e criticável[42]) pela multa porque em todos os tipos infracionais ela está prevista, justamente para afastar a discricionariedade na sua aplicação. Além dela, da multa, outras sanções podem ser impostas a depender das circunstâncias do caso concreto.

No que concerne à multa diária, por óbvio, ela se restringe àquelas hipóteses em que o cometimento da infração se prolongar no tempo, fato que não é tão incomum em matéria ambiental. Basta pensar no derramamento de óleo ou vazamento de uma barragem que, enquanto não estancada pelo agente, acaba sendo um ilícito intermitente que se protrai no tempo. Como o nome mesmo já diz deve ser fixado o valor da multa-dia para que seja computado o valor devido quando seja cessada a situação que a ensejou (por exemplo, correção do ato ou fato ilícito). A multa diária imposta não é impeditiva de imposição de outras sanções administrativas (por exemplo a interdição de atividade) que, junto com ela possam induzir ou coagir o agente a remover o ilícito.

Assim, por exemplo, o artigo 55 ao dizer que:

> Art. 55. Deixar de averbar a reserva legal
>
> Penalidade de advertência e multa diária de R$ 50,00 (cinquenta reais) a R$ 500,00 (quinhentos reais) por hectare ou fração da área de reserva legal.

Além das hipóteses que o próprio Decreto já definiu como incidente a multa, diz o próprio legislador diz que a multa simples será aplicada quando o

---

42. Criticável porque cria-se uma *presunção* de que a multa é medida de comando controle efetiva quando na verdade não é. Ela pode ser um importante instrumento e às vezes imprescindível, mas tudo a depender das circunstâncias do caso concreto. Ademais, a destinação da multa a um fundo (art. 73 da Lei 9.605) revela que dificilmente a coletividade será beneficiado pela recuperação do meio ambiente (*in natura*) o que sempre é mais democrático e altruísta. Registre-se, a possibilidade de conversão da multa simples em serviços de preservação, melhoria e recuperação da qualidade do meio ambiente. em obrigações ambientais (art. 72, § 4º) é a confissão de que a medida não é e nem deve ser *solução para todos os casos* como quis o Decreto.

agente, por *negligência ou dolo*: I – advertido por irregularidades que tenham sido praticadas, deixar de saná-las, no prazo assinalado por órgão competente do SISNAMA ou pela Capitania dos Portos, do Ministério da Marinha; II – opuser embaraço à fiscalização dos órgãos do SISNAMA ou da Capitania dos Portos, do Ministério da Marinha.

O artigo 74 da Lei 9.605 estabelece a base para cálculo da multa a ser imposta. Esta terá por base a unidade, hectare, metro cúbico, quilograma ou outra medida pertinente, de acordo com o objeto jurídico lesado. A destinação dos valores derivados do pagamento de multas por infração ambiental será revertida ao Fundo Nacional do Meio Ambiente, criado pela Lei 7.797, de 10 de julho de 1989, Fundo Naval, criado pelo Decreto 20.923, de 8 de janeiro de 1932, fundos estaduais ou municipais de meio ambiente, ou correlatos, conforme dispuser o órgão arrecadador.

O artigo 76 deixa evidente que a competência comum não é passaporte para abusos, de forma que é terminantemente proibido o bis in idem de multas com base na mesma hipótese de incidência. Havendo o bis in idem, o eventual pagamento da multa imposta pelos Estados, Municípios, Distrito Federal ou Territórios substitui a multa federal na mesma hipótese de incidência. A solução não nos parece adequada do ponto de vista constitucional pois é possível identificar em cada hipótese qual o ente político detentor da competência originária.

Ainda em torno da multa simples merece destaque a regra contida no artigo 72, § 4º da Lei 9.605 que diz que "a multa simples pode ser convertida em serviços de preservação, melhoria e recuperação da qualidade do meio ambiente".

Este dispositivo é revelador de que o apenamento administrativo pela sanção de multa também deve ser pensado sob a perspectiva de que incumbe ao poder público proteger e preservar o meio ambiente (in natura) pois é um bem de uso comum do povo. Conservá-lo e protegê-lo in natura é a única forma de garantir que todos tenham acesso a suas funções que são vitais à qualidade de vida e ao meio ambiente para usar os mesmos termos do artigo 225, *caput* da CF/88. Uma vez cometido o ilícito e sendo ele danoso, então a devolução in natura do meio ambiente recuperado ou restaurado para a sociedade é – ou deveria ser – a primeira opção por parte do legislador. Inclusive sob a perspectiva do infrator que não paga em dinheiro a punição, mas sim restaurando o patrimônio ambiental lesado quando isso for possível.

Aqui é importante deixar claro que a conversão da multa em serviços ambientais não pode ser um método de burlar a responsabilização administrativa, pois do contrário seria uma violação ao artigo 225, § 3º da CF/88.

274 TRÍPLICE RESPONSABILIDADE AMBIENTAL • Marcelo Abelha Rodrigues

Assim, tomemos como exemplo alguém que infrinja o artigo 44 do Decreto 6.514/08 que diz:

> Art. 44. Cortar árvores em área considerada de preservação permanente ou cuja espécie seja especialmente protegida, sem permissão da autoridade competente:
>
> Multa de R$ 5.000,00 (cinco mil reais) a R$ 20.000,00 (vinte mil reais) por hectare ou fração, ou R$ 500,00 (quinhentos reais) por árvore, metro cúbico ou fração.

Uma vez que tenha sido multado pela infração cometida e também tenha sido autuado para restaurar a área desmatada com a vegetação nativa, não teria o menor cabimento se admitíssemos a conversão da multa em serviços ambientais que se destinassem a fazer exatamente aquilo que consta no auto de infração que impôs a restauração. Não é por outro motivo que o artigo 141 do Decreto 6.514 determina que "não caberá conversão de multa para reparação de danos decorrentes das próprias infrações". É preciso deixar claro que a multa administrativa imposta não afasta o dever jurídico de o autuado reparar integralmente (in natura) o dano que tenha causado sempre que isso for possível. (art. 143, § 1º).[43]

Ora, se a infração ambiental é "toda ação ou omissão que viole as regras jurídicas de uso, gozo, promoção, proteção e recuperação do meio ambiente", certamente que as sanções a serem impostas não podem discrepar daquilo que elas visam proteger. Daí porque a regra do artigo 72, § 4º deve ser levado muito a sério no sentido de não envidar esforços para que verdadeiramente seja convertida a multa em obrigações ambientais. É de se lamentar o fato de o Decreto – *extra legem* – estabelecer como prazo para o autuado requerer a conversão de multa até o momento da sua manifestação em alegações finais (art. 142). A rigor, a conversão é sempre mais benéfica para a sociedade e como tal deveria ter permitido a sua conversão até o início da eventual execução fiscal.

O importante art. 72, § 4º da Lei 9.605 foi regulamentado pelo Decreto 6.514 que reservou a seção VII do Capítulo II para tratar do tema. Sob o rótulo de "do Procedimento de Conversão de Multa Simples em Serviços de Preservação, Melhoria e Recuperação da Qualidade do Meio Ambiente" estão previstos 9 artigos (arts. 139-148) contendo cada um deles inúmeros parágrafos e incisos.

Merece destaque neste procedimento o fato de que as conversões de multas ambientais serão "emitidas por órgãos e entidades da União integrantes do Sistema Nacional do Meio Ambiente – Sisnama" e, mais que isso, permite o dispositivo que "a autoridade ambiental federal competente para a apuração da infração" possa "converter a multa simples em serviços de preservação, melhoria e recuperação da

---

43. Art. 143. § 1º Independentemente do valor da multa aplicada, o autuado fica obrigado a reparar integralmente o dano que tenha causado.

qualidade do meio ambiente" dando importante flexibilidade ao "engessamento" do rol de infrações e multas correspondentes como vimos anteriormente.

Um dos problemas mais graves em relação conversão da multa simples em "serviços de preservação, melhoria e recuperação da qualidade do meio ambiente" sempre foi a dificuldade de se identificar, diante da clausula aberta prevista no § 4º do artigo 72, o que realmente é e quando se atinge o desiderato desejado pelo legislador. Enfim, como evitar as conversões de multa ruborizantes onde os serviços de melhoria, preservação e recuperação do meio ambiente não são a prioridade e, tantas vezes jamais correspondem ao verdadeiro valor da multa?

Pensando nisso, o legislador disse no artigo 140 que são considerados serviços de preservação, melhoria e recuperação da qualidade do meio ambiente todas as ações, as atividades e as obras incluídas em projetos com, no mínimo, um dos seguintes objetivos:

I – Recuperação:

a) de áreas degradadas para conservação da biodiversidade e conservação e melhoria da qualidade do meio ambiente;

b) de processos ecológicos essenciais;

c) de vegetação nativa para proteção; e

d) de áreas de recarga de aquíferos;

II – Proteção e manejo de espécies da flora nativa e da fauna silvestre;

III – Monitoramento da qualidade do meio ambiente e desenvolvimento de indicadores ambientais;

IV – Mitigação ou adaptação às mudanças do clima;

V – Manutenção de espaços públicos que tenham como objetivo a conservação, a proteção e a recuperação de espécies da flora nativa ou da fauna silvestre e de áreas verdes urbanas destinadas à proteção dos recursos hídricos;

VI – Educação ambiental; ou

VII – Promoção da regularização fundiária de unidades de conservação. § 1º Na hipótese de os serviços a serem executados demandarem recuperação da vegetação nativa em imóvel rural, as áreas beneficiadas com a prestação de serviço objeto da conversão deverão estar inscritas no Cadastro Ambiental Rural – CAR.

§ 2º O disposto no § 1º não se aplica aos assentamentos de reforma agrária, aos territórios indígenas e quilombolas e às unidades de conservação, ressalvadas as Áreas de Proteção Ambiental.

O Decreto deu parâmetros importantes para que seja feito a justa e adequada conversão sem, contudo, engessar o administrador. Mais que isso, de se elogiar o fato de também ter deixado claro que o valor dos serviços ambientais deve ser correspondente ao valor da multa, até porque ele mesmo prevê os prêmios (descontos) caso o autuado adira à conversão, *in verbis*:

Art. 143. O valor dos custos dos serviços de preservação, conservação, melhoria e recuperação da qualidade do meio ambiente será igual ou superior ao valor da multa convertida. (Redação dada pelo Decreto 9.179, de 2017)

(...)

§ 2º A autoridade ambiental, ao deferir o pedido de conversão, aplicará sobre o valor da multa consolidada o desconto de: (Redação dada pelo Decreto 9.179, de 2017)

I – trinta e cinco por cento, na hipótese prevista no inciso I do caput do art. 142-A; ou (Incluído pelo Decreto 9.179, de 2017)

II – sessenta por cento, na hipótese prevista no inciso II do caput do art. 142-A. (Incluído pelo Decreto 9.179, de 2017)

§ 3º Na hipótese prevista no inciso II do § 2º, o valor consolidado nominal da multa a ser convertida poderá ser parcelado em até vinte e quatro parcelas mensais e sucessivas, sobre as quais incidirá reajuste mensal com base na variação do Índice Nacional de Preços ao Consumidor Amplo – IPCA. (Redação dada pelo Decreto 9.179, de 2017)

§ 4º Os custos decorrentes de serviços bancários necessários à operacionalização da conversão de multa na modalidade prevista no inciso II do caput do art. 142-A serão deduzidos dos valores obtidos por meio dos rendimentos sobre os valores depositados em conta garantia até o limite dos referidos custos. (Incluído pelo Decreto 9.179, de 2017)

§ 5º Na hipótese de os resultados dos rendimentos sobre os valores depositados em conta garantia não serem suficientes para a cobertura dos custos bancários, o autuado complementará o valor faltoso. (Incluído pelo Decreto 9.179, de 2017)

§ 6º Na hipótese de os resultados dos rendimentos sobre os valores depositados em conta garantia ultrapassarem o valor devido aos custos bancários, o excedente será aplicado integralmente na prestação de serviços ambientais estabelecidos pelo órgão federal emissor da multa, conforme estabelecido no art. 140. (Incluído pelo Decreto 9.179, de 2017)

§ 7º O valor resultante do desconto não poderá ser inferior ao valor mínimo legal aplicável à infração. (Incluído pelo Decreto 9.179, de 2017)

O pedido de conversão da multa em serviços ambientais pode ou não ser deferido pela autoridade administrativa durante o processo administrativo. Isso porque é preciso considerar as peculiaridades do caso concreto, bem como os antecedentes do infrator e o efeito dissuasório da multa ambiental. Basta imaginar, por exemplo, um infrator reincidente que não tenha cumprido obrigações já convertidas anteriormente. Assim, em decisão motivada e após regular contraditório, poderá indeferir o referido pedido, caso em que poderá o autuado desafiar a decisão por meio de recurso para a instância competente (art. 127). Se, ao contrário, deferir o pedido de conversão, a autoridade julgadora notificará o autuado para comparecer à unidade administrativa indicada pelo órgão federal do emissor da multa para a assinatura do termo de compromisso que é regulamentado pelo artigo 146 do Decreto 6.514/08. O deferimento do pedido de conversão suspende o prazo para interposição de recurso hierárquico. (art. 145).

Ao pleitear a conversão de multa o autuado não possui liberdade para contratar, posto que deverá optar: (1) Pela implementação, por seus meios, de serviço de preservação, melhoria e recuperação da qualidade do meio ambiente, no âmbito de, no mínimo, um dos objetivos previstos nos incisos I a VII do caput do art. 140;[44] ou (2) Pela adesão a projeto previamente selecionado pelo órgão federal emissor da multa, na forma estabelecida no art. 140-A, observados os objetivos previstos nos incisos I a VII do *caput* do art. 140.[45]

Na hipótese primeira hipótese o autuado respeitará as diretrizes definidas pelo órgão federal emissor da multa, o qual poderá admitir a participação de mais de um autuado na elaboração e na execução do projeto. Já na segunda, o autuado outorgará poderes ao órgão federal emissor da multa para escolha do projeto a ser contemplado.

Uma vez deferido o pedido de conversão há uma transformação do dever de pagar quantia em dinheiro pelo equivalente em prestações de fazer. Para tanto será celebrado um termo de compromisso para reger o vínculo estabelecido, cujos extratos (dos termos de compromisso celebrados) serão publicados no Diário Oficial da União (art. 147).

A celebração de tal termo traz algumas consequências como a renúncia ao direito de recorrer por parte do autuado, e, a suspensão da exigibilidade da multa pela administração. O termo tem, por si só, natureza de título executivo extrajudicial, mas nada impede que seja homologado em juízo convolando-se em título executivo judicial, o que torna a eventual impugnação ao cumprimento de sentença limitada às matérias posteriores à formação do título. Na seara administrativa, se descumprido, levará à inscrição imediata do débito em dívida ativa para cobrança da multa resultante do auto de infração em seu valor integral, acrescido dos consectários legais incidentes.

---

44. Além dos requisitos do artigo 146, § 1º caso se trate da conversão prevista no inciso I do *caput* do art. 142-A, o termo de compromisso deverá conter: I – a descrição detalhada do objeto; II – o valor do investimento previsto para sua execução; III – as metas a serem atingidas; e IV – o anexo com plano de trabalho, do qual constarão os cronogramas físico e financeiro de implementação do projeto aprovado.
45. Além dos requisitos do artigo 146, § 1º na hipótese da conversão prevista no inciso II do *caput* do art. 142-A, o termo de compromisso deverá: I – ser instruído com comprovante de depósito integral ou de parcela em conta garantia em banco público, observado o previsto no § 3º do art. 143, referente ao valor do projeto selecionado ou à respectiva cota-parte de projeto, nos termos definidos pelo órgão federal emissor da multa; II – conter a outorga de poderes do autuado ao órgão federal emissor da multa para a escolha do projeto a ser apoiado; III – contemplar a autorização do infrator ao banco público, detentor do depósito do valor da multa a ser convertida, para custear as despesas do projeto selecionado; IV – prever a inclusão da entidade selecionada como signatária e suas obrigações para a execução do projeto contemplado; e V – estabelecer a vedação do levantamento, a qualquer tempo, pelo autuado ou pelo órgão federal emissor da multa, do valor depositado na conta garantia, na forma estabelecida no inciso I.

São consideradas cláusulas obrigatórias do termo de compromisso ambiental: a) os dados qualificadores do autuado, o serviço ambiental objeto da conversão; b) o prazo vigência do compromisso, que será vinculado ao tempo necessário à conclusão do objeto da conversão que, em função de sua complexidade e das obrigações pactuadas, poderá variar entre o mínimo de noventa dias e o máximo de dez anos, admitida a prorrogação, desde que justificada; c) multa a ser aplicada em decorrência do não cumprimento das obrigações pactuadas e os efeitos do descumprimento parcial ou total do objeto pactuado; d) reparação dos danos decorrentes da infração ambiental, caso existentes; e) foro de eleição.

Obviamente que o autuado só terá o termo de quitação após o cumprimento integral do termo, devidamente comprovado pelo executor e a aprovação pelo órgão federal emissor da multa, caso em que se terá a efetiva conversão da multa.

20.4 A apreensão dos animais, produtos e subprodutos da fauna e flora e demais produtos e subprodutos objeto da infração, instrumentos, petrechos, equipamentos ou veículos de qualquer natureza utilizados na infração

Uma das consequências mais comuns nos tipos administrativos contra a flora é a "apreensão de produtos e subprodutos da flora, bem como dos instrumentos utilizados na prática da infração, tais como veículos, equipamentos, armadilhas etc. Vejamos, por exemplo, os seguintes tipos infracionais:

> Art. 45. Extrair de florestas de domínio público ou áreas de preservação permanente, sem prévia autorização, pedra, areia, cal ou qualquer espécie de minerais:
>
> Multa simples de R$ 5.000,00 (cinco mil reais) a R$ 50.000,00 (cinquenta mil reais) por hectare ou fração.
>
> Art. 46. Transformar madeira oriunda de floresta ou demais formas de vegetação nativa em carvão, para fins industriais, energéticos ou para qualquer outra exploração, econômica ou não, sem licença ou em desacordo com as determinações legais:
>
> Multa de R$ 500,00 (quinhentos reais), por metro cúbico de carvão-mdc.
>
> Art. 47. Receber ou adquirir, para fins comerciais ou industriais, madeira serrada ou em tora, lenha, carvão ou outros produtos de origem vegetal, sem exigir a exibição de licença do vendedor, outorgada pela autoridade competente, e sem munir-se da via que deverá acompanhar o produto até final beneficiamento:
>
> Multa de R$ 300,00 (trezentos reais) por unidade, estéreo, quilo, MDC ou metro cúbico aferido pelo método geométrico.
>
> § 1º Incorre nas mesmas multas quem vende, expõe à venda, tem em depósito, transporta ou guarda madeira, lenha, carvão ou outros produtos de origem vegetal, sem licença válida para todo o tempo da viagem ou do armazenamento, outorgada pela autoridade competente ou em desacordo com a obtida.

CAPÍTULO 6 • RESPONSABILIDADE ADMINISTRATIVA AMBIENTAL

Art. 54. Adquirir, intermediar, transportar ou comercializar produto ou subproduto de origem animal ou vegetal produzido sobre área objeto de embargo:

Multa de R$ R$ 500,00 (quinhentos reais) por quilograma ou unidade.

Em todas estas hipóteses surge uma situação muito peculiar no momento da autuação que é o que fazer com o produto ou subproduto apreendido ou com os instrumentos utilizados, mormente quando o produto vegetal é vivo.

Aliás, estas são sanções administrativas que não podem aguardar o desfecho do processo administrativo para serem executadas, não apenas pela perecibilidade do objeto apreendido, mas muitas vezes, como dito, porque é um ser vivo que precisa receber uma destinação adequada. Daí porque também é previsto no artigo 101 as medidas administrativas que nada mais são do que efeitos imediatos – no momento da autuação – da referida sanção. Assim, quando o artigo 101, I e II fala em medida administrativa de "apreensão" e de "destruição ou inutilização dos produtos, subprodutos e instrumentos da infração" refere-se justamente à imediata executoriedade dos efeitos da sanção que será imposta ao final do processo administrativo.

Justamente por causa destas particularidades o decreto 6.514 se viu obrigado a dar um tratamento destacado não apenas as "sanções administrativas", mas também às medidas administrativas que delas decorrem. E o fez de modo expresso no artigo 14 ao dizer que:

Art. 14. A sanção de apreensão de animais, produtos e subprodutos da fauna e flora, produtos e subprodutos objeto da infração, instrumentos, petrechos, equipamentos ou veículos e embarcações de qualquer natureza utilizados na infração reger-se-á pelo disposto nas Seções II, IV e VI do Capítulo II deste Decreto (Redação dada pelo Decreto 6.686, de 2008).

O que se observa da conjugação das seções I, II e VI do Capítulo II, em especial nos dispositivos atinentes ao tema da flora – com muitos pormenores em relação à fauna pelas próprias peculiaridades do animal vivo – é que a sanção administrativa de "apreensão dos animais, produtos e subprodutos da fauna e flora e demais produtos e subprodutos objeto da infração, instrumentos, petrechos, equipamentos ou veículos de qualquer natureza utilizados na infração" (art. 3º, IV do Decreto 6.514) tem muito mais sentido se seus efeitos forem imediatamente executados na forma de medidas administrativas do que ter que esperar o fim do processo administrativo instaurado para que possam ter eficácia.

No balanço do risco entre "tomar uma atitude imediata de apreensão e inutilização dos instrumentos pelo suposto infrator" e "apreender e inutilizar depois de findo o processo administrativo" fez-se uma correta escolha de que para a sociedade – titular do meio ambiente – o prejuízo é muito maior do que para o suposto infrator, que, se ao final do processo administrativo for considerado

TRÍPLICE RESPONSABILIDADE AMBIENTAL • Marcelo Abelha Rodrigues

como "não infrator" deverá ser indenizado integralmente pelo prejuízo financeiro que teve em razão das medidas administrativas executadas de plano em relação a apreensão dos produtos e subprodutos da flora, bem como pela eventual inutilização ou destruição dos instrumentos que lhes pertenciam. Tanto isso é verdade que o artigo 107, § 3º determina que:

> § 3º O órgão ou entidade ambiental deverá estabelecer mecanismos que assegurem a indenização ao proprietário dos animais vendidos ou doados, pelo valor de avaliação consignado no termo de apreensão, caso esta não seja confirmada na decisão do processo administrativo.

Portanto é preciso identificar:

> a) qual o regime jurídico da medida administrativa (art. 101, I e IV) de apreensão e destruição ou inutilização dos produtos, subprodutos e instrumentos da infração) que é executada no início, logo no momento da autuação,
>
> b) e qual o regime jurídico da sanção administrativa (art. 3º, IV) de apreensão dos animais, produtos e subprodutos da fauna e flora e demais produtos e subprodutos objeto da infração, instrumentos, petrechos, equipamentos ou veículos de qualquer natureza utilizados na infração que é imposta e executada após o término do processo administrativo que confirme o auto de infração.

O primeiro regime legal está descrito nos artigos 101-107 (seção I e II do Capítulo II) do decreto 6.514 e o segundo regime legal está nos artigos 134/138 (seção VI do Capítulo II). Quem faz a distinção temporal de início e término do processo administrativo com critério para definir o regime jurídico diferenciado é o artigo 134, que diz:

> Art. 134. Após decisão que confirme o auto de infração, os bens e animais apreendidos *que ainda não tenham sido objeto da destinação prevista no art. 107*, não mais retornarão ao infrator, devendo ser destinados da seguinte forma

Passemos a análise de ambos os regimes nos tópicos seguintes.

20.4.1 Do procedimento relativo à apreensão e destinação dos produtos e subprodutos da flora e instrumentos apreendidos quando executados por medida administrativa liminar no processo administrativo

Normalmente deve-se emprestar executoriedade imediata e antecipada aos efeitos da sanção administrativa de apreensão de produtos e destinação de instrumentos utilizados que imposta apenas no final do processo administrativo. A sanção dada ao final deve ser efetivada antes, mediante medida administrativa.

É que o risco de inutilidade e inocuidade da decisão final proferida no processo sancionador é enorme se os efeitos da sanção não forem imediata e antecipadamente cumpridos no início do processo administrativo na forma de medida administrativa. Não se trata de preservar apenas o risco social de permitir que bens apreendidos supostamente fruto de uma infração sejam comercializados para terceiros, servindo inclusive como estímulo à pratica infracional, ou reutilizados para outras práticas, mas também porque os próprios bens apreendidos como madeiras, carvão, vegetais etc. podem ser danificados ou destruídos ao longo do processo pela sua própria demora natural ou por ato doloso ou culposo do depositário infiel.

Eis porque o típico é que sejam tomadas medidas administrativas com execução antecipada e imediata porque o decreto, corretamente, tomou como in re ipsa a urgência que tipificam tais medidas.

Assim, como determina o artigo 102 do Decreto, salvo impossibilidade justificada, os animais, produtos, subprodutos, instrumentos, petrechos, veículos de qualquer natureza referidos no inciso IV do art. 72 da Lei no 9.605,[46] de 1998, serão objeto da apreensão na condição de medida administrativa prevista no inciso I do art. 101.

Uma vez que tenha sido efetivada a medida administrativa acima, é preciso saber o que fazer com os bens objetos da apreensão: guardá-los, libertá-los, vende-los, doá-los ou destruí-los (inutilizá-los)?

É possível que no momento da autuação seja necessária a utilização do próprio bem apreendido para que se ultime a execução da medida administrativa. Um exemplo permite entender. Imaginemos a hipótese de fiscais do IBAMA que identifiquem no meio da mata caminhões enormes com toras de madeira sendo criminosamente transportadas. Transportar as toras em seus carros de fiscalização é impossível, como também o é retirar as toras das carrocerias, sendo também inimaginável que no local possa ser depositada e vigiada. Pensando em situações como está o decreto, corretamente, deixou clara a possibilidade de a autoridade ambiental autorizar o uso do bem apreendido nas hipóteses em que não haja outro meio disponível para a consecução da respectiva ação fiscalizatória, desde é claro que o faça mediante decisão fundamentada em que se demonstre a existência de interesse público relevante, pois os desvios de finalidade poderão ensejar processos administrativos disciplinares e até de improbidade. O parágrafo único do artigo 104 chega ao ponto de dizer que:

---

46. Art. 72, IV – apreensão dos animais, produtos e subprodutos da fauna e flora, instrumentos, petrechos, equipamentos ou veículos de qualquer natureza utilizados na infração.

Parágrafo único. Os veículos de qualquer natureza que forem apreendidos poderão ser utilizados pela administração ambiental para fazer o deslocamento do material apreendido até local adequado ou para promover a recomposição do dano ambiental.

Uma vez que tenham sido apreendidos os bens é preciso saber – a depender da natureza do que foi apreendido – se tais bens:

1. ficarão sob a guarda do órgão ou entidade responsável pela fiscalização, podendo, excepcionalmente, ser confiados a fiel depositário, até o julgamento do processo administrativo, ou

2. se levando em conta a natureza dos bens e animais apreendidos e considerando o risco de perecimento, procederá:

a) a libertação ou venda dos bens vivos ou

b) a doação dos bens e produtos perecíveis ou em risco iminente de perecimento

3. Destruir ou inutilizar os produtos

Na hipótese 1 acima em que o bem ficar sob custódia de um depositário tem-se que nos casos de anulação, cancelamento ou revogação da apreensão, o órgão ou a entidade ambiental responsável pela apreensão restituirá o bem no estado em que se encontra ou, na impossibilidade de fazê-lo, indenizará o proprietário pelo valor de avaliação consignado no termo de apreensão.

Ainda na hipótese 1 acima é preciso definir quem ficará como depositário dos bens apreendidos, caso em que a critério da administração, em decisão fundamentada, poderá ser confiado: I – a órgãos e entidades de caráter ambiental, beneficente, científico, cultural, educacional, hospitalar, penal e militar;[47] ou II – ao próprio autuado, desde que a posse dos bens ou animais não traga risco de utilização em novas infrações.

Esta segunda situação só pode ser admitida subsidiariamente e com a máxima segurança de que, verdadeiramente, não exista risco ao meio ambiente, e, também porque o depósito permite que o sujeito usufrua o bem durante todo o processo administrativo, ou seja, é ele beneficiado pelo ônus do tempo do processo administrativo.[48] Daí porque o artigo 106, § 1º é expresso ao dizer que os "órgãos e entidades públicas que se encontrarem sob a condição de depositário serão preferencialmente contemplados no caso da destinação final do bem ser a doação".

---

47. Como o depósito pode gerar custo para o depositário é preciso encontrar meios de se obter recursos para custeá-lo, daí porque o art. 106, § 3º é claro ao dizer que "a entidade fiscalizadora poderá celebrar convênios ou acordos com os órgãos e entidades públicas para garantir, após a destinação final, o repasse de verbas de ressarcimento relativas aos custos do depósito".

48. Art. 106, § 2º Os bens confiados em depósito não poderão ser utilizados pelos depositários, salvo o uso lícito de veículos e embarcações pelo próprio autuado.

Já na hipótese 2 acima, tem em vista a natureza dos bens apreendidos e considerando o risco de perecimento, então as seguintes soluções se apresentam no decreto:

- os animais da fauna silvestre – bem como as espécies da flora – serão libertados em seu hábitat ou entregues a jardins zoológicos, fundações, entidades de caráter científico, centros de triagem, criadouros regulares ou entidades assemelhadas, desde que fiquem sob a responsabilidade de técnicos habilitados, podendo ainda, respeitados os regulamentos vigentes, serem entregues em guarda doméstica provisória. Claro que isso deve ser feito com observância dos critérios técnicos previamente estabelecidos pelo órgão ou entidade ambiental competente.

- A biota doméstica ou exótica poderá,[49] após devida avaliação,[50] ser vendida;

- Os produtos perecíveis e as madeiras sob risco iminente de perecimento serão avaliados e doados. Toma-se como risco iminente de perecimento as madeiras que estejam acondicionadas a céu aberto ou que não puderem ser guardadas ou depositadas em locais próprios, sob vigilância, ou ainda quando inviável o transporte e guarda, atestados pelo agente autuante no documento de apreensão.

Na hipótese 3 acima que trata da destruição ou inutilização dos produtos utilizados na prática da infração esta possibilidade existe porque no auto de apreensão podem constar certos produtos utilizados como armadilhas, substâncias tóxicas etc. que não se justificam de forma alguma serem mantidas, pois representam risco para a sociedade e perigo de que possam ser novamente utilizadas para pratica de outras infrações. É preciso ter máxima cautela e prudência em relação a destruição e inutilização de bens o que só deve ocorrer após regular contraditório e ampla defesa. Eis que, por isso, é claro o artigo 111 ao dizer que:

Art. 111. Os produtos, inclusive madeiras, subprodutos e instrumentos utilizados na prática da infração poderão ser destruídos ou inutilizados quando:

I – A medida for necessária para evitar o seu uso e aproveitamento indevidos nas situações em que o transporte e a guarda forem inviáveis em face das circunstâncias; ou

---

49. "Poderá" ser vendida porque o texto legal admite que após avaliados, poderão ser doados, mediante decisão motivada da autoridade ambiental, sempre que sua guarda ou venda forem inviáveis econômica ou operacionalmente.

50. A avaliação é fundamental para que no futuro, caso não se confirme o auto de infração ao final do processo administrativo, seja feita a justa indenização ao proprietário dos animais vendidos ou doados, levando-se em consideração o valor de avaliação consignado no termo de apreensão, sem prejuízo de que no processo administrativo seja feita prova técnica e pericial que conteste o valor colocado no referido auto pela autoridade ambiental.

II – Possam expor o meio ambiente a riscos significativos ou comprometer a segurança da população e dos agentes públicos envolvidos na fiscalização.

Parágrafo único. O termo de destruição ou inutilização deverá ser instruído com elementos que identifiquem as condições anteriores e posteriores à ação, bem como a avaliação dos bens destruídos.

20.4.2 Do procedimento relativo à destinação dos bens e animais apreendidos ao final do processo administrativo (sanção administrativa imposta)

Como dissemos anteriormente os arts. 134-138 cuidam de hipótese residual, quando já não foram tomadas medidas administrativas no início do processo administrativo, daí porque diz o artigo 134, *caput* que:

Art. 134. Após decisão que confirme o auto de infração, os bens e animais apreendidos que ainda não tenham sido objeto da destinação prevista no art. 107, não mais retornarão ao infrator, devendo ser destinados da seguinte forma:

Nestas hipóteses, considerando a confirmação do auto de infração ao final do processo administrativo, então:

I – os produtos perecíveis serão doados;

II – as madeiras poderão ser doadas a órgãos ou entidades públicas, vendidas[51] ou utilizadas pela administração quando houver necessidade,[52] conforme decisão motivada da autoridade competente;

IV – os instrumentos utilizados na prática da infração poderão ser destruídos, utilizados pela administração quando houver necessidade, doados ou vendidos, garantida a sua descaracterização, neste último caso, por meio da reciclagem quando o instrumento puder ser utilizado na prática de novas infrações.

A doação mencionada acima poderá ser feita pela autoridade competente para órgãos e entidades públicas de caráter científico, cultural, educacional, hospitalar, penal, militar e social, bem como para outras entidades sem fins lucrativos de caráter beneficente. Será necessária a celebração de termo de doação com o encargo de tornar proibida a sua transferência a terceiros, a qualquer título, dos animais, produtos, subprodutos, instrumentos, petrechos, equipamentos, veículos e embarcações.

No caso de terem sido apreendidas substâncias ou produtos tóxicos, perigosos ou nocivos à saúde humana ou ao meio ambiente, as medidas a serem

---

51. Nas hipóteses de os bens serem sujeitos à venda, então serão submetidos a leilão, nos termos do § 5º do art. 22 da Lei 8.666, de 21 de junho de 1993, sendo que os custos operacionais de depósito, remoção, transporte, beneficiamento e demais encargos legais correrão à conta do adquirente.

52. Só poderão ser vendidos, doados ou *utilizados pela administração* quando *houver necessidade* e desde que embasada em *decisão motivada* da autoridade ambiental.

adotadas, inclusive a destruição, serão determinadas pelo órgão competente e correrão a expensas do infrator, sendo desejável que isso já conste do processo administrativo que impôs a sanção.

20.5 Demais sanções administrativas

A subseção III do Capítulo II do Decreto 6.514/08 é intitulado de "Das Demais Sanções Administrativas". Ali foram previstos 09 artigos com vários parágrafos e incisos tratando do regime jurídico das outras sanções administrativas previstas no artigo 72 da Lei 9.605 e art. 3º do seu decreto regulamentador, cuja redação é a seguinte:

Art. 3º As infrações administrativas são punidas com as seguintes sanções:

I – Advertência;

II – Multa simples;

III – multa diária;

IV – Apreensão dos animais, produtos e subprodutos da biodiversidade, inclusive fauna e flora, instrumentos, petrechos, equipamentos ou veículos de qualquer natureza utilizados na infração;

IV – Apreensão dos animais, produtos e subprodutos da fauna e flora e demais produtos e subprodutos objeto da infração, instrumentos, petrechos, equipamentos ou veículos de qualquer natureza utilizados na infração; (Redação dada pelo Decreto 6.686, de 2008).

V – Destruição ou inutilização do produto;

VI – Suspensão de venda e fabricação do produto;

VII – Embargo de obra ou atividade e suas respectivas áreas;

VIII – Demolição de obra;

IX – Suspensão parcial ou total das atividades; e

X – Restritiva de direitos.

Nos tópicos anteriores cuidamos da advertência e da multa (simples e diária). Por expressa dicção do artigo 14, em razão da minudência e particularidades que ela proporciona, a sanção de "apreensão de animais, produtos e subprodutos da fauna e flora, produtos e subprodutos objeto da infração, instrumentos, petrechos, equipamentos ou veículos e embarcações de qualquer natureza utilizados na infração", prevista no inciso IV do artigo 3º recebeu tratamento destacado e é regido pelo disposto nas Seções II, IV e VI do Capítulo do Decreto.

Assim, passa-se à análise das sanções contidas nos incisos V à X do artigo 3º, a saber: i) Destruição ou inutilização do produto; ii) Suspensão de venda e fabricação do produto; iii) Embargo de obra ou atividade e suas respectivas áreas; iv) Demolição de obra; v) Suspensão parcial ou total das atividades; e vi) Restritiva de direitos. Destas sanções, à exceção da restritiva de direitos, todas as demais, a depender das circunstâncias do caso concreto, poderão ser aplicadas quando o produto, a obra, a atividade ou o estabelecimento não estiverem obedecendo às determinações legais ou regulamentares (art. 72, § 7º da Lei 9.605).

No que concerne à sanção de embargos de obra ou atividade, bem como a de demolição e as restritivas de direitos o decreto regulamentador foi um pouco mais adiante.

É preciso relembrar que o embargo de obra ou atividade é, sob a perspectiva da proteção constitucional do meio ambiente, é medida importantíssima para evitar, impedir que se cause ou aumente um dano ao equilíbrio ecológico e muitas vezes até impedir a sua regeneração, justificando muitas vezes que seja imposta imediatamente como medida administrativa (art. 101, II).[53]-[54] É importante inclusive para conhecimento de terceiros, já que toda coletividade é titular deste direito (meio ambiente ecologicamente equilibrado) e têm o direito de ser informado sobre tudo que lhe diga respeito.[55]

Já sob a perspectiva do administrado que foi autuado tal embargo pode ser um enorme problema para manutenção de suas atividades econômicas. Daí porque o Decreto fez questão de dizer que uma vez ocorrido os embargos de

---

53. Neste sentido é preciso o artigo 51, caput do Código Florestal: "o órgão ambiental competente, ao tomar conhecimento do desmatamento em desacordo com o disposto nesta Lei, deverá embargar a obra ou atividade que deu causa ao uso alternativo do solo, como medida administrativa voltada a impedir a continuidade do dano ambiental, propiciar a regeneração do meio ambiente e dar viabilidade à recuperação da área degradada".

54. Ao tratar das medidas administrativas o decreto reforça o papel cautelar e impeditivo de ilícitos e danos, in *verbis*: Art. 108. O embargo de obra ou atividade e suas respectivas áreas tem por objetivo impedir a continuidade do dano ambiental, propiciar a regeneração do meio ambiente e dar viabilidade à recuperação da área degradada, devendo restringir-se exclusivamente ao local onde verificou-se a prática do ilícito. (Redação dada pelo Decreto 6.686, de 2008). § 1º No caso de descumprimento ou violação do embargo, a autoridade competente, além de adotar as medidas previstas nos arts. 18 e 79, deverá comunicar ao Ministério Público, no prazo máximo de setenta e duas horas, para que seja apurado o cometimento de infração penal. (Redação dada pelo Decreto 6.686, de 2008). § 2º Nos casos em que o responsável pela infração administrativa ou o detentor do imóvel onde foi praticada a infração for indeterminado, desconhecido ou de domicílio indefinido, será realizada notificação da lavratura do termo de embargo mediante a publicação de seu extrato no Diário Oficial da União.

55. A Lei 10.650/03 dispõe a respeito do acesso público aos dados e informações existentes nos órgãos e entidades integrantes do Sisnama. Segundo o Art. 4º Deverão ser publicados em Diário Oficial e ficar disponíveis, no respectivo órgão, em local de fácil acesso ao público, listagens e relações contendo os dados referentes aos seguintes assuntos: I – pedidos de licenciamento, sua renovação e a respectiva concessão; II – pedidos e licenças para supressão de vegetação; III – *autos de infrações e respectivas penalidades impostas pelos órgãos ambientais;* IV – lavratura de termos de compromisso de ajustamento de conduta; V – reincidências em infrações ambientais; VI – recursos interpostos em processo administrativo ambiental e respectivas decisões; VII – registro de apresentação de estudos de impacto ambiental e sua aprovação ou rejeição. Parágrafo único. As relações contendo os dados referidos neste artigo deverão estar disponíveis para o público trinta dias após a publicação dos atos a que se referem.

obra ou atividade é preciso que estejam cuidadosamente restritos aos locais onde efetivamente caracterizou-se a infração ambiental, não alcançando as demais atividades realizadas em áreas não embargadas da propriedade ou posse ou não correlacionadas com a infração.[56] Isso evita os chamados "embargos e interdições da toda a propriedade" quando na verdade apenas uma área específica é que deveria ser embargada ou apenas uma atividade específica é que deveria ser interditada. É preciso ter absoluta segurança de que o embargo ou a interdição não irá causar um enorme e insuportável mal para sujeitos que dependam da referida atividade que ficará paralisada. A repressão aplicada deve ser *adequada, proporcional e necessária* evitando excessos que mais causem problemas sociais do que o inverso. Todo cuidado é pouco e recomenda-se que medidas mais drásticas sejam antecedidas de advertência salvo quando razões ambientais não permitam esperar.

O tempo de duração do embargo ou interdição é indeterminado, ou seja, enquanto durar a situação que ensejou a penalidade, ou seja, só haverá a cessação das penalidades de suspensão e embargo quando houver decisão da autoridade ambiental no referido processo administrativo após a apresentação, por parte do autuado, de documentação que ateste a regularização da obra ou atividade, o que, muitas vezes dependerá, inclusive, de vistoria local por parte da autoridade ambiental.

É importante destacar que apenas as atividades de subsistência não serão interditadas ou embargadas, v.g., nas hipóteses de áreas irregularmente desmatadas ou queimadas, devendo o agente autuante embargar ou interditar todas as demais nelas localizadas ou desenvolvidas, obviamente, nos estritos limites do que foi objeto de desmatamento indevido ou queimada.[57]

Como já dissemos anteriormente, o auto de infração é peça acusatória fundamental no processo administrativo e, tratando-se de embargo de obra ou atividade, é importantíssimo que o agente autuante (no local ou remotamente por satélite) colha todas as provas possíveis de autoria e materialidade, bem como da extensão do dano, apoiando-se em documentos, fotos e dados de localização, incluindo as coordenadas geográficas da área embargada, que deverão constar do respectivo auto de infração para posterior georreferenciamento.

---

56. Inclusive permite, se for de interesse do autuado, a obtenção junto a autoridade competente de "certidão em que conste a atividade, a obra e a parte da área do imóvel que são objetos do embargo" (art. 51 do Código Florestal e art. 18, § 2º do Decreto 6.514).

57. Ao nosso ver é precipitada a regra de exceção contida no § 2º do artigo 16 do Decreto 6.514 ao dizer que "não se aplicará a penalidade de embargo de obra ou atividade, ou de área, nos casos em que a infração de que trata o caput se der fora da área de preservação permanente ou reserva legal, salvo quando se tratar de desmatamento não autorizado de mata nativa".

TRÍPLICE RESPONSABILIDADE AMBIENTAL • Marcelo Abelha Rodrigues

Pode acontecer, por exemplo, de ser explorada área além dos limites previstos e autorizados pelo Plano de Manejo Florestal Sustentável – PMFS, caso em que, fatalmente, será objeto da sanção de embargo ou interdição. Tal medida administrativa não exonera seu detentor da execução de atividades de manutenção ou recuperação da floresta, na forma e prazos fixados no PMFS e no termo de responsabilidade de manutenção da floresta.

É possível que mesmo embargada ou interditada a obra ou a atividade o autuado decida, audaciosamente, seja de forma direta ou indireta, desrespeitar a restrição imposta na sanção administrativa impeditiva. Para tais hipóteses – que também configura infração contra a Administração (art. 79) – é possível que se lhe aplique, cumulativamente, as seguintes sanções restritivas de direitos:

I – Suspensão da atividade que originou a infração e da venda de produtos ou subprodutos criados ou produzidos na área ou local objeto do embargo infringido; e

II – Cancelamento de registros, licenças ou autorizações de funcionamento da atividade econômica junto aos órgãos ambientais e de fiscalização.

Para cumprir as exigências do artigo 4º da Lei 10.650/03 deve o órgão ou entidade ambiental promover a divulgação dos dados do imóvel rural, da área ou local embargado e do respectivo titular em lista oficial, resguardados os dados protegidos por legislação específica, especificando o exato local da área embargada e informando que o auto de infração se encontra julgado ou pendente de julgamento.

No que concerne à sanção administrativa de demolição de obra, o Decreto decidiu por regulamentá-la no artigo 19 ao dizer que:

Art. 19. A sanção de demolição de obra poderá ser aplicada pela autoridade ambiental, após o contraditório e ampla defesa, quando:

I – Verificada a construção de obra em área ambientalmente protegida em desacordo com a legislação ambiental; ou

II – Quando a obra ou construção realizada não atenda às condicionantes da legislação ambiental e não seja passível de regularização.

§ 1º A demolição poderá ser feita pela administração ou pelo infrator, em prazo assinalado, após o julgamento do auto de infração, sem prejuízo do disposto no art. 112.

§ 2º As despesas para a realização da demolição correrão às custas do infrator, que será notificado para realizá-la ou para reembolsar aos cofres públicos os gastos que tenham sido efetuados pela administração.

§ 3º Não será aplicada a penalidade de demolição quando, mediante laudo técnico, for comprovado que o desfazimento poderá trazer piores impactos ambientais que sua manutenção, caso em que a autoridade ambiental, mediante decisão fundamentada, deverá, sem prejuízo das demais sanções cabíveis, impor as medidas necessárias à cessação e mitigação do dano ambiental, observada a legislação em vigor (Incluído pelo Decreto 6.686, de 2008).

A sanção administrativa de demolição de obra, tal como qualquer outra, só pode ser definitivamente imposta após um regular processo administrativo assegurada a ampla defesa e contraditório. Tem sabor de obviedade a regra do artigo 20, § 1º ao dizer que a referida sanção só poderia ser aplicada (e executada) após o julgamento do auto de infração. Não se confunde a imposição definitiva da sanção punitiva de demolição de obra com a possibilidade de que esta seja executada *ab initio*, no momento da autuação, excepcionalmente, quando seja absolutamente necessária a imediata demolição para impedir novos danos ou permitir a imediata recuperação do meio ambiente degradado.

Tanto isso é verdade que o artigo 101 e 112 tratam da possibilidade de que a demolição de obra seja uma medida administrativa acautelatória para evitar que ao final do processo administrativo, quando a sanção seja definitivamente imposta, quando o estrago ambiental seja irrecuperável. Trata-se de sopesar quem deve suportar o ônus do tempo do processo administrativo. Há casos em que essas drásticas medidas devem ser executadas imediatamente – antecipado seus efeitos – sob pena de inutilidade completa do processo administrativo em prejuízo à sociedade.

Se de fato, com toda cautela, transparência e cuidado ao lavrar o auto de infração o agente autuante constatar que a construção de obra em área ambientalmente protegida está em desacordo com a legislação ambiental não há razão para aguardar o julgamento do processo administrativo, nem tampouco permitir a sua regularização em área que não pode ser edificada, devendo impor a medida administrativa adequada para impedir mais danos e restaurar o que foi danificado.

Há casos, todavia, que dada a capacidade de adaptação do meio ambiente às circunstâncias adversas, é possível que a demolição da obra – estabilizada no tempo – cause degradação maior do que a sua retirada, situação que não será aplicada a penalidade de demolição. Todavia, é preciso um laudo técnico com o qual concorde o órgão ambiental competente onde esteja atestado que o desfazimento poderá trazer piores impactos ambientais que sua manutenção. Isso só será possível, mediante decisão fundamentada da autoridade ambiental competente, com respectivo laudo técnico mencionado, e, deve restar claro que, sem prejuízo das demais sanções cabíveis pela construção indevida, deve também impor as medidas necessárias à cessação e mitigação do dano ambiental sempre que necessário. Este é mais um motivo pelo qual às vezes é muito importante que a demolição seja tomada como medida administrativa cautelar (art. 112) no momento da autuação.

Já as sanções restritivas de direito são aplicáveis às pessoas físicas ou jurídicas e são a seguir arroladas no artigo 20 do Decreto 6.514:

I – Suspensão de registro, licença ou autorização;

II – Cancelamento de registro, licença ou autorização;

III – Perda ou restrição de incentivos e benefícios fiscais;

IV – Perda ou suspensão da participação em linhas de financiamento em estabelecimentos oficiais de crédito; e

V – Proibição de contratar com a administração pública;

§ 1º A autoridade ambiental fixará o período de vigência das sanções previstas neste artigo, observando os seguintes prazos:

I – Até três anos para a sanção prevista no inciso V;

II – Até um ano para as demais sanções.

§ 2º Em qualquer caso, a extinção da sanção fica condicionada à regularização da conduta que deu origem ao auto de infração.

Estas sanções restritivas de direitos só podem ser fixadas com período de vigência predeterminado respeitados os seguintes prazos: I – até três anos para a sanção de proibição de contratar com a administração pública; II – até um ano para as demais sanções.

Curiosamente, nada obstante o reconhecimento de que tais sanções são extremamente severas,[58] porém à altura da importância do bem protegido (essencial à sadia qualidade de vida), nota-se que o legislador não estabeleceu prazo fixo de validade e de duração das sanções restritivas de direitos, daí porque se enxerga com certa desconfiança de inconstitucionalidade os incisos do § 1º citado acima, sendo, por outro lado, perfeitamente lógica a ressalva do § 2º no sentido de que a extinção da respectiva sanção restritiva de direitos fica condicionada à regularização da conduta que deu origem ao auto de infração.

Ainda sobre o tema é de se dizer que o artigo 101 estabelece a possibilidade de que seja imposta medida administrativa como objetivo prevenir a ocorrência de novas infrações, resguardar a recuperação ambiental e garantir o resultado prático do processo administrativo. A rigor, como já dissemos, apesar da aparente *contradictio in adjecto* a função preventiva é destaque maior da maior parte das penalidades previstas no art. 72 da Lei 9.605.

---

58. Todas estas medidas são extremamente duras, mas importantes e coerentes, caso o autuado não se mostre idôneo para estabelecer uma relação de respeito com a coletividade, descumprindo as regras de proteção, preservação e recuperação do meio ambiente. Devem ser aplicadas com absoluta observância do devido processo legal. Quando imaginamos as situações aí narradas na nossa vida cotidiana fica simples de entender ao se responder algumas perguntas: você contrataria alguém novamente alguém que não te pagou; você emprestaria um bem seu a alguém que não cuidou de seus bens anteriormente? É preciso enxergar que a administração age em nome da sociedade e que as sanções só incidem porque alguém violou *"as regras jurídicas de uso, gozo, promoção, proteção e recuperação do meio ambiente"* (art. 72 da Lei 9.605), sem que se permita esquecer que o equilíbrio ecológico é bem de uso comum do povo e essencial à sadia qualidade de vida das presentes e futuras gerações (art. 225 da CF/88).

Dentre estas medidas consta, por exemplo, a (i) suspensão de venda ou fabricação de produto; (ii) suspensão parcial ou total de atividades que nada mais são do que efeitos que se antecipam – dada a necessidade de precaução em cada caso concreto – de medidas restritivas previstas nos incisos I e II do artigo 20 do Decreto 6.514/08. Tais medidas administrativas têm papel cautelar importante e devem ser impostas logo no momento da autuação para a colocação no mercado de produtos e subprodutos oriundos de infração administrativa ao meio ambiente ou ainda para interromper o uso contínuo de matéria-prima e subprodutos de origem ilegal. Por sua vez a suspensão parcial ou total de atividades constitui medida que visa a impedir a continuidade de processos produtivos em desacordo com a legislação ambiental.[59]

---

59. Nestes sentidos os arts. 109 e 110 do Decreto 6.514/08.

REFEFÊNCIAS

ABBOUD, Georges. Cinco mitos sobre a Constituição Federal brasileira de 1988. *Revista dos Tribunais*, v. 996, p. 27-51. São Paulo: Ed. RT, 2018.

ABELHA, Guilherme. Bens e Coisas. In: LIMA NETO, Francisco Vieira; SILVESTRE, Gilberto Fachetti; HERKENHOFF, Henrique Geaquinto (Coord.). *Introdução ao Direito Civil.* Vitória: Edição dos Organizadores. 2020. v. II, Bens.

ACOSTA, Alberto; Martínez, Esperanza (Org.). La Naturaleza com derechos: de la filosofia a la política. p. 317-362. Quito: Abya-Yala, 2011. Disponível em: http://www.rosalux.org. ec/attachments/article/254/derechos-naturaleza.pdf.

AGUADO, Paz M. de la Cuesta. *Causalidad de los delitos contra el medio ambiente.* Universidad de Cádiz, 1995.

ALONSO, Paulo Sérgio Gomes. *Pressupostos da responsabilidade civil objetiva.* São Paulo: Saraiva, 2000.

ALPA G. La natura giuridica del danno ambientale. In: PERLINGIERI, Pietro (a cura di). *Il danno ambientale com riferimento alla responsabilità civile.* Edizioni Scientifiche Italiane, 1991.

ALPA, G. *Responsabilità civile e danno.* Bologna: Il Mulino, 1992.

ALVIM, Agostinho Neves de Arruda. *Inexecução das obrigações e suas consequências.* São Paulo: Saraiva, 1980.

ANTUNES, Luis Filipe Colaço. Poluição industrial e dano ambiental: as novas afinidades eletivas da responsabilidade civil. *Boletim da Faculdade de Direito.* Coimbra, 1991. v. 67.

ANTUNES, Paulo de Bessa. *Dano ambiental*: uma abordagem conceitual. Rio de Janeiro: Lumen Juris, 2000.

ANTUNES, Paulo de Bessa. O conceito de poluidor indireto e a distribuição de combustíveis. *Revista da Seção Judiciária do Rio de Janeiro.* Rio de Janeiro, Justiça Federal, Seção Judiciária do Rio de Janeiro, v. 21, n. 40, p. 229-244, 2014.

ANTUNES, Paulo de Bessa. *Direito ambiental.* 21. ed. São Paulo: Atlas, 2020.

ANTUNES, Paulo de Bessa. *Política Nacional do Meio Ambiente* – PNMA: Comentários à Lei 6.938, de 31 de agosto de 1981. Rio de Janeiro: Lumen Juris, 2005.

ARAGÃO, Maria Alexandra de Sousa. O princípio do poluidor-pagador: pedra angular da política comunitária do ambiente. *Boletim da Faculdade de Direito* – Universidade de Coimbra, Coimbra: Coimbra Editora, 1997.

ARROW, K. et alii. Economic growth, carrying capacity, and the environment. *Environment and Development Economics,* v. 1, part. 1. 1996. Disponível em: https://www.researchgate. net/publication/231747926_Economic_Growth_Carrying_Capacity_and_the_Environment/link/0fcfd5029407562ab7000000/download?_tp=eyJjb250ZXh0Ijp7ImZpcn-N0UGFnZSI6InB1YmxpY2F0aW9uIiwicGFnZSI6InB1YmxpY2F0aW9uIn19. Acesso em: 15 abr. 2024.

ATALIBA, Geraldo. *Hipótese de Incidência Tributária*. 3. ed. São Paulo: Ed. RT, 1984.

AVEN, Terje. *Fundations of Risk Analysis*. John Wiley and Sons, Ltd, United Kingdom, 2012.

BALDASSARI, Augusto. Fonti positive in materia di danno. In: CENDON, Paolo (Ed.). *I danni risarcibili nella responsabilità civile*. Torino: UTET, 2005. v. 1.

BARROSO, Luís Roberto. *O direito constitucional e a efetividade de suas normas*. 5. ed. Rio de Janeiro: Renovar, 2001.

BECHARA, Erika. *A proteção da fauna sob a ótica constitucional*. São Paulo: Juarez de Oliveira, 2003.

BECK, Ulrich. *La sociedade del riesgo mundial*. Barcelona: Paidós, 2008.

BELING, Ernst von. *Esquema de Derecho Penal*. Tradução castelhana de Sebastían Soler. Buenos Aires: Depalma, 1944.

BENJAMIN, Antonio Herman de Vasconcellos e. O princípio poluidor-pagador e a reparação do dano ambiental. *Dano ambiental*: prevenção, reparação e repressão. São Paulo: Ed. RT, 1993.

BENJAMIN, Antonio Herman de Vasconcellos e. A natureza no direito brasileiro: coisa, sujeito ou nada disso. *BDJur*. Brasília, DF. Dez./2009. Disponível em: http://bdjur.stj.jus.br/dspace/handle/2011/26184.

BENJAMIN, Antonio Herman de Vasconcellos e. Crimes contra o meio ambiente. *Enfoque Jurídico*, n. 4, p. 17, Brasília: TRT 1ª Região, jan./fev. 1997.

BENJAMIN, Antonio Herman de Vasconcellos e. Responsabilidade civil pelo dano ambiental. *Revista de direito ambiental*. v. 3, n. 9, p. 5-52, jan./mar. São Paulo: Ed. RT, 1998.

BETTIOL, Giuseppe. *Direito Penal*. Trad. Paulo José da Costa Jr. e Alberto Silva Franco. São Paulo: Ed. RT, 1977.

BINENBOJM, Gustavo. *Uma teoria do direito administrativo*: direitos fundamentais, democracia e constitucionalização. Rio de Janeiro: Renovar, 2006.

BITENCOURT, Cezar Roberto. *Tratado de direito penal* — Parte geral. 17. ed. São Paulo: Saraiva, 2012. v. 1.

BLOUNT, Thomas (1661). *Glossographia*, A dictionary interpreting all such hard words of whatsoever language now used in our refined English tongue. London. Disponível em :https://quod.lib.umich.edu/cgi/t/text/text-idx?c=eebo;idno=A28464.0001.001. Acesso em: 17 jul. 2023.

BOBBIO Norberto. *Teoria do ordenamento jurídico*. 6. ed. Apresentação Tércio Sampaio Ferraz Júnior, trad. Maria Celeste C. J. Santos; rev. téc. Cláudio De Cicco. Brasília: Editora Universidade de Brasília, 1995.

CAFFERATTA, Nestor A. Prueba y Nexo de Causalidad em el Dano Ambiental. In: BENJAMIN, Antonio Herman; LECEY, Eladio; CAPPELLI, Sílvia (Org.). *Congresso Internacional de*

Direito Ambiental. Meio Ambiente e acesso à justiça: flora, reserva legal e APP. São Paulo: Imprensa Oficial do Estado de São Paulo, 2007. v. 3.

CANOTILHO, José Joaquim Gomes. *A responsabilidade por danos ambientais* – aproximação publicística. Direito do ambiente. INA: Instituto Nacional de Administração, 1994. Direito constitucional. Coimbra: Almedina, 1989.

CANOTILHO, José Joaquim Gomes. O *Problema da responsabilidade do estado por actos lícitos*. Coimbra: Almedina, 1974.

CARNELUTTI, Francesco. *A arte do direito*. Campinas: Bookseller, 2000.

CARVALHO, Delton Winter onde o autor lança a referida discussão a partir de exemplos de legislação internacional que "dividem os danos". "Limites à responsabilidade solidária ambiental e à caracterização do poluidor indireto". *Veredas do Direito* – Direito Ambiental e Desenvolvimento Sustentável, v. 17 n. 39 (2020). Disponível em: https://doi.org/10.18623/rvd.v17i39.1774. Acesso em: 18 maio 2024.

CASTRO, Carlos Roberto Siqueira. *O devido processo legal e a razoabilidade das leis na nova Constituição do Brasil*. 2. ed. Rio de Janeiro: Forense, 1989.

CAVALIERI FILHO, Sérgio. *Programa de responsabilidade civil*. 10. ed. São Paulo: Atlas, 2012.

COLOMBO, Leonardo A. *Culpa aquiliana*: cuasidelitos: a traves de la doctrina, la legislacion y la jurisprudencia nacional y extranjera y del proyecto de reformas al codigo civil argentino. Imprenta: Buenos Aires, La Ley, 1965.

COPI, Irwing Mariner (1917). *Introdução à lógica*. Trad. Álvaro Cabral. 2. ed. São Paulo: Mestre Jou, 1978.

COSTA JR., Paulo José da. Rio de Janeiro: Forense Universitária, 1996.

COSTA, Helena Regina Lobo da. *Proteção penal ambiental*. São Paulo: Saraiva, 2010.

CRISAFI, Marina. Il danno: profili storici. In: CENDON, Paolo (Ed.*). I danni risarcibili nella responsabilità civile*. Torino: UTET, 2005. v. 1.

CRUZ, Branca Martins da. Responsabilidade civil pelo dano ecológico: Alguns problemas. *Revista de Direito Ambiental*. São Paulo, n. 5, p. 5-41, 1997.

CUSTÓDIO, Helita Barreira. *Responsabilidade civil por danos ao meio ambiente*. Campinas, SP, Millenium, 2006.

DECUPIS, A. *La riparazione del danno all'ambiente*: risarcimento o pena, Rivista di Diritto Civile. Padova: A. Milani, 1988, II.

DERANI, Cristiane. *Direito Ambiental Econômico*. São Paulo: Max Limonad, 1997.

DESTEFENNI, Marcos. *A responsabilidade civil ambiental e as formas de reparação do dano ambiental*: aspectos teóricos e práticos. Campinas: Bookseller, 2005.

DIAS, José de Aguiar. *Da responsabilidade civil*. Rio de Janeiro, Forense, 1944. v. I e II.

DINIZ, Maria Helena. *Curso de Direito Civil Brasileiro*. 32. ed. São Paulo: Saraiva, 2018. v. 7: responsabilidade civil.

DINO NETO, Nicolao; BELLO FILHO, Ney; DINO, Flávio. Da infração administrativa. *Crimes e infrações administrativas ambientais*. 3. ed. Belo Horizonte: Del Rey, 2011.

DURÇO, Roberto. Seguro Ambiental: In: FREITAS, Vladimir Passos de (Coord.). *Direito Ambiental em Evolução*. 2. ed. Curitiba: Juruá, 2008.

ENNECCERUS, Ludwig; KIPP, Theodor e WOLFF, Martin. *Tratado de derecho civil*. Barcelona: Bosch, 1955. t. II. Traduccion directa del aleman al castellano acompanada de notas aclaratorias con indicacion de las modificaciones habidas hasta el ano 1950 por carlos melon infante ; prologo del antonio hernandez gil.

ENTERRÍA, Eduardo Garcia de. *Curso de derecho administrativo*. Madrid: Civitas, 2015.

FARIAS, Cristiano Chaves; ROSENWALD, Nelson; BRAGA NETTO, Felipe Peixoto. *Curso de direito civil*: responsabilidade civil. 5. ed. Salvador: JusPodivm, 2018.

FARIAS, Jorge Leite Areias Ribeiro de. *Direito das obrigações*. Coimbra, Almedina, 1990. v. 1 e II.

FARIAS, Talden. *Sanções administrativas ambientais*. Disponível em: https://www.conjur.com.br/2018-set-15/sancoes-administrativas-ambientais/. Acesso em: 20 fev. 2024.

FARIAS, Talden. A *responsabilidade administrativa e o licenciamento ambiental*. Disponível em: https://www.conjur.com.br/2021-nov-27/ambiente-juridico-responsabilidade-administrativa-licenciamento-ambiental/. Acesso em: 23 jan. 2024.

FARIAS, Talden. *Alegações finais e sua correta intimação como direito no processo ambiental*. Disponível em: https://www.conjur.com.br/2022-jun-20/talden-farias-alegacoes-finais-correta-intimacao-processo-ambiental/#:~:text=A%20Lei%209.605%2F98%20disp%C3%B5e,punidas%20na%20pr%C3%B3pria%20esfera%20administrativa. Acesso em: 20 mar. 2024.

FARIAS, Talden. Avaliação de custos ambientais em ações judiciais de lesão ao meio ambiente. *Revista dos Tribunais*. São Paulo: Ed. RT, v. 79, n. 652, p. 14-28, fev. 1990.

FENSTERSEIFER, Tiago. *Direitos Fundamentais e Proteção do Ambiente*: a dimensão ecológica da dignidade humana no marco jurídico-constitucional do Estado Socioambiental de Direito. Porto Alegre: Livraria do Advogado, 2008.

FERNANDES, Og. Pontes de Miranda e o ser juiz. *Revista Jurídica*. Campinas, Faculdade de Direito da Pontifícia Universidade Católica de Campinas [Puccamp], v. 19, n. 1, p. 49-57, 2003.

FERRAJOLI, Luigi. *Direito e razão* – Teoria do garantismo penal. São Paulo: Ed. RT, 2002.

FERRAZ, Sérgio. Responsabilidade civil pelo dano ecológico. *Revista de Direito Público*, São Paulo, n. 49/90, 1979.

FERREIRA, Aurélio Buarque Holanda. *Dicionário Aurélio Básico da Língua Portuguesa*. Rio de Janeiro: Editora Nova Fronteira, 2003.

FERREIRA, Daniel. *Teoria geral da infração administrativa a partir da Constituição Federal de 1988*. Belo Horizonte: Fórum, 2009.

FERREIRA, Ivette Senise Ferreira. *Tutela penal do patrimônio cultural*. São Paulo: Ed. RT, 1995.

FIGUEIREDO, Lúcia Valle. Estado de Direito e devido processo legal. *Revista diálogo jurídico*, n. 11. Salvador, jan. 2002. Disponível em: http://www.direitopublico.com.br/pdf_11/DIALOGO-JURIDICO-11-FEVEREIRO-2002-LUCIA-VALLE-FIGUEIREDO.pdf. Acesso em: 10 fev. 2022.

FISCHHOFF, B; WATSON, S.R.; HOPE, C. (1984). *Defining risk*. However, the definition of "risk," like that of any other key term in policy issues, is inherently controversial. Disponível em: https://www.cmu.edu/epp/people/faculty/research/Defining-Risk1984.pdf. Acesso em: 20 jul. 2020.

FLORES, Manuela Flores. Responsabilidade civil ambiental em Portugal. *Revista de Direito Ambiental*, v. 3, n. 11, p. 75-92, jul./set. 1998. São Paulo: Ed. RT, 1998.

FRANCARIO, Lucio. *Danni ambientali e tutela civile*. Napoli: Jovene. 1990.

FRANCO, Alberto Silva. *Código Penal e sua interpretação jurisprudencial*. 5. ed. São Paulo: Ed. RT, 1995.

FREITAS, Cristina Godoy de Araújo. Valoração do dano ambiental: algumas premissas. *Revista do Ministério Público do Estado de Minas Gerais*. Edição Especial Meio Ambiente: A Valoração de Serviços e Danos Ambientais, 2011, p. 11. Disponível em https://www.cnmp.mp.br/portal/images/Comissoes/CMA/links/valoracao/MPMG_revista_Juridico_Ambiental.pdf. Acesso em: 19 abr. 2024.

FREITAS, Gilberto Passos de Freitas. Do crime de poluição. In: FREITAS, Vladimir Passos de (Coord.). *Direito em evolução*. Curitiba: Juruá Editora, 2002. v. I.

FREITAS, Vladimir Passos de. Natureza pode se tornar sujeito com direitos? Coluna "Segunda Leitura" – *ConJur*, Disponível em: https://www.conjur.com.br/2008-nov-09/natureza_tornar_sujeito_direitos/. Acesso em: 20 jan. 2024.

GAGLIANO, Pablo Stolze; PAMPLONA FILHO, Rodolfo Mario Veiga. *Novo curso de direito civil*. 20. ed. E-book, São Paulo: SaraivaJur, 2022. v. 3: responsabilidade civil.

GALLO. Emanuela. L'evoluzione sociale e giuridica del concetto di danno ambientale. *Rivista Amministrare*, Il Mulino, p. 261-290. ago. 2/2010.

GARCIA, Basileu, Causalidade material e psíquica. *Revista forense*: doutrina, legislação e jurisprudência, v. 39, n. 90, p. 593-607, abr./jun. 1942.

GASPARINI, Diógenes. *Direito Administrativo*. 13. ed. São Paulo: Saraiva, 2008.

GIAMPIETRO F., La responsabilità per danno all'ambiente dal T.U. ambientale all'art. 5 bis della legge 166/2009. *Rivista giuridica dell'ambiente*, , p. 191-202, fasc. 2, 2011.

GIDDENS, Anthony. *Modernidade e Identidade*. Rio de Janeiro: Jorge Zahar, 2002.

GIROD, Patrick. *La réparation du dommage écologique*. Paris: Libr. Générale de Droit et de Jurisprudence, 1974.

GOMES, Orlando. Culpa e risco. *Revista de Direito Civil Contemporâneo*. São Paulo: Ed. RT, v. 11, p. 349-358, 2017.

GONÇALVES, Carlos Roberto. *Direito Civil Brasileiro* – Responsabilidade Civil. 4. ed. São Paulo: Saraiva, 2012.

GONZALEZ, Maria del Carmen Sánchez-Friera. *La responsabilid civil del empresario por deterioro del medio ambiente*, J.M. Bosch Editor, 1994.

GRECO, Luís. A relação entre o Direito Penal e o Direito Administrativo no Direito Penal Ambiental: uma introdução aos problemas da acessoriedade administrativa. *Revista Brasileira de Ciências Criminais*. São Paulo: IBCCRIM, v. 58, 2008.

HUNGRIA, Nelson. As concausas e a causalidade por omissão perante o novo Código penal. *Revista Forense*, v. 39, n. 89, p. 851-854, jan./mar. 1942.

KAPLAN, S.; GARRICK, B.J. (1981). *On The Quantitative Definition of Risk*. Disponível em: https://doi.org/10.1111/j.1539-6924.1981.tb01350.x. Acesso em: 20 jul. 2020.

KNIGHT, Frank. *Risk, Uncertainty and profit*. Disponível em: https://archive.org/details/riskuncertaintyp00knig/page/6/mode/2up?q=risk. Acesso em: 15 jul. 2020.

KRELL, Andréas Joachim. Concretização do dano ambiental: objeções à teoria do risco integral. *Revista de Informação Legislativa*, Brasília, v. 139, p. 22-37, 1998.

LASO, Enrique Sauaguès. *Tratado de derecho administrativo*. Montevideo, Faculdad de Derecho Y Ciencias Sociales, Fundacion de Cultura Universitaria, 1987. 2 v.

LEITE, José Rubens Morato; AYALA, Patryck de Araujo. *Dano ambiental*: do individual ao coletivo extrapatrimonial: teoria e prática. 7. ed. São Paulo: Ed. RT, 2015.

LEUZINGER, Márcia Dieguez. Responsabilidade civil do Estado por danos ao meio ambiente. *Revista de Direito Ambiental*, São Paulo, n. 45, p. 184-195, 2007.

LIMA, Maria Rosynete Oliveira. *Devido processo legal*. Porto Alegre: Sergio Antônio Fabris Editor, 1999.

LOBO DA COSTA, Regina Helena. *Direito Penal Econômico e Direito Administrativo Sancionador – ne bis in idem como medida de política sancionadora integrada*. Tese de Livre-Docência apresentada na Universidade de São Paulo (USP), em 2013.

LOPES, Maurício Antonio Ribeiro. *Princípio da insignificância no direito penal*. São Paulo: Ed. RT, 2000.

LOPES, Miguel Maria de Serpa. *Curso de direito civil*. Rio de Janeiro: Freitas Bastos, 2000. v. V.

LUHMANN, Niklas. *Sociologia del riesgo*. Guadalajara: Walter de Grurter Co., 1992.

MACHADO, Paulo Affonso. *Direito ambiental brasileiro*. 24. ed. São Paulo: Malheiros, 2016.

MADDALENA, Paolo. Las trasformaciones del derecho a la luz del problema ambiental. *Revista del derecho industrial*, v. 14, n. 41, p. 345–372, mayo/ago. Buenos Aires, Depalma, 1979.

MADDALENA, Paolo. *Danno pubblico ambientale*. Rimini: Maggioli Editores, 1990

MADDALENA, Paolo. Il danno ambientale. In: L. Barbiera (a cura di). *Proprietà, danno ambientale e tutela dell'ambiente*. Napoli: Jovene, 1989.

MANCILLA, Alfredo Serrano; CARRILLO, Sergio Martín. La Economía Verde desde una perspectiva de América Latina. Fundación Friedrich Ebert, FES-ILDIS, *Proyecto Regional de Energia y Clima*, jul. 2011. Disponível em: https://dds.cepal.org/redesoc/publicacion?id=2197. Acesso em: 20 fev. 2024.

MARIENHOFF, Miguel S. *Tratado de derecho administrativo*. 3. ed. Buenos Aires, Abeledo--perrot, 1980. t. IV.

MATEO, Ramón Martin. *Tratado de derecho ambiental*. Madrid: Trivium, 1991. v. I.

MEIRELLES, Hely Lopes. *Direito Administrativo Brasileiro*. 24. ed. São Paulo: Malheiros, 1999.

MEIRELLES, Hely Lopes. *Estudos e pareceres de direito público*. São Paulo: Ed. RT, 1977. v. II.

MELI M., Le origini del principio "chi inquina paga" e il suo accoglimento da parte della CEE. *Rivista giuridica dell'ambiente*. Giuffrè, 1989.

MELLO, Celso Antônio Bandeira de. *Curso de Direito Administrativo*. 18. ed. São Paulo: Malheiros Editores, 2005.

MELLO, Marcos Bernardes de. *Teoria do Fato jurídico*: plano da Validade. 3. ed. São Paulo: Saraiva, 1988.

MELLO, Marcos Bernardes de. *Teoria do fato jurídico*: plano da existência. 18. ed. São Paulo: Saraiva, 2012.

MILARÉ, Edis. *Direito do ambiente*. 9. ed. São Paulo: Ed. RT, 2014.

MIRRA, Álvaro Luiz Valery. *Ação civil pública e a reparação do dano ao meio ambiente*. 2. ed. São Paulo: Juarez de Oliveira, 2004.

MIRRA, Álvaro Luiz Valery. *Participação, processo civil e defesa do meio ambiente*. São Paulo: Letras Jurídicas, 2011.

MIRRA, Álvaro Luiz Valery. *Responsabilidade civil ambiental e a reparação integral do dano*. Disponível em: https://www.conjur.com.br/2016-out-29/ambiente-juridico-responsabilidade-civil-ambiental-reparacao-integral-dano#:~:text=A%20repara%C3%A7%-C3%A3o%20integral%20do%20dano%20ao%20meio%20ambiente%20abrange%20n%C3%A3o,da%20agress%C3%A3o%20inicial%20a%20um. Acesso em: 15 ago. 2020.

MIRRA, Álvaro Luiz Valery. A Noção de Poluidor na Lei 6938/84 e a Questão da Responsabilidade solidária do Estado pelos Danos Ambientais Causados por Particulares. In: MORATO LEITE, José Rubens; DANTAS, Marcelo Buzaglo (Org.). *Aspectos Processuais do Direito Ambiental*. Rio de Janeiro: Forense Universitária, 2003.

MOLINA, Antonio García-Pablos de. *Tratado de Criminología*. 5. ed. Madrid: Editorial Tirant lo Blanch, 2014.

MOSCARINI. Responsabilità aquiliana e tutela ambientale. *Rivisto di Diritto Civile*. v. II. Padova: A. Milani, 1990.

NERY JUNIOR, Nelson; NERY, Rosa Maria B. B. de Andrade. Responsabilidade Civil, Meio ambiente e Ação Coletiva Ambiental. In: BENJAMIN, Antonio Herman (Coord.). *Dano ambiental*: prevenção, reparação e repressão. São Paulo: Ed. RT, 1993.

NIETO, Alejandro. *Derecho Administrativo Sancionador*. 4. ed. Madrid: Tecnos, 2008.

NIKISCH, Arthur. *Tüebingen, Zivilprozessrecht*. J.C.B. Mohr, 1952.

NORONHA, Fernando. Desenvolvimento contemporâneo da responsabilidade civil. *Revista dos Tribunais*, v. 761, São Paulo: Ed. RT, 1999.

OSÓRIO, Fábio Medina. *Direito Administrativo Sancionador*. 4. ed. rev., atual. e ampl. São Paulo: Ed. RT, 2011.

PALMA, Maria Fernanda. Direito Penal do Ambiente. *Direito do Ambiente*, publicação do INA, 1994.

PARIZ, Ângelo Aurélio Gonçalves. *O princípio do devido processo legal*: direito fundamental do cidadão. Coimbra: Editora Almedina, 2009.

PATTI, Salvatore. Prova. Disposizioni generali art. 2697-2698. In: SCILAOJA Y BRANCA (a cura di). *Commentario del Codice Civile*. Zanichelli e Roma Società Editrice del Foro Italiano, 1987.

PATTI, Salvatore. *La tutela civile dell'ambiente*. Padova, 1979.

PATTI, Salvatore. La valutazione del danno ambientale. *Rivista di Diritto Civile*. v. II. Padova: A. Milani, 1992.

PEREIRA, Caio Mario da Silva. *Da responsabilidade civil*. 12. ed. Atual. Gustavo Tepedino. Ebook. Rio de Janeiro: Grupo Gen, 2018.

PEREIRA JR., Edilson Nobre. Sanções administrativas e princípios de direito penal. Sanções administrativas e princípios de direito penal. *Revista De Direito Administrativo*, 219, 127-151. Disponível em: https://doi.org/10.12660/rda.v219.2000.47499.

PETROCELLI, Bagio. *L'antiguiridicità*. 2. reimp. Padova: CEDAM, 1947.

PLANIOL-RIPERT e E. ESMEIN. *Traité de droit civil*. t. VI, n. 540, p. 538-541, 730 e ss. Paris: Libr. Generale de Droit et de Jurisprudence, 1952.

PONTES DE MIRANDA, Francisco Cavalcanti. *Tratado de direito privado*. 4. ed., 2. tir. São Paulo: Ed. RT, 1983. T. I, II, III, V, XXII, XXIII, LII, LIII.

POZZO B. *Danno ambientale e imputazione della responsabilità*. Esperienze giuridiche a confronto. Milano, 1996.

POZZO B. *Il danno ambientale*. Milano, 1998.

PRADO, Luiz Regis. *Bem jurídico-penal e Constituição*. São Paulo: Ed. RT, 1999.

PRIEUR, Michel, *Droit de l'environnement*. 4. ed. Paris: Dalloz, 2004.

PUERTO, Miguel Montoro. *La infraccion administrativa*: caracteristicas, manifestaciones y sancion. Barcelona: Nauta, 1965.

PURVIN, Guilherme. *A natureza como sujeito de direitos*. Disponível em: https://oeco.org.br/colunas/a-natureza-como-sujeito-de-direitos/. Acesso em: 23 maio 2024.

REALE, Miguel. A lei hedionda dos crimes ambientais. *Folha de S.Paulo*, caderno 1, 6-4-1998.

RIBEIRO DE FARIA, Jorge Leite Areias. *Direito das obrigações*. Coimbra: Almedina, 1990. v. II.

RICARDO A. Guibourg, Alejandro M. GHIGLIANI e Ricardo V. GUARINONI. *Introducción ai conocimiento jurídico Buenos Aires*. Astrea, 1984.

RODRIGUES, Anabela Miranda. Direito penal do ambiente – uma aproximação ao novo direito português. *Revista Direito Ambiental*, v. 1, n. 2, p. 14-24. São Paulo: Ed. RT, abr./jun. 1996.

RODRIGUES, Marcelo Abelha. *Responsabilidade patrimonial pelo inadimplemento das obrigações*. São Paulo: Editora Foco, 2023.

RODRIGUES, Marcelo Abelha. *Ação Civil Pública e Meio Ambiente*. 4. ed. São Paulo: Foco Editora, 2021.

RODRIGUES, Marcelo Abelha. *Direito Ambiental Esquematizado*. 11. ed. São Paulo: Saraiva, 2023.

RODRIGUES, Marcelo Abelha. *Processo civil ambiental*. 5. ed. Salvador: JusPodivm, 2021.

RODRIGUES, Marcelo Abelha. *A proteção jurídica da flora*. Salvador: JusPodivm. 2019.

RODRIGUES, Marcelo Abelha. *O STJ e a responsabilidade administrativa ambiental subjetiva*: notas para uma reflexão. Disponível em: https://www.migalhas.com.br/depeso/302576/o--stj-e-a-responsabilidade-administrativa-ambiental-subjetiva--notas-para-uma-reflexao. Acesso em: 17 fev. 2024.

RODRIGUES, Silvio. *Direito civil*: responsabilidade civil. São Paulo: Saraiva, 2002. v. 4.

ROTHENBURG, Walter Claudius, A responsabilidade criminal da pessoa jurídica na nova lei de infrações ambientais. *Revista de Direito ambiental*. São Paulo: Ed. RT, v. 3, n. 9, p. 59-66, jan./mar. 1998.

ROXIN, Claus. *Derecho penal*: parte general. 2. ed. Trad. Diego-Manuel Luzon Peña et. al. Madrid: Editorial Civitas, 1997. t. I. Fundamentos. La estructura de la teoria del delito.

SALTELLI, Carlo. Il rapporto di causalità nel reato, *Annali di Diritto e Procedura Penale*, v. 1, Padova: Cedam, 1934.

SAMPAIO. Francisco José Marques. *Responsabilidade Civil e Reparação de Danos ao Meio Ambiente*. 2. ed. Rio de Janeiro: Editora Lumen Juris, 1998.

SAMPAIO. Francisco José Marques. O dano ambiental e a responsabilidade. *Revista de Direito da Procuradoria Geral, Rio de Janeiro*, n. 44, p. 132-154, 1992.

SANCHEZ, Antonio Cabanillas. *La reparación de los daños al medio ambiente*. Aranzadi: Pamplona, 1996.

SARLET, Ingo Wolfgang. *A eficácia dos direitos fundamentais*. 6. ed. rev. atual. e ampl. Porto Alegre: Livraria do Advogado, 2006.

SARLET, Ingo Wolfgang; FERNSTERSEIFER, Tiago. *Direito constitucional ambiental*: estudos sobre a constituição, os direitos fundamentais e a proteção do ambiente. São Paulo: Ed. RT, 2011.

SAVATIER, René. *Traité de la Responsabilité Civile*: en Droit français civil, administratif, professionnel, procédural. Paris: Libr. Générale de Droit et de Jurisprudence, 1951. v. II.

SCARANO, L. A. Dano ambientale e onere della prova. *Qualita' della vita e l'ambiente*. Milano: Giuffrè, 1989.

SHECAIRA, Sérgio Salomão. *Responsabilidade Penal da Pessoa Jurídica*: de acordo com a Lei 9.605/98. São Paulo: Ed. RT, 1999.

SHECAIRA, Sérgio Salomão. A responsabilidade penal das pessoas jurídicas e o direito ambiental. In: VARELLA, Marcelo Dias e BORGES, Roxana Cardoso B. (Coord.). *O novo em direito ambiental*. Belo Horizonte: Editora Del Rey, 1988.

SILVA SÁNCHEZ, Jesús María. *La expansión del derecho penal*: aspectos de la Política criminal en las sociedades postindustriales. Madrid: Edisofer, 2011.

SIRVINSKAS, Luiz Paulo. Responsabilidade penal da pessoa jurídica na Lei n. 9.605/98. *Revista dos Tribunais*, São Paulo: Ed. RT, n. 784, fev. 2001.

STEIGLEDER, Annelise Monteiro. *Responsabilidade civil ambiental*: as dimensões do dano ambiental no Direito Brasileiro. Porto Alegre: Livraria do Advogado Editora, 2004.

STEIGLEDER, Annelise Monteiro. Considerações sobre o nexo de causalidade na responsabilidade civil por dano ao meio ambiente. *Revista de Direito Ambiental*. São Paulo, n. 32, p. 83-103, 2003.

STUMM, Raquel Denize. *Princípio da proporcionalidade*: no direito constitucional brasileiro. Porto Alegre: Livraria do Advogado, 1995.

TAVARES, André Ramos. *Curso de Direito Constitucional*. 8. ed. São Paulo: Saraiva, 2010.

TELLES, Galvão. *Direito das Obrigações*. 7. ed. Coimbra: Coimbra Ed., 1997.

VANNINI, Ottorino. *Manuale di diritto penale italiano*: parte speciale, i singoli delitti. Milano: A. Giuffrè, 1947.

VARELLA, Antunes. *Direito das Obrigações I*. 2. ed. Rio de Janeiro: Forense, 1982.

VISINTINI, Giovanna. *Trattato breve della responsabilità civile*: fatti illeciti, inadempimento, danno risarcibile. 3. ed. Milano: Cedam, 2005.

VITTA, Heraldo Garcia. *A sanção no direito administrativo*. São Paulo: Malheiros, 2003.

VITTA, Heraldo Garcia. *Responsabilidade civil e administrativa por dano ambiental*. São Paulo: Malheiros, 2008.

WILLETT, Allan H. *Economic Theory of Risk and Insurance*. Disponível em: https://www.casact.org/sites/default/files/database/forum_91wforum_91wf469.pdf. Acesso em: 20 nov. 2023.

YÁGUEZ, Ricardo de Ángel. *Algunas previsiones sobre el futuro de la responsabilidad civil* (con especial atención a la reparación del daño). Madrid: Cívitas, 1995.

ZAFFARONI, Eugenio Raúl. *Derecho penal*: parte general. Buenos Aires: Ediar, 2002.

ZSÖGON, Silvia Jaquenod. *El derecho ambiental y sus principios rectores*. Madrid: Dykinson, 1991.

ANOTAÇÕES